ज्ञान गरिमा के
68 वर्ष

भारतीय

णाणं
पयासयं
वीर निर्वाण 2470
ई. सन 1944
भारतीय ज्ञानपीठ

भवभूति

भवभूति

अध्ययन और विश्लेषण

अमृता भारती

भारतीय ज्ञानपीठ

लोकोदय ग्रन्थमाला : ग्रन्थांक 652
ग्रन्थमाला सम्पादक
रवीन्द्र कालिया
सह-सम्पादक
गुलाबचन्द्र जैन

भवभूति
(आलोचना)
अमृता भारती

तीसरा संस्करण : 2012
मूल्य : 250 रुपये

ISBN 978-81-263-4088-0

प्रकाशक : **भारतीय ज्ञानपीठ**
18, इन्स्टीट्यूशनल एरिया, लोदी रोड, नयी दिल्ली-110 003

मुद्रक : विकास कम्प्यूटर ऐंड प्रिंटर्स, शाहदरा, दिल्ली-110 03

आवरण-सज्जा : ज्ञानपीठ कला प्रभाग

BHAVABHOOTI
(Criticism)
by Amrita Bharati

Published by : **Bharatiya Jnanpith**
18, Institutional Area, Lodi Road, New Delhi-110 003

e-mail : jnanpith@satyam.net.in, sales@jnanpith.net
website : www.jnanpith.net

Third Edition : 2012
Price : Rs. 250

स्नेहमयी पुष्पाबेन शाह को
जिनकी स्मृति
मणि-प्रदीप के सदृश, आज भी
सबके जीवन को ज्योतिर्मय करती है

आभार

- जितेन्द्र भैया का, जिनके कारण मेरी शिक्षा को बनारस हिन्दू विश्वविद्यालय का प्रांगण और परिवेश मिला।
- भाईसाहब और भेना का, जिनका घर सदा मेरी शरणस्थली रहा और मैं अपने कामों को गति देती रह सकी।
- दूसरी पीढ़ी में विशेष रूप से प्रदीप और कनक का, जो मेरे एकांगी जीवन के संकट में सहयोग और स्वीकार के साथ मुझसे जुड़े रहे।
- डॉ. सत्या सिंह एवं सिंह साहब का, जिनका अप्रत्याशित सहयोग मेरे काम की पीठिका बन गया।
- रमेश भाईसाहब का, जिन्होंने काम के प्रति मेरी सच्चाई को अपनी हार्दिकता दी और मेरी अग्रसरता को अनवरुद्ध किया।
- और अन्त में प्रवासी भाई मोहनलाल शाह का, जिन्होंने बरसों से उपेक्षित पड़े इस काम की मुद्रण-प्रति तैयार करने के लिए मुझे प्रेरित किया और आवश्यक सुविधाएँ प्रदान कीं।

प्राक्कथन

तीन दशक से अधिक हो गये, जब इस काम को शुरू और समाप्त किया था। पं. बलदेव उपाध्याय के निर्देशन में इस काम की रूपरेखा तैयार हुई थी। अध्ययन और शीर्षकों के अन्तर्गत सामग्री का चयन भी काफ़ी-कुछ हो गया था। उनके अवकाश ग्रहण कर लेने के पश्चात् इस काम को डॉ. सूर्यकान्त शास्त्री के निर्देशन में समापन मिला।

पं. बलदेव उपाध्याय—ब्राह्मणत्व के तेज से प्रदीप्त उनका चेहरा आज भी स्मृति में उतनी ही पूर्णता में विद्यमान है। उनके पाण्डित्य में श्रृंगार की रसालता का अद्‌भुत सामंजस्य था। उनके माथे का सिन्दूरी तिलक और कन्धे पर पड़ा दुशाला उनके भव्य व्यक्तित्व का अंग थे। प्रकाश और छाया का समन्वय साकार था उनमें। एम.ए. में उनसे 'उत्तररामचरित' पढ़ते समय ही मैंने भवभूति पर काम करने का निश्चय कर लिया था। उन्हें मेरा प्रणाम।

बनारस विश्वविद्यालय में हॉस्टल का परिसर और इण्डोलॉजी कॉलेज—यह एक छोटी-सी दूरी थी—दिनों के सुनहरेपन से भरी हुई। इसके अलावा और भी बहुत-सी दूरियाँ थीं, जिनमें अन्दर की उजास साथ-साथ चला करती थी। बनारस कला और संगीत का गढ़ था...संगीत-सम्मेलनों की रातें जिनमें कोई एक कण्ठ या एक वाद्य-रत्न पूरी रात रस-वर्षण करता था।

चिरस्मरणीय है वह घटना—कैम्पस में ही मेरी एक प्रोफ़ेसर के घर के झूले पर बैठे थे पं. ओंकारनाथ ठाकुर। उनके पूछने पर जब मैंने बताया कि मैं भवभूति पर काम कर रही हूँ—तब उन्होंने गाया, "अयि कठोर, यशः किल ते प्रियं"... और संगीत-मार्तण्ड के स्वरों में जैसे भवभूति आबद्ध हो गये थे...मुझे लगा था इस 'घटना' का अन्त न हो।

स्मृतियों की एक पूरी श्रृंखला।

दीक्षान्त-समारोह का दिन। उपाधि का सर्वप्रथम सम्मान संस्कृत के विद्यार्थियों को प्राप्त होता था। मैं पंक्ति में अग्रणी थी, लेकिन मुझसे पहले काशीनरेश को पी-एच.डी. की ऑनरेरी उपाधि प्रदान की गयी, तब यह बात मुझे विशेष महत्त्वपूर्ण लगी थी। शामियाने में पास ही बैठे थे युवराज कर्णसिंह और उनकी युवराज्ञी पत्नी। तब तक वे इसी रूप में अधिक मान्य थे। मुझे सब कुछ अत्यन्त विशिष्ट लगा था।

उस दिन समारोह की भव्यता में वह उपाधि-पत्र मेरे लिए मानो अनमोल रत्न था।

तब से यह काम अवमानित ही पड़ा रहा। कविता या शब्द की रचनात्मकता एक बहाना हो गयी और अकादमिक क्षेत्र कार्य और व्यवसाय के रूप में छूटता चला गया।

यह काम इसलिए भी उपेक्षित रहा क्योंकि मैं प्रकाशन के प्रति विशेष सजग नहीं थी। जब आयु और सोच की परिपक्वता ने अगला चरण लिया, तो मैंने इस काम को टटोला। भाग्य से शोधप्रबन्ध की एक प्रति मेरे साथ बनी रह सकी थी। मुझे लगा, मैंने मेहनत की है और भवभूति से जुड़े लगभग सभी शीर्षकों को मैंने समेटा है। पर पूरे काम को संशोधित करने का, दोहराने का संकल्प मेरे अन्दर नहीं था। आग्रह, समय और शक्ति तीनों की ही कमी महसूस हो रही थी। काम का प्रारूप भी कृति-साहित्य से जुड़ा हुआ नहीं था, इसलिए यह मेरे लिए और भी भारी था।

मेरे पास या इर्द-गिर्द उन सन्दर्भ-ग्रन्थों का अभाव भी था जो संशोधित पाण्डुलिपि के लिए ज़रूरी थे और उन संस्करणों का भी, जिनके सन्दर्भ इस पुस्तक में थे।

पर मेरे अन्दर लगातार एक उत्तरदायित्व का दबाव बना हुआ था। मैंने हिम्मत की और इस काम की एक हस्तलिखित प्रति तैयार की। ऐसा करते हुए स्वाभाविक रूप से कुछ सुधारों का समावेश हुआ, काम को संस्पर्श मिले—आज की तारीख़ में इस पुराने काम का यही एक नया सन्दर्भ है।

मुझे याद आते हैं, अपने शिक्षक प्रो. गुहा, प्रो. बलदुआ, प्रो. तैलंग। समय के अन्दर या तो वे कहीं होंगे या खो गये होंगे—मैं अपनी कृतज्ञता उन्हें अर्पित करती हूँ।

प्रो. वी.वी. मिराशी, जिन्हें मैंने केवल शब्दों के माध्यम से जाना—उनकी पुस्तकों के माध्यम से। वे आज नहीं हैं, पर मेरे इस शोधप्रबन्ध के पहले खण्ड में उनकी प्रभाव-छाया जैसे स्थिर हो गयी है। मैंने उनसे बहुत ग्रहण किया है—मैं उन्हें प्रणाम करती हूँ।

तब इस प्रबन्ध पर काम करते हुए मैं महाकवि भवभूति की 'रचनात्मकता' को कोई विस्तृत आकाश नहीं दे सकी थी—'रिवीज़न' के द्वारा यह सम्भव नहीं था—स्वयं कवि होने के नाते मुझे इसका दुख है। पर शिक्षा और शोध के क्षेत्र में यह अध्ययन और इसके शीर्षक यदि छोटा-सा भी योगदान बन पाते हैं, तो मैं न केवल श्रम की निष्फलता से बच सकूँगी, बल्कि एक सार्थकताबोध पूरी विनम्रता के साथ मुझसे जुड़ा रहेगा।

—अमृता भारती

5 फरवरी 2000

विषय-क्रम

खण्ड एक : भवभूति

खण्ड दो : भवभूति का भारत

खण्ड तीन : भवभूति का कृतित्व

परिशिष्ट

खण्ड : एक
भवभूति

अध्याय 1

नाम, जीवन और व्यक्तित्व

वाल्मीकि, अश्वघोष, भास, कालिदास के बाद संस्कृत 'कविता' में एक अन्तराय आता है। यह अन्तराय रिक्त नहीं है, क्योंकि इसके अन्दर इन कवियों की प्रभाव-छाया है, अत्यन्त समृद्ध और परिपूर्ण कला है, आत्मा और हृदय का व्यापक रूप-दर्शन और जीवन एवं जगत् की विशद व्याख्या है। फिर भी एक और कवि, एक और नाम नहीं है। तब इन सबके प्रभाव को ग्रहण करते हुए अपनी स्वतन्त्र व्यक्ति-सत्ता और नितान्त मौलिक काव्य-प्रतिभा के साथ एक उदय होता है—एक नाम और एक कवि—भवभूति।

हमारा यह प्रयत्न है कि इस अध्ययन द्वारा भवभूति का एक ऐसा चित्र प्रस्तुत किया जा सके, जिसमें उनके जीवन की पूर्णता और प्रकाशमयता की अभिव्यंजना हो, उस पहचान का स्पर्श हो जहाँ से इस कवि की कविता ने रूपता ग्रहण की एवं अपने अन्तर और बाह्य जगत् को, सादृश्य-सारूप्य बनाये रखते हुए, अपनी रचना में प्रकट किया। अध्ययन की स्पष्टता के लिए शीर्षकों की सीमाएँ स्वीकार की गयी हैं, पर वे बद्धता नहीं हैं क्योंकि हर शीर्षक का कथ्य दूसरे शीर्षकों के नीचे चल रही विषय-सामग्री के साथ जुड़कर पूर्ण होता है।

नाम एवं वंशावली

अपने बारे में संस्कृत कवियों का मौन एक परम्परा बन चुका है, पर भवभूति ने इस परम्परागत मौन को कुछ तोड़ा है और अपने तीनों नाटकों की प्रस्तावना में अपना परिचय प्रस्तुत किया है। 'महावीरचरित' का यह उल्लेख—

'अस्ति दक्षिणापथे पद्मपुर नाम नगरम्। तत्र केचित्तैत्तिरीयाः काश्यपाश्चरणगुरवः पंक्तिपावनाः पञ्चाग्नयो धृतव्रताः सोमपीथिन उदुम्बरनामानो ब्रह्मवादिनः प्रतिवसन्ति। तदामुष्यायणस्य तत्रभवतो वाजपेययाजिनो महाकवेः पञ्चमः सुगृहीतनाम्नो भट्टगोपालस्य

पौत्रः पवित्रकीर्तेर्नीलकण्ठस्यात्मसम्भवः श्रीकण्ठपदलाञ्छनः पदवाक्यप्रमाणज्ञो भवभूतिर्नाम जातुकर्णीपुत्रः।...'

'दक्षिणापथ में पद्मपुर नाम का नगर है। वहाँ कुछ ब्रह्मज्ञानी ब्राह्मण रहते हैं, जो तैत्तिरीय शाखा से जुड़े हैं, काश्यपगोत्री हैं, अपनी शाखा में श्रेष्ठ, पंक्तिपावन, पंचाग्नि के उपासक, व्रती, सोमयाज्ञिक हैं एवं उदुम्बर उपाधि धारण करते हैं। इसी वंश में वाजपेय यज्ञ करनेवाले प्रसिद्ध महाकवि हुए। उसी परम्परा में पाँचवें भवभूति हैं जो स्वनामधन्य भट्टगोपाल के पौत्र हैं और पवित्र कीर्ति वाले नीलकण्ठ के पुत्र हैं। इनकी माता का नाम जातुकर्णी है और ये श्रीकण्ठ पदवी प्राप्त, पद, वाक्य और प्रमाण के ज्ञाता हैं।'

'श्रीकण्ठ पदलाञ्छनः भवभूतिर्नाम' इस उल्लेख से यह प्रकट होता है कि श्रीकण्ठ कवि की उपाधि थी और भवभूति नाम था। किन्तु कुछ टीकाकारों का यह विश्वास है कि कवि का नाम श्रीकण्ठ था और भवभूति उपाधि थी, जो उन्हें कुछ विशेष पदों की रचना की प्रशंसा में मिली थी। इस पक्ष की पुष्टि में 'महावीरचरित' एवं 'उत्तररामचरित' के टीकाकार वीर राघव[1] ने इस वाक्य की व्याख्या इस प्रकार प्रस्तुत की है–

'श्रीकण्ठपदं लाञ्छनं नाम यस्य सः। 'लाञ्छनो नाम-लक्ष्मणोः' इति रत्नमाला। पितृकृतनामेदम्...भवभूतिर्नाम 'साम्बा पुनातु भवभूतिपवित्रमूर्तिः।' इति श्लोकरचना सन्तुष्टेन राज्ञा भवभूतिरिति ख्यापितः।'

इस व्याख्या के अनुसार श्रीकण्ठ भवभूति का नाम था, क्योंकि 'लाञ्छन' शब्द नाम का परिचायक है। *'साम्बा पुनातु भवभूतिपवित्रमूर्तिः'*–शिव की भस्म से पवित्र विग्रहवाली माता पार्वती तुम्हें पवित्र करें–इस श्लोक की रचना से प्रसन्न होकर राजा ने उन्हें 'भवभूति' पदवी से सम्मानित किया।

जगद्धर[2] ने 'मालती माधव' की टीका में *'नाम्ना श्रीकण्ठः, प्रसिद्ध्या भवभूतिरित्यर्थः'* तथा त्रिपुरारि[3] ने भी इसी नाटक की टीका में *'भवभूतिरिति व्यवहारे तस्येदं नामान्तरम्'* कहकर इसी मत का प्रतिपादन किया है कि श्रीकण्ठ नाम था और भवभूति प्रसिद्धि तथा व्यवहार का नाम था।

'उत्तररामचरित' के टीकाकार घनश्याम के शब्द *'भवात् शिवात् भूतिः भस्म सम्पद् यस्य ईश्वरेणैव जातु द्विजरूपेण विभूतिर्दत्ता'*–कि स्वयं भव (शिव) ने कवि को अपनी 'भूति' प्रदान की, अतः उसे 'भवभूति' पुकारा गया,–इसी मत की पुष्टि करते हैं। 'आर्यासप्तशती' (1.39) की व्याख्या करते हुए टीकाकार अनन्तपण्डित

---

1. म.च., निर्णयसागर प्रेस सं., पृ.8
2. मा.मा., पृ.8
3. मा.मा., निर्णयसागर सं., पृ.7

का मत है कि निम्नलिखित श्लोक–

तपस्वी कां गतोऽवस्थामिति स्मेराननाविव।
गिरिजायाः कुचौ वन्दे भवभूतिसिताननौ ॥

की रचना के कारण कवि को 'भवभूति' उपाधि से सम्मानित किया गया अन्यथा उनका वास्तविक नाम श्रीधर था। अनन्तपण्डित की यह मान्यता कि कवि का नाम श्रीकण्ठ न होकर श्रीधर था, निर्मूल है, क्योंकि कवि के तीनों नाटकों की प्रस्तावना में 'श्रीकण्ठ' पद का स्पष्ट उल्लेख है।

अन्य कुछ विद्वानों के अनुसार भवभूति कवि का नाम था तथा श्रीकण्ठ उपाधि थी। *'भवभूतिरित्येवास्य नाम। वश्यवाक्त्वलक्षणा सारस्वत श्रीकण्ठे यस्य सोऽयं श्रीकण्ठ इति। श्रीकण्ठ इति च गुणकृतमाभिधानमिति मन्यन्ते। अनुरूपं चेतत् श्रीकण्ठपद-लाञ्छन इति प्रयोगस्य।'*[1]

श्री (सरस्वती) कवि के कण्ठ में विराजमान थी इसलिए उन्हें 'श्रीकण्ठ' होने का सम्मान प्राप्त था। संस्कृत में 'लाञ्छन' शब्द उपाधि का परिचायक है। उदाहरणार्थ *'कविराजलाञ्छनस्य वाक्पतिराजस्य'* से स्पष्ट है कि 'कविराज' वाक्पतिराज की उपाधि थी। उसी प्रकार 'श्रीकण्ठपदलाञ्छन' शब्द को भवभूति की उपाधि के रूप में स्वीकार करना चाहिए। *'दीपशिखा कालिदास'*, *'घण्टामाघ'*, *'छत्रभारवि'* आदि के समान ही *'श्रीकण्ठभवभूति'* भी संगत प्रतीत होता है।

एस.वी. दीक्षित[2] के मत में भवभूति कवि का 'पेन नेम' है, जिसे उन्होंने कालिदास के नाम की तुलना में ग्रहण किया अर्थात् यदि कालिदास 'काली' के दास हैं तो भवभूति भव (काली के पति) की भूति हैं।

शारदारंजन राय[3] का कहना है कि श्रीकण्ठ तथा नीलकण्ठ में कण्ठ की समानता होने के कारण सम्भवतः विद्वानों ने कवि का नाम श्रीकण्ठ स्वीकार किया है किन्तु इसका निराकरण नीलकण्ठ और भट्टगोपाल में ध्वनि के असाम्य से हो जाता है। राय के मत में नाम कहने का एक अत्यन्त सामान्य ढंग है। *'हिमालयो नाम नगाधिराजः'*, *'कालिन्दीतटवटः श्यामो नाम'*, *'गिरिः प्रस्त्रवणो नाम'*, *'कुजवान्नाम'*, *'श्रमणानाम सिद्धशबरी'* आदि। अतः *'भवभूतिर्नाम'* में नाम विषयक कोई संशय नहीं होना चाहिए।

नाम-विषयक इस विवाद के बारे में पूर्ण सरस्वती का मत सर्वथा भिन्न है। 'मालती माधव'[4] की टीका में उनका कथन है *"श्रीकण्ठपदलाञ्छनः कनकपट्टादि निविष्टा*

1. सूक्तिमुक्तावली, भूमिका, पृ.48
2. भवभूति, हिज़ लाइफ़ ऐण्ड लिटरेचर
3. भवभूति'ज़ उत्तररामचरित, पृ.5
4. त्रिवेन्द्रम संस्कृत सीरीज़, नं. 170

परमेश्वरपदन्यासमुद्रा शिखादिधृता लक्षणं यस्य। अनेन शिवभक्त्यतिशयः सूचितः'— अर्थात् 'श्रीकण्ठ' कवि की शिव के प्रति भक्तिभावना का सूचक है, अन्य कुछ नहीं। पूर्ण सरस्वती के मत में भवभूति में शैवभावना या शिवभक्ति विशेष रूप से लक्षित होती है! 'मालती माधव' के नान्दीश्लोक शिव के स्तवन-गान हैं। पूर्ण सरस्वती अपना मत प्रस्तुत करते हुए आगे कहते हैं कि यदि श्रीकण्ठ को उपाधि मान लिया जाए तो *'भवभूतिर्नाम श्रीकण्ठपदलाञ्छनः'* होना चाहिए था और यदि श्रीकण्ठ को नाम स्वीकार किया जाता है तो वह *'श्रीकण्ठपदलाञ्छनः भवभूतिर्नाम'* होना चाहिए था, जबकि भवभूति के तीनों नाटकों में इन दोनों अभिधानों के मध्य *'पदवाक्यप्रमाणज्ञः'* कवि की विशेषता को सूचित करता है। इसके अलावा, भवभूति के परवर्ती रचनाकारों ने कहीं भी श्रीकण्ठ नाम या उपाधि से उनका उल्लेख नहीं किया।

राजशेखर[1] का यह श्लोक—

बभूव वल्मीकभवः पुरा कविस्ततः प्रपेदे भुवि भर्तृमेण्ठताम्।
स्थितः पुनर्यो भवभूतिरेखया स वर्तते सम्प्रति राजशेखरः ॥

में एवं कल्हण[2] का यह पद—

कविर्वाक्पतिराज श्रीभवभूत्यादिसेवितः।
जितो ययौ यशोवर्मा तद्गुणस्तुतिवन्दिताम् ॥

तथा गोवर्धनाचार्य[3] का यह श्लोक—

भवभूतेः सम्बन्धाद्भूधरभूरेव भारती भाति।
एतत्कृतकारुण्ये किमन्यथा रोदिति ग्रावा ॥

इस बात का प्रमाण है कि भवभूति ही उनका नाम था और इसी नाम से वे प्रसिद्ध हुए। यदि 'श्रीकण्ठ' भवभूति का नाम अथवा उपाधि होती तो कोई न कोई रचनाकार इसका उल्लेख अवश्य करता। कवि के समकालिक वाक्पतिराज[4] भी भवभूति को उनके इसी नाम से सम्बोधित करते हैं—

भवभूइजलहिणिग्गयकव्वामयरसकणा इव फुरन्ति।
जस्स विसेसा अज्जवि वियडेसु कहाणिवेसेसु ॥
(संस्कृत)
भवभूतिजलधिनिर्गतकाव्यामृतरसकणा इव स्फुरन्ति।
यस्य विशेषा अद्यापि विकटेषु कथानिवेशेषु ॥

---

1. बाल रामायण, 1.16
2. राजतरंगिणी, 4.144
3. आर्यासप्तशती, 1.33
4. गउडवहो, गाथा, 799

जिस प्रकार *'पदवाक्य प्रमाणज्ञः'* कवि के नाम अथवा उपाधि के रूप में ग्राह्य नहीं है, वैसे ही *'श्रीकण्ठपदलाञ्छनः'* भी कवि के नाम अथवा उपाधि के रूप में ग्राह्य नहीं होना चाहिए, यह केवल उनकी शिवभक्ति का सूचक है। जैसे *'पदवाक्यप्रमाणज्ञभवभूति'*, *'परिणतप्रज्ञभवभूति'* कहा जा सकता है, वैसे ही *'श्रीकण्ठपदलाञ्छन भवभूति'* भी कहा जा सकता है।

'महावीरचरित' एवं 'मालतीमाधव' की प्रस्तावना में भवभूति के पूर्वजों का परिचय अनेक विशेषणों के साथ प्राप्त होता है। वे कृष्ण यजुर्वेद की तैत्तिरीय शाखा के ब्राह्मण थे– *'तैत्तिरीयाः'*। कश्यपगोत्री थे– *'काश्यपाः'*। उन्हें *'चरणगुरवः'* कहा गया है जो उनकी श्रेष्ठता का परिचायक है। वे अपने ज्ञान के लिए इतने समादरणीय थे कि भोजन के समय उनके उपस्थित होने से ब्राह्मणों की पंक्ति पवित्र मानी जाती थी– *'पंक्तिपावनाः'*[1]। वे गार्हपत्य, आहवनीय, आदि पञ्चाग्नि के उपासक– *'पञ्चाग्नयः'* और व्रतों के धारक–*'धृतव्रताः'* थे।

भवभूति ने अपने पाँचवें पूर्वज का नाम महाकवि बताया है। ये वाजपेय यज्ञ के अनुष्ठाता थे, सोमयज्ञ करनेवाले थे। भवभूति अपने पितामह भट्टगोपाल का उल्लेख करते हैं। ये भी अपने ज्ञान और अपनी धर्मनिष्ठा के लिए प्रसिद्ध थे– *'सुगृहीतनामा'*। भवभूति के पिता का नाम नीलकण्ठ था। इन्होंने अपनी विद्वत्ता और जीवन की पवित्रता के कारण यश प्राप्त किया था– *'पवित्रकीर्तिः'*। इनकी माता जातुकर्णी थीं। यह एक गोत्र-नाम है। 'उत्तररामचरित' की टीका में विद्यासागर के अनुसार भवभूति की माता जातुकर्ण गोत्र में उत्पन्न हुई थीं, अतः उनका नाम जातुकर्णी था। 'दिव्यावदान' नाम के प्राचीन संस्कृत ग्रन्थ के 33वें अध्याय में वेद के विभाग-वर्णन में यजुर्वेद की 6 शाखाएँ और 101 प्रशाखाएँ उल्लिखित हैं। इन्हीं शाखाओं में एक जातुकर्ण है। इस ग्रन्थ से अनुमान होता है कि भवभूति के मातामह यजुर्वेद की जातुकर्ण शाखा के अन्तर्गत थे, इसीलिए भवभूति की माता जातुकर्णी नाम से जानी गयीं।

अपने पूर्व पितामहों के वैदिक ज्ञान एवं आचरण का यशगान करते हुए भवभूति कहते हैं–

ते श्रोत्रियास्तत्त्वविनिश्चयाय भूरि श्रुतं शाश्वतमाद्रियन्ते।
इष्टाय पूर्ताय च कर्मणेऽर्थान्दारानपत्याय तपोऽर्थमायुः ॥

—मा.मा., 1.5

---

1. मनुस्मृति में श्रोत्रिय पंक्तिपावन ब्राह्मणों की परिभाषा :
अग्र्या सर्वेषु वेदेषु सर्वप्रवचनेषु च।
श्रोत्रियान्वयजाश्चैव विज्ञेयाः पंक्तिपावनाः ॥ 3.184

'वे तत्त्व-निश्चय के लिए अपने वैदिक ज्ञान का उपयोग करते थे। यज्ञादि अनुष्ठान एवं तडाग-कूप आदि के निर्माण के लिए धन को महत्त्व देते थे, सन्तति के लिए स्त्री और तपश्चर्या के लिए आयु का आदर करते थे।'

भवभूति ने अपने वंश-परिचय में नाम या विशेषण के रूप में एक शब्द का उल्लेख किया है– *'उदुम्बरनामानः'*–अर्थात् ये ब्राह्मण 'उदुम्बर' नाम से जाने जाते थे। 'मालतीमाधव' के विद्वान् टीकाकार जगद्धर ने इस शब्द को 'डम्बर' स्वीकार किया है– *'डम्बरनामानः'*। 'डम्बर' उत्कर्ष और प्रसिद्धि का सूचक है– *'डम्बरं उत्कर्षसूचकं नाम येषाम्'* (जिनका नाम उत्कर्ष का सूचक था) अथवा *'प्रसिद्धौ डम्बरं विदुः'* विश्वकोश की इस व्याख्या के अनुसार जो प्रसिद्ध नाम वाले थे। डॉ. एस. वी. केतकर[1] इसे 'डम्बर' स्वीकार करते हैं क्योंकि यह महाराष्ट्र में प्रचलित वर्तमान 'डाम्बरे' से मेल खाता है।

प्रो.वी.वी. मिराशी[2] केतकर के इस मत को पूरी तरह काल्पनिक मानते हैं। 'मालतीमाधव' के अनेक या लगभग सभी संस्करणों में *'उदुम्बरनामानः'* पाठ मिलता है–डॉ. भाण्डारकर ने अनेक पाण्डुलिपियों के अध्ययन के बाद और उनका मेल मिलाने के बाद *'उदुम्बरनामानः'* पाठ स्वीकार किया है। यह केवल एक और अर्वाचीन पाण्डुलिपि है, जिसमें *'डम्बरनामानः'* पाठ मिलता है। जो निश्चय ही लिपिक की भूल है। टोडरमल, त्रिपुरारि एवं वीरराघव आदि सभी टीकाकार *'उदुम्बरनामानः'* पाठ स्वीकार करते हैं। 'उदुम्बर' भवभूति के पूर्वजों का कुलनाम था, जिसका सम्बन्ध उस नगर-ग्राम या स्थान से था, जहाँ के ये पूर्वज मूल निवासी थे।

जन्मस्थल-पद्मपुर

'महावीरचरित' नाटक की प्रस्तावना में स्पष्ट उल्लेख है कि दक्षिणापथ में पद्मपुर नाम का नगर भवभूति का जन्मस्थान है–*'अस्ति दक्षिणापथे पद्मपुरं नाम नगरम्।'* 'मालतीमाधव' में यह सूचना कुछ अधिक विशद हो जाती है जब सूत्रधार के पद्मपुर नगर से पहले विदर्भ देश का उल्लेख करता है– *'अस्ति दक्षिणापथे विदर्भेषु पद्मपुरं नाम नगरम्।'* इस प्रकार भवभूति का जन्मस्थल पद्मपुर दक्षिणापथ के विदर्भ राज्य में स्थित था। 'विदर्भेषु' में बहुवचन का प्रयोग यह सूचित करता है कि कई छोटे राज्यों का समवाय विदर्भ कहलाता था।

वात्स्यायन 'कामसूत्र' के टीकाकार यशोधर[3] नर्मदा नदी से दक्षिण दिशा में

---

1. उद्धृत, भवभूति, पृ.53, वी.वी.मिराशी
2. वही, पृ. 54-55
3. चौखम्बा संस्कृत सीरीज़, पृ. 112

विद्यमान प्रदेश को 'दक्षिणापथ' स्वीकार करते हैं– *'नर्मदाया दक्षिणेन देशो दक्षिणापथः।'* राजशेखर ने इसे माहिष्मती से परे दक्षिण में माना है *'माहिष्मत्याः परतो दक्षिणापथः'*।[1]

उपर्युक्त विवरण से यह तो स्पष्ट ही है कि भवभूति दक्षिणापथ के निवासी थे।

'मालतीमाधव' के टीकाकार जगद्धर पद्मपुर और पद्मावती का ऐक्य स्वीकार करते हैं। त्रिपुरारि भी इस मत के समर्थक हैं। एम.वी. लेले ने भी भवभूति के जन्मस्थल पद्मपुर का पद्मावती के साथ ऐक्य स्वीकार किया है। अपने मत की पुष्टि में वे जगद्धर को भी उद्धृत करते हैं जो 'मालतीमाधव' के पुराने और मान्य टीकाकार हैं। इसके अलावा उनका कहना है कि भवभूति ने 'मालतीमाधव' में पद्मावती का विस्तार से वर्णन किया है, जिससे प्रतीत होता है कि भवभूति अपने आरम्भिक जीवन से ही इस स्थान के साथ आत्मीय और घनिष्ठ थे। 'विदर्भ' शब्द को अमान्य घोषित करते हुए लेले का कहना है कि यह शब्द 'महावीरचरित' की प्रस्तावना में नहीं मिलता। इसलिए प्रामाणिक नहीं है।

यदि हम 'विदर्भेषु' शब्द को छोड़ भी दें, तब भी 'दक्षिणापथ' शब्द इस बात का प्रमाण है कि भवभूति का पद्मपुर भारत के दक्षिणी प्रदेश में स्थित था। लेले ने इतनी सहज स्वीकार्य इस बात को तोड़-मोड़ दिया है और पद्मपुर से पद्मावती का जोड़ मिलाते हुए यह निष्कर्ष प्रस्तुत किया है कि 'दक्षिणापथ' से कवि का तात्पर्य कालप्रियनाथ के दक्षिण से है। कालप्रियनाथ वर्तमान कालपी है और उसके दक्षिण में पद्मपुर (पद्मावती) या पद्मपवाया स्थित है।

पर लेले के ये दोनों ही तर्क कमज़ोर हैं। किसी स्थान का सुन्दर या विस्तृत वर्णन इस बात का प्रमाण नहीं है कि वह कवि का जन्मस्थल था। जुड़ाव और भी कई तरह के हो सकते हैं। सम्भव है, भवभूति ने उत्तराखण्ड में आने के बाद पद्मावती में कुछ अधिक समय बिताया हो, या इस नगर के सौन्दर्य और ऐश्वर्य ने कवि को आकर्षित किया हो, उसमें प्रशंसा-भाव जगाया हो। दूसरे, 'दक्षिणापथ' एक स्पष्ट शब्द-प्रयोग है, जो कवि के दक्षिण देशीय होने से जुड़ा है, केवल दक्षिण दिशा से नहीं।

इसके अलावा, भवभूति ने अपने नाटकों की प्रस्तावना में संस्कृत कवियों के आत्मपरिचय-सम्बन्धी उस मौन को तोड़ा है जो एक परम्परा बन गया था। उनके परिचय में *'अस्ति दक्षिणापथे पद्मपुरं नाम नगरम्'* में एक ऐसी ध्वनि है जो किसी दूरदेशीय कवि के मुख से आयी हुई प्रतीत होती है। कवि परदेशी है, वह प्रेक्षकों को अपने बारे में कुछ बताना चाहता है। प्रस्तावना में एक दूरागत कवि का परिचय

---

1. काव्यमीमांसा, पृ. 93

है जो इस बात का प्रमाण है कि भवभूति का पद्मपुर कालप्रियनाथ से केवल कुछ दूर दक्षिण में नहीं, बल्कि सुदूर दक्षिण में था।

भवभूति का पद्मपुर न केवल दक्षिणापथ में बल्कि वहाँ के विदर्भदेश में स्थित था—इसका प्रमाण है नाटक के दृश्य का पद्मावती में खुलना और कामन्दकी का यह कथन *'तदिदानीं विदर्भराजस्य मन्त्रिणा सता देवरातेन माधवं पुत्रमान्वीक्षिकी श्रवणाय कुण्डिनपुरादिमां पद्मावतीं प्रहिण्वता सुविहितम्।'* (मा.मा. 1.10-11) अर्थात् 'विदर्भराज के मन्त्री देवरात ने पुत्र माधव को कुण्डिनपुर से पद्मावती भेजकर बहुत अच्छा किया है।' (वस्तुतः माधव न्यायविद्या के श्रवण के लिए नहीं, बल्कि वहाँ के मन्त्री भूरिवसु की पुत्री से विवाह करने के लिए आता है।) यह वक्तव्य इस बात का प्रमाण है कि पद्मावती विदर्भ में नहीं थी, वह एक स्वतन्त्र और भिन्न राज्य एवं नगरी थी।

इसके अतिरिक्त भवभूति ने न केवल पद्मावती का, बल्कि अन्य स्थलों का, पर्वतों, अरण्यों का भी अत्यन्त विशद और घनिष्ठ वर्णन किया है। कवि ने गोदावरी को *'सरिद्वराम्'* (उ.रा.च. 3.1) की उपाधि दी है। भवभूति का यह कथन *'एताश्चन्दनाश्वकर्णसरलपाटलप्रायतरुगहनाः परिणतमालूरसुरभयोऽरण्यगिरिभूमयः स्मारयन्ति...गोदावरीमुखरित – विशालमेखलाभुवो दक्षिणारण्यभूधरान्'* (मा.मा., 9. 3-4)—कि 'चन्दन, सर्ज, सरल, पाटल आदि वृक्षों से दुर्गम और पक्व बेल-फलों से सुगन्धित ये वन, पर्वत-प्रदेश दक्षिण के वनों और पर्वतों का स्मरण कराते हैं'—उत्तर (पद्मावती) में विद्यमान एक दक्षिणी कवि की स्मृति को चित्रित करता है। 'स्मारयन्ति' पद इस बात को निश्चित रूप से प्रमाणित करता है कि भारत के दक्षिणी प्रान्तों से कवि का प्रगाढ़ परिचय था और ये स्थल कवि के आरम्भिक जीवन से जुड़े थे। उत्तर भारत कवि के जीवन में बाद में आता है।

पद्मावती का स्थान-निर्धारण करने से हम समस्या के कुछ अधिक निकट पहुँच सकते हैं और कुछ अधिक दूर तक उसका हल भी प्राप्त कर सकते हैं। माधव का विदर्भ से पद्मावती आना यह प्रमाणित करता है कि विदर्भ में स्थित भवभूति का जन्मस्थल पद्मपुर इस पद्मावती से सर्वथा भिन्न है। 'मालतीमाधव' में पद्मावती का विस्तृत वर्णन प्राप्त होता है। माधव का मकरन्द से यह कहना— *'तदुत्तिष्ठ। पारासिन्धुसम्भेदमवगाह्य नगरीमेव प्रविशावः'* (4.9-10)—'चलो, पारा और सिन्धु नदी के इस संगम में स्नान करके हम नगरी में प्रवेश करेंगे'—यह प्रकट करता है कि पद्मावती के उपान्त प्रदेशों में ये नदियाँ बहती थीं। भवभूति ने पद्मावती-वर्णन में पारा, सिन्धु, मधुमती और लवणा—इन चार नदियों का चित्रण किया है। सौदामिनी के शब्दों में यह वर्णन—

> पद्मावती विमलवारिविशालसिन्धु-
> पारासरित्परिकरच्छलतो बिभर्ति।

उत्तुङ्गसौधसुरमन्दिरगोपुराट्ट-
संघट्टपाटितविमुक्तमिवान्तरिक्षम् ॥ 9.1 ॥

'निर्मल जलवाली विशाल सिन्धु एवं पारा नदियों का चित्र उपस्थित करता है जिनके छद्म से पद्मावती नगरी ऊँचे भवनों, देवालयों एवं नगर-द्वारों के शिखरों से छिन्न-भिन्न हुए आकाश को मानो मुक्त हुए के सदृश धारण करती है।' इसके बाद लवणा नदी का यह चित्र है :

सैषा विभाति लवणा ललितोर्मिपङ्क्ति-
रभ्रागमे जनपदप्रमदाय यस्याः।
गोगर्भिणी प्रियनवोलपमालभारि-
सेव्योपकण्ठविपिनावलयो विभान्ति ॥ 9.2 ॥

'सुन्दर ऊर्मिमालाओं से युक्त यह लवणा नदी है, जिसके तट पर विशाल वनमालाएँ हैं, जहाँ वर्षा के आगमन पर नागरिकजन हर्ष मनाते हैं और जहाँ गर्भिणी गौओं की विशेष प्रिय हरीभरी घास है।' इसके पश्चात् मधुमती और सिन्धुनदी के संगम को पवित्र करता 'सुवर्णबिन्दु' नाम से ख्यात भगवान शिव के मन्दिर का उल्लेख है–*'अयं च मधुमतीसिन्धुसम्भेदपावनो भगवान्भवानीपतिरपौरुषेयप्रतिष्ठः सुवर्णबिन्दुरित्याख्यायते।'* (9.3-4) भवभूति इन नदियों का वर्णन करते हुए सिन्धुनदी के एक जलप्रपात का वर्णन भी करते हैं–

"अयमसौ भगवत्याः सिन्धोर्दारितरसातलस्तटप्रपातः"–

यह पृथ्वी-जल को विदीर्ण करनेवाला विशाल सिन्धुनदी का प्रपात है–

यत्रत्य एष तुमुलो ध्वनिरम्बुगर्भ-
गम्भीरनूतनघनस्तनितप्रचण्डः।
पर्यन्तभूधरनिकुञ्जविजृम्भमाणो
हेरम्बकण्ठरसितप्रतिमानमेति ॥ 9.3 ॥

'जिसका तुमुल घोष जलभरे नये मेघ के गर्जन के सदृश है और जो निकटवर्ती पर्वत कुंजों में प्रचण्ड प्रतिध्वनि को प्राप्त करने के कारण गणेश के कण्ठ-गर्जन के सदृश प्रतीत होता है।'

सर्वप्रथम कनिंघम[1] ने पद्मावती के स्थान-निर्धारण के बारे में अपने अनुमान प्रस्तुत किये और बताया कि भवभूति के ये वर्णन ग्वालियर के निकटवर्ती नरवार से मेल खाते हैं। नरवार के पास की नदी आज भी सिन्धु कहलाती है, पारा 'पार्वती', मधुमती 'महुवार' और लवणा 'नून' नाम से जानी जाती हैं। नरवार में एक पुराना

1. कोइंस ऑफ मीडिवल इण्डिया, पृ. 20-22

किला भी है और पुराणों में वर्णित पद्मावती के नागा राजाओं के सिक्के भी नरवार के निकट पाये गये हैं। लेकिन बाद में, ग्वालियर राज्य के पुरातत्त्व विभाग के निदेशक एम.बी.गार्डे[1] ने खुदाई से प्राप्त अवशेषों के आधार पर यह प्रमाणित कर दिया कि ऐतिहासिक पद्मावती नरवार नहीं, बल्कि नरवार का निकटवर्ती गाँव पवाया या पदमपवाया है।

पवाया से लगभग तीन मील दूर आज भी एक सुन्दर स्थल है जहाँ सिन्धु का जलप्रपात है। सिन्धु-मधुमती नदियों के संगम पर एक ऊँचे चबूतरे पर एक शिव-लिंग मन्दिर भी है, जो प्राचीन 'सुवर्णबिन्दु' मन्दिर का प्रतीक चिह्न है।

पवाया अथवा पदमपवाया के रूप में पद्मावती का स्थान-निर्धारण होने के पश्चात् दक्षिणापथ में भवभूति के जन्मस्थल पद्मपुर का स्थान-निर्धारण करना अब अपेक्षाकृत अधिक सरल और सुविधाजनक होगा।

हम सर्वप्रथम डॉ. भाण्डारकर[2] के दृष्टिकोण को प्रस्तुत करेंगे। उनके अनुसार भवभूति के वर्णन से यह स्पष्ट प्रतीत होता है कि उनका जन्मस्थल नागपुर में चाँदा अथवा चन्द्रपुर के निकट होना चाहिए, जहाँ आज भी मराठी देशस्थ ब्राह्मणों के परिवार रहते हैं, जो आपस्तम्ब-सूत्रों सहित कृष्ण यजुर्वेद की तैत्तिरीय शाखा से जुड़े हैं। और जिसके दक्षिणी एवं दक्षिण-पूर्वी प्रदेश में उन्हीं वेदों और सूत्रों के अनुयायी तैलंग ब्राह्मण-परिवारों का वास है। गोदावरी नदी भी भवभूति के जन्मस्थल के निकट होनी चाहिए। 'मालतीमाधव' और 'उत्तररामचरित' में प्राप्त वर्णनों से इस नदी के प्रति कवि का पक्षपात स्पष्ट दृष्टिगोचर होता है।

एस.वी. द्रीक्षित[3] ने प्रो. मिराशी के मत को उद्धृत किया है और उनसे अपनी सहमति प्रकट की है। प्रो. मिराशी भाण्डारकर के मत को असंगत मानते हैं। इसके तीन कारण हैं। सर्वप्रथम चाँदा का निकटवर्ती पद्मापुर 'पद्मपुर' से नाम में भिन्न है, दूसरे, यह नया बसा हुआ है, तीसरे, इसमें कोई खँडहर आदि नहीं मिलते, जो किसी प्राचीन नगरी की स्थिति को प्रकट करें।

भवभूति के जन्मस्थल पद्मपुर के विषय में प्रो. मिराशी[4] ने सभी विद्वानों के मतों और विचारों का परिशीलन एवं विश्लेषण करने के बाद जो तर्क एवं निष्कर्ष प्रस्तुत किये हैं, वे अपेक्षाकृत अधिक ठोस, विश्वसनीय और स्वीकार्य जान पड़ते हैं। उन्होंने भण्डारा ज़िले में आमगाँव से लगभग ढाई मील दूर स्थित पद्मपुर ग्राम से भवभूति के पद्मपुर की समानिकता स्थापित की है। उनके द्वारा प्रस्तुत इस निष्कर्ष

---

1. पद्मावती, प्लेट 11
2. मा.मा., बॉम्बे संस्कृत सीरीज़ वाल्यू. 15, पृ. 3
3. भवभूति, हिज़ लाइफ़ ऐण्ड लिटरेचर, पृ. 18
4. भवभूति, पृ. 34-44; इन्स्क्रिप्शंस ऑफ द वाकाटकाज़ (सी.आई.आई., वाल्यू. 5, भूमिका एवं अन्यत्र)

के लिए जो तर्क दिये गये, उनका अध्ययन इस प्रकार है—

मध्यप्रदेश के दुर्ग ज़िले में, मोहल्ला में एक ताम्रपत्र-लेख मिला है, जो वाकाटक राजा द्वारा ज़ारी किया गया है और जिस पर पद्मपुर का उल्लेख है। यह ताम्रपत्रलेख पद्मपुर से ही ज़ारी होना चाहिए। इस पर पद्मपुर के साथ *'वासकात्'*, *'स्थानात्'* या *'विजय-स्कन्धावारात्'* आदि शब्द नहीं हैं, जो पद्मपुर का मुख्य नगर अथवा राजधानी होना सूचित करते हैं।

वाकाटक राजाओं ने विदर्भ पर तीसरी शताब्दी के मध्य से छठी शताब्दी के आरम्भ तक राज्य किया था। ये राजा वैदिक ज्ञान के संरक्षक और स्वयं भी वैदिक यज्ञ-याग करते थे। ये निश्चय ही विद्वान् ब्राह्मणों के आश्रयदाता थे। वाकाटक राजा प्रवरसेन द्वितीय ने यज्ञों के अनुष्ठान के लिए ब्राह्मणों को अनेक ग्राम दान में दिये थे। भवभूति के विवरण से प्रतीत होता है कि उनके पूर्वजों की कम से कम पाँच पीढ़ियाँ पद्मपुर में रहती थीं। इससे पहले उनका मूल जन्मस्थान उदुम्बर था, जो उनके नाम के साथ संयुक्त हो गया था— *'उदुम्बरनामानो ब्रह्मवादिनः प्रतिवसन्ति।'* उदुम्बर को पेनगंगा के तट पर स्थित उमरखेड़ माना जा सकता है। जैसाकि हम 'नाम-वंशावली' शीर्षक में जान चुके हैं कि भवभूति के ये पूर्वज तैत्तिरीय शाखा के ब्राह्मण थे। ये व्रती थे, पंक्तिपावन थे, ब्रह्मवादी थे और पंचाग्नि के संरक्षक थे। यह असम्भव नहीं जान पड़ता कि वाकाटक राजाओं ने इन पवित्रकीर्ति ब्राह्मणों को अपनी राजधानी में बसने का निमन्त्रण दिया हो और उन्हें राजाश्रय प्रदान किया हो। दकन या विदर्भ वाकाटकों के बाद कलचुरियों के अधिकार में आ गया। इनका विशाल साम्राज्य था और राजधानी माहिष्मती (वर्तमान महेश्वर) थी। इन्होंने विदर्भ में जिन जागीरदारों को नियुक्त किया, वे साधारण राष्ट्रकूट राजपरिवार थे। इस प्रकार ज्ञानी ब्राह्मणों का राजाश्रय समाप्त हो गया और सम्भवतः इसी कारण भवभूति को वहाँ न धन मिल सका, न यश और वे दक्षिणापथ छोड़कर उत्तराखण्ड आ गये और अन्ततः कान्यकुब्ज नरेश यशोवर्मा के राजकवि बन गये।

उक्त पद्मपुर के साथ भवभूति के पद्मपुर की समानिकता निश्चित करते हुए प्रो. मिराशी दूसरा तर्क यह प्रस्तुत करते हैं कि विदर्भ के भण्डारा और चाँदा ज़िले में कम-से-कम छह गाँवों का नाम पद्मपुर, पद्मापुर या पदमपुर है। पर भवभूति का पद्मपुर एक समृद्ध नगर था और वाकाटकों की राजधानी था। आमगाँव के निकटवर्ती पद्मपुर गाँव में जो खँडहर और पुरावशेष पाये गये हैं तथा हिन्दू देवताओं और तीर्थंकरों की तथा अन्य सुन्दर उत्कीर्णित मूर्तियों का जो भण्डार मिला है, वह एक वैभवशाली नगर का चित्र प्रस्तुत करता है। इसके प्राकृतिक दृश्य, चारों तरफ़ खड़ी पहाड़ियाँ, सुन्दर शिलाखण्ड आज भी इसे मोहकता प्रदान करते हैं। यह पथरीले जंगलों से घिरा हुआ है, जिसमें कभी तेंदुओं और नागों की बहुतायत थी। 'उत्तररामचरित' के दूसरे और तीसरे अंक में भवभूति ने दण्डकारण्य का जो भव्य,

भीषण चित्र उपस्थित किया है, वह अवश्य ही उनके जन्मस्थल की स्मृति से जुड़ा हुआ है—'जहाँ जंगल की गर्मी से आतंकित गिरगिट प्यास से व्याकुल होकर पानी के अभाव में अजगरों का पसीना पी रहे हैं' आदि।

आमगाँव में निकटवर्ती पद्मपुर को भवभूति का जन्मस्थल मानने के बारे में प्रो. मिराशी का तीसरा तर्क यह है कि भवभूति और उनके पूर्वज कृष्ण यजुर्वेद की तैत्तिरीय शाखा के ब्राह्मण थे। यह एक महत्त्वपूर्ण तथ्य है कि आज भी, पद्मपुर के आसपास के इलाके में जो ब्राह्मण रहते हैं, वे कृष्ण यजुर्वेद की तैत्तिरीय शाखा के ब्राह्मण हैं।

भण्डारा ज़िले में आमगाँव के निकट पद्मपुर गाँव के साथ भवभूति के जन्मस्थल पद्मपुर की जो समानिकता प्रो. मिराशी ने स्थापित की है, उस पर डॉ. पी.वी. काने[1] ने 'उत्तररामचरित' के चतुर्थ संस्करण में कुछ प्रश्नचिह्न लगाये हैं, वे इस प्रकार हैं—

(1) प्रो. मिराशी ने स्वयं स्वीकार किया है कि विदर्भ के चाँदा एवं भण्डारा ज़िलों में पद्मपुर, पदमपुर एवं पद्मापुर नाम से लगभग छह गाँव हैं। वहाँ आज तक उत्खनन कार्य नहीं किया गया है। क्योंकि आमगाँव के निकटवर्ती पद्मपुर में उन्हें इस तरह के खँडहर मिले हैं, इस आधार पर उसे भवभूति का पद्मपुर स्वीकार करना प्रामाणिक नहीं लगता। जब विदर्भ में दूसरे गाँवों में उत्खनन कार्य हुआ ही नहीं है, तब कौन कह सकता है कि वहाँ ऐसे खँडहर प्राप्त नहीं होंगे या होंगे?

अपनी दूसरी आपत्ति में प्रो. काने का कथन है :

(2) प्रो. मिराशी का यह निष्कर्ष कि पद्मपुर वाकाटक राजाओं की राजधानी था, केवल एक तथ्य के आधार पर प्रस्तुत किया गया है कि वाकाटक राजा के ताम्रपत्र-लेख में पद्मपुर के साथ *'स्थानात्'* या *'वासकात्'* या *'स्कन्धावारात्'* नहीं जोड़ा गया है, क्योंकि यह नगर (महज़ पड़ाव या तीर्थ नहीं) इन राजाओं की राजधानी था। यह निष्कर्ष विश्वसनीय नहीं है, क्योंकि नन्दिवर्धन और प्रवरपुर भी वाकाटक राजाओं की राजधानियाँ थीं। इसके अलावा प्रो. मिराशी द्वारा उल्लिखित ताम्रपत्र-लेख दुर्ग ज़िले में पाया गया है जो आमगाँव के निकटवर्ती पदमपुर से लगभग 100 मील दूर है। साथ ही, पद्मपुर नाम के अलावा इस ताम्रपत्र से और कोई जानकारी प्राप्त नहीं होती है।

डॉ. काने अपनी तीसरी आपत्ति इन शब्दों में व्यक्त करते हैं :

(3) अनुदान-सम्बन्धी यह मामला नक़ली अथवा जाली है, इस बात का नकार क्यों होना चाहिए? नक़ली ताम्रपत्र अनुदान-लेख आरम्भिक समय में भी प्रचलन में थे। उदाहरण के लिए हर्ष का मधुवन ताम्रपत्र (ई.आई, 8, पृ. 158), जिसमें

1. उ.रा.च., भूमिका, पृ. 6-10

'कूटशासन' का उल्लेख है। आई.ए. वाल्यू. 30, पृ. 214-223 में नौसेना, भारत के विभिन्न भागों से प्राप्त ऐसे 49 अभिलेखों की सूची देती है जो नक़ली और अप्रामाणिक हैं, जिनमें से केवल पाँच पत्थर पर हैं, शेष ताम्रपट्ट पर हैं।

डॉ. काने के इन प्रश्नों के बारे में प्रो. मिराशी का कहना है कि हमें इनका समालोचनात्मक परीक्षण करना चाहिए।

वे डॉ. काने की पहली आपत्ति या प्रश्न के उत्तर में कहते हैं :

(1) यह सत्य है कि विदर्भ में किसी पद्मपुर में उत्खनन-कार्य नहीं हुआ है, पर क्या उत्खनन से हमें पूरे प्रमाण प्राप्त होते हैं? आज तक हस्तिनापुर, उज्जयिनी और पाटलिपुत्र आदि प्राचीन राजधानियों में हुई खुदाई के बावजूद क्या हमें ऐसे शिलालेख या सिक्के प्राप्त हुए हैं, जिन पर उनका नाम खुदा हो? जब तक हमें अकाट्य प्रमाण प्राप्त न हों, तब तक उपलब्ध प्रमाणों के आधार पर ही निष्कर्ष प्रस्तुत किया जा सकता है। भवभूति के जन्मस्थल-सम्बन्धी विवेचन में हमने यह दिखाया है कि आमगाँव के निकटवर्ती पदमपुर में जो मूर्तियाँ तथा खँडहरों के रूप में पुरातन मन्दिरों के खड़े स्तम्भ और विशाल प्रस्तरपाद मिले हैं, वे उसके प्राचीन वैभव के प्रतीक हैं, इसके अलावा उसके आसपास का इलाका भवभूति से 200 वर्ष पहले वाकाटकों के शासन में था। तथा इस गाँव के चारों ओर की प्राकृतिक छटा भवभूति के 'उत्तररामचरित' में दण्डकारण्य के वर्णन का प्रमाण प्रस्तुत करती है। प्रस्तावित समानिकता के लिए ये सब प्रमाण पर्याप्त होने चाहिए।

दूसरी आपत्ति के निराकरण के लिए प्रो. मिराशी का कहना है :

(2) दुर्ग के ताम्रपत्र-लेख में पद्मपुर के साथ *'वासकात्'*, *'स्थानात्'* या *'स्कन्धावारात्'* का न होना निराधार नहीं है। अब तक वाकाटकों, उनके जागीरदारों और मन्त्रियों के अट्ठाईस शिलालेख मिले हैं। इनमें से चौदह ताम्रपत्र लेख उन स्थानों का उल्लेख करते हैं, जहाँ से ये ज़ारी किये गये हैं। इनके ज़ारी होने का स्थान जब राजधानी होता था, तब पंचमी विभक्ति में उसका उल्लेख रहता था, जैसे *'नन्दिवर्धनात्'*, *'प्रवरपुरात्'*, और *'वत्सगुल्मात्'* आदि। जब वह अन्य कोई स्थान होता था, तब उसके साथ *'वासकात्'*, *'स्थानात्'* या *'स्कन्धावारात्'* जोड़ दिया जाता था। दुर्ग ताम्रपत्र-लेख में ज़ारी-स्थान *'पद्मपुरात्'* रूप में उल्लिखित है, जो राजधानी के रूप में मान्य होना चाहिए।

इसके अलावा डॉ. काने का यह कहना (1) यह ताम्रपत्र-लेख दुर्ग से मिला है जो आमगाँव के इस पद्मपुर से 100 मील दूर है, तथा (2) इसमें केवल पद्मपुर के नाम का उल्लेख मात्र है, अन्य कोई सूचना नहीं है,—पद्मपुर को भवभूति का पद्मपुर होना असिद्ध नहीं करता। प्रो. मिराशी का तर्क है कि ताम्रपत्र-लेख हलके और आसानी से परिवहनीय होने के कारण प्रायः अपने मूल स्थान से दूर मिलते हैं। अपने मत की पुष्टि में उन्होंने अन्य ताम्रपत्र-लेखों के उदाहरण दिये हैं जो न

केवल 100 मील बल्कि इससे भी अधिक दूर प्राप्त हुए हैं। डॉ. काने के उपर्युक्त दूसरे तर्क के उत्तर में प्रो. मिराशी का कहना है कि यह सत्य है कि दुर्ग के ताम्रपत्र-लेख में पद्मपुर का उल्लेख मात्र है, अन्य कोई विवरण प्राप्त नहीं है—पर क्या ऐसा अन्य ताम्रपत्र-लेखों में भी नहीं है? इसलिए राजधानी का स्थान-निर्धारण वहाँ प्राप्त खँडहरों, शिल्पों, मूर्तियों के आधार पर किया जाना उचित है।

डॉ. काने की तीसरी बड़ी आपत्ति कि यह ताम्रपत्र-लेख नक़ली भी हो सकता है, अपने आप में आपत्तिजनक है—इसके उत्तर में प्रो. मिराशी का वक्तव्य है :

(3) यह एक वक़ील की दलील की तरह जान पड़ता है। पुराने कुछ ताम्रपत्र-लेख नक़ली या जाली हो सकते हैं, पर जो ताम्रपत्र-लेख हमारी चर्चा का विषय है, उसके नक़ली होने का कोई प्रमाण हमारे पास नहीं है, इसलिए उसे असली और प्रामाणिक मानना ही उचित है। इसके अलावा नक़ली ताम्रपत्र अनुदान-लेखों के कुछ चिह्न होते हैं जो इस ताम्रपत्र-लेख में नहीं हैं। इस ताम्रपत्र में प्राप्त वाकाटकों का वंश-क्रम सही और सच्चा है, अभिलेख के पात्र वाकाटक युग के हैं।

प्रो. मिराशी के ये सारे तर्क, विश्लेषण और निष्कर्ष हमें एक स्वीकृतिसूचक 'हाँ' के पास लाकर खड़ा कर देते हैं इसलिए भवभूति के जन्मस्थल-सम्बन्धी इस विवाद को अब हम प्रो. मिराशी के ही शब्दों में एक निष्कर्ष, एक विराम देना चाहते हैं—

"पद्मपुर वाकाटकों की राजधानी रहा हो या न रहा हो, भवभूति के जन्म-स्थान-निर्धारण से इसका कोई सम्बन्ध नहीं है। दुर्ग ताम्रपत्र-लेख से जो निःसन्दिग्ध रूप से पता लगता है, वह है भवभूति के समय से लगभग 200 वर्ष पूर्व विदर्भ में इस नाम के स्थान का होना और दुर्ग ज़िले से जुड़े भण्डारा ज़िले में इसकी सम्भावित स्थिति। भवभूति के नाटकों से यह स्पष्ट है कि उनका पैतृक स्थान दक्षिणापथ (दकन) में विदर्भ में था। आमगाँव के निकट पद्मपुर में पाये गये खँडहरों एवं शिल्पों से यह स्पष्ट लगता है कि यह स्थान इस नाटककार का जन्मस्थल था। जब तक विदर्भ में कोई दूसरा पद्मपुर बेहतर प्रमाणों के साथ हमारे सामने नहीं आता, तब तक भण्डारा जिले में आमगाँव के निकटवर्ती पद्मपुर को भवभूति का पैतृक आवास एवं जन्मस्थल स्वीकार करने में कोई आपत्ति नहीं होनी चाहिए।"[1]

कालप्रियनाथ

भवभूति के तीनों नाटकों का मंचन कालप्रियनाथ के महोत्सव के अवसर पर होता है। 'महावीरचरित' की प्रस्तावना में सूत्रधार कहता है 'कालप्रियनाथ की यात्रा

1. भवभूति, पृ. 52

में एकत्रित हुए महानुभावों ने मुझे आदेश दिया है'–

अद्य खलु भगवतः कालप्रियनाथस्य यात्रायामार्यमिश्राः समादिशन्ति।

'मालतीमाधव' की प्रस्तावना में सूत्रधार द्वारा कालप्रियनाथ की यात्रा का यह उल्लेख इस प्रकार है–'मारिष, रंगमंच के सज्जा तथा मंगल आदि कार्य पूरे हो गये हैं। भगवान कालप्रियनाथ के इस यात्रा-उत्सव में दिशान्तरों से आये महाजन समुदाय ने मुझे आदेश दिया है कि मैं किसी नवीन नाटक के अभिनय से उनका मनोरंजन करूँ'–

'मारिष, सुविहितानि रङ्गमङ्गलानि। सन्निपतितश्च भगवतः कालप्रियनाथस्य यात्राप्रसङ्गेन नानादिगन्तवास्तव्यो महाजनसमाजः। आदिष्टश्चास्मि विद्वज्जन-परिषदा यथा केनचिदपूर्वप्रकरणेन वयं विनोदयितव्या इति।'

'उत्तररामचरित' में सूत्रधार सूचना देता है–'आज भगवान कालप्रियनाथ की यात्रा में एकत्रित हुए मान्य जनों से मैं यह निवेदन करता हूँ'–*'अद्य खलु भगवतः कालप्रियानाथस्य यात्रायामार्यमिश्रान्विज्ञापयामि।'* ...आदि।

तीनों नाटकों में कालप्रियनाथ का उल्लेख यह निष्कर्ष प्रस्तुत करता है–

1. कालप्रियनाथ एक ऐसा मन्दिर था, जहाँ नियत अवसरों पर यात्रा-महोत्सव होता था। इसमें दिशान्तरों से पण्डित, ज्ञानी, विद्वान्, कलामर्मज्ञ लोग आते थे तथा साधारण जनसमुदाय भी भारी संख्या में उपस्थित रहता था।

2. इस मन्दिर में विशाल प्रांगण था, जहाँ मंच-निर्माण करके दूर-दूर से आयी नट-मण्डलियाँ एवं कवि-कलाकारों की टोलियाँ अपनी कला का प्रदर्शन करती थीं।

3. कालप्रियनाथ केवल विशेषण-सूचक शब्द नहीं है। यह यहाँ प्रतिष्ठित देव के सुप्रसिद्ध अभिधान को प्रकट करता है।

पद्मपुर और पद्मावती की भाँति भवभूति का कालप्रियनाथ भी विद्वानों और टीकाकारों के बीच चर्चा और विवाद का विषय रहा है। इसके स्थान-निर्धारण के बारे में जो निष्कर्ष प्राप्त हुए हैं, उनका प्रस्तुतीकरण इस प्रकार है–

1. 'उत्तररामचरित' के टीकाकार रामचन्द्रबुधेन्द्र[1] ने कालप्रियनाथ को विदर्भ में पद्मनगर में स्थित माना है। यहीं सर्वप्रथम भवभूति के नाटकों का अभिनय हुआ था–

'कालप्रियनाथो नाम विदर्भेषु पद्मनगरे प्रतिष्ठितो देवमूर्तिविशेषः। तस्य यात्रायामुत्सवे नाटकमिदं कालप्रियनाथस्य पुरतः प्रथममभिनीतमासीत्।'

2. श्री आर.डी. करमरकर[2] एवं डॉ. कपिलदेव द्विवेदी[3] भवभूति द्वारा वर्णित

---

1. उ.रा.च., नोट्स, पृ.3
2. भवभूति, पृ.6
3 उ.रा.च., इण्ट्रो, पृ.38

पद्मावती नगरी में मधुमती एवं सिन्धु नदी के संगम पर स्थित भगवान शिव के सुवर्णबिन्दु मन्दिर को कालप्रियनाथ स्वीकार करते हैं। करमरकर के अनुसार भवानीपति शिव ही भवभूति के कालप्रिया (भवानी)-नाथ (पति) हैं।

3. 'मालतीमाधव' के टीकाकार त्रिपुरारि[1] के मत में उज्जयिनी का महाकाल मन्दिर भवभूति का कालप्रियनाथ है—

'कालप्रियनाथस्य महाकालस्पदस्य शम्भोः।'

4. यमुना के दक्षिणी तट पर स्थित वर्तमान कालपी प्राचीन कालप्रिय है। वहाँ का सूर्यमन्दिर भवभूति का कालप्रियनाथ है। इस मत के मुख्य प्रतिष्ठापक प्रो.वी.वी. मिराशी[2] हैं।

भवभूति की रचनाओं में कालप्रियनाथ (म.च., मा.मा.) एवं कालप्रियानाथ (उ.रा.च.) ये दो पाठ मिलते हैं। 'महावीरचरित' के टीकाकार वीरराघव[3] के अनुसार कालप्रियनाथ में मूलपाठ कालप्रियानाथ ही है। इस विषय में उन्होंने पाणिनि को उद्धृत किया है—

'कालप्रियनाथस्य इति ह्रस्वान्तप्रियशब्दयुक्तः पाठः प्रचुरो दृश्यते। तत्राप्यर्थ पूर्ववत्। क्षेत्रविशेषस्येश्वरमूर्तिविशेषसंज्ञाभूते कालप्रियानाथ-शब्दे ङ्यापोः 'संज्ञाछन्दसोर्बहुलम्' इति वैकल्पिकह्रस्वप्रवृत्तेः।'

ये दोनों पाठ समानार्थक हैं।

प्रो. मिराशी[4] ने कालप्रियनाथ की समानिकता के प्रश्न पर प्राप्त विभिन्न मतों और तर्कों का विश्लेषण करने के बाद कालपी (कालप्रिय) के सूर्यमन्दिर को भवभूति का कालप्रियनाथ स्वीकार किया है। प्रो. मिराशी के इस निष्कर्ष से सम्बद्ध हमारा यह अध्ययन इस प्रकार है—

1. नाटकों की प्रस्तावना में कवि का बृहत् परिचय इस बात का प्रमाण है कि भवभूति के नाटकों का मंचन उनके पैतृक नगर पद्मपुर में नहीं हुआ था। भवभूति के पूर्वजों की पाँच पीढ़ियाँ पद्मपुर में रहती आयी थीं और अपने वैदिक ज्ञान एवं पाण्डित्य के लिए विख्यात थीं। नगरवासियों के लिए यह परिचय आवश्यक नहीं था। किन्तु कालप्रियनाथ की यात्रा में दिशान्तरों से आये अभ्यागतों के लिए यदि यह परिचय प्रासंगिक मान लिया जाए, तब भी पद्मपुर नगर के परिसर में खेले जा रहे नाटक के आरम्भ में *'अस्ति दक्षिणापथे विदर्भेषु पद्मपुरं नाम नगरम्'* सूचना असंगत प्रतीत होती है। वैसे भी इस वाक्य में दूरस्थता की ध्वनि मिलती है, एक

1. मा.मा. निर्णयसागर संस्करण, पृ. 5
2. स्टडीज़ इन इण्डोलोजी, वाल्यू. 1, पृ. 35-42
3. म.च., निर्णयसागर संस्करण 1, पृ. 6
4. स्टडीज़ इन इण्डोलोजी, वाल्यू. 1, पृ. 35-42

ऐसी सुदूरता का आभास मिलता है, जो कवि का प्रवासी होना निश्चित करता है।

इसके अलावा, उस काल में विदर्भ में किसी कालप्रियनाथ मन्दिर का उल्लेख नहीं मिलता। वैसे भी भवभूति का कालप्रियनाथ एक छोटा-सा देवालय नहीं था, यह एक सुप्रसिद्ध स्थल था, जहाँ दूर देशों के यात्री उत्सव के समय एकत्रित होते थे।

अभी तक भवभूति का जो जीवन-विवरण समक्ष आया है, उसमें यह सम्भावना विशेष रूप से लक्षित प्रतीत होती है कि भवभूति का कवि उनके पैतृक नगर में विशेष विकसित नहीं हो सका था। 'महावीरचरित' की रचना आरम्भ करने के बाद या उसके कुछ अंक पूरे करने के बाद उन्होंने अपनी काव्य-प्रतिभा के उत्कर्ष के लिए पद्मपुर छोड़ दिया था और उत्तर भारत में प्रयाण किया था। उत्तर भारत के अपरिचित क्षेत्रों में कवि का आत्मपरिचय पूरी तरह प्रासंगिक जान पड़ता है तथा *'अस्ति दक्षिणापथे'* यह ध्वनि भी अपना सामंजस्य बनाये रखती है।

2. पद्मावती के शिव मन्दिर सुवर्णबिन्दु को कालप्रियनाथ स्वीकार कर वहाँ नाटकों के मंचन की व्यवस्था देना उचित नहीं है। यह सम्भव है कि भवभूति ने पद्मावती में दीर्घकाल तक निवास किया हो एवं वहाँ 'मालतीमाधव' तथा 'उत्तररामचरित' नाटकों की रचना की हो। पर पद्मावती में भवभूति को राजाश्रय नहीं मिला था और न तो प्रसिद्धि ही मिली थी, जैसाकि उनके *'ये नाम केचिदिह'* श्लोक से भी ज्ञात होता है। इसलिए यही सम्भावना अधिक जान पड़ती है कि भवभूति पद्मावती में रहते हुए निकटवर्ती कालप्रियनाथ के समारोहों में अपने नाटकों के प्रदर्शन द्वारा भाग लेने के लिए समय-समय पर आते होंगे।

3. उज्जयिनी के महाकाल मन्दिर को कालप्रियनाथ स्वीकार करने में अनेक बाधाएँ हैं। महाकाल अत्यन्त प्राचीन और प्रसिद्ध शिव मन्दिर है। पर कहीं भी कालप्रियनाथ के रूप में उसका उल्लेख नहीं हुआ है। भवभूति को शैव मानकर उन्हें शिवमन्दिर से विशेष रूप से संयुक्त करना भी उचित नहीं जान पड़ता। भवभूति शैव नहीं थे, अन्यथा वे तीनों नाटकों के आरम्भ में शिव-स्तवन अवश्य करते। केवल एक नाटक 'मालतीमाधव' के मंगलश्लोक में शिव की स्तुति है, जो द्वितीय श्लोक में विनायक के विनोदपूर्ण वर्णन में बदल गयी है। भवभूति की रचनाओं के अध्ययन से उनका धर्मविषयक दृष्टिकोण अत्यन्त विशाल और उदार जान पड़ता है।

इस प्रसंग में यह भी उल्लेखनीय है कि कालप्रियनाथ की यात्रा में कवि का उद्देश्य धार्मिक निष्ठा या देवाराधन नहीं था। इन समारोहों में कवि के आगमन का मुख्य प्रयोजन था–वहाँ एकत्रित विशाल जनसमुदाय के समक्ष नाटकों का प्रदर्शन कर उसका साधुवाद प्राप्त करना।

4. यमुना के दक्षिणी तट पर स्थित कालपी, प्राचीन कालप्रिय का सूर्यमन्दिर कालप्रियनाथ है। प्रो. मिराशी का यह निष्कर्ष व्यापक अध्ययन और सुदृढ़ प्रमाणों पर आधारित है। इसका बृहद् विश्लेषण कालप्रियनाथ की समानिकता के विषय में

उठाये गये तमाम प्रश्नों को एक निश्चित उत्तर प्रदान करता है।

कालप्रियनाथ की समानिकता का यह अध्ययन इस प्रकार है—

'भविष्यपुराण' एवं 'वराहपुराण' में श्रीकृष्ण के पुत्र साम्ब की सूर्योपासना का वर्णन है, जो उसने मूलस्थान में की थी। साम्ब के प्रति प्रसन्न सूर्य का यह कथन :

सान्निध्यं मम पूर्वाह्णे सुतीरे द्रक्ष्यते जनः।
कालप्रिये च मध्याह्नेऽपराह्णे चात्र निश्चयः ॥[1]

'पूर्वाह्ण में लोग सुतीर में मेरी उपस्थिति लक्ष्य करेंगे, मध्याह्न में कालप्रिय में और अपराह्ण में वे यहाँ मेरा दर्शन करेंगे'—दिन की तीन वेलाओं में तीन स्थानों पर सूर्य की स्थिति को प्रकट करता है।

वराहपुराण[2] में ये तीन स्थान इस प्रकार हैं—

साम्बः सूर्यप्रतिष्ठां च कारयामास तत्त्ववित्।
उदयाचले च संश्रित्य यमुनायाश्च दक्षिणे ॥
मध्ये कालप्रियं देवं मध्याह्ने स्थाप्य चोत्तमम्।
मूलस्थानं ततः पश्चादस्तमानाचले रविम् ॥
स्थाप्य त्रिमूर्तिं साम्बस्तु प्रातर्मध्यापराह्णिकम् ॥

इन श्लोकों से स्पष्ट है कि साम्ब ने सूर्य की देवप्रतिमाओं को तीन स्थलों पर प्रतिष्ठित किया, 1. पूर्वाचल में, 2. यमुना के दक्षिण तट पर स्थित कालप्रिय में, 3. अस्ताचल पर मूलस्थान में।

यहाँ पूर्वाचल और अस्ताचल का तात्पर्य पूर्व और पश्चिम दिशा है।

इनमें से पहला गंगासागरसंगम भी कहलाता है। अन्यत्र इसे सूर्य-कानन अथवा रवि-क्षेत्र भी कहते हैं। 'ब्रह्मपुराण' में रविक्षेत्र का नाम कोणादित्य अथवा कोणार्क था। वर्तमान कोणार्क के सूर्य-मन्दिर का निर्माण तेरहवीं शताब्दी में गंग राजा नरसिंह प्रथम ने करवाया था। यह समुद्र-तट पर निर्मित है, वस्तुतः यह स्थान प्राचीन काल से पवित्र स्थल के रूप में मान्य है।

पश्चिम में स्थित मूलस्थान का सूर्य मन्दिर चन्द्रभागा के तट पर स्थित है। मूलस्थान वर्तमान मुलतान है और चन्द्रभागा वर्तमान चेनाब नदी। मुलतान का यह मन्दिर अत्यन्त वैभवशाली और प्रसिद्ध रहा है। यहाँ दूर-दूर से हज़ारों की संख्या में तीर्थयात्री एकत्रित होते थे। वैसा ही कालप्रिय के सूर्य मन्दिर के विषय में भी माना जाना चाहिए। यहाँ सूर्य मध्याह्न में विशेष दृष्टिगोचर होता है, इसलिए इसे मध्यभारत में होना चाहिए। 'वराहपुराण' के उल्लेख से स्पष्ट है कि कालप्रिय यमुना

1. भविष्यपुराण, 1.129.16
2. वराहपुराण, 178.55-57

के दक्षिण तट पर स्थित था। राजशेखर ने इस स्थल को गाधिपुर (कन्नौज) के दक्षिण में स्थित कहा है– *'यो गाधिपुरस्य दक्षिणः स कालप्रियस्योत्तरः।'*[1]

इन सब उल्लेखों से यह प्रतीत होता है कि यमुना के दक्षिण तट पर स्थित वर्तमान कालपी ही प्राचीन कालप्रिय है। वहाँ आज भी एक विशाल टीला है, जो 'कालप देव का टीला' कहलाता है। सम्भवतः इसी टीले पर प्राचीन सूर्यमन्दिर रहा होगा।

प्रो. मिराशी ने कालपी के साथ कालप्रिय की समानिकता की पुष्टि में शिलालेखों के प्रमाण भी प्रस्तुत किये हैं। गोविन्द चतुर्थ के केम्बे पट्टलेख से उन्होंने एक श्लोक उद्धृत किया है–

यन्माद्यद्द्विपदन्तघातविषमं कालप्रियप्राङ्गणं
तीर्णा यत्तुरगैरगाधयमुना सिन्धुप्रतिस्पर्धिनी।
येनेदं हि महोदयारिनगरं निर्मूलमुन्मूलितं
नाम्नाद्यापि जनैः कुशस्थलमिति ख्यातिं परां नीयते ॥

इसमें राष्ट्रकूट राजा इन्द्र तृतीय का वर्णन है जो दसवीं शताब्दी के आरम्भ में 'दकन' का प्रशासक था। इसने कन्नौज को अधिगत करने के लिए उत्तर भारत की तरफ़ कूच किया था। यमुना पार करने से पहले उसे कुछ समय के लिए कालप्रिय के प्रांगण में पड़ाव डालना पड़ा, जहाँ उसकी अश्व-गजवाहिनी सेना ने मन्दिर की भूमि को अपने आघातों से असमतल कर दिया। इसके बाद घोड़ों ने अगाध यमुना को पार किया और महोदय नगर (कन्नौज) को पूरी तरह ध्वस्त कर दिया।

इस श्लोक से कालप्रिय-प्रांगण की विशालता का चित्र मिलता है, कि एक पूरी सेना इसमें शिविर स्थापित कर सकी। कालप्रिय का वर्तमान निरूपक कालपी मान्यखेट (माल्खेड) से कन्नौज जाने के मार्ग में पड़ता है। उक्त अभिलेख में कालप्रिय में पूजित देव का उल्लेख प्राप्त नहीं है, पर पुराणों और 'काव्यमीमांसा' की अन्य सूचनाएँ इस वर्णन के साथ मेल खाती हैं।

कालपी के सूर्यमन्दिर के साथ कालप्रियनाथ की समानिकता के स्थापन में सर्वाधिक ठोस प्रमाण प्रस्तुत करते हुए प्रो. मिराशी डॉ. भाण्डारकर[2] द्वारा प्रस्तुत 'मालतीमाधव' की एक पुरानी पाण्डुलिपि से यह पाठ उद्धृत करते हैं–

'अतो यदस्माकमर्पितं प्रियसुहृदा तत्रभवता काश्यपेन भवभूतिनाम्ना ब्राह्मणेन प्रकरणं मालतीमाधवं नाम तदेव भगवतः कालप्रियनाथस्य सकलजगदेकचक्षुषो विश्वात्मनः सूर्यस्य पुरतो यथाप्रयोगेण प्रख्यापयितुमहमुद्यतः।'

---

1. काव्यमीमांसा, पृ. 94
2. मा.मा. (तृ.सं.), पृ. 16, पाद टिप्पणी 50-52

यह अंश बड़े स्पष्ट रूप में कालप्रियनाथ को सूर्यदेव स्वीकार करता है, जो सकल जगत् के चक्षु हैं और जिनके समक्ष 'मालतीमाधव' का अभिनय प्रस्तुत करने के लिए नट आदि उद्यत हुए हैं।

कुछ अन्य पाण्डुलिपियों में भी यह अंश प्राप्त हुआ है। डॉ. भाण्डारकर के मत में सम्भवतः यह परिवर्तन कवि ने पहले या बाद में स्वयं किया। कुछ पाण्डुलिपिकारों ने एक पाठ स्वीकार कर लिया, कुछ ने दूसरा पाठ। कई पाण्डुलिपियों के परिशीलन के बाद टोडरमल ने भी 'महावीरचरित' के अपने संस्करण में यही मत व्यक्त किया है।

डॉ. पी.वी. काने[1] ने 'उत्तररामचरित' के अपने संस्करण की भूमिका में कालपी के सूर्यमन्दिर के साथ कालप्रियनाथ की समानिकता का विरोध किया और प्रो. मिराशी के निष्कर्ष का खण्डन करते हुए अपने लम्बे तर्क प्रस्तुत किये। उनके अनुसार भवभूति का कालप्रियनाथ या तो 1. उनके अपने नगर पद्मपुर में स्थित कोई शिव मन्दिर है या 2. वह उज्जयिनी का महाकाल मन्दिर है।

डॉ. काने के तर्क इस प्रकार हैं—

1. उज्जयिनी का महाकाल मन्दिर प्राचीन और प्रसिद्ध था। वहाँ के समारोहों में एक नये एवं महत्त्वाकांक्षी युवा कवि के नाटकों का मंचन उसके लिए लाभप्रद भी था और उचित भी। यह सत्य है कि कालप्रियनाथ शिव का सम्बोधन नहीं है, पर उन्हें कालपूजित[2] और कालनाथ[3] कहा गया है। कालप्रियनाथ से इन नामों का साम्य है। इसके अलावा सूर्य देव को पुराणों में केवल कालप्रिय कहा गया है, कालप्रियनाथ नहीं।

2. 'वराहपुराण', जिसमें कालप्रिय का उल्लेख है, एक अर्वाचीन पुराण है। तथा 'भविष्यपुराण' के श्लोक *'सान्निध्यं मम'* में *'सुतीरे'* के स्थान पर *'मुण्डीरे'* पाठ भी मिलता है, यह अत्यन्त महत्त्वपूर्ण है। मुण्डीर उत्तर गुजरात में पाटन से 18 मील दूर मोढेर होना चाहिए जिसके सूर्य मन्दिर का निर्माण 1026 ई. में हुआ। भवभूति की 8वीं सदी में इन सूर्य मन्दिरों को स्वीकार करना उचित नहीं।

3. कोणार्क के सूर्य मन्दिर का निर्माण गंगराजा नरसिंह देव (1238-1264) ने करवाया था। ऐसा कोई प्रमाण प्राप्त नहीं है जो 8वीं सदी, भवभूति के समय, से पहले किसी सुप्रसिद्ध सूर्य मन्दिर का उल्लेख करता हो। 'वराहपुराण' के अनुसार सूर्य मन्दिर उदयाचल पर स्थित है। कोई नहीं कह सकता कि कोणार्क का सूर्य मन्दिर उदयाचल पर स्थित है।

---

1. उ.रा.च., इण्ट्रो., पृ. 11-22
2. महाभारत, अनु.पर्व, 17.94
3. वही, शा.पर्व, 284.89

4. भवभूति के तीनों नाटकों का मंचन कालप्रियनाथ के महोत्सवों में हुआ। इन कृतियों का रचना-काल कई वर्षों के अन्तराय से अलग-अलग रहा होगा। ऐसा कोई प्रमाण नहीं है जो कालपी (यदि कालपी के सूर्य के साथ कालप्रियनाथ की समानिकता स्वीकार कर ली जाए) में भवभूति के दीर्घकालीन वास या प्रायिक प्रवासों को सूचित करता हो। भवभूति को यशोवर्मन का राजाश्रय प्राप्त था, इसका आधार भी केवल कल्हण की 'राजतरंगिणी' है, जिसका रचनाकाल भवभूति से चार शताब्दियों बाद है, और कल्हण भी अपने वक्तव्य के लिए सम्भवतः केवल परम्परा या 'गउडवहो' की एक गांथा पर निर्भर करते हैं।

5. किसी पुराण या अन्य किसी ग्रन्थ में कालप्रियनाथ को सूर्य मन्दिर नहीं कहा गया है और न तो 'नाथ' शब्द कभी किसी प्राचीन या मध्यकालीन सूर्य मन्दिर के साथ संयुक्त किया गया है। यदि ऐसा होता तो सूर्य को 'मूलस्थाननाथ' भी कहा जा सकता था।

6. 'राजतरंगिणी' का यह वाक्य *'यो गाधिपुरस्य दक्षिणः'* केवल इतना ही बताता है कि कालप्रिय नाम का स्थान गाधिपुर (कन्नौज) से दक्षिण में है। इसमें मन्दिर की दिशा या दूरी का निर्देश नहीं है।

कालपी-सूर्यदेव के साथ कालप्रियनाथ की समानिकता के विरोध में डॉ. काने ने जो तर्क प्रस्तुत किये हैं, प्रो. मिराशी ने उनका क्रमशः खण्डन करते हुए पुनः अपने निष्कर्षों को प्रस्थापित किया है। प्रो. मिराशी का यह परीक्षण इस प्रकार है–

1. यह सत्य है कि उज्जयिनी का महाकाल मन्दिर अत्यन्त प्राचीन एवं प्रसिद्ध तीर्थस्थान था, पर इसलिए इसे भवभूति का कालप्रियनाथ नहीं स्वीकारा जा सकता। महाभारत एवं पुराणों को छानने के बाद डॉ. काने को 'कालपूजित' एवं 'कालनाथ' शब्द तो मिल गये हैं जो शिव के नाम या विशेषण हैं, पर उन्हें कालप्रियनाथ कहीं नहीं मिला। इसके उत्तर के लिए उन्होंने एक प्रतिप्रश्न तैयार किया–'क्या पुराणों में सूर्य का नाम कालप्रियनाथ है?' इसका उत्तर है–कालप्रिय प्राचीन काल में प्रसिद्ध सूर्यमन्दिर का स्थल था। सूर्य को कालप्रियनाथ नाम इसलिए मिला क्योंकि वे कालप्रिय के देव (नाथ) थे–*'कालप्रियं देवं'*। यमुना के दक्षिणी तट पर स्थित कालप्रिय वर्तमान कालपी का प्राचीन नाम था। ऊपर उद्धृत शिलालेख-वर्णन से और काव्यमीमांसा के वाक्य से स्पष्ट है कि यह कन्नौज से दक्षिण में था।

2. 'वराहपुराण' में स्पष्ट उल्लेख है कि कालप्रिय में सूर्य मध्याह्न के समय विशेष रूप से उपस्थित रहता है। डॉ. काने ने इस पुराण को भवभूति से परवर्ती प्रमाणित करने के लिए 'सुतीर' के स्थान पर 'मुण्डीर' पाठ स्वीकार किया और इस स्थान को गुजरात के मोढेर स्थान से जोड़ दिया, जहाँ एक सूर्यमन्दिर का निर्माण 11वीं शताब्दी में हुआ था। यदि हम मुण्डीर पाठ स्वीकार कर लें तब भी यह सूर्य मन्दिर गुजरात के इस स्थल पर नहीं हो सकता, क्योंकि मोढेर भारत के पूर्वी भाग

में नहीं है। इसके अलावा 'वराहपुराण' से प्राचीन 'भविष्यपुराण' भी कालप्रिय के सूर्य मन्दिर का उल्लेख करता है। पुराण के कालप्रियनाथ सम्बन्धी इस प्रमाण को नकारा नहीं जा सकता।

यदि पुराणों के इन सन्दर्भों को भवभूति से परवर्ती मान भी लें, तब भी कैम्बे पट्टलेख और राजशेखर की 'काव्यमीमांसा' में कालप्रिय के सन्दर्भ हैं, जिनका समय दसवीं शताब्दी का आरम्भ है। यदि भवभूति के कालप्रियनाथ के साथ इस कालप्रिय की समानिकता को नकारा जाता है तो वह कौन-सा कालप्रिय था जो भवभूति के बाद अस्तित्व में आया और सूर्योपासना का केन्द्र बन गया—पर ऐसा कोई प्रमाण नहीं है। भवभूति का कालप्रियनाथ ही राजशेखर का और कैम्बे पट्टलेख का कालप्रिय है।

3. 'सुतीरे' का अर्थ है सुन्दर किनारे पर। कोणार्क सूर्य मन्दिर के विषय में अपने निष्कर्ष के समर्थन में प्रो. मिराशी पुराणों के विशेषज्ञ डॉ. आर.सी. हाजरा[1] के मत को उद्धृत करते हुए कहते हैं कि कोणार्क का वर्तमान सूर्य मन्दिर सम्भवतः पुराणों में वर्णित किसी सुन्दर समुद्र-तटवर्ती प्राचीन सूर्य मन्दिर के स्थल पर निर्मित हुआ है।

4. डॉ. काने का यह तर्क कि कालप्रिय में भवभूति के दीर्घकालीन आवास या प्रायः होनेवाले प्रवासों का कोई उल्लेख नहीं मिलता—इस प्रतिप्रश्न को जन्म देता है कि क्या उज्जयिनी में भवभूति के दीर्घकालीन आवासों या प्रायिक प्रवासों का उल्लेख मिलता है? वैसे भी, 'मालतीमाधव' में पद्मावती के वर्णनों से यह निष्कर्ष निकाला जा सकता है कि इस स्थान से भवभूति का घनिष्ठ जुड़ाव था और ऐसा बहुत सम्भव है कि यह नगर दीर्घकाल तक उनका आवास-स्थल रहा हो और वे निकटवर्ती कालप्रिय के महोत्सवों में प्रायः सम्मिलित होते रहे हों।

5. सूर्यदेव के नाम के साथ 'नाथ' शब्द का न पाया जाना एक ऐसा तर्क है जो पुनः एक प्रतिप्रश्न बनता है—शिव के लिए अन्त में प्रायः 'ईश्वर' शब्द आता है। यदि भवभूति का कालप्रियनाथ उनके पद्मपुर में स्थित किसी शिव मन्दिर का नाम है, तो उसके साथ 'ईश्वर' शब्द संयुक्त क्यों नहीं किया गया?

6. भवभूति के नाटकों में सूर्य का नाम कालप्रियनाथ कहा गया है, कालप्रिय नहीं। कालप्रिय एक स्थान था और उसके मन्दिर का नाम कालप्रियनाथ था। यह मन्दिर सूर्यदेव को अर्पित था। 'नाथ' शब्द का प्रयोग 'देव' अर्थ में किया गया है *'मध्ये कालप्रियं देवम्'*—अर्थात् कालप्रिय में प्रतिष्ठित देव।

भवभूति के नाटकों का प्रथम अभिनय राजसभा परिसर में नहीं हुआ था, इसलिए डॉ. काने कल्हण की 'राजतरंगिणी' के इस वक्तव्य को स्वीकार नहीं करते

---

1. स्टडीज़ इन द उप-पुराणाज़, पृ. 105

कि भवभूति यशोवर्मा के राजकवि थे। प्रो. मिराशी का तर्क है कि सम्भवतः भवभूति को राजाश्रय जीवन के बाद के वर्षों में प्राप्त हुआ था। और ऐसा तब हुआ जब कालप्रियनाथ के महोत्सवों में अभिनीत उनके नाटकों को मर्मज्ञ दर्शकों का साधुवाद मिला और उनकी कीर्ति यशोवर्मा के कानों तक पहुँची।

कालपी के सूर्य मन्दिर से कालप्रियनाथ की समानिकता में इसलिए भी सन्देह नहीं होना चाहिए, क्योंकि उस समय भारत में सूर्यपूजा पर्याप्त लोकप्रिय थी। प्रो. मिराशी अपने निष्कर्ष के समर्थन में शिलालेखों और संस्कृत कृतियों को उद्धृत कर कहते हैं कि गुप्तकाल से पहले भारत में सूर्यपूजा प्रचलन में थी। भवभूति के समय से कम-से-कम तीन शताब्दियाँ पूर्व उत्तर भारत में सूर्य-पूजा की सम्यक् प्रतिष्ठा हो चुकी थी। मन्दसोर शिलालेख से यह स्पष्ट ज्ञात होता है कि लाट से आये रेशम-बुनकरों के एक संघ ने विक्रम संवत् 493 (437-38 ई.) में दशपुर में एक सूर्य मन्दिर का निर्माण किया था। बाण के हर्षचरित[1] में हर्ष के पिता प्रभाकरवर्धन की नित्य सूर्योपासना का उल्लेख है। हर्ष के पितामह आदित्यवर्धन एवं प्रपितामह राज्यवर्धन 'परम आदित्य-भक्त' कहे गये हैं। चीनी यात्री युआन च्वांग अपने वर्णन में कहता है कि प्रयाग में हुई हर्ष की पंचवार्षिक सभा में शिव एवं बुद्ध के साथ सूर्य की प्रतिमा को प्रतिष्ठित किया गया था।

'मालतीमाधव' की दो प्राचीन पाण्डुलिपियों में कालप्रियनाथ का 'जगदेकचक्षु सूर्य' के रूप में उल्लेख, तथा सभी तर्कों एवं मतों का विश्लेषणात्मक अध्ययन हमें उस बिन्दु तक ले आता है, जहाँ प्रो. मिराशी अपने निष्कर्ष के साथ खड़े हैं—भवभूति के उस कालप्रियनाथ के साथ, जो यमुना के दक्षिण तट पर स्थित था और जहाँ सूर्य मध्याह्न के समय विशेष रूप से चमकता था।

भवभूति का रचनाकाल

संस्कृत ग्रन्थकारों की कृतियों में कविता, कला एवं सौन्दर्य की पूर्णता तथा धर्म, दर्शन एवं संस्कृति की व्यापकता अद्भुत सामंजस्य के साथ अभिव्यक्त हुई है। वे किसी ऐसे वर्णन एवं विवरण से पराङ्मुख नहीं हुए, जिसमें उनकी कृति की छोटी-सी भी पूर्णांशता निहित थी। पर अपने बारे में वे मौन रहे और हर ग्रन्थकार स्वाभाविक निष्ठा की तरह परम्परागत नियम के रूप में इस मौन का पालन करता रहा। और इस तरह हम इतिहास के उस अध्याय से वंचित हो गये, जो समय का अधिक पारदर्शी बिम्ब प्रस्तुत कर सकता था।

भवभूति अपने नाटकों की प्रस्तावना में इस परम्परा से कुछ बाहर आये हैं। उन्होंने अपने जन्मस्थान और अपने पूर्वजों के बारे में कुछ बताया है। पर अपने

---

1. हर्षचरित, उच्छ्वास 1-4

समय और संरक्षण के बारे में वे भी पूरी तरह ख़ामोश रहे हैं। भवभूति का यह मौन, प्रो. मिराशी के शब्दों में, 'स्फ़िन्क्स' के रहस्यमय मौन की भाँति है। इसलिए हमें साहित्य में निहित इतिहास से प्राप्त प्रमाणों के आधार पर भवभूति का समय-निर्धारण करने की दिशा में आगे बढ़ना होगा।

अनेक विद्वानों[1] ने तथ्यों के अन्वेषण एवं विश्लेषण द्वारा भवभूति का समय आठवीं शताब्दी का प्रथम चरण निश्चित किया है।

इस निष्कर्ष पर हम निम्नलिखित दृष्टियों से विचार करेंगे—

1. भवभूति की रचनाओं में प्राप्त प्रसंग।
2. कालिदास की समकालीनता।
3. पूर्ववर्ती कवियों का भवभूति-विषयक मौन और उनका सम्भावित समय।
4. परवर्ती कवियों द्वारा भवभूति का उल्लेख और उनका सम्भावित समय।

1. भवभूति की रचनाओं में प्राप्त प्रसंग—भवभूति ने आदिकवि वाल्मीकि के प्रसंग को अत्यन्त महनीयता के साथ प्रस्तुत किया है तथा 'रामायण' के श्लोकों को अपनी रचनाओं में यथावत् उद्धृत किया है। भवभूति के 'महावीरचरित' एवं 'उत्तररामचरित' में वाल्मीकि उत्स के सदृश हैं जहाँ से उनकी कविता एक ऐसा प्रवाह ग्रहण करती है जो स्वाभाविक और प्रांजल है। इस उद्गम के बाद भवभूति भास और कालिदास के रचना-प्रभाव के साथ संयुक्त होते हैं। 'मालतीमाधव' में वासवदत्ता और उदयन का उदाहरण देकर (2.7-8) मालती को गुप्त विवाह के लिए प्रेरित करना भास के नाटक 'स्वप्नवासवदत्ता' से कवि के परिचय का प्रमाण है। उर्वशी एवं पुरुरवा तथा शकुन्तला एवं दुष्यन्त का उल्लेख, इसके अलावा माधव का मेघ को दूत बनाकर प्रिया के निकट भेजना (मा.मा., 9.25, 26) कालिदास के 'विक्रमोर्वशी', 'अभिज्ञानशाकुन्तल' एवं 'मेघदूत' से प्रभावित प्रसंग हैं। 'मालतीमाधव' में माधव एवं 'मेघदूत' में यक्ष द्वारा सम्बोधित श्लोकों का छन्द मन्दाक्रान्ता है, जो स्पष्ट ही भवभूति द्वारा कालिदास के अनुकरण को प्रकट करता है। 'मालतीमाधव' में

1. ए वेबर, एच.आई.एल., पृ.205
एल.वी. श्रोडर, आई.एल. सी., पृ.47
मैक्समूलर, इण्डिया, ह्वाट कैन इट टीच अस, पृ. 332-335
मैक्डोनल, एच.एस.एल. पृ. 363
विंसेण्ट स्मिथ, ई.एच.आई., पृ.308
आर.जी. भाण्डारकर, मा.मा.
एस. के बेल्वेलकर, मा.मा., नोट्स
टोडरमल, म.च., इण्ट्रो, नोट्स
वी.वी. मिराशी, इन्स्क्रिप्शंस ऑफ द कलचुरि एरा, इण्ट्रो.
इन्स्क्रिप्शंस ऑफ द वाकाटकाज़; भवभूति

कामन्दकी का चरित्र कालिदास के 'मालविकाग्निमित्र' की पण्डिता कौशिकी के चरित्र की छाया है। 'मालतीमाधव' के नौवें अंक में माधव का मालती की खोज में भटकना 'विक्रमोर्वशी' के चतुर्थ अंक में निराश पुरुरवा की स्थिति का ही एक अन्य चित्र है, जो भवभूति पर कालिदास के निश्चित प्रभाव को प्रकट करता है। 'उत्तररामचरित' के कुमार प्रत्यभिज्ञान अंक में 'अभिज्ञानशाकुन्तल' के उस अंक का सादृश्य है जिसमें दुष्यन्त अपने पुत्र सर्वदमन की पहचान करते हैं। भवभूति की रचनाओं से यह स्पष्ट प्रतीत होता है कि वे कालिदास के अध्येता थे और उन्होंने उनके प्रभाव को अनुशीलन की सीमा तक ग्रहण किया था।

2. कालिदास की समकालीनता—अनेक पण्डितों ने कालिदास एवं भवभूति की समकालीनता को स्वीकार किया है। अपने विश्वास के समर्थन में उन्होंने उनके जीवन से जुड़ी घटनाओं का प्रसंग प्रस्तुत किया है। ऐसी ही एक घटना का उल्लेख इस प्रकार है—

कालिदास विक्रमादित्य के न केवल राजकवि बल्कि नवरत्नों में से एक थे। जब भवभूति ने 'उत्तररामचरित' पूरा कर लिया, तब वे अपनी इस कृति को लेकर कालिदास के पास गये। उस समय कालिदास शतरंज के खेल में मग्न थे। कालिदास के आदेश से भवभूति ने उनके समक्ष अपने नाटक का सस्वर पाठ प्रस्तुत किया। पाठ समाप्त होने के बाद कालिदास ने उनके कृतित्व की प्रशंसा की, पर एक श्लोक में एक शब्द से अनुस्वार हटाने का संशोधन प्रस्तुत किया। वह श्लोक था—

किमपि किमपि मन्दं मन्दमासत्तियोगा-
दविरलितकपोलं जल्पतोरक्रमेण।
अशिथिलपरिरम्भव्यापृतैकैकदोष्णो-
रविदितगतयामा रात्रिरेवं व्यरंसीत् ॥ 1.27 ॥

भवभूति ने कालिदास का संशोधन स्वीकार कर लिया और अन्तिम चरण में 'रात्रिरेवं' शब्द से अनुस्वार हटाकर उसे 'रात्रिरेव' कर दिया। भवभूति को कालिदास का अनुग्रह प्राप्त हुआ और वे भी विक्रमादित्य के राजकवि बन गये।

बल्लाल ने भी अपने ग्रन्थ 'भोजप्रबन्ध' में कालिदास और भवभूति को समकालीन स्वीकार किया है। इस ग्रन्थ में वे वाराणसी से आये हुए कवि कहे गये हैं—*देव, वाराणसी देशादागतः कोऽपि भवभूतिर्नाम कविर्द्वारि तिष्ठति।*[1]

इसी ग्रन्थ के एक अन्य स्थल पर एक कथा दी गयी है जो इन दोनों कवियों को धारा के राजा भोज का राजकवि घोषित करती है। कथा इस प्रकार है—

एक बार राजा भोज ने कालिदास और भवभूति से एक घटना-विशेष का वर्णन

1. भोजप्रबन्ध (चौखम्बा संस्कृत सीरीज़), पृ. 54

करने के लिए कहा। रचना के उपरान्त उसकी श्रेष्ठतरता का प्रश्न सामने आया। कालिदास ने सुझाव दिया कि स्वयं भुवनेश्वरी देवी इसका निश्चय करें। राजा भोज अन्य सभी राजकवियों के साथ देवी के मन्दिर में गये। उन्होंने कालिदास और भवभूति दोनों की रचनाओं को दो भोजपत्रों पर लिखकर तुला के दो पलड़ों पर अलग-अलग रख दिया और भवभूति को तौलने का आदेश दिया। जिस पलड़े पर भवभूति का भोजपत्र था, जब वह ऊपर की ओर जाने लगा, तब देवी ने अपने भक्त को सम्भ्रम से बचाने के लिए अपने बायें हाथ की उँगली से अपने कर्ण-कमल का थोड़ा-सा रस पलड़े पर टपका दिया, और वह पलड़ा भारी हो झुक गया। तब कालिदास ने प्रशंसा में इस श्लोक का उच्चार किया—

अहो मे सौभाग्यं मम च भवभूतेश्च भणितं
घटायामारोप्य प्रतिफलति तस्यां लघिमनि।
गिरां देवी सद्यः श्रुतिकलित कह्लारकलिका-
मधूलीमाधुर्यं क्षिपति परिपूर्त्यै भगवती ॥[1]

भवभूति ने भी कालिदास की महानता को नमन किया और राजा की गुणज्ञता की प्रशंसा की।

इन कथाओं का कोई ठोस आधार नहीं है। 'रात्रिरेवं' से 'रात्रिरेव' पाठ विशिष्ट और अधिक काव्यात्मक है। यह संशोधन स्वयं भवभूति ने किया होगा, यही सम्भावना सत्य प्रतीत होती है। कालिदास की वरिष्ठता के लिए इन कथाओं का निर्माण हुआ है, पर कथाएँ प्रामाणिक नहीं हैं।

वैसे भी, यदि 'भोजप्रबन्ध' के आधार से भवभूति को भोज का समकालिक स्वीकार कर लिया जाए तो वे 11वीं शताब्दी में आ जाएँगे। भोज मुंजदेव के भाई थे। मुंजदेव के समय की रचना 'दशरूपक' भवभूति के श्लोकों को उद्धृत करती है, जो मुंजदेव से भी भवभूति की पूर्ववर्तिता प्रकट करती है। वैसे भी 'भोजप्रबन्ध' एक ऐसा संकलन है, जो प्रामाणिक नहीं है।

कालिदास और भवभूति की समकालीनता के समर्थन में आनन्दराम बरुआ[2] कुछ भिन्न तर्क प्रस्तुत करते हैं। उनके अनुसार भवभूति का समय पाँचवीं शताब्दी है। उनका वक्तव्य है कि भवभूति को अपने समय में प्रतिष्ठा नहीं मिली, किन्तु 'बालरामायण' के समय तक वे पर्याप्त प्रसिद्धि पा चुके थे, जिसका रचना-काल 7वीं शताब्दी है। इस तथ्य को देखते हुए भवभूति का समय 'बालरामायण' की रचना से दो सौ वर्ष पूर्व होना चाहिए अर्थात् 5वीं शताब्दी तक। बरुआ का दूसरा वक्तव्य

---

1. भोजप्रबन्ध (चौखम्बा संस्कृत सीरीज़), पृ. 62
2. भवभूति एण्ड हिज़ प्लेस इन संस्कृत लिटरेचर, कलकत्ता, 1878

है कि राजतरंगिणी[1] का यह पद–

कविर्वाक्पतिराज श्रीभवभूत्यादिसेवितः।
जितो ययौ यशोवर्मा तद्गुणस्तुतिवन्दिताम् ॥

स्पष्ट करता है कि भवभूति यशोवर्मा के राजकवि थे। किन्तु ये भवभूति इन नाटकों (म.च., मा.मा., उ.रा.च.) के रचयिता भवभूति ही थे, यह निश्चित नहीं होता। साथ ही 'श्रीभवभूति' शब्द से पूर्व वाक्पतिराज का उल्लेख यह प्रकट करता है कि वाक्पतिराज यशोवर्मा के राजकवि श्रीभवभूति की उपाधि थी। इसके अलावा वाक्पतिराज प्राकृत साहित्य में एक सुप्रसिद्ध नाम है। अपनी कविता 'गउडवहो'[2] में यह कवि भवभूति के प्रभाव को स्वीकार करता है। उनके पद का 'अद्यापि' शब्द भवभूति को 'गउडवहो' के रचनाकार का पूर्ववर्ती प्रमाणित करता है। अपने तीसरे वक्तव्य में बरुआ का कहना है कि भवभूति अमरसिंह से पहले हुए थे।

टोडरमल[3] ने भवभूति के समय के विषय में अपना स्पष्टीकरण देते हुए कहा है कि अनेक शोधकार्यों से यह प्रमाणित हो चुका है, कि राजशेखर की 'बालरामायण' का रचनाकाल 7वीं शताब्दी नहीं, बल्कि 900ई. के लगभग है। यदि 'बालरामायण' से 200 वर्ष पूर्व भी भवभूति का समय स्वीकार कर लिया जाए तब भी उनका समय 700 ई. के आसपास निश्चित होता है। टोडरमल का मत है कि 'राजतरंगिणी' अपने इस श्लोक 'वाक्पतिराज...' द्वारा वाक्पतिराज और भवभूति इन दो पृथक् कवियों का नामोल्लेख करती है, 'वाक्पतिराज भवभूति' नाम के किसी एक कवि का नहीं। अमरसिंह का समय 550 ई. है, भवभूति इनके पूर्ववर्ती नहीं, इनसे डेढ़ सौ वर्ष बाद आते हैं।

इसके अलावा यह ज्ञातव्य है कि कालिदास का समय 400 ई. निश्चित हो चुका है। भवभूति 700 ई. के पश्चात् प्रकाश में आये। यह अगले अनुच्छेदों से स्पष्ट हो जाएगा।

3. पूर्ववर्ती कवियों का भवभूति-विषयक मौन–बाण और दण्डी ने अपनी रचनाओं में भवभूति का कोई उल्लेख नहीं किया है। बाण राजा हर्ष के राजकवि थे और हर्ष का समय 606-647 ई. है। अपनी रचना 'हर्षचरित' के आरम्भ में बाण ने सातवाहन, प्रवरसेन, भास, कालिदास आदि पूर्ववर्ती कवियों का स्तुतिगान किया है और बृहत्कथा, वासवदत्ता आदि कृतियों का उल्लेख भी किया है, पर भवभूति एवं उनके नाटकों के विषय में वे पूरी तरह मौन हैं। भास और कालिदास की परम्परा को अक्षुण्ण रखनेवाले कवि भवभूति के प्रति बाणभट्ट का मौन यह प्रकट करता है

---

1. कल्हण, राजतरंगिणी, 4.144
2. वाक्पतिराज, गउडवहो, गाथा 799
3. महावीरचरित, ऑक्सफोर्ड, लन्दन, 1928

कि उनके समय सातवीं शताब्दी के पूर्वार्ध तक लोक भवभूति की रचनाओं से परिचित नहीं था। इसी प्रकार, हाल ही में प्राप्त दण्डी के गद्य-काव्य 'अवन्तिसुन्दरी कथा' में भवभूति का कोई उल्लेख नहीं मिलता, जबकि यह कृति कालिदास, सर्वसेन, प्रवरसेन आदि अन्य संस्कृत एवं प्राकृत कवियों का सन्दर्भ प्रस्तुत करती है। दण्डी का समय सामान्यतया छठी शताब्दी माना जाता है, पर ऐसा प्रतीत होता है कि ये कुछ बाद में हुए थे। काणे[1] इनका रचनाकाल 660-680 ई. स्वीकार करते हैं।

भवभूति की रचनाओं में दीर्घ समास के अनेक प्रयोग देखने से यह निष्कर्ष हाथ में आता है कि भवभूति ने बाण और दण्डी के ग्रन्थों का परिशीलन किया था।

बाण और दण्डी से भवभूति को परवर्ती मान लेने के बाद यह निश्चित हो जाता है कि कालिदास और भवभूति के बीच समय का अन्तराय 300 वर्ष से कम नहीं था।

4. परवर्ती कवियों द्वारा भवभूति का उल्लेख—इस अनुच्छेद में सर्वप्रथम आते हैं प्राकृत कवि वाक्पतिराज, जो भवभूति के समकालीन भी थे और निकटतम परवर्ती भी। 'राजतरंगिणी' के ऊपर उद्धृत श्लोक (4.144) से स्पष्ट है कि वाक्पतिराज और भवभूति कान्यकुब्ज-नरेश यशोवर्मा के राजकवि थे। 'गउडवहो' में यह गाथा—

भवभूतिजलधिनिर्गतकाव्यामृतरसकणा इव स्फुरन्ति।[2]
यस्य विशेषा अद्यापि विकटेषु कथानिवेशेषु ॥

(संस्कृत रूपान्तर)

भवभूति के प्रति वाक्पतिराज का आदर और ऋण प्रकट करती है। इस गाथा से यह भी स्पष्ट होता है कि भवभूति वाक्पतिराज से वरिष्ठ थे और 'गउडवहो' की रचना के समय जीवित नहीं थे। 'अद्यापि' शब्द स्मृति का द्योतक है। 'गउडवहो' में ही एक सूर्यग्रहण का वर्णन है,[3] जेकोबी[4] ने गणना से इसकी तिथि 14 अक्टूबर 733 ई. निश्चित की है। भवभूति का समय इस तिथि से पहले आठवीं शताब्दी के प्रथम चरण में होना चाहिए।

कल्हण की 'राजतरंगिणी'[5] में कश्मीर के राजा ललितादित्य द्वारा यशोवर्मा की पराजय का वर्णन है। कल्हण द्वारा प्रस्तुत गणना के अनुसार ललितादित्य का

---

1. पी.वी. काणे, हिस्ट्री ऑफ संस्कृत पोयटिक्स, पृ. 93
2. वाक्पतिराज, गाथा 799
3. वही, गाथा 829 (संस्कृत)
   रोषधूतचरणायास्त्रैलोक्यलक्ष्मी विच्छूढनूपुरच्छायम्।
   विवराभकेतुभिन्नं रविबिम्बं विगलति नभसि ॥
4. उद्धृत मिराशी, भवभूति, पृ. 4
5. राजतरंगिणी, 4.134, 135

राज्यकाल 693 ई. से 730 ई. तक होना चाहिए। शंकर पाण्डुरंग पण्डित (एस.पी. पण्डित) इसे थोड़े से अन्तर के साथ 695 ई. से 732 ई. तक स्वीकार करते हैं तथा यशोवर्मा की पराजय को 724 ई. से 731 ई. के बीच की घटना मानते हैं। पर सूर्यग्रहण की तिथि (733 ई.) और चीनदेशीय इतिहास की प्रामाणिकता स्वीकार करते हुए प्रो. मिराशी कल्हण द्वारा प्रस्तुत इस गणना में कम-से-कम 31 वर्षों की भूल स्वीकार करते हैं। संशोधन के बाद ललितादित्य का राज्यकाल 724 ई. से 761 ई. तक मान्य होना चाहिए और यशोवर्मा की पराजय की घटना 'गउडवहो' (सम्भावित रचनाकाल 735 ई.) में वर्णित सूर्यग्रहण (प्रामाणिक तिथि 733 ई.) की घटना के कुछ वर्षों बाद होनी चाहिए।

चीनदेशीय इतिहास मध्यभारत के एक राजा का हवाला देता है, जिसने राज्यारोहण के पश्चात् 731 ई. में अपना एक दूत सैनिक सहायता की माँग के साथ चीन भेजा था। यह प्रमाणित हो चुका है कि यह राजा यशोवर्मन था। ऐसा प्रतीत होता है कि यशोवर्मा का राज्यारोहण 725 ई. में हुआ था और उसने 752 ई. तक शासन किया था। सम्भवतः 'गउडवहो' की रचना के दरम्यान सूर्यग्रहण हुआ और उसके बाद 735 ई. तक वाक्पतिराज ने अपनी यह कृति समाप्त की। यह समय यशोवर्मन के अभ्युदय का काल था, जब उसने मगध, गौड, अंग, दक्षिणापथ आदि राज्यों पर विजय प्राप्त की थी। उसके बाद के वर्षों में आता है ललितादित्य का आक्रमण, यशोवर्मन की पराजय और कान्यकुब्ज-सहित इन राज्यों पर ललितादित्य का अधिकार। पर प्राप्त प्रमाणों के अनुसार ललितादित्य ने यशोवर्मन का वध नहीं किया था और वह एक अधीनस्थ राजा की तरह सिंहासन पर बना रहा था।

उक्त विचार-विमर्श से स्पष्ट प्रतीत होता है कि भवभूति अपने जीवन के बाद के वर्षों में (725 ई. से 730 ई. तक) यशोवर्मा के राजकवि रहे थे तथा सूर्यग्रहण की तिथि (733 ई.) और 'गउडवहो' की रचना के समय (सम्भावित 735 ई.) वे जीवित नहीं थे। सूर्यग्रहण, 'गउडवहो' की रचना, ललितादित्य का आक्रमण, यशोवर्मा की पराजय आदि घटनाएँ आठवीं शताब्दी के दूसरे चरण में घटित होती हैं और भवभूति को वाक्पतिराज से वरिष्ठता के कारण आठवीं शताब्दी के प्रथम चरण में निश्चित करती हैं।

इस शीर्षक के अन्तर्गत अब हम उन सन्दर्भों पर विचार करेंगे जो भवभूति के विषय में 800 ई. के पश्चात् प्राप्त होते हैं।

आलंकारिक वामन ने अपनी कृति 'काव्यालंकारसूत्रवृत्ति' में भवभूति के पदों को उद्धृत किया है। अपने ग्रन्थ[1] में गौडी शैली को परिभाषित करने के पश्चात्

1. काव्यालंकार सूत्रवृत्ति, 1.2.12

उन्होंने दृष्टान्त के रूप में 'महावीरचरित' का यह श्लोक उद्धृत किया है–

दोर्दण्डाञ्चितचन्द्रशेखरधनुर्दण्डावभङ्गोद्यत-
ष्टंकारध्वनिरार्यबालचरितप्रस्तावनाडिण्डिमः।
द्राक्पर्यस्तकपालसम्पुटमितब्रह्माण्डभाण्डोदर-
भ्राम्यत्पिण्डितचण्डिमा कथमहो नाद्यापि विश्राम्यति ॥ 1.54 ॥

वामन[1] ने रूपक के दृष्टान्त के रूप में 'उत्तररामचरित' का यह श्लोक उद्धृत किया है–

इयं गेहे लक्ष्मीरियममृतवर्तिर्नयनयो-
रसावस्याः स्पर्शो वपुषि बहलश्चन्दनरसः।
अयं कण्ठे बाहुः शिशिरमसृणो मौक्तिकसरः
किमस्या न प्रेयो यदि परमसह्यस्तु विरहः ॥ 1.38 ॥

वामन का समय आठवीं शताब्दी का उत्तरार्ध एवं नौवीं शताब्दी का पूर्वार्ध है। तब तक भवभूति पर्याप्त प्रसिद्धि पा चुके थे।

'बालरामायण' में राजशेखर का यह श्लोक–

बभूव वल्मीकभवः कविः पुरा
ततः प्रपेदे भुवि भर्तृमेण्ठताम्।
स्थितः पुनर्यो भवभूतिरेखया
स वर्तते सम्प्रति राजशेखरः ॥[2]

कि 'पहले वाल्मीकि, तब भर्तृहरि पृथ्वी पर आये, इसके पश्चात् भवभूति नाम से जो कवि हुए, वे ही अब राजशेखर हैं'–इस बात का प्रमाण है कि राजशेखर से पहले भवभूति का शरीरान्त हो चुका था और काव्यजगत् में उन्होंने महिमाशाली स्थान अर्जित कर लिया था। राजशेखर प्रतिहार राजाओं के राजकवि थे। उनका रचना-काल 880 ई. से 920 ई. तक स्वीकृत है। अपने ग्रन्थ 'काव्यमीमांसा' में भी उन्होंने भवभूति के 'मालतीमाधव' से श्लोकों (1.30;3.16) को उद्धृत किया है।

भवभूति को 8वीं शताब्दी के प्रथम चरण में स्वीकार करने के लिए अन्य अनेक ग्रन्थकारों के प्रमाण प्राप्त हैं जिन्होंने अपनी रचनाओं में भवभूति का उल्लेख किया है और उनके श्लोकों को उद्धृत किया है।

सोमदेव अपने 'यशस्तिलक-चम्पू' (940 ई.) में भवभूति को 'महाकवि' घोषित करते हैं। धनिक ने 'दशरूपावलोक' में, भोज ने 'सरस्वतीकण्ठाभरण' में भवभूति के श्लोकों को दृष्टान्त रूप में प्रस्तुत किया है। इन दोनों का समय क्रमशः 10वीं

1. काव्यालंकार सूत्रवृत्ति, 4.3.6
2. बालरामायण, 1.16

शताब्दी का अन्तिम चरण एवं 11वीं शताब्दी का पूर्वार्ध है। सोड्ढल ने अपने ग्रन्थ 'उदयसुन्दरीकथा' में भवभूति का इन शब्दों में स्तुतिगान किया है–

मान्यो जगत्यां भवभूतिरार्यः
सारस्वते वर्त्मनि सार्थवाहः।
वाचं पताकामिव यस्य दृष्ट्वा
जनः कवीनामनुपृष्ठमेति ॥

उक्त ग्रन्थ का रचनाकाल 1050 ई. से पूर्व स्वीकृत है। कुन्तक ने अपने 'वक्रोक्तिजीवित' (1000 ई.) में भवभूति के तीनों नाटकों से दृष्टान्त लिये हैं। अभिनवगुप्त ने भरत के 'नाट्यशास्त्र' पर अपनी टीका में भवभूति को उद्धृत किया है। भवभूति के श्लोकों को 10वीं शताब्दी के 'दशरूपक', 11वीं शताब्दी के 'औचित्यविचारचर्चा' एवं 'सुवृत्ततिलक' तथा 12वीं शताब्दी के 'काव्यप्रकाश' आदि काव्यशास्त्रों में उद्धृत किया गया है। इसके अतिरिक्त 'कवीन्द्रवचनसमुच्चय', 'सदुक्तिकर्णामृत', 'सुभाषितरत्नकोश' आदि काव्य-संग्रहों में भी भवभूति के श्लोकों का संचयन है, जो उन्हें पर्याप्त पूर्ववर्ती प्रमाणित करता है।

यह सम्पूर्ण अध्ययन स्पष्ट करता है कि 800 ई. के पश्चात् की रचनाओं में भवभूति का नाम और कृतित्व अत्यन्त महत्त्वपूर्ण स्थान प्राप्त कर चुका था।

इस प्रकार यह सारा विश्लेषण भवभूति को 700 ई. से 730 ई. के समय का रचनाकार स्वीकार करता है और हमारे इस निष्कर्ष को सुग्राह्य एवं प्रामाणिक सिद्ध करता है।

समानिकता का प्रश्न : भवभूति और उम्बेक

महाकवि भवभूति और मीमांसक उम्बेक के एक होने का या एक न होने का विवाद अभी तक कोई ऐसा निष्कर्ष प्राप्त नहीं कर सका है जो सर्वमान्य और सर्वग्राह्य हो। दोनों ही पक्षों के पास अपने तर्क हैं और उन तर्कों का अपना वज़न है। पहचान के इस प्रश्न पर उपलब्ध सामग्री के आधार पर यह अध्ययन प्रस्तुत किया जा रहा है।

भवभूति के तीनों नाटकों की प्रस्तावना में हमें कवि का परिचय प्राप्त होता है, जिसमें उन्होंने अपने जन्मस्थान, पूर्वजों, माता-पिता एवं गुरु का नामोल्लेख भी किया है। भवभूति के नाटकों में 'उम्बेक' शब्द अथवा नाम का कहीं कोई उल्लेख नहीं है। सर्वप्रथम शंकर पाण्डुरंग पण्डित (एस.पी. पण्डित) ने एम.वी. लेले से प्राप्त मालती-माधव की लगभग 500 वर्ष पुरानी एक पाण्डुलिपि के आधार पर यह निर्णय दिया कि भवभूति और उम्बेक एक ही व्यक्ति के दो नाम हैं। इस पाण्डुलिपि के तीसरे अंक के अन्त में *'इति श्रीभट्टकुमारिलशिष्यकृते मालतीमाधवे तृतीयोऽङ्कः'* छठे

अंक के अन्त में *'इति श्रीकुमारिल-स्वामिप्रसादप्राप्तवाग्वैभवश्रीमदुम्बेकाचार्यविरचिते मालतीमाधवे षष्ठोऽङ्कः'* तथा दसवें अंक में अन्त में *'इतिश्रीमद्भवभूतिविरचिते मालतीमाधवे दशमोऽङ्कः'* लेख प्राप्त हैं। इन तीनों वक्तव्यों के आधार पर एस.पी. पण्डित ने यह सिद्ध करने का प्रयत्न किया कि भवभूति महान् मीमांसक कुमारिल भट्ट के शिष्य थे और उनका अन्य नाम उम्बेक था।

उम्बेक की दो रचनाएँ टीकाओं के रूप में प्रकाशित हैं : कुमारिल के 'श्लोकवार्तिक' पर 'तात्पर्यटीका'[1] एवं मण्डनमिश्र के 'भावनाविवेक' पर एक टीका[2]। इनके अतिरिक्त भी उम्बेक के विचार अनेक स्थलों पर प्राप्त हैं। शान्तरक्षित[3] के 'तत्त्वसंग्रह' पर कमलशील की टीका में, चित्सुखी की नयनप्रसादिनी[4] टीका में, श्रीदेव की 'स्याद्वाद् रत्नाकर'[5] तथा पार्थसारथि मिश्र की 'शास्त्रदीपिका' पर रामकृष्ण की 'युक्तिस्नेह प्रपूरणी'[6] टीका में उम्बेकाचार्य के मतों को उद्धृत किया गया है।

इन सब तथ्यों और टीकाओं के परिशीलन के बाद म.म. कुप्पुस्वामी शास्त्री,[7] म.म. गंगानाथ झा[8], म.म. पी.वी. काणे[9] जैसे विद्वानों ने भवभूति और उम्बेक को एक स्वीकार किया किन्तु डॉ. कुन्हनराज[10], प्रो. वी. वी. मिराशी[11] इनसे सहमत न हो सके। उन्होंने जो तर्क प्रस्तुत किये, उनके अनुसार भवभूति और उम्बेक के एकत्व को स्वीकार नहीं किया जा सकता। कुन्हनराज के शब्दों में "भवभूति और उम्बेक का ऐक्य पूरी तरह निराधार मान्यता है।" इस प्रश्न पर अधिक बातचीत हो सके और किसी निर्णय तक पहुँचा जा सके, इसके लिए कुन्हनराज ने 'श्लोकवार्तिक' पर उम्बेक की टीका पर अपने संस्करण की भूमिका में विशद विचार-विमर्श किया है।

'मालतीमाधव'[12] पर अपने संस्करण की प्रस्तावना में डॉ. आर.जी. भाण्डारकर

---

1. मद्रास यूनिवर्सिटी संस्कृत सीरीज़, सं. 13
2. प्रिन्सेस ऑफ वेल्स सरस्वती भवन टेक्स्ट, सं. 6
3. गायकवाड़ ओरियण्टल सीरीज़, सं. 30 एवं 31
4. निर्णयसागर प्रेस, पृ. 265
5. 'श्लोकवार्तिक' पर भट्टपुत्र जयमिश्र की टीका के कुन्हनराज के संस्करण की भूमिका, पृ. 12
6. निर्णयसागर प्रेस, पृ. 2, 14, 30, 48 आदि।
7. प्रोसीडिंग्स एण्ड ट्रांज़ेक्शंस ऑफ द सेकण्ड ओरियण्टल कॉन्फ्रेंस, पृ. 411
8. भावनाविवेक, भाग दो, भूमिका, पृ. 4
9. उत्तररामचरित, तृतीय संस्करण, भूमिका, पृ. 12-16
10. तात्पर्यटीका, भूमिका, पृ. 34
11. भवभूति, पृ. 89-102
12. द्वितीय संस्करण, पृ. 20

का कथन है कि कोई भी ऐसा तथ्य परिचय में नहीं है, जिसके अनुसार भवभूति और उम्बेक को एक न स्वीकार किया जा सके, किन्तु तब भी कुछ कठिनाइयाँ ऐसी हैं, जो इस ऐक्य की सत्यता में बाधा प्रस्तुत करती हैं। प्रथम, एस.पी. पण्डित को प्राप्त 'मालतीमाधव' की हस्तलिखित प्रति के अतिरिक्त अन्य किसी भी प्रति या संस्करण में उम्बेकाचार्य का उल्लेख नहीं मिलता। दूसरे, कवि ने सांख्य, योग, उपनिषद् आदि के साथ मीमांसा के ज्ञान का न तो उल्लेख किया है और न उनकी रचनाओं में इसका कोई प्रमाण मिलता है कि वे मीमांसक थे। जबकि उम्बेक के गुरु कुमारिलभट्ट प्रसिद्ध मीमांसक थे। तीसरे, भवभूति ने अपने गुरु का नामोल्लेख कुमारिल नहीं किया, बल्कि उन्हें 'ज्ञाननिधि' कहकर सम्बोधित किया है।

भवभूति और उम्बेक के ऐक्य की दूसरी बाधा के उत्तर पक्ष में यह विचारणीय है कि यद्यपि कवि ने पूर्वमीमांसा का उल्लेख केवल इतना ही किया है– *'पदवाक्यप्रमाणज्ञः'* जिसमें 'वाक्य' मीमांसा का सूचक है, किन्तु *'यद्वेदाध्ययनम्'* (मा.मा., 1.8) में भी वेदाध्ययन पूर्वमीमांसा के ज्ञान को प्रकट करता है तथा उपनिषदों का अध्ययन वेदान्त को प्रकट करता है। 'उत्तररामचरित' (1.39-40) में 'अर्थवाद' शब्द मीमांसा का पारिभाषिक शब्द है और 'महावीरचरित' (1.39-40) में *'अम्बुनि मज्जयन्त्यलाबूनि, ग्रावाणः प्लवन्ते'* वाक्य कवि के मीमांसा-ज्ञान को प्रकट करता है। 'महावीरचरित' का यह वाक्य किंचित् अन्तर के साथ 'महाभारत'[1] में तथा 'पूर्वमीमांसा-सूत्र'[2] में भी उपलब्ध है।

तीसरा प्रश्न है कि भवभूति यदि कुमारिल के शिष्य उम्बेक थे तो उन्होंने अपने इतने महान् गुरु का नामोल्लेख अपनी कृतियों में क्यों नहीं किया? पी.वी. काणे के मत में भवभूति-उम्बेक का ऐक्य स्वीकार करने के लिए यह तर्क दिया जा सकता है कि भवभूति अपने आरम्भिक जीवन में कुमारिल के शिष्य उम्बेक थे, किन्तु जीवन के बाद के वर्षों में नाटकों की रचना करते समय उनकी प्रवृत्ति वेदान्त की ओर हुई और उन्होंने पूर्वमीमांसा की उपेक्षा की तथा वेदान्त के ज्ञान को विशेष रूप से प्रकट किया। प्रौढ़ा आत्रेयी का वेदान्तविद्या के अध्ययन के लिए वाल्मीकि के पास से उस प्रदेश में आना जहाँ अगस्त्य आदि ब्रह्मवेत्ता ऋषि रहते हैं (उ.रा. च., 2.3), भवभूति के अपने जीवन की घटना भी हो सकती है, जो इस बात की द्योतक है कि भवभूति ने अपने जीवन में न केवल स्थान-परिवर्तन बल्कि गुरु-परिवर्तन भी किया था।

–क्या उम्बेक कुमारिल के शिष्य थे? यदि नहीं तो उनका समय क्या है?

–क्या भवभूति और उम्बेक एक हैं?

---

1. सभापर्व, 66.11
2. शबरभाष्य, 1.1.5

यदि पहले प्रश्न का सुनिश्चित समाधान मिल सके तो दूसरे प्रश्न के हल तक भी पहुँचा जा सकता है। उम्बेक ने कुमारिल के 'श्लोकवार्तिक' और मण्डन के 'भावनाविवेक'[1] के अनेक अंशों पर विचार-विमर्श किया है। इस दृष्टि से उनका समय न केवल कुमारिल के बाद, बल्कि मण्डन के बाद भी होना चाहिए। कुमारिल का समय 775 ई. के लगभग निश्चित होता है। सर्वप्रथम शान्तरक्षित के शिष्य कमलशील ने उम्बेक के मतों का उल्लेख किया है और उन्हें उम्बेयक नाम से सम्बोधित किया है। कमलशील का समय 800-825 ई. के बीच ठहरता है। इस दृष्टि से उम्बेक का समय 800 ई. से पहले 775-800 ई. के बीच होना चाहिए। 'राजतरंगिणी'[2] तथा अन्य कृतियों के आधार पर भवभूति का रचनाकाल आठवीं शताब्दी का प्रथम चरण निश्चित हो चुका है। समय के अन्तराल को दृष्टि में रखकर भवभूति और उम्बेक की समानिकता को स्वीकार नहीं किया जा सकता।

भवभूति और उम्बेक के ऐक्य को अस्वीकार करने की दिशा में एक तर्क यह भी है कि भवभूति के पूर्वज विदर्भ में पद्मपुर के निवासी थे और महाकवि, भट्टगोपाल, नीलकण्ठ आदि नाम उनके संस्कृत-उद्गम के सूचक हैं, जबकि उम्बेक नाम द्राविड़ संस्कृति का सूचक है।

अब हम कुछ ऐसे तर्कों की ओर बढ़ते हैं जो भवभूति और उम्बेक के एकत्व को प्रमाणित करने का प्रयास करते हैं। कुमारिल के 'श्लोकवार्तिक' पर उम्बेक की 'तात्पर्यटीका' के आरम्भ में यह श्लोक प्राप्त होता है—

ये नाम केचिदिह नः प्रथयन्त्यवज्ञां
जानन्ति ते किमपि तान् प्रति नैष यत्नः।
उत्पत्स्यतेऽस्ति मम कोऽपि समानधर्मा
कालो ह्ययं निरवधिर्विपुला च पृथ्वी ॥

यह श्लोक 'मालतीमाधव' (1.6) में भी प्राप्त है। भवभूति में पुनरावृत्ति उनकी सभी रचनाओं में मिलती है। इसलिए, बहुत सम्भव है कि अपने दार्शनिक ग्रन्थ में, जिसे उन्होंने उम्बेक नाम से लिखा, उन्होंने अपने समकालीन विद्वानों की अवज्ञा के प्रति अपनी प्रतिक्रिया ठीक उसी प्रकार व्यक्त की हो, जैसी उन्होंने 'मालतीमाधव' में की थी।

भवभूति और उम्बेक के ऐक्य को चित्सुखाचार्य ने अपने 'तत्त्वप्रदीपिका'[3]

---

1. तात्पर्यटीका, पृ.39
2. कविर्वाक्पतिराजश्रीभवभूत्यादिसेवितः।
जितो ययौ यशोवर्मा तद्गुणस्तुतिवन्दिताम् ॥ वही, 4.144
3. निर्णयसागर प्रेस संस्करण, पृ. 265

ग्रन्थ में इस प्रकार प्रस्तुत किया है—

'तस्माच्छास्त्रं शब्दविज्ञानादसंनिकृष्टे बुद्धिरिति लक्षणमलक्षणम्। तथा आप्तवाक्यं शब्दप्रमाणमिति नैयायिकानामपि।

आप्तोदीरितवाक्येषु मालतीमाधवादिषु।
व्यभिचारांन्न तद्युक्तमाप्तत्वस्यानिरुक्तितः॥

स्वकपोलकल्पितमालतीमाधवादिवाक्येषु प्रामाण्याभावादतिव्याप्तिः। न हि पुरा आप्त एव सन् नाटकनाटकादि प्रबन्धविरचनमात्रेणानाप्तो भवति भवभूतिः। उक्तं चैतदुम्बेकेन यदाप्तोऽपि कस्मैचिदुपदिशति न त्वयाननुभूतार्थविषयं वाक्यं प्रयोक्तव्यम्। यथा अङ्गुल्यग्रे हस्तियूथशतमास्ते इति। तत्रार्थव्यभिचारः स्फुटः।'

अपने इस उद्धरण में चित्सुखाचार्य नैयायिकों द्वारा दी गयी 'शब्दप्रमाण' की परिभाषा—'आप्तवाक्यं शब्दप्रमाणम्' को 'अतिव्याप्ति' के दोष से त्रुटिपूर्ण घोषित करते हैं और अपने तर्क की पुष्टि में भवभूति का उदाहरण प्रस्तुत करते हैं। क्योंकि भवभूति ने शास्त्रों पर लिखा है, इसलिए उन्हें 'आप्त' माना जा सकता है। भवभूति ने 'मालतीमाधव' आदि नाटकों में जो कल्पना से लिखा, या काल्पनिक नाटकों की रचना की, उससे उनका 'आप्त' होना अप्रमाणित नहीं होता। उम्बेक ने भी कहा है, 'आप्त व्यक्ति भी यह उपदेश देता है कि लोगों को वह नहीं कहना चाहिए, जो उनके वास्तविक अनुभव का विषय नहीं है। यदि कोई कहे कि अँगुली के अग्र भाग पर सौ हाथी खड़े हैं, तब इस कथन की असत्यता स्पष्ट है।' यहाँ चित्सुखाचार्य भवभूति के उद्धरण के तुरन्त बाद उम्बेक का उद्धरण प्रस्तुत करते हैं, जो यह प्रकट करता है कि ये दोनों एक थे। 'नयनप्रसादिनी' टीका में प्रत्यग्रूपभगवान ने *'भवभूतिरुम्बेकः। एतदेव ग्रन्थान्तरस्थेन तद्वचनेन सम्मतयति'* उल्लेख के द्वारा इस ऐक्य की पुष्टि कर दी है।

भवभूति और उम्बेक को एक व्यक्ति मानने के विरोध में यह तर्क भी दिया जाता है कि मीमांसा पर भवभूति की कोई कृति उपलब्ध नहीं है, इसलिए उन्हें मीमांसक उम्बेक स्वीकार नहीं किया जा सकता। किन्तु इस तर्क में कोई औचित्य नहीं है, क्योंकि तन्त्रशास्त्र पर भी भवभूति की कोई कृति प्राप्त नहीं है, जबकि तन्त्रशास्त्र के प्रसिद्ध आचार्य अभिनवगुप्त ने 'तन्त्रालोक' में 'दीक्षा एवं अभिषेक आदि के बिना प्रातिभज्ञान प्राप्त नहीं हो सकता' इसके खण्डन में भवभूति को शास्त्रज्ञ, तत्त्वदर्शी रूप में उद्धृत किया है—

असदेतदिति प्राहुर्मुनयस्तत्त्वदर्शिनः।
श्रीरामानन्दकल्याणभवभूतिपुरोगमाः।
तथाहि त्रीशिकाशास्त्रविवृतौ तेऽभ्यधुर्बुधाः॥

यह प्रकट करता है कि भवभूति ने तन्त्रशास्त्र पर कोई ग्रन्थ लिखा था। इसी प्रकार

हम यह भी स्वीकार कर सकते हैं कि भवभूति ने मीमांसा पर भी ग्रन्थ लिखे थे, भले ही वे उपलब्ध न हों। इस आधार पर भवभूति और उम्बेक के ऐक्य को स्वीकार किया जा सकता है।

भवभूति और उम्बेक की समानिकता को सिद्ध करने के लिए डॉ. काणे ने भवभूति को द्राविड़ प्रमाणित करने का प्रयत्न किया है। भारत के दक्षिण प्रदेशों के प्रति भवभूति की आत्मीयता भी इस तथ्य को पुष्टि प्रदान करती है। 'उत्तररामचरित' के टीकाकार घनश्याम (1700 ई.) भी भवभूति को द्राविड़ स्वीकार करते हैं। प्रस्तुत नाटक के दूसरे अंक में जब वनदेवता बासन्ती को यह ज्ञात होता है कि राम के अश्वमेध-यज्ञ के अश्व के रक्षकों के अधिष्ठाता लक्ष्मण-पुत्र चन्द्रकेतु हैं तब बासन्ती का यह हर्ष-उच्छ्वास *'हन्त मातर्जीवामि'* (वही, 2.7-8) द्राविड़ स्त्रियों की स्वभावोक्ति को प्रकट करता है। घनश्याम का कथन है–*'मातर्जीवामीति द्राविडस्त्रीस्वभावोक्तिः। एवं वदता कविना निजं द्राविडत्वं प्रकटितामित्यूह्यम्।'* कवि के द्राविड़ होने के बारे में 'उत्तररामचरित' में आये *'अकुङ्कुम'* (6.37) शब्द को लेकर भी घनश्याम ने भवभूति को द्राविड़ स्वीकार किया है।

दक्षिण भारत और केरल में पूर्वमीमांसा का अध्ययन विशेष लोकप्रिय था। 'मालतीमाधव' (3.12-13) में लवङ्गिका का यह कथन–*'कघं अ इमाइं रमण-केलिकलहकोवोवराअपल्लविदकेरलीकपोलकोमलुव्वेलल्लन्तविमलचन्दचन्दिओद्दाम-दलिदतिमिरावरणाइं विभावरीमुहाइं।'* प्रिय के साथ प्रणयक्रीड़ा में कलह का स्वाँग रचनेवाली केरल सुन्दरियों के अरुण कपोलों का वर्णन प्रस्तुत करता है। इस प्रसंग के आधार पर यह निष्कर्ष प्रस्तुत किया गया कि भवभूति ने मीमांसा का अध्ययन केरल में किया था और मीमांसा पर टीकाग्रन्थ भी लिखे थे। दक्षिण भारत में वे उम्बेक नाम से विशेष रूप से लोकप्रिय थे।

भवभूति और उम्बेक की समानिकता को स्वीकार करना अभी तक प्राप्त प्रमाणों के आधार पर संगत नहीं जान पड़ता। अब हम उन निष्कर्षों की ओर बढ़ेंगे जो भवभूति और उम्बेक की भिन्नता स्वीकार करते हैं, ऐक्य नहीं। डॉ. कुन्हनराज और प्रो. मिराशी ने भवभूति की समानिकता के प्रश्न पर विस्तार से विचार किया है और मुक्त मन से अपने निर्णय प्रस्तुत किये हैं। हमारा यह अध्ययन इन विद्वानों से प्राप्त अकाट्य प्रमाणों के आधार पर भवभूति और उम्बेक की समानिकता को अस्वीकार करता है।

जो तर्क भवभूति और उम्बेक के ऐक्य के पक्षधर हैं, उनका सूक्ष्म और बृहत् विश्लेषण करने के बाद वे अपना वज़न खो बैठते हैं, तथा अनैक्य के प्रमाणों के रूप में प्रतीत होने लगते हैं। यह विश्लेषण इस प्रकार है–

सर्वप्रथम तर्क के रूप में, एस.पी. पण्डित को प्राप्त, 'मालतीमाधव' की वह पाण्डुलिपि है, जिसके तीसरे और छठे अंक के अन्त में कुमारिलशिष्य उम्बेक के

रचनाकार होने का उल्लेख है। पर यह सर्वविदित और सर्वमान्य है कि 'महावीरचरित', 'मालतीमाधव' और 'उत्तररामचरित' के रचनाकार महाकवि भवभूति थे, जो 'पदवाक्यप्रमाण' के ज्ञाता और महान् गुरु ज्ञाननिधि के शिष्य थे। प्राप्त प्रमाणों के आधार पर उम्बेक का रचनाकाल 775 ई. से 800 ई. के बीच नियत किया जा चुका है और भवभूति का रचनाकाल आठवीं शताब्दी का प्रथम चरण। 'मालतीमाधव' की इस पाण्डुलिपि का यह वक्तव्य इसलिए भी सन्दिग्ध (या किसी लिपिक की भूल) है क्योंकि आज तक प्राप्त अन्य किसी पाण्डुलिपि में उम्बेक के रचनाकार होने का उल्लेख नहीं मिलता। नाटकों की प्रस्तावना में रचनाकार का स्पष्ट नामोल्लेख है—'भवभूतिर्नाम'।

विश्लेषण से यह बात भी प्रकट होती है कि भवभूति ने कहीं भी उम्बेक का नामोल्लेख नहीं किया है और न उम्बेक ही कहीं भवभूति का ज़िक्र करते हैं। इन दोनों का यह मौन इनके अलगाव का ही नहीं, बल्कि इस बात का भी सूचक है कि इनका कार्यक्षेत्र पूरी तरह भिन्न था। भवभूति शुद्ध कवि थे, उम्बेक शुद्ध मीमांसक। यदि उम्बेक कवि होते तो परवर्ती होने पर भी अन्य कवियों की भाँति भवभूति का उल्लेख अपनी रचनाओं में कर सकते थे। भवभूति का मौन भी इस बात का सूचक है कि मीमांसा उनका कार्यक्षेत्र नहीं था, दूसरे उम्बेक का रचनाकाल उनके समय से 50-75 वर्ष बाद का है।

भवभूति के वर्णन से यह भी स्पष्ट है कि वे दक्षिणापथ से 'दकन' का निर्देश करते हैं। वे विदर्भ में पद्मपुर के निवासी थे। नाटकों में आयी एक-दो उक्तियों के आधार पर उन्हें द्राविड़ स्वीकार करना अत्यन्त भ्रामक है। किसी दूसरे प्रदेश या उसकी संस्कृति को जानना, वहाँ की वाचन-शैली के किन्हीं प्रचलित प्रकारों को अपनी रचनाओं में स्वाभाविक ढंग से प्रयुक्त करना किसी भी श्रेष्ठ कवि के लिए अस्वाभाविक नहीं है। भवभूति ने उत्तराखण्ड में स्थान-परिवर्तन करते समय या पहले दक्षिण भारत की यात्रा की थी, यह उनके भौगोलिक वर्णनों से तथा प्रकृति-चित्रों से स्पष्ट प्रतीत होता है।

कुमारिल के 'श्लोकवार्तिक' पर उम्बेक की 'तात्पर्यटीका' के आरम्भ में आया 'ये नाम केचिदिह' श्लोक एक प्रश्न चिह्न लगाता है, क्योंकि यही श्लोक 'मालतीमाधव' (1.6) में भी प्राप्त है और विद्वत्समाज के प्रति भवभूति की गहरी प्रतिक्रिया को व्यक्त करता है। 'तात्पर्यटीका' में इस श्लोक की संगति के बारे में डॉ. कुन्हनराज की दो आपत्ति हैं : (1) ग्रन्थ के आरम्भ में आया यह श्लोक मंगल श्लोक के लिए स्थान नहीं छोड़ता, (2) मीमांसा-ग्रन्थ में इस श्लोक का औचित्य नहीं बनता। लेखक को अपनी कृति के बारे में इतना निराशाजनक वक्तव्य देने की क्या आवश्यकता थी। पर भवभूति और उम्बेक की समानिकता को अस्वीकार करने के लिए यह तर्क पर्याप्त नहीं है, क्योंकि सभी रचनाकार ग्रन्थ का आरम्भ

मंगलश्लोक से नहीं करते हैं। उदाहरण के लिए मण्डन के 'भावनाविवेक' के आरम्भ में कोई 'मंगल' नहीं है। दूसरे, भवभूति की भाँति ही सम्भवतः उम्बेक को भी विद्वानों का आदर नहीं मिल सका और उन्होंने अपनी प्रतिक्रिया इस श्लोक द्वारा व्यक्त की, इसमें कोई अनौचित्य नहीं है।

पर दो ग्रन्थों में एक श्लोक है, इस आधार पर भवभूति और उम्बेक को एक नहीं माना जा सकता। ग्रन्थों का परिशीलन करने से ज्ञात होता है कि रचनाकार अपने प्रयोजन की सिद्धि के लिए या अपनी भावना की पूर्णता के लिए कई बार पूर्ववर्ती रचनाकारों के उन श्लोकों का अपनी कृति में आहरण कर लेते हैं, जो उन्हें पूरी तरह अनुकूल जान पड़ते हैं। उनकी कृति का मौलिक प्रभाव नष्ट न हो इसलिए वे उन्हें उद्धरण के रूप में प्रस्तुत न कर अपनी बात या अपने वक्तव्य के रूप में ही प्रकट करते हैं। उम्बेक ने शबर और कुमारिल के विचारों की आलोचना करते समय अपने समर्थन में 'महाभारत' से यह श्लोक लिया है—

गुरोरप्यवलिप्तस्य कार्याकार्यमजानतः।[1]
उत्पथप्रतिपन्नस्य परित्यागो विधीयते ॥

और इसे उद्धरण के रूप में प्रस्तुत नहीं किया। डॉ. राज ने ऊवट के 'सर्वानुक्रमणी भाष्य' में मंगलश्लोक का हवाला दिया है जो दण्डी के 'काव्यादर्श' से लिया गया है। इसी प्रकार अन्य उदाहरण भी देखे जा सकते हैं।

इन सब बातों को ध्यान में रखकर यह निर्णय दिया जा सकता है कि 'तात्पर्यटीका' और 'मालतीमाधव' में आया 'ये नाम केचिदिह' श्लोक उम्बेक और भवभूति के एकत्व को प्रमाणित नहीं करता।

भवभूति और उम्बेक की समानिकता के समर्थन में चित्सुखाचार्य की 'तत्त्वप्रदीपिका' से जो उद्धरण दिया गया है— *'तस्माच्छास्त्रं...तत्रार्थव्यभिचारः स्फुटः'*, जिसमें भवभूति और उम्बेक दोनों नाम आये हैं, उसमें *'उक्तं चैतदुम्बेकेन'* द्वारा टीकाकार भवभूति और उम्बेक की भिन्नता को प्रकट करता है। यदि ऐसा न होता तो वह भवभूति का उल्लेख करने के बाद *'उक्तं चैतत्तेनैव'* पद का प्रयोग करता *'उक्तं चैतदुम्बेकेन'* का नहीं।

इस अध्ययन और विचार-विमर्श के बाद यही निष्कर्ष हाथ में आता है कि भवभूति और उम्बेक दो भिन्न व्यक्ति थे।

भवभूति का जीवन

'महावीरचरित', 'मालतीमाधव' एवं 'उत्तररामचरित' की प्रस्तावना एवं अन्य

---

1. उद्योगपर्व, 178.48

वर्णनों से हमें भवभूति के जीवन से जुड़े तीन स्थानों का प्रसंग प्राप्त होता है। इनमें पहला है उनका जन्मस्थल पद्मपुर—दकन के विदर्भ देश में स्थित एक नगर; दूसरा है कालप्रियनाथ, जहाँ उनके नाटकों का मंचन किया गया; तीसरा है पद्मावती, 'मालतीमाधव' में जिसके सौन्दर्य-ऐश्वर्य का विशद वर्णन है। कान्यकुब्ज-नरेश यशोवर्मा के राजकवि वाक्पतिराज ने अपने प्राकृत काव्य 'गउडवहो' की एक गाथा (799) में भवभूति के प्रति अपना ऋण और आदर प्रकट किया है। इस गाथा से यह संकेत भी मिलता है कि भवभूति वाक्पतिराज के साथी राजकवि थे, और उनसे वरिष्ठ थे। कल्हण की 'राजतरंगिणी' (4.144) में भी भवभूति और वाक्पतिराज को यशोवर्मा का राजकवि स्वीकार किया गया है। इस प्रकार भवभूति के जीवन से जुड़ता है एक चौथा महत्त्वपूर्ण स्थान—यशोवर्मा का राजनगर कान्यकुब्ज।

भवभूति का जन्म दक्षिणापथ में विदर्भ देश में स्थित पद्मपुर नगर के एक ऐसे क्षोत्रियकुल में हुआ था जो न केवल अपने ज्ञान और पाण्डित्य के लिए प्रसिद्ध था, बल्कि जो अपने पवित्र आचरण के लिए पूजार्ह और प्रणम्य माना जाता था। भवभूति के पूर्वज वाजसनेय यज्ञ के अनुष्ठाता, पंचाग्नि के रक्षक, कूप और तड़ाग आदि का निर्माण करनेवाले, महीयसी और धनाढ्य ब्राह्मण थे। ऐसा प्रतीत होता है कि भवभूति के पाँचवें पूर्वज उदुम्बर निवासी थे, उनके ज्ञान और पाण्डित्य के कारण विदर्भ के अन्तिम वाकाटक राजा पृथिवीशेण द्वितीय ने उन्हें पद्मपुर में आमन्त्रित कर राजाश्रय प्रदान किया था। किन्तु विदर्भ पर कलचुरि राजाओं का आधिपत्य हुआ। उनकी राजधानी माहिष्मती थी। विदर्भ का प्रशासन राष्ट्रकूटों के हाथ में दे दिया गया। इन सामन्त राजाओं में न तो विद्वानों का आदर करने की योग्यता थी और न उन्हें राजसभा में उचित आसन प्रदान कर परम्परागत गौरव को अक्षुण्ण रखने की महत्त्वाकांक्षा। भवभूति के समय तक पद्मपुर का वैभवशाली स्वरूप ह्रास को प्राप्त हो चुका था।

भवभूति का आरम्भिक जीवन इसी पद्मपुर में व्यतीत हुआ। वे वयस्क हुए। उनके अन्दर अपने पूर्वजों के ज्ञान और गौरव का संज्ञान जागा। पिता नीलकण्ठ की 'पवित्रकीर्ति' के प्रकाश-जल ने उनके हृदय को अभिमन्त्रित किया और नैसर्गिक निधि के रूप में प्राप्त उनका 'कवित्व' जीवन को एक सर्वथा भिन्न और नया रूप देने के लिए लालायित हो उठा। वे पाण्डित्य से हटकर अपनी 'रचना' के बारे में सोचने लगे—

> यद्वेदाध्ययनं तथोपनिषदां सांख्यस्य योगस्य च
> ज्ञानं तत्कथनेन किं न हि ततः कश्चिद् गुणो नाटके।

अर्थात् वेदों का अध्ययन तथा उपनिषद्, सांख्य और योग का जो ज्ञान है, उसके कथन से क्या लाभ है, क्योंकि रचना (नाटक) में इनसे किसी वैशिष्ट्य की प्राप्ति

सम्भव नहीं है। यह तो वचन की प्रौढ़ता एवं उदारता तथा अर्थगौरव है, जो रचना को विदग्धता प्रदान करता है—

यत्प्रौढित्वमुदारता च वचसां यच्चार्थतो गौरवं
तच्चेदस्ति ततस्तदेव गमकं पाण्डित्यवैदग्ध्ययोः॥

—मा.मा., 1.8

पर परिस्थितियाँ अब वे नहीं थीं। पद्मपुर अपनी प्राचीन समृद्धि से निकल एक साधारण नगर के रूप में अवशिष्ट रह गया था। परिसर का हरित-वैभव, गहन वनमालाएँ, सुन्दर दृश्यचित्र वैसे ही थे, पर नगर और नागरिक जीवन बदल चुका था।

जब हम भवभूति के इस समय के जीवन को रेखांकित करना चाहते हैं तो यह कल्पना अस्वाभाविक नहीं लगती कि कवि का बहुत-सा समय पद्मपुर-परिसर के इन वन-प्रान्तरों में व्यतीत होता होगा—घर की संकीर्ण सीमाओं से दूर प्रकृति की प्रशान्त नीरवता या बोलती भयावहता में।

यह निश्चित है कि पद्मपुर छोड़ने से पहले भवभूति एक नवोदित कवि के रूप में अपनी पहचान बना चुके थे, भले ही यह पहचान प्रकाशमय रेखाएँ ग्रहण न कर सकी हो, पर कवि का सृजन-क्रम एक नियमित रूप ले चुका था। सम्भवतः भवभूति की प्राप्त प्रथम रचना 'महावीरचरित' के कुछ अंकों का सृजन पद्मपुर में हो गया था। जब हम भवभूति के पैतृक नगर पद्मपुर से उनके निष्क्रमण की घटना पर विचार करते हैं तो ऐसा प्रतीत होता है कि पद्मपुर में उन्हें प्रत्याशित सम्मान नहीं मिल सका था। सम्भवतः उन्होंने सम्मति के लिए अपनी कविता का पाठ स्थानीय विद्वानों के समक्ष प्रस्तुत किया था, पर जब उन्हें साधुवाद न मिला, तब वे पद्मपुर में अपने कवित्व के विकास के प्रति सशंकित हो उठे और उन्होंने इस नगर को छोड़ने का निश्चय कर लिया। जब हम इस कवि के जीवन को खोलने का प्रयास करते हैं, तब उनके आरम्भिक जीवन की ये निराशाएँ उनके पैतृक नगर से निष्क्रमण की घटना का रूप ले लेती हैं। बहुत सम्भव है कि भवभूति के पास धन का अभाव रहा हो, पर कविता के 'भविष्य' का अभाव ही वह वास्तविक कारण प्रतीत होता है, जिसने कवि को अपने पूर्वजों के इस नगर को छोड़ने की प्रेरणा दी। सम्भवतः तब वे युवा थे और एकाकी भी।

इसके बाद भवभूति के जीवन में आती है विभवपूर्ण नगरी पद्मावती। 'मालतीमाधव' में माधव का विदर्भ देश से आन्वीक्षकी विद्या के अध्ययन के लिए पद्मावती आना (मा.मा., 1.10-11) भवभूति के अपने जीवन की घटना का सादृश्य है।

पर पद्मावती पहुँचने से पहले भवभूति की यात्रा में हम उन पड़ावों को दर्ज

कर सकते हैं, जहाँ उन्होंने दक्षिण के अरण्यों का, वन-पर्वतों, नदियों, गुहा-गह्वरों का परिचय प्राप्त किया होगा, उनसे घनिष्ठता स्थापित की होगी और उनका अविस्मरणीय अनुभव लेकर उत्तर भारत में अपने अगले जीवन का अध्याय आरम्भ किया होगा।

हमने भवभूति का रचनाकाल 8वीं शताब्दी का प्रथम चरण निश्चित किया है अर्थात् 700 ई. से 730 ई. तक। इस तथ्य को दृष्टि में रखकर यह आकलन किया जा सकता है कि भवभूति इस सदी के आरम्भ में पद्मावती पहुँचे होंगे। यह तो निश्चित ही है कि पद्मपुर छोड़ने के निश्चय में इस प्रसिद्ध ऐतिहासिक नगरी पद्मावती का आकर्षण एक महत्त्वपूर्ण कारण था। पद्मपुर से निराश हो भवभूति का रचनाकार दीर्घप्रवास सहन करके भी– *'दीर्घप्रवासोऽङ्गीकृतः'* (उ.रा.च., 2.3-4) एक ऐसे स्थान पर अपने भाग्य की परीक्षा करना चाहता था, जो पहले से ही ज्ञान, सृजन और सांस्कृतिक गतिविधियों के लिए प्रसिद्ध हो। पद्मावती के सौन्दर्य और ऐश्वर्य ने भवभूति को निश्चय ही प्रभावित किया था। 'मालतीमाधव' का दृश्य पद्मावती में ही खुलता है। कवि ने अपने इस प्रकरण में इस नगरी का विशद वर्णन किया है। यहाँ के ऊँचे भवनों, देवालयों, नगर-द्वारों के रूप में यहाँ की वास्तुकला ने कवि को आकर्षित किया था। इस नगर के परिसर, नदियाँ, संगम, निर्झर इस प्रकरण के दृश्यों के साथ बड़ी घनिष्ठता से जुड़े हुए हैं। सौदामिनी के शब्दों में इस नगर का रमणीय एवं भव्य चित्र मिलता है–

पद्मावती विमलवारिविशालसिन्धु-
पारासरित्परिकरच्छलतो बिभर्ति।
उत्तुङ्गसौधसुरमन्दिरगोपुराट्ट-
संघट्टपाटितविमुक्तमिवान्तरिक्षम् ॥ 9.2 ॥

भवभूति के कृतित्व ने यहाँ पहुँचकर निश्चय ही मुक्ति और विस्तार का अनुभव किया होगा। अब उनके पास क्षेत्र था, गुणज्ञ समाज था और द्रव्य की चिन्ता से मुक्त होने के लिए समृद्ध परिवेश भी।

भवभूति अपने कृतित्व के प्रति प्रतिबद्ध थे–पर साथ ही वे ज्ञान के उस ख़ज़ाने के प्रति भी जागरूक थे, जो उन्हें उनके पूर्वजों से मिला था। वे अपनी विद्या को निखार और पाण्डित्य को प्रकाश देना चाहते थे। सम्भवतः पद्मावती में ही उन्हें अपने गुरु ज्ञाननिधि का सान्निध्य प्राप्त हुआ था। कवि ने 'महावीरचरित' एवं 'मालतीमाधव' की प्रस्तावना में बड़े गर्व और गौरव से अपने इन गुरु का स्मरण किया है।

भवभूति से पहले और बाद की कई शताब्दियों तक भी पद्मावती का ऐश्वर्य बना रहा। इस ऐतिहासिक नगरी में भवभूति की रचनाओं ने साहित्य के इतिहास

में अपना नया अध्याय जोड़ा। नगर के सांस्कृतिक वातावरण में उनका कवि विकसित हुआ, विद्या प्रखर और प्रकाशमान हुई।

सम्भवतः पद्मावती में ही भवभूति का परिचय नट-मण्डलियों से हुआ। 'महावीरचरित' में सूत्रधार भवभूति को अपना मित्र घोषित करता है– *'भवभूतिर्नाम जातुकर्णीपुत्रः कविर्मित्रधेयमस्माकम्।'* 'मालतीमाधव' की प्रस्तावना में भी सूत्रधार इस मित्रता का स्वीकार इन शब्दों में करता है– *'भट्टश्रीकण्ठपदलाञ्छनो भवभूतिर्नाम कविर्निसर्गसौहृदेन स्वकृतिमेवंप्रायगुणभूयसीमस्माकं समर्पितवान्'* कि कवि ने अपनी कृति हमें स्वाभाविक मित्रता के कारण सौंपी है।

भवभूति को राजाश्रय प्राप्त नहीं था। उनके नाटकों का मंचन राजसभागार में न होकर कालप्रियनाथ के यात्रा-महोत्सवों में हुआ। पद्मावती से कालप्रियनाथ अधिक दूर नहीं था। ऐसा बहुत सम्भव है कि भवभूति अपने नाटकों के मंचन के लिए पद्मावती की मित्र नट-मण्डलियों के साथ कालप्रियनाथ की यात्राओं में जाते हों। यह भी सम्भव है कि भवभूति ने नट-मित्रों के सहयोग से अपने नाटकों का निर्देशन स्वयं किया हो। उस समय समाज में नटों का स्थान बहुत ऊँचा भले ही न हो, पर समाज का सम्भ्रान्त वर्ग उनसे किसी श्रेष्ठ कलाकृति के अभिनय द्वारा मनोविनोद का आग्रह करता था– *'अपूर्ववस्तुप्रयोगेण वयं विनोदयितव्या'* (मा.मा., 1.3-4) भवभूति ने इन कलाकारों का आदर किया था और इन्हें अपनी मैत्री प्रदान की थी।

कालप्रियनाथ के विशाल प्रांगण में भवभूति के नाटकों का प्रदर्शन हुआ। पद्मावती में रहते हुए कवि का अपनी कला के प्रदर्शन के लिए कालप्रियनाथ के समारोहों में स्वयं जाना अस्वाभाविक न होने पर भी यह तो प्रकट करता ही है कि उन्हें अपनी रचनाओं के प्रकाशन-मंचन के कार्य में स्वयं प्रत्यनशील होना पड़ता था। उन्हें यह भी आग्रह करना पड़ता था कि विद्वज्जन दूसरों की कृतियों का मनन करें और उसमें आनन्द लें– *'संख्यावन्तोऽपि भूम्ना परकृतिषु मुदं सम्प्रधार्य प्रयान्तु'* (म.च., 7.42)। 'उत्तररामचरित' के 'भरतवाक्य' तक में भवभूति कवि की मंगला-मनोहरा वाणी का मनन करने का आग्रह करते हैं– *'कवेः... इमां वाणीं... परिभावयन्तु।'*

पर अब समय आ गया था। कालप्रियनाथ में भवभूति के नाटकों को साधुवाद मिला। उनकी कीर्ति कान्यकुब्ज के सद्य सिंहासनारूढ़ नरेश यशोवर्मा के कानों तक पहुँची और उन्हें राजकवि का सम्मान प्राप्त हुआ।

कान्यकुब्ज भवभूति के जीवन का उत्तर या अन्तिम चरण है। यशोवर्मा 725 ई. में सिंहासन पर आते हैं। इसके बाद राजकवि के रूप में भवभूति ने केवल पाँच-छह वर्ष ही व्यतीत किये होंगे क्योंकि 'गउडवहो' (रचनाकाल 735 ई.) में वाक्पतिराज महाकवि भवभूति को 'अद्यापि' शब्द से स्मरण करते हैं। यह गाथा–

भवभूतिजलधिनिर्गतकाव्यामृतरसकणा इव स्फुरन्ति।
यस्य विशेषा अद्यापि विकटेषु कथानिवेशेषु ॥ 799 ॥ (संस्कृत)

न केवल कविता में, बल्कि वाक्पतिराज के हृदय में भवभूति के प्रेम-रस का स्फुरण व्यक्त करती है। इस गाथा से यह भी स्पष्ट होता है कि कान्यकुब्ज की राजसभा में भवभूति वाक्पतिराज से वरिष्ठ थे तथा वाक्पतिराज ने अपने इस श्रेष्ठतर कवि मित्र से बहुत कुछ सीखा था।

सम्भवतः यह भवभूति के जीवन का सबसे सुखद समय था। उनका *'ये नाम केचिदिह'* तथा *'कुतो हि अवचनीयता'* जैसे वाक्यों को अभिव्यक्ति देनेवाला आक्रोश समाप्त हो गया था। वे अब यशस्वी थे, कृतार्थ थे, प्रतिष्ठित राजकवि थे। भवभूति की इस काल में लिखी कोई विशेष कृति उपलब्ध नहीं है। फिर भी समय-समय पर उन्होंने ऐसे पदों की रचना की, जो सुभाषित या संकलन ग्रन्थों की सम्पदा बन गये।

भवभूति का व्यक्तित्व

देश-काल, स्थितियों के अन्दर जीवन-रेखाएँ ग्रहण करता चलता है—कभी वह विदर्भ देश में होता है तो कभी उत्तराखण्ड में; कभी वह सातवीं शताब्दी के उत्तरार्ध के अन्तिम वर्षों में होता है तो कभी आठवीं शताब्दी के प्रथम चरण में; कभी वह नट-मण्डलियों के साथ भ्रमण करता है तो कभी राजाश्रय में राजकवि का आसन सुशोभित करता है—कितने ही बिन्दु या विराम या अर्धविराम—स्थान से जुड़े हुए, समय से जुड़े हुए, परिस्थितियों के अन्दर श्वास-प्रश्वास लेते हुए उसके साथ होते हैं। सामान्यतया जीवन और व्यक्तित्व दोनों एक-दूसरे के अन्दर अपने को रचते हैं। जब तक सामंजस्य है, दोनों एक-दूसरे में अनुरूपता ग्रहण करते हैं। पर यदि वैषम्य बीच में सरक आया तो एक की चोट दूसरे को लगती है, और दोनों में से एक चीज़, दुर्बल होने के कारण, कभी अपना समूचापन प्राप्त नहीं कर पाती।

पर कवि, कलाकार, मनीषी, योगी और महात्माओं के व्यक्तित्व में एक ऐसी प्रकाशमय नमनीयता होती है जो जीवन की सारी विषम रेखाओं को परिवर्तनीयता के अन्दर ले आती है—'अनुरूपता' के एक ऐसे नियम में, जो रेखाओं की कठोरता को रंगों की लचीली मृदुता ग्रहण करने के लिए बाध्य करती है। उनका कृतित्व एवं चिन्तन जीवन के प्रकाश-छायामय सँकरे मार्गों पर अपनी कथा कहता हुआ देश की सीमा से परे समय की दीर्घकालिक अनन्तता में प्राणवन्त होता हुआ संचरण करता है—*'कालो ह्ययं निरवधिर्विपुला च पृथ्वी'* (मा.मा., 1.6)।

भवभूति ऐसे ही कवि, कलाकारों और मनीषियों में एक थे। ऐसा ही था उनका व्यक्तित्व, कि आज हम 1300 वर्ष पहले के अतीत में विद्यमान इस कवि की विशिष्टताओं को खोजने और उन्हें रेखांकित करने का प्रयास कर रहे हैं।

भवभूति द्वारा प्रस्तुत वंश-परिचय से यह स्पष्ट ज्ञात होता है कि वे एक प्रतिष्ठाप्राप्त, यशस्वी ब्राह्मणकुल में उत्पन्न हुए थे। वे स्वयं पद, वाक्य, प्रमाण के

ज्ञाता थे और सर्वोपरि रूप से कविता के मर्मज्ञ और कवित्वशक्ति-सम्पन्न थे।

कवि की कृति उसके व्यक्तित्व का दर्पण होती है। उसका सोच-विचार, चरित्र और वैशिष्ट्य, उसकी मान्यताएँ और उसके मूल्य उसकी रचना में परिलक्षित होते हैं।

अपनी पारिवारिक पृष्ठभूमि के कारण भवभूति को जन्मगत संस्कार के रूप में मिला था ब्राह्मण का ओजोदीप्त व्यक्तित्व। उनमें एक ओर ब्राह्मण का गर्व और गौरव था तो साथ ही स्नेह, दया, दाक्षिण्य और करुणा भी ब्राह्मणोचित ही थी। उनका हृदय अत्यन्त कोमल था, क्योंकि वे नृशंसता को मनुष्य का दोष मानते हैं–*'नृशंसता हि नाम पुरुषदोषः'* (म.च., 2.48-49)। ब्राह्मणजाति की पवित्रता, महत्ता तथा श्लाघ्य आचरण में उनकी निष्ठा थी–दर्प को वे एक ऐसी व्याधि मानते हैं जो अनेक दोषों से संकुल होती है–

पुण्या ब्राह्मणजातिरन्वयगुणाः श्लाघ्यं चरित्रं च मे
येनैकेन हतान्यमूनि हरता चैतन्यमात्रामपि।
एकः सन्नपि भूरिदोषगहनः सोऽयं त्वया प्रेयसा
वत्स ब्राह्मणवत्सलेन शमितः क्षेमाय दर्पामयः ॥

–म.च., 4.22

भवभूति ब्राह्मण में शान्ति, सन्तोष एवं उदारता का होना आवश्यक समझते हैं, क्योंकि इन गुणों से विहीन मनुष्य ब्राह्मण कहलाने का अधिकारी नहीं हो सकता–*'ब्रह्माणः प्रशमनपराः'* (वही, 3.34)।

नाटकों में प्राप्त ओजगुण सम्पन्न वक्तव्यों से स्पष्ट प्रतीत होता है कि भवभूति अत्यन्त स्वाभिमानी पण्डित थे। उन्हें मोक्ष से भी बढ़कर मानरक्षा प्रिय थी– *'मानरक्षणं प्रियं निसर्गेण'* (वही, 3.9)

भवभूति में *'काव्यं यशसे अर्थकृते'* की प्रतीति थी। इसलिए उन्होंने पुरुषार्थ किया। वे अथक, अविश्रान्त रहे, न केवल अपनी रचना में, बल्कि उसे प्रतिष्ठित करने में भी। पर बहुत देर तक और बहुत दूर तक जब उन्हें सफलता नहीं मिली, तब उनके अन्दर एक सामाजिक रोष आ गया था। बहुत समय तक उन्हें विद्वत्समाज का अभिमत एवं साधुवाद प्राप्त नहीं हुआ। जगत्-जीवन भी कष्टपूर्ण और प्रतिकूल परिस्थितियों के कारण विषम रहा– *'बहुप्रकारकष्टो जीवलोकः'* (उ.रा.च., 3.29-30), इसी ने उनके अन्दर एक प्रतिक्रिया को जन्म दे दिया था। सीता-त्याग के पश्चात् राम का यह कथन– *'हे भगवन्तः पौरजानपदाः!...इदमशरणैरद्यास्माभिः प्रसीदत रुद्यते'* (उ.रा.च., 3.32)–'मैं अशरण होकर रो रहा हूँ, हे महान् पुरवासियो, आप प्रसन्न हों'–महान् व्यक्ति के जीवन में कई बार क्रूर भूमिका का निर्वाह करनेवाले समाज के प्रति एक आक्षेप है।–फिर भी यह आक्षेप जगत्-जीवन की स्थिति का एक चित्र है, राम का या कवि का अपना जीवन-दर्शन नहीं। उनका जीवन-दर्शन तो लोकाराधन के लिए कुछ भी त्यागने में सक्षम है।

अपनी ज्ञान-गरिमा के प्रति भवभूति में अप्रतिम आत्मविश्वास था। आरम्भ में उनकी कृतियों का सम्मान नहीं हुआ, पर उन्हें पूर्ण विश्वास था कि कोई समानधर्मा जन्मेगा जो उनका मूल्यांकन कर सकेगा (मा.मा., 1.6)।

अपने कृतित्व के प्रति भवभूति का आत्मविश्वास कहीं-कहीं आत्मस्तुति का रूप ले लेता है और अपने काव्यगुण के प्रति उनकी जागरूकता को प्रकट करता है। 'महावीरचरित' में अपनी रचना की उत्कृष्टता का परिचय उन्होंने इन शब्दों में दिया है—इसमें महापुरुष का गम्भीर-भीषण महापराक्रम है, प्रसाद गुण से ओजयुक्त विपुलार्था वाणी है *'विपुलार्था च भारती'*—अप्राकृत पात्रों में वीररस की अभिव्यक्ति की गयी है, यह वीररस अवान्तर सूक्ष्म भेदों में व्यक्त हो रहा है—(1.2,3)। आगे वे कहते हैं 'यह रामकथा है, जो वश्यवाक् कवि द्वारा प्रस्तुत की जा रही है' (1.4)।

'उत्तररामचरित' में कवि का यह कथन कि देवी सरस्वती वश्या की भाँति उनका अनुसरण करती है *'यं ब्रह्माणमियं देवी वाग्वश्येवानुवर्तते'* (1.2) समालोचकों की दृष्टि में कवि के आत्मस्तुति-भाव की अतिशयता है। पर इसे हम इस रूप में भी ग्रहण कर सकते हैं कि कविता भवभूति के लिए इतनी सहज और स्वाभाविक थी—अप्रयास अनुवर्तिनी—कि वह वश्या प्रतीत होती थी, एक प्रणयिनी स्त्री की तरह सदा अन्तर्निष्ठ और अन्तर्भूत।

फिर भी यह कवि की आत्म-अभिव्यक्ति है, अतः इसे आत्मस्तुति भी कहा जा सकता है। अपनी रचना पर स्वयं मुग्ध होने का यह भाव भवभूति में अन्यत्र भी दर्शनीय है— *'अहो वैदग्ध्यम्'*, *'सुश्लिष्ट-गुणतया रमणीय एष सन्निवेशः'*, *'भवतु कृतार्थता वैदग्ध्यस्य'*, *'फलतु निर्माणरमणीयता'* (मा.मा.,1.32-33), *'सदृशं खलु ते निर्माणस्य वचनमधुरतया'* (वही, 2.1), *'अहो उपन्यासशुद्धिः'* (वही, 3.10-11)। अपनी रचना के प्रति कवि की यह उक्ति— *'अस्ति वा कुतश्चिदेवंभूतं महाद्भुतं विचित्ररमणीयोज्ज्वलं महाप्रकरणम्'* (वही, 10.23-24) 'ऐसा विचित्र, रमणीय, उज्ज्वल और अद्भुत प्रकरण क्या कहीं है?'—आत्म-अभिनन्दन की परिचायक है। समस्त विषयों का ज्ञान और सुभाषित रत्नों का कोष *'सर्वतोमुखं वैदग्ध्यमक्षयः सुभाषितरत्नकोषः'*, (वही, 8.4-5), *'अहो! अनवसितार्थरम्यवचसश्चारुता'* (वही) वचनों की चारुता, तथा वाग्-अमृतधारा का मेघवर्षा का अतिक्रमण कर जाना *'वागमृतजलासारो जलदजलासारमतिशेते* (वही, 10.17) भवभूति की ऐसी आत्म-उक्तियाँ हैं जिनसे स्वयं के प्रति या अपनी रचना के प्रति उनका संज्ञान प्रदर्शित होता है। वे अपने ही शब्दों में *'शब्दब्रह्मवेत्ता कवि'* (उ.रा.च., 7.21) थे। उनकी वस्तु-रचना विलक्षण थी— *'अहो संविधानकम्'* (वही, 3.46-47) आदि।

भवभूति के व्यक्तित्व में निहित आत्मस्तुति का यह भाव परिस्थितिजन्य भी था। वे राजकवि नहीं थे, इसलिए उनका दायित्व रचनाकार तक सीमित नहीं था। अपनी कृतियों को सम्यक् परिचय-पत्र के साथ पाठकों और दर्शकों तक पहुँचाने

का कार्यभार भी उन्हें स्वयं पूरा करना पड़ता था। अपनी रचना की श्रेष्ठता के प्रति वे सजग थे, आत्मगौरव या कृतार्थता के भाव से मण्डित थे, पर उनमें अहंकार का कँटीलापन नहीं था। न केवल कृतित्व में, बल्कि व्यक्तित्व में भी वे सौजन्य और मृदुता के धनी थे। नट-मण्डलियों से उनकी मित्रता उनके सौम्य और विनम्र चरित्र की परिचायक है। यशोवर्मा के राजाश्रय में वाक्पतिराज के प्रति उनका मैत्री भाव अग्रज और मार्गदर्शक बन्धु-भाव से सम्पन्न था।

जीवन के संघर्षों के कारण या निजी विश्वास से भवभूति भाग्य की विडम्बना को स्वीकार करते थे। पर यह स्वीकृति अकर्मण्य जीवन की अन्धी स्वीकृति नहीं थी—इसमें जगत् में भाग्य की भूमिका का आलेख था और एक तटस्थ निरीक्षण भी था। रचनाओं में प्राप्त ये वक्तव्य *'अहो वामता भागधेयानाम्'* (म.च., 6.1-2), *'किं नो विधिरिह वचनेऽप्यक्षमो दुर्विपाकः'* (वही, 6.7), *'अनुकूलस्य विधेः किलायं विलासः'* (वही, 6.9-10), *'प्रभवति पुनर्दैवमपरम्'* (मा.मा., 4.6), *'परिनिष्ठितो दैवहतकस्य दारुणसमारम्भपरिणामः'* (वही, 4.7-8), *'अन्यदिव दैववशेन जाता'* (उ.रा.च., 4.6)—जीवन में भाग्य की शक्तिशाली भूमिका के परिचायक हैं।—फिर भी भवभूति न तो भाग्यवादी थे और न उसे अपरिहार्य या अकाट्य मानते थे। वे कर्म और संघर्ष और उपाय द्वारा विधि की वक्रता का निराकरण करने में विश्वास करते थे—*'तत्र तत्र प्रतीकारश्चिन्त्यो वक्रे विधावपि'* (म.च., 6.3)।

कभी-कभी आक्षेपपूर्ण प्रतिक्रिया की वाणी बोलनेवाले इस कवि के व्यक्तित्व में एक अद्भुत सामरस्य, सौम्य मृदुभाव परिलक्षित होता है—हर कटुता, हर आक्रोश शीघ्र ही—*'विरोधो विश्रान्तः, तदौद्धत्यं क्वापि व्रजति, विनयः प्रह्वयति माम्'*—(उ.रा.च., 6.11)—एक ऐसे संदर्शन में बदल जाता है, जहाँ हर विरोध शान्त हो जाता है, औद्धत्य कहीं चला जाता है, विनय नम्र कर देता है।

वैसे भी कवि को सूनृत, प्रिय वाणी अभीप्सित थी (उ.रा.च., 5.30), दृप्त कठोर वाणी नहीं (वही, 5.29)। प्रजा में सीता के अपवाद के सन्देशवाहक दुर्मुख द्वारा पुरवासियों को दुर्जन कहने पर राम तत्काल यह प्रतिक्रिया व्यक्त करते हैं—

'शान्तम्। कथं दुर्जनाः पौरजानपदाः' (वही, 1.43-44)

भवभूति की रचनाओं के परिशीलन से प्रेम और सम्बन्धों का जो विशद सुन्दर चित्र सामने आता है, उससे ऐसा प्रतीत होता है कि प्रेम उनके जीवन और कृतित्व की शक्ति था और यह सम्बन्धों की प्रियता थी, जो उन्हें सारी विषमताओं में अडिग और अटूट रख सकी थी।

प्रेम को वे एक ऐसा नैसर्गिक, परस्परापेक्षी और स्वाभाविक तत्त्व मानते हैं, जो प्रथम दर्शन में ही सहज वृत्ति की तरह उदित हो जाता है। यह एक ऐसा तन्तु है जो प्राणियों के हृदय को सी देता है—*'स्नेहात्मकस्तन्तुरन्तर्भूतानि सीव्यति'*

(उ.रा.च., 5.17)। कभी यह प्रेम-सम्बन्ध जन्मान्तरीण परिचय की तरह प्रतीत होता है तो कभी अज्ञात निजी सम्बन्ध की तरह (वही, 5.16)।

दाम्पत्य प्रेम और वैवाहिक जीवन के विषय में भवभूति के वर्णन एक ऐसी ऊँचाई का स्पर्श करते हैं, जिनकी उदात्त रसमयता कवि की स्वानुभूत गहनता के साथ संयुक्त है। सुख-दुःख में अद्वैत, सर्व अवस्थाओं में अनुगमनशील, हृदय का विश्राम-स्थल यह दाम्पत्य प्रेम प्रगाढ़ और उत्कृष्ट भाव में स्थित रहता है (वही, 1.39)। सोयी हुई सीता को देखकर राम का यह भाव—

इयं गेहे लक्ष्मीरियममृतवर्तिर्नयनयो-
रसावस्याः स्पर्शो वपुषि बहुलश्चन्दनरसः।
अयं बाहुः कण्ठे शिशिरमसृणो मौक्तिकसरः
किमस्या न प्रेयो यदि परमसह्यस्तु विरहः॥
—वही, 1.38

पत्नी के प्रति भवभूति के उत्कृष्ट प्रेम और प्रशंसा-भाव का अभिव्यक्तिकरण है। *'किमस्या न प्रेयो'*—'इसका क्या प्रिय नहीं है' यह उद्‌गार केवल कवित्व शक्ति का परिचायक नहीं हो सकता, इसमें भवभूति का निजी जीवन भी जुड़ा है।

'मालतीमाधव' में कामन्दकी के माध्यम से पति-पत्नी के सम्बन्ध के विषय में भवभूति का अपना हृदय बोलता है—

प्रेयो मित्रं बन्धुता वा समग्रा
सर्वे कामाः शेवधिर्जीवितं वा।
स्त्रीणां भर्ता धर्मदाराश्च पुंसा-
मित्यन्योन्यं वत्सयोर्ज्ञातमस्तु ॥ 6.18 ॥

'स्त्रियों के लिए पति और पुरुषों के लिए धर्मपत्नी प्रिय मित्र हैं, सारे सम्बन्धों का समुच्चय हैं, वह सब कुछ हैं जिन्हें हृदय चाह सकता है। वे एक-दूसरे की निधि और जीवन हैं...' आदि। पति के लिए पत्नी का स्पर्श एक अनिर्वचनीय अनुभूति है। सीता के स्पर्श के प्रति राम का यह कथन 'मैं निश्चय नहीं कर पा रहा कि यह सुख है या दुःख, मोह है या निद्रा, विष का विसर्पण है या मद! तुम्हारा हर स्पर्श मेरी इन्द्रियों को विमूढ़ कर मेरे चैतन्य को आच्छन्न और निमीलित कर देता है' (उ.रा.च., 1.35)। मालती के स्पर्श के प्रति माधव की अनुभूति भी इतनी ही प्रगाढ़ है (मा.मा., 8.3)।

इन सब विवरणों से ज्ञात होता है कि भवभूति का व्यक्तित्व अत्यन्त प्रेममय और उदार था। उनका सुखद दाम्पत्य जीवन था और वे स्वयं एक प्रेमी पति थे।

नाटकों में प्राप्त वर्णनों से भवभूति के व्यक्तित्व में एक वात्सल्यपूर्ण पिता के दर्शन सहज ही प्राप्त होते हैं। भवभूति ने सन्तान को 'स्नेह की पराकाष्ठा'—*'प्रसवः खलु प्रकृष्टपर्यन्तः स्नेहस्य'* और 'माता-पिता के हृदय की संयोजन-ग्रन्थि'—*'परं*

चैतदन्योन्य संश्लेषणं पित्रोः' (उ.रा.च., 3.16-17) स्वीकार किया है। भवभूति द्वारा प्रदत्त 'अपत्य' (सन्तान) की वैसी परिभाषा अन्यत्र दुर्लभ है। 'उत्तररामचरित' में उनका यह कथन—

> अन्तःकरणतत्त्वस्य दम्पत्योः स्नेहसंश्रयात्।
> आनन्दग्रन्थिरेकोऽयमपत्यमिति पठ्यते ॥ 3.17 ॥

अर्थात् 'स्नेह के आश्रय से दम्पती के अन्तःकरण में रहनेवाले तत्त्व की 'आनन्द ग्रन्थि' को ही सन्तान कहते हैं'—माता-पिता के लिए सन्तान के अपूर्व आनन्द को प्रकट करता है।

'उत्तररामचरित' में लव-कुश और चन्द्रकेतु के वर्णन में वात्सल्य की अविराम मधुर अभिव्यक्ति भवभूति के अपने हृदय का सार है। पुत्र (कुश) के स्पर्श से पिता (राम) को ऐसा प्रतीत होता है मानो अपने अंगों से निःसृत, स्नेह से उत्पन्न अपने शरीर का उत्तम अंश अथवा चैतन्यरूप आत्मा ही बाहर मूर्तिमान् हो गया है (6.22)। भवभूति ने यहाँ सन्तान के प्रति प्रेम और आनन्द के भाव का प्रत्यक्ष चित्र प्रस्तुत किया है।

भवभूति ने सन्तान के रूप में पुत्र और पुत्री को समान स्थान दिया है—बल्कि भवभूति का पितृ-हृदय कन्या के प्रति अधिक कोमल और सचिन्तित प्रतीत होता है। भोले शिशु के रूप में मालती (मा.मा., 10.2) और सीता (उ.रा.च., 4.4) का वर्णन पुत्री के प्रति भवभूति के ममत्व को प्रकट करता है। सीता के प्रति जनक, कौसल्या का ममत्व एवं तमसा, गंगा आदि की उत्कण्ठा तथा मालती के प्रति कामन्दकी की निरन्तर सक्रिय संलग्नता पुत्री के लिए विशिष्ट वात्सल्य और चिन्ता को प्रकट करते हैं।

भवभूति ने अपने नाटकों में सभी मानवीय सम्बन्धों का जो आदर्श प्रस्तुत किया है, उसका कोई न कोई रूप, सारभूत या आंशिक, उनके व्यक्तित्व में निहित था, यह उनके द्वारा वर्णित भाव-संवेदन की तीव्रता एवं प्रगाढ़ता से निश्चित होता है। मैत्री हो या प्रेम, गुरुजनों के प्रति पूज्यभाव हो या अतिथि-सत्कार, प्रकृति हो या पशु-पक्षी सभी के साथ भवभूति का प्रीतिभाव और व्यवहार-वैशिष्ट्य उल्लेखनीय है।

'भवभूति का व्यक्तित्व'—इस शीर्षक के अन्तर्गत भवभूति के एक अत्यन्त विशिष्ट गुण 'गाम्भीर्य' का विवेचन करना प्रासंगिक होगा। ब्राह्मण की गरिमा और गम्भीरता उनकी वंशगत विशेषता थी। यही कारण है कि संस्कार और स्वभाव के इस वैशिष्ट्य के कारण वे अपने नाटकों में हास्यरस के प्रवर्तक शास्त्रानुमोदित पात्र 'विदूषक' की रचना न कर सके। उन्होंने अपने नाटकों को इस पात्र की चुहलभरी चेष्टाओं और संवादों से मुक्त रखा और इस प्रकार दर्शकों की परिहासप्रियता या विनोदप्रियता को सन्तुष्ट करने के लिए किसी सतही उच्छलता या हलकेपन का

आश्रय स्वीकार नहीं किया। संस्कृत नाटकों में विदूषक राजा के नर्मसचिव की भूमिका का निर्वाह करता है। वह राजा का मनोविनोद भी करता है और उसके प्रेम-प्रसंग की सफलता में उसका सहायक भी होता है। भवभूति के 'महावीरचरित' एवं 'उत्तररामचरित' नाटकों में रस (वीर रस, करुण रस) और नायक धीरोदात्त राम की दृष्टि से, विदूषक जैसे पात्र की कोई संगति नहीं है। 'मालतीमाधव' मध्य या उच्चमध्यवर्गीय जीवन की कहानी है। इसमें भवभूति 'मृच्छकटिक' के पात्र मैत्रेय की भाँति माधव के मित्र के रूप में किसी पात्र की सृष्टि कर सकते थे, पर सम्भवतः उनकी अभिरुचि ही इसमें बाधक थी। इसके अलावा, विदूषक का ब्राह्मण होना, उसका पेटूपन, मोदकप्रियता और हर समय हास-परिहास में व्यस्त रहना भी सम्भवतः भवभूति के ब्राह्मणत्व को प्रिय न था।

फिर भी, भवभूति के नाटकों में अभिरुचिपूर्ण हास्य के प्रसंग मिलते हैं जो संस्कारवान् सुरुचिसम्पन्न भवभूति के सदृश स्वभाववाले दर्शकों के मुख पर स्मित-रेखा खींचने के साथ उनके हृदय में भी विशुद्ध विनोदपूर्ण आनन्द का संचार करते हैं। भवभूति का परिहास सीधा हृदय में प्रवेश करता है– *'हृदयङ्गमः परिहासः'* (मा.मा., 3.8-9)

'उत्तररामचरित' के चित्रदर्शन अंक में विवाह-मंगल के एक चित्र को इंगित करते हुए लक्ष्मण सीता से कहते हैं– *'इयमार्या। इयमप्यार्या माण्डवी। इयमपि वधूः श्रुतकीर्तिः।'*–तब सीता उर्मिला को इंगित करते हुए लक्ष्मण से पूछती हैं–*'वत्स, इयमप्यपरा का?'*–यह प्रसंग पारिवारिक सम्बन्धों में भवभूति के अत्यन्त उत्कृष्ट और सुसंस्कृत परिहास का उदाहरण है।

सीता की 'हिरण्यमयी प्रतिकृति' राम के नेत्रों को आनन्द प्रदान करती है। तब सीता और तमसा के बीच का यह संवाद–

'सीता–धन्या खलु सा, यैवमार्यपुत्रेण बहुमन्यते...
तमसा–अयिवत्से! एवमात्मा स्तूयते
सीता–परिहसितास्मि भगवत्या' (उ.रा.च., 3.45-46)

कारुण्यमूलक होने पर भी एक स्वाभाविक हास को जन्म देता है।

बटुओं द्वारा अश्वमेध यज्ञ के घोड़े का वर्णन (वही, 4.26) हास का सुन्दर उदाहरण है। कुश (वही, 6.31, 32) और लव (वही, 6.36) के द्वारा राम-सीता के प्रणयभाव को प्रकट करनेवाले 'रामायण' के श्लोकों का कथन राम के मुख पर ही नहीं, दर्शकों को भी मृदुहास के लिए प्रेरित करता है।

ऐसे अनेक प्रसंग तीनों नाटकों में उपलब्ध हैं जिनसे यह पता लगता है कि भवभूति के प्रखर पाण्डित्यपूर्ण व्यक्तित्व में परिष्कृत हास-परिहास का विशिष्ट स्थान था और सम्भवतः उनके अपने पारिवारिक या मैत्री सम्बन्ध भी इन हास-परिहासों से अछूते नहीं थे।

भवभूति ने प्रेम के साथ कर्तव्य को भी समान रूप से ग्रहण किया है—पर जहाँ इन दोनों के बीच चयन आ खड़ा होता है, एक विशिष्ट स्थिति बन जाती है तब कर्तव्य की कठोरता का अंगीकार उन्हें इष्ट जान पड़ता है।—कर्तव्य कोई भी क्यों न हो—मनुष्य को स्वच्छन्द नहीं होने देता। वानप्रस्थी भी इसके अपवाद नहीं हैं—अनुष्ठान की नित्यता उनके स्वातन्त्र्य का अपहरण कर लेती है— *'अनुष्ठाननित्यत्वं स्वातन्त्र्यमपकर्षति'* (उ.रा.च., 1.8)। यह 'लोकाराधन' रूप कर्तव्य ही है कि राम प्रेममूर्ति सीता का परित्याग करते हैं। भवभूति का तो दुर्मुख भी अपने कर्तव्य की कठोरता से बँधा है *'नियोगः खलु मम मन्दभागधेयस्यैष'* (वही, 1.38-39)।

भवभूति के व्यक्तित्व के सन्दर्भ में एक प्रश्न पर प्रकाश डालना अत्यन्त आवश्यक है—वह है उनकी निष्ठा। भवभूति किस देव के उपासक थे अथवा उनका आराध्य इष्टदेव कौन था? भवभूति की रचनाओं से और वंश-परिचय से स्पष्ट प्रतीत होता है कि वे प्राचीन वैदिक धर्म के अनुयायी थे तथा उनके पूर्वज यज्ञादि करने वाले ब्रह्मवादी क्षोत्रिय ब्राह्मण थे। उनके कुल में कोई देव 'इष्टदेवता' के रूप में प्रतिष्ठित हो, ऐसा कोई उल्लेख नहीं मिलता। स्वातन्त्र्य-भाव और निरपेक्ष उदार प्रकृति ने भी सम्भवतः कवि को किसी विशेष पन्थ से संयुक्त नहीं किया था। भवभूति वैदिक ब्राह्मण थे और उन्होंने वेदान्त की शिक्षा गुरु ज्ञाननिधि से प्राप्त की थी। षड्दर्शनों में उनकी पैठ थी। 'महावीरचरित' के नान्दी श्लोक में कवि ने स्वाधार में अवस्थित, नित्य, क्रम-विभाग से मुक्त चैतन्य ज्योति परब्रह्म को नमन किया है—

> अथ स्वस्थाय देवाय नित्याय हतपाप्मने।
> त्यक्तक्रमविभागाय चैतन्यज्योतिषे नमः ॥

'मालतीमाधव' के नान्दी में कवि ने शिव की उन जटाओं की वन्दना की है, जो शिर की कपालमाला में गिरते हुए गंगाजल से युक्त हैं, तीसरे नेत्र के तेज से भास्वर हैं तथा सर्पलताओं से मण्डलाकार बाँधी गयी हैं। 'मालतीमाधव' के ही पाँचवें अंक के प्रथम श्लोक में कवि शिव के भव्य रूप का वर्णन करता है और उन्हें सिद्धिदाता, एकाग्रचित्त उनकी आराधना करनेवाले साधकों से अन्वेष्यमाण तथा शक्तिनाथ कहकर उनकी जय-जयकार करता है। इसी प्रकरण के नौवें अंक में भगवान्भवानीपति के सुवर्ण बिन्दु मन्दिर का उल्लेख है तथा कवि ने परम भक्तिभाव से उन्हें वेदों के निधान आदिगुरु के रूप में नमन किया है—

> जय देव भुवनभावन जय भगवन्नखिलवरद निगमनिधे।
> जय रुचिरचन्द्रशेखर जय मदनान्तक जयादिगुरो ॥ 4 ॥

'महावीरचरित' में परशुराम को अत्यन्त गौरवपूर्ण वचनों में शिव का शिष्य कहा गया है— *'भगवतो देवस्य...शिष्यो भृगूणां पतिः'* (2.18), *'स्कन्दः स्कन्द इव प्रियोऽहमथवा शिष्यः'* (2.28), *'नीललोहितेन सहस्रपरिवत्सरान्तेवासिने...'* (2.33-34),

'भगवान्गुरुर्मे' (2.34), *'पिनाकीगुरुः'* (2.36), *'त्र्यम्बकं देवमाचार्य,* (3.6), *'धर्मे ब्रह्मणि कार्मुके च भगवानीशो हि मे शासिता'* (3.37) आदि।–इसके अलावा माहेश्वर-प्रीति एवं शैव-प्रीति के कारण परशुराम रावण से मैत्रीभाव रखना चाहते हैं (2.9-10,11)। रावण भी शिव के आराधक के रूप में वर्णित है (6.14,15)।–नाटक में परशुराम के प्रसंग को अत्यधिक विस्तार भी प्रदान किया गया है। इन सब प्रमाणों के आधार पर भवभूति को शैव स्वीकार किया जा सकता था, पर यह उचित नहीं है क्योंकि 'मालतीमाधव' में कवि ने उतने ही भक्तिभाव से 'अशेषभुवनद्वीपदीप' कहकर सूर्य की उपासना भी की है–

कल्याणानां त्वमसि महसां भाजनं विश्वमूर्ते!
धुर्यां लक्ष्मीमिह मयि भृशं धेहि देव! प्रसीद।
यद्यत्पापं प्रतिजहि जगन्नाथ! नम्रस्य तन्मे
भद्रं भद्रं वितर भगवन्भूयसे मङ्गलाय ॥ 1.3 ॥

साथ ही, 'महावीरचरित' वीररस प्रधान और ओजगुण सम्पन्न नाटक है। उसमें राम के चरित्र के उत्कर्ष के लिए भी परशुराम जैसे वीर, पराक्रमी, ओजस्वी चरित्र का विस्तार स्वाभाविकता ग्रहण कर लेता है। इस चरित्र के द्वारा कवि लोक-प्रतिष्ठित देव भगवान शिव के प्रति अपने सुन्दर समादर को प्रकट कर सके, यह उनके कवित्व का परिचायक भी है। इसलिए किसी साम्प्रदायिक अर्थ में भवभूति को शैव स्वीकार करना उनकी सत्य, शिव, सुन्दर की उपासना के प्रति, उनके व्यापक आराधना-भाव के प्रति अन्याय होगा।

भवभूति की तीन रचनाओं में से दो रामकथा पर आधारित हैं। सर्वोपरि रूप से भवभूति कवि थे, रसज्ञ थे, प्रीतिभाव उनका वैशिष्ट्य था। रामकथा के चुनाव में उनका यह भाव भी प्रयोजनीय हो सकता है। भवभूति ने अपने नाटकों में प्रेम की जिस ऊँचाई का स्पर्श किया है, उतने गहन और विशद इस अनुभव का उद्‌गम और पर्यवसान केवल भक्तिभावना में ही सम्भव है। इस दृष्टि से ऐसा प्रतीत होता है कि वैदिक यज्ञ-याग, वेद-उपनिषदों का ज्ञान–इनके सबके साथ भी भवभूति का हृदय प्रेमसिक्त भक्त का हृदय था–प्रभु के साथ तन्मय, एकनिष्ठ। और इस रूप में वे श्रीराम के उपासक थे। 'महावीरचरित' की प्रस्तावना में कवि की स्वीकारोक्ति है कि आदिकवि वाल्मीकि ने रघुपति का जो पावन-चरित्र वर्णन किया है, भक्त होने के कारण मेरी वाणी उसमें अनुरक्त हो गयी है–

प्राचेतसो मुनिवृषा प्रथमः कवीनां
यत् पावनं रघुपतेः प्रणिनाय वृत्तम्।
भक्तस्य तत्र समरंसत मेऽपि वाच–
स्तत् सुप्रसन्नमनसः कृतिनो भजन्ताम् ॥ 7 ॥

रामायणी कथा पर भवभूति की यह आसक्ति भक्तिभाव सम्पन्न है। इसी नाटक में देहधारिणी लंका का यह कथन—

'अहो! कथं भगवतः पशुपतेरपि मित्रं निधानाधिपतिः स्वयमेवमुपचरति रामभद्रम्' (7.1-2) क्या भगवान् शिव के मित्र कुबेर भी राम के भक्त हैं? तब अलका का यह उत्तर—"अयि! किमत्राश्चर्यम्—"

इदं हि तत्त्वं परमार्थभाजा-
मयं हि साक्षात् पुरुषः पुराणः।
त्रिधा विभिन्ना प्रकृतिः किलैषा
त्रातुं भुवि स्वेन सतोऽवतीर्णा ॥ 7.2 ॥

राम के पुरुषोत्तम स्वरूप की अभ्यर्थना है। भवभूति के लिए राम परमात्मन् हैं, गुणों की खान हैं, क्षमा के निधान और शरणागतों के पुण्यों का परिपाक हैं। उनसे मिलनेवाला आनन्द सभी आनन्दों का अतिक्रमण कर जाता है (7.33)।

विश्वात्मसाक्षी महात्माओं का राम के लिए यह आशीर्वाद—हे राम, तुम्हारा नाम-जप करनेवाला भी अमृत-पद को प्राप्त करे—*'नामापि राम गृणताममृतत्वाय कल्पताम्'* (7.15) केवल धार्मिक या दार्शनिक उल्लेख मात्र नहीं है, यह एक ऐसे सत्य की अभिव्यक्ति है जो भवभूति के हृदय के भक्तिभाव के साथ संयुक्त है और सगुणा भक्ति के अत्यन्त विशिष्ट अंग नाम-जप का महत्त्व प्रकट करती है।

कुबेर की आज्ञा से किन्नरों द्वारा राम-सीता का यह स्तवन-गान—

आपन्नवत्सलजगज्जनतैकबन्धो
विद्वन्मरालकमलाकर रामचन्द्र।
जन्मादिकर्मविधुरैः सुमनश्चकोरै-
राचम्यतां तव यशः शरदां सहस्रम् ॥ 7.25 ॥

तथा

यावत् फणीन्द्रशिरसि क्षितिचक्रमेतत्
यावत् पुनर्ग्रहगणैः शबलं विहायः।
वैदेहि तावदमलो भुवनेषु पुण्यः
श्लोकः प्रशस्तचरितैरुपगीयतां ते ॥ 7.26 ॥

सीता-राम की वल्लभ-मूर्ति के प्रति भवभूति के भाव की विशिष्टता का द्योतक है—अरुन्धती का सीता के लिए यह कथन—

शिशुर्वा शिष्या वा यदसि मम तत्तिष्ठतु तथा
विशुद्धैरुत्कर्षस्त्वयि तु मम भक्तिं दृढयति ॥
—उ.रा.च., 4.11 ॥

'तुम्हारी पवित्रता का उत्कर्ष तुममें मेरी भक्ति को दृढ़ करता है—एक

ज्ञानचैतन्यमय व्यक्तित्व की भक्ति-भावाभिव्यक्ति है। प्रिय के साथ अन्तःकरण-वृत्ति की सारूप्यता *'तन्मयमिव करोति'* (मा.मा., 5.9-10) केवल भक्ति-भाव में ही सम्भव है।

यदि हम भवभूति को केवल वेदान्ती ही नहीं भक्त स्वीकार करते हैं, तो वे निश्चय ही रामभक्त थे। इस विषय में शारदा रंजन राय[1] के मत से सहमत हुआ जा सकता है। पर यह केवल असम्प्रदायिकता नहीं थी कि भवभूति ने अन्य देवों का वन्दन किया, उनके हृदय में चल रही प्रेम की वह अमृतधारा थी जो हर भक्त के भीतर विद्यमान देवमूर्ति का नमन करती है, लोक-निष्ठा और लोकाराधना के साथ जुड़ती है।

भवभूति की निष्ठा में श्रद्धा, आस्था, प्रेम और आनन्द का प्रकाशमय लोक है, एक ज्योतिर्मय अनुभव है। एक ओर उनका ज्ञानी और उदार व्यक्तित्व सब देवों के स्वरूपगत वैशिष्ट्य के प्रति आदर प्रकट करता है और उनकी अभ्यर्थना करता है, दूसरी ओर उनके व्यक्तित्व का भक्तिभाव सम्पन्न हृदय-पक्ष सहज ही भागवद्-सत्ता के मूर्तिमान् विग्रह राम के प्रति प्रकाशित हो उठता है। फिर भी राम में भवभूति की निष्ठा की प्रगाढ़ता के बाद भी, उनके व्यक्तित्व में इन दोनों धाराओं को न तो विभक्त किया जाना चाहिए, न पृथक् ही।

उपरोक्त सारे विचार-विमर्श के बाद हम इतना ही कह सकते हैं कि भवभूति का चिन्तनशील व्यक्तित्व विनय से शीतल था *'विनयशिशिरो'* और मधुरता के कारण मृदु *'मौग्ध्यमसृणो'*—इसे सूक्ष्म और संवेदनशील व्यक्ति ही जान सकते हैं, स्थूलमति अविदग्ध नहीं (उ.रा.च., 4.21)—जनक के मुख से निकले इन शब्दों में कवि ने मानो अपने व्यक्तित्व का ही एक चित्र प्रस्तुत किया है।

भवभूति की कोई भी स्पर्धा या प्रतिक्रिया उनके व्यक्तित्व का अंग नहीं थी। उसका सम्बन्ध न उनकी विचारणा से था, न उनकी चिन्तनशीलता से। दीर्घकालीन उपेक्षा कभी-कभी एक तात्कालिक क्षणिक बुलबुले का रूप लेकर प्रकट होती थी, पर जल्दी ही उनकी प्रशान्त गहनता में लुप्त हो जाती थी। फिर भी, भवभूति कवियों, कलाकारों के इस 'प्राप्तव्य' के प्रति सदा सजग थे कि उनकी कृतियों पर सुविचार होना चाहिए। अन्तिम रचना 'उत्तररामचरित' के अन्तिम श्लोक (भरतवाक्य) में—*कवेः परिणतां...वाणीमिमां...परिभावयन्तु*—कि 'कवि की वाणी का परिचिन्तन होना चाहिए'—ये शब्द भवभूति के उस दायित्व के परिचायक हैं जिसे उन्होंने अपनी कविता और निरपेक्ष रूप से सब कवियों के प्रति अनुभव किया था।

---

1. भवभूति'ज़ उत्तररामचरित, भूमिका, पृ. 8-10

भवभूति का पाण्डित्य[1]

नाटकों की प्रस्तावना में भवभूति ने अपना परिचय व्याकरण, मीमांसा और प्रमाण के ज्ञाता 'पदवाक्यप्रमाणज्ञः' कवि के रूप में दिया है। भवभूति ने स्वयं स्वीकार किया है कि उन्होंने जिस प्रकार वेदों का, उसी प्रकार उपनिषदों एवं सांख्य, योग-दर्शनों का भी अध्ययन किया है, जबकि नाटकों में इस ज्ञान का विशेष प्रयोजन नहीं है—

यद्वेदाध्ययनं तथोपनिषदां सांख्यस्य योगस्य च
ज्ञानं तत्कथनेन किं न हि ततः कश्चिद्गुणो नाटके।

—मा.मा., 1.8

भवभूति के नाटकों में ऐसे अनेक शास्त्रीय वक्तव्य हैं जिनका प्रयोग कवि ने उचित अवसरों पर ग्रहण की स्वाभाविकता के साथ किया है। भवभूति के पूर्वज श्रोत्रिय ब्राह्मण थे। वैदिक यज्ञ-याग, संस्कार आदि से कवि का वंशगत परिचय था, और इस निधि का उपयोग कवि ने बड़ी कुशलता के साथ किया है। उन्होंने वैदिक वाक्यों, पदांशों को कथानक की प्रासंगिकता के अनुरूप अनेक स्थलों पर या तो यथावत् या कुछ परिवर्तन के साथ प्रस्तुत किया है।

शूद्र तपस्वी शम्बूक को राम का यह आशीर्वचन—

यत्रानन्दाश्च मोदाश्च यत्र पुण्याश्च सम्पदः।
वैराजा नाम ते लोकास्तैजसाः सन्तु ते शिवाः॥

—उ.रा.च., 2.12

—'जहाँ आनन्द, प्रमोद तथा दिव्य सम्पदाएँ हैं, वे वैराज नाम के प्रकाशमय लोक तुम्हें प्राप्त हों'—'ऋग्वेद' के इस अंश का सादृश्य प्रकट करता है—

यत्रानन्दाश्च मोदाश्च मुदः प्रमुद आसते[2] ॥

इसी प्रकार इसी नाटक (4.18) में अरुन्धती के ये वचन *'भद्रा ह्येषां वाचि लक्ष्मीर्निषक्ता'* 'ऋग्वेद' के इस पदांश *'भद्रैषां लक्ष्मीर्निहिताऽधिवाचि'*[3] के सदृश है।

ऐतरेय ब्राह्मण के इस वाक्य—

'योऽयं राक्षसीं वाचं वदति, यां वै दृप्तो वदति, यामुन्मत्तः सा वै राक्षसी वाक्'[4]

---

1. देखिए खण्ड 2, अध्याय
 3. राज्य और राजनीति
 4. समाज एवं संस्कृति
 5. धर्म एवं दर्शन
2. ऋग्वेद, 9.113.11
3. वही, 10.71.2
4. ऐतरेय ब्राह्मण, 6.1.7

को भवभूति ने इस प्रकार प्रस्तुत किया है–

'ऋषयो राक्षसीमाहुर्वाचमुन्मत्तदृप्तयोः।'

–उ.रा.च., 5.29 ॥

इसी ब्राह्मण का यह वाक्य *'नात्मना दृप्यति नास्य प्रजायां दृप्त आ जायते य एवं वेद'* भवभूति में इस रूप में प्रतिध्वनित हो रहा है–*'स किल नात्मना दृप्यति नास्या प्रजा वा दृप्ता जायन्ते'* (वही, 5.28-29)।

'महावीरचरित' में राजपुरोहित शतानन्द के विषय में भवभूति का यह श्लोक–

न तस्य राज्यं व्यथते न भ्रश्यति न जीर्यति।
त्वं विद्वान् ब्राह्मणो यस्य राष्ट्रगोपः पुरोहितः ॥ 2.18 ॥

ऐतरेय ब्राह्मण के इस श्लोक–

क्षत्रेण क्षत्रं जयति बलेन बलमश्नुते।
यस्यैवं ब्राह्मणो विद्वान् राष्ट्रगोपः पुरोहितः[1] ॥

के वक्तव्य का पुनःकथन है। 'महावीरचरित' (1.10-11) में विश्वामित्र से जुड़े त्रिशंकु एवं शुनःशेप सम्बन्धी आख्यानों का उल्लेख किया गया है। अहल्या के विषय में विश्वामित्र के ये शब्द *'अहल्या नाम गौतमस्य महर्षेरौतथ्यस्य धर्मपत्नी। यस्याः शतानन्द आंगिरसोऽजायत। तामिन्द्रश्चकमे। तस्मात्तं गौतमदारावस्कन्दिनमहल्याजार इति निर्दिशन्ति। अथ भगवान् मन्युमाप। तस्यां धर्मपत्न्यामन्धतामिस्रमभ्यध्यायत्। सेयमद्य रामभद्रतेजसा तस्मादेनसो निरमुच्यत'* (म.च., 1.26-27) वैदिक आख्यानों की कथन-शैली के परिचायक हैं।

भवभूति उपनिषदों के तत्त्ववेत्ता थे। कवि ने 'उत्तररामचरित' (4.3-4) के इस वाक्य *'अन्धतामिस्रा ह्यसूर्या नाम ते लोकास्तेभ्यः प्रतिविधीयन्ते य आत्मघातिन इत्येवमृषयो मन्यन्ते'* में उपनिषद् के इस ज्ञान को प्रकट किया है–

असूर्या नाम ते लोका अन्धेन तमसावृताः।
तांस्ते प्रेत्याभिगच्छन्ति ये के चात्महनो जनाः ॥[2]

ऐसा प्रतीत होता है कि भवभूति ने वेदान्त-दर्शन का गहन अध्ययन किया था। उन्होंने इस दर्शन के 'विवर्त' शब्द का प्रयोग अत्यन्त सारगर्भित रूप में किया है। 'उत्तररामचरित' (2.5-6) का यह वाक्य *'शब्दब्रह्मणस्तादृशं विवर्तमितिहासरामायणं*

1. ऐतरेय ब्राह्मण, 8.25
2. ईशावास्य उप. 3

प्रणिनाय' तथा ये श्लोक–

विद्याकल्पेन मरुता मेघानां भूयसामपि।
ब्रह्मणीव विवर्तानां क्वापि प्रविलयः कृतः ॥ 6.6 ॥

एको रसः करुण एव निमित्तभेदा-
द्भिन्नः पृथक्पृथगिवाश्रयते विवर्तान्।
आवर्तबुद्बुदतरङ्गमयान्विकारा-
नम्भो यथा सलिलमेव तु तत्समग्रम् ॥ 3.47 ॥

अद्वैत वेदान्त के 'विवर्तवाद' सिद्धान्त का सुन्दर निदर्शन है।

कवि ने त्रिगुणा प्रकृति और पुराण पुरुष का जो चित्र महावीरचरित (7.2) में प्रस्तुत किया है, वह उनके सांख्य दर्शन के ज्ञान की गहराई को अभिव्यक्त करता है।

भवभूति ने योगदर्शन का गहन अध्ययन किया था। 'महावीरचरित' (3.4-5) में ही परशुराम के लिए महर्षि वसिष्ठ का यह परामर्श *'तत्परिचिनुचित्तप्रसादनीश्चतस्रो मैत्र्यादिभावनाः। प्रत्यासीदति हि ते विशोका ज्योतिष्मती नाम योगवृत्तिः। तत्प्रसादजं ऋतम्भराभिधानं नामाबहिः साधनोपधेयसर्वार्थसामर्थ्यमपविद्धविप्लवोपरागमूर्जस्वलमन्तर्ज्योतिषो दर्शनम्। यतः प्रज्ञानमभिसम्भवति तद्ध्याचरितव्यं ब्राह्मणेन। तरति येनापमृत्युं पाप्मानम्'*–कवि के असाधारण पाण्डित्य का परिचायक है। इस अनुच्छेद में कवि ने चित्त को निर्मल बनानेवाली 'मैत्री' आदि चार भावना, शोक का हरण करनेवाली 'ज्योतिष्मती' नामक योगवृत्ति, 'ऋतम्भरा प्रज्ञा' और उससे प्राप्त अन्तर-दर्शन तथा पाप-क्षय का अत्यन्त सुन्दर शास्त्रीय विवेचन प्रस्तुत किया है।

'मालतीमाधव' में अनेक स्थलों पर कवि का योगविषयक ज्ञान अत्यन्त प्रौढ़ता के साथ प्रकट हुआ है। *'षडधिकदशनाडीचक्रमध्यस्थितात्मा'* (5.1), *'नित्यं न्यस्तषडंगचक्रनिहितं हृत्पद्ममध्योदितं पश्यन्ती शिवरूपिणं...'* (5.2), *'उद्वृत्त-स्खलितकपालकण्ठमाला'* (5.3) आदि श्लोकों में तथा *'यत्सत्यमधुना संदर्शनं... तन्मयमिव करोति वृत्तिसारूप्यतश्चैतन्यम्'* (5.9-10) वाक्य में कवि ने योग और तन्त्रविद्या का सम्मिलित ज्ञान प्रदर्शित किया है। कवि ने स्मृति, ज्ञान, व्यंजक, प्रत्यय, संस्कार, विकार, विवर्त आदि अनेक दार्शनिक शब्दों का प्रयोग अपने नाटकों में किया है।

नीतिशास्त्र तथा राजनीति में भी भवभूति का ज्ञान व्यापक है। 'महावीरचरित' के दूसरे तथा चौथे अंक के विष्कम्भक में राम के विरोध में माल्यवान और शूर्पणखा द्वारा विचारे गये षड्यन्त्र साम, दान, दण्ड, भेद राजनीति के चतुर्विध पक्षों में भवभूति का ज्ञान प्रकट करते हैं। इसी नाटक में यह कथन *'लघ्वपि व्यसनपदमभियुक्तस्य*

कृच्छ्रसाध्यं भवति' (4.7-8)—कि छोटा-सा भी छिद्र आक्रमण होने पर असाध्य हो जाता है—तथा 'मालतीमाधव' (1.15) में कामन्दकी का यह कथन—'विद्वत्ता में अद्वितीय व्यक्ति बाहर से पूर्ण अनुकूलता का व्यवहार करता हुआ शत्रुओं से अपने सूक्ष्मतर रहस्यों को भी छिपाकर रखता है। कपट से सबको प्रतारित करता हुआ स्वयं उदासीन रहकर अपने प्रयोजनों को सिद्ध करता है और मौन बना रहता है'—नीति के कूट रहस्यों में भवभूति के ज्ञान को प्रकट करता है।

भवभूति ने वात्स्यायन के 'कामसूत्र' का भी गहन अध्ययन किया था। 'मालतीमाधव' में *'औद्धत्यमायोजितकामसूत्रम्'* (1.4) शब्दों से कवि शृंगार रस प्रधान इस प्रकरण में कामसूत्र में वर्णित साहसपूर्ण कृत्यों के आयोजन की पूर्वसूचना देता है। इस प्रकरण (2.2-3) में कवि कामन्दकी द्वारा अंगिरस के 'कामसूत्र' से यह वाक्य उद्धृत करता है—*'गीतश्चायमर्थोऽङ्गिरसा यस्यां मनश्चक्षुषो निर्बन्धस्त-स्यामृद्धिः।'* सातवें अंक (7.-1) में बुद्धरक्षिता कामसूत्रकारों के विचार को इन शब्दों में प्रकट करती है—*'कुसुमसधर्माणो हि योषितः सुकुमारोपक्रमाः। तास्त्वनधिगतविश्वासैः प्रसभमुपक्रम्यमाणाः सद्य संप्रयोगविद्वेषिण्यो भवन्ति। एवं किल कामसूत्रकारा आमनन्ति।'* कवि ने इस नाटक में वात्स्यायन के निर्देशों का अन्त तक अत्यन्त सूक्ष्मता से संयोजन किया है।

भवभूति ने भरतमुनि के नाट्यशास्त्र का विशद अध्ययन किया था। उन्होंने 'नृत्य, संगीत, वाद्य' सम्बन्धी सूत्रों के रचयिता के रूप में भरतमुनि का अभिनन्दन किया है—*'तौर्यत्रिक सूत्रकार'* (उ.रा.च., 4.22-23)।

भवभूति ने 'महावीरचरित' (3.32,5.19) तथा 'मालतीमाधव' (5.14,16) में यकृत, क्लोम, अन्त्रि, स्नायु, त्वक्, प्लीहा, वसा, पृष्ठ, पिण्ड आदि मानव शरीर-संरचना से जुड़े अनेक शब्दों का प्रयोग किया है, जो उनके शरीरविज्ञान सम्बन्धी ज्ञान को प्रकट करता है। 'महावीरचरित' का यह श्लोक—

असाध्यमन्यथादोषं परिच्छिद्य शरीरिणः।
यथा वैद्यस्तथा राजा शस्त्रपाणिर्भविष्यति ॥ 4.23 ॥

'जब दोष-दशा असाध्य हो जाए तब चिकित्सक की भाँति शस्त्रग्रहण करना ही पड़ता है' भवभूति के शल्यचिकित्सा-सम्बन्धी परिचय को प्रकट करता है।

'मालतीमाधव' (5.28) में राहु से ग्रस्त चन्द्र का उपमान और 'उत्तररामचरित' (3.43-44) में वासन्ती द्वारा राम के लिए *'राक्षसकुलप्रलयधूमकेतु'* सम्बोधन भवभूति के ज्योतिष-ज्ञान को प्रकट करता है।

भवभूति मानव-मनोविज्ञान के सूक्ष्म विश्लेषक थे। 'उत्तररामचरित' के छाया अंक में परित्यक्ता वनवासिनी सीता अदृश्य रहकर शम्बूकवध के लिए वन में आये राम का दर्शन करती हैं। तब वे तमसा से कहती हैं—*'भगवति! निष्कारण-*

परित्यागिनोऽप्येतस्य दर्शनेनैवंविधेन कीदृशी मे हृदयावस्था। इति न जानामि न जानामि' (3.12-13)—तब सीता की मानसिक अवस्था का वर्णन तमसा इन शब्दों में करती हैं—

तटस्थं नैराश्यादपि च कलुषं विप्रियवशा-
द्वियोगे दीर्घेऽस्मिञ्झटिति घटनात्स्तम्भितमिव।
प्रसन्नं सौजन्याद्दयितकरुणैर्गाढकरुणं
द्रवीभूतं प्रेम्णा तव हृदयमस्मिन्क्षण इव ॥ 3.13 ॥

'इस समय तुम्हारा हृदय निराशा से उदासीन, अकारण परित्याग से कलुषित, दीर्घ वियोग में अकस्मात् मिलन हो जाने के कारण स्तब्ध, राम के सौजन्य से प्रसन्न एवं उनके विलापों से शोकाकुल और प्रेम के कारण द्रवित हो रहा है।'

यह उद्धरण कवि की मानव-मन में गहरी पैठ और उसके मनोवैज्ञानिक विश्लेषण का अनुपम दृष्टान्त है। भवभूति ने अपने अध्ययन और पाण्डित्य के विषय में *'ज्ञानं तत्कथनेन किम्'* (मा.मा., 1.8) कहकर भी अपने नाटकों में उसका व्यापक परिचय दिया है। उनकी कृतियों में उनका पौराणिक, भौगोलिक, राजनीतिक, सामाजिक-सांस्कृतिक एवं धर्म-दर्शन सम्बन्धी ज्ञान सर्वत्र प्रकट हुआ है। कोई भी प्रसंग या उद्धरण ऐसा नहीं जो उनकी परिपक्व ज्ञानभूमि का निदर्शन न हो।

सोड्ढल के प्रशस्ति-लेख के साथ हम भवभूति के जीवन और व्यक्तित्व के अनेक पक्षों से जुड़े इस अध्याय को समाप्त करते हैं—

मान्यो जगत्यां भवभूतिरार्यः सारस्वते वर्त्मनि सार्थवाहः।
वाचं पताकामिव यस्य दृष्ट्वा जनः कवीनामनुपृष्ठमेति ॥

खण्ड : दो

भवभूति का भारत

अध्याय 2

भूगोल, वनस्पति एवं जीव-जन्तु

वाल्मीकि, व्यास, कालिदास आदि महाकवियों के समान भवभूति के भारत का भूगोल भी अपने पौराणिक नामों और सन्दर्भों से जुड़ा हुआ है। साथ ही वह देश का ऐसा मानचित्र भी है जो हमारे सामने आज भी उतना ही यथार्थ और प्रत्यक्ष है—नाम और रूप में केवल कुछ परिवर्तनों के साथ। उत्तर में शाश्वत हिमालय, बहती हुई नदियाँ, मध्य में भारत को उत्तरापथ और दक्षिणापथ में विभक्त करनेवाली विन्ध्य की पर्वत-श्रेणियाँ और उनके पादप्रान्त में वेगवती विशाल नदियाँ तथा भीषण गहन वन। पूर्व-पश्चिम एवं दक्षिण में भारत की सीमाओं से टकराता हुआ अथाह अनन्त सागर।—इस देश के समृद्ध जनपद, नगर एवं ग्राम, कूप-तड़ाग-निर्झर, भीषण अरण्य, विस्तृत शस्य श्यामला धरा, वन-उपवन, बीहड़-पालतू जीव-जन्तु जगत्—भवभूति की कृतियों में इनका विशद और जीवन्त वर्णन प्राप्त होता है। प्रस्तुत है उपशीर्षकों में एक अध्ययन।

पर्वतमालाएँ

अंजनपर्वत—'महावीरचरित' (7.24) में कैलास पर्वत के साथ इस पर्वत का उल्लेख हुआ है— *'कैलासांजनशैलावेतौ।'* वर्ण में श्याम होने के कारण इसकी उपमा कस्तूरी-लिप्त पृथ्वी के वक्षोज से दी गयी है। 'विष्णुपुराण'[1] में इसे नील पर्वत कहा गया है। दे[2] ने वराहपुराण को उद्‌धृत करते हुए पंजाब की सुलेमान पर्वत-मालाओं को ही प्राचीन अंजन गिरि माना है।

उदयाचल—भवभूति ने उदयाचल का उल्लेख 'महावीरचरित' (7.33) में परम्परा के अनुसार सूर्य-चन्द्र के उदयस्थल के रूप में किया है। 'महाभारत'[3] में भी

1. वि.पु., 2.2.11
2. नन्दलाल दे, ज्यो. डिक्श.
3. द्रोणपर्व, 184.47

इसी रूप में इसका वर्णन है। इस पर्वत को पूर्व दिशा में स्थित तथा धातुओं से मण्डित कहा गया है। दे[1] के अनुसार यह पर्वत उड़ीसा प्रदेश में भुवनेश्वर से पाँच मील पूरब में स्थित है। एक संकीर्ण मार्ग उदयाचल को खण्ड गिरिमालाओं से पृथक् करता है। बौद्ध शिल्पकला की प्राचीनतम कन्दराएँ इस पर्वत पर हैं जो शुंगकालीन हैं। प्रसिद्ध सिंहकन्दरा एवं हस्तिकन्दरा यहीं पर स्थित हैं।

काञ्चनाचल–'महावीरचरित' (7.24-25) में इस पर्वत का उल्लेख है। सम्भवतः यह सुमेरु पर्वत का ही अन्य नाम है। भवभूति ने इसे कैलास, अंजन और गन्धमादन के साथ रखा है। कालिदास[2] ने भी सुमेरु पर्वत का परिचय कैलास तथा गन्धमादन के समीप दिया है। 'महाभारत'[3] में सुमेरु पर्वत के शिखर से गंगा का उद्गम माना गया है। 'पद्मपुराण'[4] के अनुसार भी गंगा सुमेरु पर्वत से निकलकर भारत-भूमि में बहती हुई समुद्र में गिरती है। गढ़वाल में केदारनाथ पर्वत को आज भी सुमेरु कहते हैं। शेरिंग[5] का कथन है कि स्थानीय परम्परा के अनुसार सुमेरु अल्मोड़ा के उत्तर में है। 'महाभारत'[6] में सुवर्णिम ज्योतिर्मय इस पर्वत का विशद वर्णन है।

किष्किन्धा पर्वत–'महावीरचरित', (5.45,46; 6.3-4) में इस पर्वत का उल्लेख है। किष्किन्धा अब भी इसी नाम अथवा अनागुण्डी के नाम से पुकारा जाता है। दे[7] के मत में यह तुंगभद्रा नदी के दक्षिणी तट पर विजयनगर से तीन मील दूर धरवाड़ में एक छोटा-सा ग्राम है। किष्किन्धा बाली की राजधानी थी जो बाद में सुग्रीव को मिली थी। इसकी सीमा उन पहाड़ियों तक फैली है, जो घाटी के दूसरी ओर स्थित हैं। इन पहाड़ियों का मध्यभाग अनेक संकीर्ण घाटियों से भरा है। इनमें से एक घाटी उस स्थान के रूप में प्रसिद्ध है, जहाँ बाली का दाह-संस्कार किया गया था। यह घाटी सफ़ेद चूने के द्रव्य से पूर्ण है। तीर्थयात्री इसे बाली की अस्थि-भस्म कहते हैं।

कुंजवान–'उत्तररामचरित' (1.30-31) में इस पर्वत को दण्डकारण्य में जनस्थान के पश्चिम में स्थित कहा गया है।

कुलपर्वत–भारत के सात मुख्य पर्वत कुलपर्वत या सप्तकुलाचल कहलाते हैं। भवभूति ने 'महावीरचरित' (3.23-24) में कुलाचल का नामोल्लेख मात्र किया है।

---

1. नन्दलाल दे, ज्यो. डिक्श.
2. कुमारसम्भव, 8.22, 24, 28, 29, 75, 86
3. भीष्म. प., 6.28-29
4. अ. 128
5. वेस्टर्न तिब्बत, पृ. 40
6. वन.प., 163.12-42
7. ज्यो. डिक्श.

ये कुलपर्वत हैं–महेन्द्र, मलय, सह्य, शुक्तिमान, गन्धमादन, विन्ध्य एवं पारियात्र नन्दलाल दे[1] का कथन है कि 'मत्स्यपुराण' में गन्धमादन के स्थान पर ऋक्षवान एवं 'अग्निपुराण' में हेमपर्वत का उल्लेख है। 'मार्कण्डेय पुराण' में भी कुलपर्वत के अन्तर्गत ऋक्षवान का उल्लेख मिलता है।

कैलास–हिमश्वेत होने के कारण भवभूति ने कैलास को चन्दन से लिप्त पृथ्वी के स्तन की उपमा दी है (म.च., 7.24)। सतीशचन्द्र विद्याभूषण[2] ने कैलास को हिमालय से उत्तर दिशा में तिब्बत में स्थित माना है। कैलास और बन्दरपुच्छ की श्रेणियों की समान संज्ञा कैलास की ही थी। विभवपूर्ण इस श्रेष्ठ पर्वत पर बद्रिकाश्रम है। इसे हेमकूट भी कहते हैं। जैनग्रन्थों में इसे 'अष्टापद' की संज्ञा दी गयी है। 'महाभारत'[3] में इस पर्वत का विशद वर्णन प्राप्त होता है। कुमायूँ और गढ़वाल के पर्वत कैलास की शृंखला का ही भाग होने चाहिए। कालिदास[4] ने कैलास को देवांगनाओं का दर्पण कहा है। यह पर्वत स्ट्रेची[5] के मत में सौन्दर्य में विचित्र और चारुता में असाधारण है।

क्रौंच पर्वत–भवभूति ने 'महावीरचरित' एवं 'उत्तररामचरित' में इस पर्वत का उल्लेख किया है। परशुराम ने इसका भेदन करके हंसों को पहली बार पृथ्वी पर आने का मार्ग दिया था, (म.च., 2.17)। भवभूति के वर्णन से स्पष्ट है कि यह पर्वत भयंकर जन्तुओं से युक्त था, (उ.रा.च., 2.29)। क्रौंच-रन्ध्र[6] (दर्रा) धनुर्धर परशुराम के हस्तलाघव का ही परिणाम है। वस्तुतः क्रौंच पर्वत कैलास का वह भाग है, जहाँ मानसरोवर झील है।

गन्धमादन–भवभूति के अनुसार इस पर्वत के गगनचुम्बी शिखर थे (म.च., 7.24-25)। इसके बाद के भूभाग अगम्य और अगोचर हैं। सतीशचन्द्र विद्याभूषण[7] के अनुसार गन्धमादन सुमेरु और कैलास से भी दूर है। नन्दलाल दे के शब्दों में "रुद्रहिमालय का वह भाग गन्धमादन कहलाता है, जो कैलास-शृंखला के दक्षिण में स्थित है। कैलास की जिस श्रेणी के मध्य से अलकनन्दा, गंगा, यमुना निकलकर बहती हैं, गन्धमादन कहलाती हैं। 'महाभारत' एवं 'वराहपुराण' इसी पर्वत पर बद्रिकाश्रम की स्थिति मानते हैं। कालिदास ने 'विक्रमोर्वशी' में गन्धमादन को

---

1. ज्यो. डिक्श.
2. भवभूति, पृ. 52
3. वन.प., 141.11-12; सभा.प., 10.31-33 आदि
4. मेघदूत, पूर्व, 58
5. एच. स्ट्रेची, जे. ए. एस. बी., 1848, पृ. 158
6. मेघदूत, पूर्व, 57
7. भवभूति, पृ. 52

कैलास-शृंखला के भीतर या उसके समीप माना है।"[1]

चित्रकूट—'महावीरचरित' (4.59-60; 5.8) एवं 'उत्तरामचरित' (1.23-24) में चित्रकूट पर्वत का उल्लेख है। भवभूति के वर्णन से ज्ञात होता है कि चित्रकूट प्रयाग के पार्श्ववर्ती गंगा के पावन तटों पर स्थित है। कालिदास[2] ने भी चित्रकूट के पास मन्दाकिनी के प्रवाह का वर्णन किया है। दे के मत में यह बुन्देलखण्ड का कामतानाथगिरि है।

त्रिकूट—यह पर्वत साधारणतः जुन्नार के पास की पहाड़ी माना जाता है। किन्तु भवभूति ने इसका उल्लेख लंका-दहन के अवसर पर किया है, (म.च., 6.4), जिससे इसकी स्थिति लंका में प्रतीत होती है। दे के मतानुसार भी त्रिकूट लंका के दक्षिण-पूर्व में वर्तमान है।

द्रोणाद्रि—'महावीरचरित' (6.4) में एक स्थल पर इस पर्वत का नामोल्लेख हुआ है। यह वह पर्वत है, जिसकी संजीवन ओषधि से लक्ष्मण ने पुनर्जीवन प्राप्त किया था। दे ने इसे कुमायूँ का दूनगिरि पर्वत स्वीकार किया है।

प्रस्रवण—'महावीरचरित' एवं 'उत्तररामचरित' के अनेक स्थलों पर इस पर्वत का उल्लेख हुआ है। भवभूति के अनुसार यह जनस्थान के मध्य स्थित है और इसकी कन्दराएँ गोदावरी के जल-नाद से मुखरित हैं, 'म.च.' (5.15-16)। मेघमाला के सदृश अभिराम प्रस्रवण पर्वत के शिखर पर गृध्रराज का निवास कहा गया है। इस पर्वत के पादप्रान्त में गोदावरी बहती है और यह वनप्रान्तों से रम्य कहा गया है (उ.रा.च., 2.24-25)। 'हेमकोश' में माल्यवान और प्रस्रवण पर्वत को एक माना गया है। पार्जिटर[3] के मत में पर्वत की शृंखलाएँ प्रस्रवण हैं तथा शिखर माल्यवान है। 'रामायण'[4] किष्किन्धा पर एक अन्य प्रस्रवण का उल्लेख करती है। यह तुंगभद्रा नदी पर स्थित अनागुण्डी के निकट है। इसे ही माल्यवान कहा गया है।

मलयाचल—'महावीरचरित' (5.3) में इस पर्वत को कावेरी से वेष्टित कहा गया है। इसे अगस्तकूट पर्वत भी कहते हैं। यह उस अनामलय पर्वत का दक्षिणी शिखर है, जहाँ ताम्रपर्णी नदी का उद्गम है। अनामलय और एलामलय दोनों का संयुक्त नाम मलयपर्वत कहा गया है।[5] कालिदास[6] ने इसे चन्दन वृक्षों से सुगन्धित एवं शीतल वायु के लिए प्रसिद्ध कहा है। त्रावनकोर की पहाड़ियाँ मलयपर्वत ही है, जिसमें कोएम्बटूर से कुमारी अन्तरीप तक फैली पर्वतमालाएँ भी सम्मिलित हैं।

---

1. ज्यो. डिक्श.
2. रघु., 13.47, 48
3. जे.आर.ए.एस., 1894, पृ. 256-257
4. कि.का., अ. 27
5. जयदेव विद्यालंकार, भारतभूमि और उसके निवासी, पृ. 90
6. कुमा. सं., 8.25

मालाबार की पहाड़ियाँ भी इस मलयपर्वत के भाग हैं।

माल्यवान—'उत्तररामचरित' में अर्जुन पुष्पों से सुगन्धित माल्यवान पर्वत का उल्लेख हुआ है, जिसके शिखर पर नया नीला मेघ आश्रय लेता है। (1.33)। जैसाकि प्रस्रवण पर्वत के सन्दर्भ में कहा गया है, यह तुंगभद्रा नदी पर स्थित अनागुण्डी के निकट है। इसका वर्तमान नाम फटिकशिला है, जहाँ राम ने सुग्रीव से मैत्री के पश्चात् चार माह निवास किया था। अन्य हिन्दू भौगोलिकों के मत में नील और निषध पर्वत का मध्यवर्ती कराकोरम माल्यवान पर्वत है।

ऋष्यमूक—'महावीरचरित' (4.9; 5.29-30) में इस पर्वत का उल्लेख हुआ है। यह पर्वत अनागुण्डी से आठ मील दूर है। पश्चिम की ओर बहती हुई पम्पा नदी इसी पर्वत से निकलकर तुंगभद्रा में गिरती है। 'रामायण'[1] में ऋष्यमूक और मलय पर्वत को निकटवर्ती कहा गया है, जहाँ राम ने सुग्रीव से मैत्री की थी।

लोकालोक—इस पर्वत का उल्लेख कवि ने 'महावीरचरित' (5.10,45) एवं 'मालतीमाधव' (10.11-12) में किया है। यह एक पौराणिक पर्वत है, जो पृथ्वी को घेरे हुए है तथा लोकों के चारों ओर प्रसारित समुद्र से दूर अवस्थित है। लोकालोक पर्वत के दूसरी ओर निगूढ़ अन्धकार एवं इस ओर प्रकाश है। इस प्रकार यह पर्वत दृश्यमान लोकों को अँधेरे लोकों से विभक्त करता है। 'रघुवंश'[2] 'विष्णुपुराण'[3] में भी इस पर्वत का प्रसंग मिलता है।

श्रीपर्वत—'मालतीमाधव' (1.16-17; 5.2; 9.0-1) में तान्त्रिक कापालिकों के निवासस्थल के रूप में इस पर्वत का उल्लेख हुआ है। भवभूति ने शक्तिसम्पन्न होने के कारण इसे *'भगवतः श्रीपर्वतात्'* (मा.मा., 9.1) कहकर सम्बोधित किया है। कवि के वर्णन से स्पष्ट है कि यह पर्वत पद्मावती के निकट है। वस्तुतः महेन्द्रपर्वत का ही दूसरा नाम श्रीपर्वत है। उड़ीसा के मदुरा ज़िले तक की पहाड़ियाँ महेन्द्र पर्वत के नाम से जानी जाती हैं। इसी में पूर्वी घाट भी सम्मिलित थे, और यह शृंखला गोण्डवाना तक पहुँचती थी। गंजाम के पास का इसका भाग आज भी महेन्द्रमलय कहलाता है। 'रघुवंश'[4] में महेन्द्रपर्वत को कलिंग में माना गया है। सतीश चन्द्र विद्याभूषण[5] ने इसे आधुनिक विजयपत्तन के पूर्वीघाट के उत्तर की ओर स्वीकार किया है, जहाँ परशुराम ने तपस्या की थी। नन्दलाल दे के मत में श्रीशैल पर मल्लिकार्जुन का एक मन्दिर है, जो महादेव एवं ब्रह्मरम्भादेवी के द्वादश विशाल लिंगों

---

1. कि.का., 5.1
2. रघु., 1.68
3. वि.पु., 2.4.84
4. रघु., 4.38-39; 6.53-54
5. भवभूति, पृ. 55

में से एक है। देवी के नाम से इसे ब्रह्मरम्भागिरि भी कहते हैं। कृष्णानदी की एक धारा पाटलगंगा इस पर्वत के-निकट से बहती है।

सह्यगिरि—'महावीरचरित' (7.20-21) में इस पर्वत को अत्यन्त विस्तृत एवं ऊँचा पर्वत कहा गया है, इसे अतिक्रमण करके आर्यावर्त में प्रवेश हो जाता है। सह्य भारत का कुलपर्वत माना गया है, जैसा कि कुलपर्वत के प्रसंग में कहा जा चुका है। पश्चिमी घाट के उत्तरी भाग एवं कावेरी नदी के उत्तर के पर्वत आज भी सह्याद्रि के नाम से विख्यात हैं।

सुवेलपर्वत—भवभूति ने लंका-युद्ध के प्रसंग में इस पर्वत का उल्लेख किया है (म.च., 6.29-30)। ऐसा प्रतीत होता है कि सुवेल लंका का ही कोई पर्वत था।

हिमालय—'महावीरचरित' में इस पर्वत का सुन्दर वर्णन हुआ है (7.27)। इसके कर्पूर के समान उज्ज्वल शिला-चरणों को गंगा की पावन धारा धोती है। अध्यात्मविद्या के प्रेमी तत्त्वज्ञानी ब्रह्मज्ञानियों के स्वाभाविक तेज से यह पर्वत व्याप्त है। कालिदास[1] ने इस पर्वत को अक्षय सम्पत्ति का जनक और शाश्वत रूप से हिममण्डित माना है। 'मेघदूत'[2] के एक वर्णन के अनुसार हिमालय में ही वह अनुपम मानसरोवर है, जिसमें स्वर्णिम कमल विकसित होते हैं।

हेमगिरि—'महावीरचरित' (5.31-32) में इस पर्वत का नामोल्लेख हुआ है। नन्दलाल दे के मत में यक्ष राजा कुबेर के निवास-स्थान कैलास का ही दूसरा नाम हेमगिरि है। हिमालय की बन्दरपुच्छ श्रेणी, जहाँ से अलकनन्दा, गंगा और यमुना निकलती हैं, हेमगिरि कहलाती है।

भवभूति में वर्णित पर्वतों के सन्दर्भ में यह उल्लेखनीय है कि भौगोलिक आधार गौण हो गया है और परम्परा एवं वर्णन को प्रधानता मिल गयी है। लंका से अयोध्या की राह में अंजन, कैलास, गन्धमादन एवं हिमालय का उल्लेख असंगत है। पर एक पौराणिक विमान से इन पर्वतों का दर्शन इस दोष को कुछ न्यून कर देता है, साथ ही कवि पर्वतों के नाम के बहाने पार्वत्य सौन्दर्य-चित्रों का अधिक आग्रही जान पड़ता है। कवित्व-गुण यदि शक्तिशाली है तो तथ्य पर पड़ा आवरण उतनी बाधा उपस्थित नहीं करता।

नदियाँ

कावेरी—'महावीरचरित' में कावेरी नदी मलयाचल की मेखला है अर्थात् उसे घेरकर बहती है। (5.3)। कावेरी के तटवर्ती प्रदेश का वर्णन करते हुए कवि कहता है—'प्रान्तभाग में ताम्बूली लता के झरते हुए मकरन्द-जल से सुपारी के वृक्ष सींचे

---

1. कुमा. सं., 1.2,3,54
2. पूर्व. 62

जा रहे हैं। पुराने वृक्षों से आश्रम दिखाई दे रहे हैं जिनमें ब्रह्मज्ञानी कल्पस्थिति के साक्षी मुनिगणों का वास है (म.च., 7.13)। कावेरी दक्षिण भारत की प्रसिद्ध नदी है, जो कुर्ग के ब्रह्मगिरि पर्वत में चन्द्रतीर्थ से निकलती है और शिवसमुद्र (बंगाल की खाड़ी) में गिरती है। 'रामायण'[1] में इसे *'दिव्यां प्रसन्नसलिलाशयाम्'* कहा गया है। इस नदी के समीप ही अगस्त्य मुनि का आश्रम माना गया है।

कौशिकी—भवभूति ने विश्वामित्र के सिद्धाश्रम के प्रसंग में कौशिकी नदी का उल्लेख किया है (म.च., 1.12-13)। यह बिहार की वर्तमान कोसी नदी है। पुरातन काल में यह नदी दक्षिण-पूर्व होकर बहती थी और तब यह पूर्व दिशा में बहती हुई ब्रह्मपुत्र से मिली। जब यह नदी गंगा से मिली, तब मिली हुई इस अपार जलराशि ने एक नया मार्ग ले लिया, जिसे अब पद्मा नदी कहते हैं। दे के अनुसार यह संगम तीसरी और सातवीं शताब्दी के मध्य घटित होना चाहिए।

गोदावरी—'उत्तररामचरित' (1.26; 2.9) एवं 'मालती माधव' (9.3-4) में इस नदी का वर्णन मिलता है। कवि ने इसे *'सरसतीरां गोदावरीम्'* कहा है। गम्भीर ध्वनि करती यह नदी दक्षिण में वनों को एवं पर्वतों की कन्दराओं को मुखरित कर बहती है। गोदावरी का उद्गम-स्थल ब्रह्मगिरि है, जो नासिक से 20 मील दूर त्र्यम्बक नामक स्थान के समीप है। नन्दलाल दे के मत में ब्रह्मगिरि से निकलने के पश्चात् गोदावरी नदी त्र्यम्बक में कुशावर्त जलाशय के भीतर बहती हुई आगे बंगाल की खाड़ी में गिर जाती है।

तमसा—भवभूति (उ.रा.च.) की तमसा नदी सरयू की टोंस नामक धारा है, जो आजमगढ़ में बहती हुई बलिया के पास गंगा में गिरती है। सरयू से उसका प्रवाह लगभग बारह मील पश्चिम है। तमसा के निकट ही वाल्मीकि आश्रम था, जहाँ सीता ने निर्वासन-काल व्यतीत किया था। इस टोंस के अतिरिक्त दो टोंस नदियाँ और हैं, मध्यभारत में रीवाँ की टोंस एवं उत्तर में गढ़वाल और देहरादून की टोंस। किन्तु भवभूति की तमसा से इन दोनों नदियों का कोई साम्य नहीं है। सरयू की शाखा नदी टोंस ही भवभूति की तमसा नदी है।

पाटलावती—भवभूति को उद्धृत करते हुए नन्दलाल दे का कहना है कि यह नदी चम्बल नदी की एक शाखा है। यह पद्मावती नगरी (आधुनिक पद्मपवाया) की निकटवर्तिनी नदी है। पद्मावती के प्रसंग में भवभूति ने निर्मल जलवाली और विशाल सिन्धुनदी एवं पारा नदी का एक साथ उल्लेख किया है (मा.मा., 9.1)। इसी नदी का दूसरा नाम पार्वती है।

भागीरथी—भवभूति ने अनेक स्थलों पर इस नदी का उल्लेख किया है। गंगा, मन्दाकिनी, जाह्नवी आदि अन्य नामों से जानी गयी भागीरथी नदी रघुकुल की देवी

1. कि.का., 41.14-15

है। भवभूति ने *'प्रसन्नपुण्यसलिला भगवती भागीरथी', 'पवित्रनिर्मलशिशिरसलिला'* कहकर इस नदी का अभिनन्दन किया है (उ.रा.च., 1.22-23, 33-34)।–यह हिमालय में गंगोत्री से निकलकर ब्रह्मपुत्र के साथ डेल्टा बनाती हुई पूर्वी सागर में गिरती है। प्रयाग के निकट गंगा की धारा चित्रकूट पर्वत की मेखला कही गयी है। (म.च., 4.59-60)। मन्दाकिनी मूलतः गंगा की ही एक शाखा का नाम है, पर भवभूति ने इसे गंगा के सम्पूर्ण अर्थ में ही ग्रहण किया है। भारतवर्ष की पूज्या यह नदी देश के उत्तराखण्ड को उर्वर बनाती है।

मधुमती–भवभूति ने (मा.मा., 9.3-4) पद्मावती के प्रसंग में इस नदी का उल्लेख किया है। मधुमती मोधवार नदी का ही दूसरा नाम है, जो रनौद के निकट से निकलकर मालवा में सोनारी से लगभग 8 मील दूर सिन्धु में गिरती है। मधुमती एवं सिन्धु नदी के संगम पर स्वयं सिद्ध भगवान महादेव 'सुवर्णबिन्दु' प्रतिष्ठित कहे गये हैं (वही)। इस संगम पर आज भी शिवमन्दिर विद्यमान है।

मुरला–वर्तमान समय में नासिक के दक्षिणी ओर जो मूला नाम की नदी गोदावरी में गिरती है, वही भवभूति की मुरला नदी है। दे ने पूना के पास भीमा की सहायक मुला-मुथा नदी को ही मुरला माना है, किन्तु भवभूति (उ.रा.च., 3.-1) ने गोदावरी के साथ मुरला का उल्लेख किया है। इसलिए भवभूति की मुरला नासिक की मूला नदी है।

यमुना–'उत्तररामचरित' (1.23-24, 50) तथा 'मालतीमाधव' (8.8-9) में यमुना नदी का उल्लेख हुआ है। कवि के अनुसार लवणासुर की नगरी मधुपुरी (मथुरा) यमुना-तट पर स्थित है। चित्रकूट के मार्ग का वर्णन करते समय कवि यमुना-तट का उल्लेख करता है। यह नदी बन्दरपुच्छ पर्वत में कलिन्दगिरि से निकलती है, इसलिए इसका नाम कलिन्दकन्या अथवा कालिन्दी भी है। यमुना प्रयाग में गंगा से मिलती है, इस संगम का तीर्थस्थानों में बहुत महत्त्व है।

लवणा–भवभूति ने लहरों से उद्दाम लवणा नदी का वर्णन 'मालतीमाधव' (9.2) में किया है। नन्दलाल दे पनियर के निकट से निकलनेवाली लुन अथवा नुन को ही लवणा नदी मानते हैं। यह मालवा में चन्दपुर सोनारी के पास सिन्धु में गिरती है।

वरदा–'मालतीमाधव' (4.10) में वरदा एवं सिन्धुनदी के संगम का वर्णन हुआ है। इसके तटों को स्नान करती स्त्रियों की भीड़ से संकुल कहा गया है। दे के मत में वरदा मध्यभारत की वर्धा नदी है, जो तुंगभद्रा की सहायक नदी है और गोदावरी में गिरती है। किन्तु भवभूति के वर्णन में यह मत संगत प्रतीत नहीं होता। कालिदास[1] के अनुसार भी जब अग्निमित्र ने विदर्भ जीतकर दो राज्य बनाये तो

---

1. मालविकाग्निमित्र, 5.13

उनकी सीमा यही वरदा नदी निर्धारित की। विदर्भ में बहती यह नदी ही भवभूति की वरदा नदी है।

सरयू–'उत्तररामचरित' (2.3-4) में सरयू नदी का उल्लेख हुआ है। अवध में बहनेवाली घाघरा नदी का ही दूसरा नाम सरयू है। अयोध्या आज की तरह ही तब भी सरयू के तट पर बसी हुई थी। 'रामायण' में अनेक स्थलों पर इस नदी का वर्णन मिलता है। मिलिन्दपर्व में इसे सरयू कहा गया है। कुमायूँ के पहाड़ सरभू नदी का उद्गम-स्थल हैं। काली नदी के संगम के बाद इसका नाम सरयू, घाघरा और देवा पड़ता है।

सिन्धु–'मालतीमाधव' (4.9-10; 9.1, 33-4) में अन्य अनेक स्थलों पर भी सिन्धु नदी का वर्णन आता है। भवभूति के अनुसार यह स्वच्छ जलवाली विशाल नदी होनी चाहिए। सिन्धु मालवा की काली सिन्ध है, जो दक्षिण सिन्धु कही गयी है। अन्य भौगोलिकों के मत में मालवा की वह नदी जो सिरोंज से निकलकर यमुना में गिरती है, भवभूति की सिन्धु नदी है।

जलप्रपात

भवभूति (म.च., 7.11) ने मलयाचल की चोटी से गिरनेवाले एक जलप्रपात का उल्लेख किया है 'मालतीमाधव' (9.3) में सिन्धु जलप्रपात का वर्णन करते हुए कवि का कथन है कि यह प्रपात पाताल को विदीर्ण करता-सा प्रतीत होता है।

घनगर्जन के समान प्रचण्ड इस प्रपात की प्रतिध्वनि पर्वत-निकुंजों में बढ़ती हुई-सी प्रतीत होती है और गणेश के कण्ठ-गर्जन जैसी लगती है। पद्मावती (पदमपवाया) में सिन्धु नदी का यह प्रपात आज भी दर्शनीय है।

सरोवर

कवि ने ऐसे सरोवरों (सर, दीर्घिका) का चित्रण किया है जो पक्षियों, पद्मों एवं जल-जन्तुओं से भरे हैं। (मा.मा. 8.-1; 1.32, 9.33-34)। गर्मी में ठण्डे पानी से भरे सरोवरों एवं कमलों से भरे तालाबों से आनेवाली हवा शीतल और सुगन्धित है तथा ताप हरती है।.... भवभूति (उ.रा.च., 1.31) ने मतवाले मल्लिकाक्ष नामक हंस के पंखों से कम्पित और बड़ी नालवाले श्वेत कमलों से भरे पम्पा सरोवर का अत्यन्त काव्यमय चित्र अंकित किया है। भवभूति के वर्णन के अनुसार यह सरोवर ऋष्यमूक पर्वत के निकट होना चाहिए। यह सरोवर वेलारी जिले में हम्पी कस्बे के उत्तर में पम्पा नदी के पास हैं। पम्पा नदी तुंगभद्रा की सहायक नदी है और अनागुण्डी पहाड़ियों से लगभग 8 मील दूर ऋष्यमूक पर्वत से निकलती है।

समुद्र

भवभूति ने समुद्र का अनेक पर्यायों से वर्णन किया है, साथ ही सामुद्रिक जीवों एवं शंख शुक्तियों का उल्लेख भी किया है (म.च., 1.23; 4.6; 5.2,26,32,45; 6.12,17,36; उ.रा.च., 5.9)। भवभूति ने परम्परा को स्वीकार करते हुए समुद्र को रघुवंशियों से निर्मित कहा है (उ.रा.च., 7.9-10)। लंका से अयोध्या के मार्ग में सर्वप्रथम आता है समुद्र, कवि कहता है, 'महादेव की अष्टविध तनु में प्रथम मूर्ति है यह सागर, जिसकी अनन्तता की महिमा मनुष्य गाते हैं,' (म.च., 7.9)। यह हिन्दमहासागर है, जिसका उत्तरी भाग पूर्व में बंगाल की खाड़ी और पश्चिम में अरब सागर बन जाता है। भवभूति ने दुग्धार्णव (म.च., 1.23) अर्थात् क्षीरसागर एवं सप्तसागर का पारम्परिक वर्णन अपने नाटकों में किया है (सप्तनदीनाथ म.च., 5.37; सप्तमाम्बुराशि, वही, 5.10; सप्तमाम्बोधि, वही, 5.45; सप्तार्णव, मा.मा., 5.22)। दे[1] के अनुसार क्षीरसागर सप्तसागरों में से एक है, इसे कैस्पियन सागर कहते हैं, यह शकद्वीप की उत्तरी सीमा का नियामक है।

द्वीप

भवभूति के नाटकों में चन्द्रद्वीप (उ.रा.च., 4.1-2), जम्बूद्वीप (म.च., 6.6; 7.13), महेन्द्रद्वीप (वही, 2.9-10, 14-15) एवं सप्तद्वीप (वही, 3.23-24) का उल्लेख मिलता है। कवि के वक्तव्य से ज्ञात होता है कि चन्द्रद्वीप कोई तपोवन था, जहाँ सीता-वनवास के बाद जनक ने तपस्या की थी। जम्बूद्वीप भारत है, उसे सुदर्शन द्वीप भी कहा गया है। दे[2] के मत में जम्बू चीनी शुन-तुप अथवा सिन्धु का ही रूपान्तर है। इण्डिया सिन्धु (इन्द्र) का अपभ्रंश है। पुराणों में भारत को उत्तर में हिमालय, दक्षिण में सागर, पूर्व में किरात और पश्चिम में यवन देशों की सीमा से आबद्ध कहा गया है।

परशुराम के निवास-स्थल को 'महावीरचरित' में महेन्द्रद्वीप कहा गया है। कालिदास[3] ने महेन्द्रद्वीप को कलिंग स्थित कहा है। ऐसा कहा जाता है कि परशुराम ने समस्त पृथ्वी काश्यप मुनि को दक्षिणा में देकर बाद में सागर से महेन्द्रपर्वत लेकर उस पर तपस्या आरम्भ की थी। भवभूति ने 'महावीरचरित' में सप्तद्वीप का नामोल्लेख किया है। सप्तसागरों के नाम पर 'पद्मपुराण' में ये सात द्वीप इस प्रकार कहे गये हैं—जम्बू, प्लक्ष, शाल्मली, कुश, क्रौंच, शक एवं पुष्कर।

'मालतीमाधव' में कवि 'अशेषभुवनद्वीप' के दीप सूर्य की आराधना करता है

---

1. नन्दलाल दे, ज्यो. डिक्श.
2. वही।
3. रघु., 4.40-43; 6.54

(1.2-3) *'जम्बूद्वीपेऽथवान्येषु द्वीपेष्वपि'* (म.च., 6.13), इस कथन से ज्ञात होता है कि भवभूति को अन्य द्वीपों का ज्ञान भी था।

वन

जनस्थान—महावीरचरित (4.60) एवं उत्तररामचरित (1.27-28, 30-31; 2.5-6, 8-9, 15-16, 3.3) में जनस्थान नाम के इस वन का चित्रण हुआ है। भवभूति ने इसे दक्षिण दिशोन्मुख तथा उन्मत्त हिंस्र जन्तुओं से युक्त कहा है। इस दुर्गम वन के मध्य भाग हिंस्र जीवों से और भी भयानक कहे गये हैं। दे के मत में गोदावरी एवं कृष्णा नदी के बीच का एवं औरंगाबाद का इलाका जनस्थान कहलाता था। पंचवटी इसी के अन्तर्गत थी। पार्जीटर के अनुसार जनस्थान गोदावरी के दोनों किनारों का भूभाग है।

दण्डकारण्य—भवभूति ने दण्डकारण्य का वर्णन अनेक स्थलों पर किया है (म.च., 3.9-10; 4.1-2, 38, 38-39, 41; 5.34-35; 6.6-7; 7.1, 18-19। उ.रा.च., 1.30-31; 2.13-14, 15; 3.7-8)। दण्डकारण्य के ये भाग कहीं हरे-भरे हैं, तो कहीं सूखे हैं। ये भूभाग झरनों से, तीर्थ, आश्रम, पर्वत, नदी एवं दुर्गम मार्गों से युक्त हैं। नन्दलाल दे के मत में नागपुर सहित सम्पूर्ण महाराष्ट्र प्रान्त दण्डकारण्य था। 'रामायण' एवं पार्जीटर को उद्धृत करते हुए दे का कथन है कि यह वन विन्ध्य एवं शैवाल पर्वत के मध्य में था तथा बुन्देलखण्ड से लेकर कृष्णानदी तक का समस्त भाग दण्डकारण्य कहलाता था। विन्ध्य पर्वतमाला के उत्तर (बुन्देलखण्ड का दक्षिणी भाग) से आरम्भ होकर दण्डकारण्य की विस्तृत वनभूमि दक्षिण में कृष्णानदी की तराई तक फैली थी और पूर्व दिशा में छोटा नागपुर के इलाकों को कलिंग देश की सीमा तक मिलाती थी। एक लेख[1] में दण्डक वनभूमि पश्चिम की ओर विदर्भ के दो सूबों तक फैली हुई कही गयी है। सतीशचन्द्र विद्याभूषण ग्रिफिथ का विचार उद्धृत करते हुए कहते हैं कि दक्षिणात्य का उत्तर भाग दण्डकारण्य है।

पंचवटी—'महावीरचरित' (4.9-10, 15-16, 26-27) एवं 'उत्तररामचरित' (1.27-28; 2.5-6, 25-26; 3.6-7) में पंचवटी का वर्णन मिलता है। भवभूति ने इसे गोदावरी नदी का तटवर्ती तथा प्रस्रवण पर्वत का निकटवर्ती स्थान कहा है। पंचवटी का वर्तमान नाम नासिक है, शूर्पणखा की नासिका यहीं काटे जाने के कारण यह नाम पड़ा। नन्दलाल दे फरगुसन को उद्धृत करते हुए कहते हैं कि नासिक की चैत्य कन्दरा द्वितीय एवं तृतीय शताब्दी से सम्बन्धित है। दण्डकवन में नासिक के पास गोदावरी के तट पर पंचवटी की रम्य भूमि कही गयी है। इस स्थल पर रघुनाथ का एक सुन्दर मन्दिर है।

---

1. जे.आर.ए.एस., 1894, पृ. 242

विन्ध्यवन—'महावीरचरित' एवं 'उत्तररामचरित' में विन्ध्याचल के साथ विन्ध्यवन का उल्लेख हुआ है। दक्षिण के भयंकर वन विन्ध्यवन ही कहे गये हैं— *'विन्ध्याटवीमुखे...अत्याहितं दक्षिणारण्यम्'*। मनुष्य को इन प्रदेशों का ज्ञान नहीं था— *'विन्ध्यकान्तारेष्वदेशज्ञः'* (म.च., 4.1-2)। नन्दलाल दे के मत में विन्ध्य श्रेणियों की पश्चिमी सीमा के दक्षिण में खण्डेश एवं औरंगाबाद के प्रदेश, नासिक सहित, विन्ध्यवन कहे गये हैं। वस्तुतः जनस्थान सहित सारा दण्डकारण्य ही विन्ध्यवन था।

आश्रम

अगस्त्य-आश्रम—भवभूति ने 'महावीरचरित' (7.13) में कावेरी के तट-प्रदेशों का वर्णन करते हुए ब्रह्मज्ञानी मुनियों के आश्रमों का उल्लेख किया है। साथ ही पास में ही लोपामुद्रा से पवित्र अगस्त्य आश्रम का संकेत भी दिया है (वही, 7.13-14)। भवभूति के वर्णन से स्पष्ट है कि दक्षिण से उत्तर की ओर आते हुए, मलयाचल के बाद कावेरी तीर पर यह आश्रम था। दे के मतानुसार नासिक से 24 मील दक्षिण-पूर्व में जो स्थान अगस्तिपुरी नाम से प्रसिद्ध है, वहीं पर अगस्त्य मुनि का आश्रम था। भवभूति का अगस्त्याश्रम यही है क्योंकि कवि ने तुरन्त बाद उस स्थल का प्रसंग प्रस्तुत किया है, जहाँ शूर्पणखा के नाक-कान काटे गये थे और जो स्थान अब नासिक कहलाता है। विन्ध्याचल के उन्नत गर्व को नमित करने की जो कथा अगस्त्य मुनि से जुड़ी है, उसमें यह संकेत निहित है कि सर्वप्रथम अगस्त्यमुनि ने दुर्गम विन्ध्य की ऊँचाई को मापकर दक्षिण में आर्यावर्त की सभ्यता का प्रसार किया था।

मतंगाश्रम—दण्डकारण्य के एक भाग कुंजवान पर्वत की परिसर भूमि में ऋष्यमूक पर्वत पर इस आश्रम की स्थिति मानी गयी है (उ.रा.च., 1.30-31) एक अन्य वर्णन से भी यह स्पष्ट है कि ऋष्यमूक पर्वत के पम्पा सरोवर प्रान्त के समीप मतंगाश्रम था (म.च., 5.39-40)। मातंग का अर्थ है हाथी अथवा हस्ति। बुद्धगया के निकट गन्धहस्तिस्तूप बौद्धों का तीर्थस्थल था। बाद में हिन्दुओं ने इसे हाथ में लेकर इसे मातंग आश्रम नाम दिया। यहाँ महादेव का एक लिंग है, जो मातंगेश कहा जाता है और एक जलाशय है, जिसे मातंगवापी कहते हैं।

ऋष्यशृंगाश्रम—'उत्तररामचरित' में कवि ने इस आश्रम का उल्लेख किया है (1.3, 8-9)। नन्दलाल दे ने ऋष्यशृंग मुनि की कुटीर ऋषि कुण्ड पर निर्धारित की है जो भागलपुर से अट्ठाईस मील दूर पश्चिम में है। यह कुटीर एक चक्राकार घाटी में बनी है, जो केवल उत्तर की तरफ खुलती है। पश्चिमी पहाड़ियों के नीचे सात जलस्रोत इस घाटी में निकलते हैं, उनमें पाँच का पानी गर्म है और दो का अत्यन्त ठण्डा। इन गर्म-ठण्डे स्रोतों का जल जिस एक कुण्ड में इकट्ठा होता है, उसे

ऋषि-कुण्ड कहते हैं। कुण्ड के उत्तरी किनारे पर एक छोटा-सा स्थान खण्डित पाषाणों से बन्द कर दिया है। इसे ऋषि और उनके पिता विभाण्डक के समाधिस्थल का नाम दिया गया है।

वाल्मीकि आश्रम—'उत्तररामचरित' में इस आश्रम का उल्लेख मिलता है (2.3, 6-7)। दे के मत में कानपुर से चौदह मील दूर बिठूर में वाल्मीकि ऋषि का आश्रम था। सीता ने अपना निर्वासन-काल यहीं पर बिताया था। गंगा की तटवर्ती कुटी पर वाल्मीकि के सम्मान में एक मन्दिर बनाया गया है। ऐसा कहा जाता है कि कानपुर के सतीघाट के निकट लक्ष्मण ने सीता को छोड़ा था। एक विशाल भारी बाण का अग्रभाग बिठूर के ब्रह्मावर्त घाट पर मन्दिर के समीप दिखाया गया है, जिससे अश्वमेध-यज्ञ के युद्ध में लव ने राम पर प्रहार किया था। यह बाणाग्र कुछ वर्ष पूर्व कुटी के सामने गंगा की सतह से मिला है।—पर जैसा कि तमसा नदी के वर्णन में स्पष्ट किया गया है कि सरयू की ही एक शाखा टोंस (भवभूति की तमसा) के किनारे वाल्मीकि का आश्रम था। इस अर्थ में गंगा निकटवर्तिनी नदी थी।

वसिष्ठाश्रम—भवभूति के वर्णन के अनुसार महर्षि वसिष्ठ सीता-वनवास के बाद अपना स्थान छोड़कर वाल्मीकि के निकट चले गये थे (उ.रा.च., 4.1) वसिष्ठाश्रम आबू पर्वत पर था, जो अयोध्या और रुहेलखण्ड के उत्तर में है।

शम्बूक आश्रम—जनस्थान में शूद्रमुनि शम्बूक की तपस्या का उल्लेख 'उत्तररामचरित' (2.6-7) में किया गया है। इससे प्रतीत होता है कि दण्डकारण्य के ही किसी भाग में शम्बूक आश्रम था। दे ने रामटेक पर्वत पर इसकी स्थिति निर्धारित की है।

शरभंगाश्रम—भवभूति के चित्रण से स्पष्ट है कि यह आश्रम चित्रकूट के निकट था (म.च., 5.8)।

सिद्धाश्रम—कवि ने कौशिकी नदी से वेष्टित, हरे-भरे प्रदेशों से युक्त विश्वामित्र के सिद्धाश्रम का उल्लेख किया है (म.च., 1.12-13)। कौशिकी गंगा की शाखानदी है, जो मगध में बहती है।

जनपद, नगर एवं ग्राम

अयोध्या—भवभूति ने अनेक स्थलों पर अयोध्या का वर्णन किया है (म.च., 1.57-58; 4.1-2, 40; 7.24-25; उ.रा.च., 1.2-3, 18-19; 2.6-7, 13, 18-19)। सरयू नदी के तट पर कोसल एक विशाल जनपद था, अयोध्या यहीं स्थित थी। (रामायण, बा.का., 5.5,6,7)। यह नगरी बारह योजन लम्बी और तीन योजन चौड़ी थी। अयोध्या को मनु ने बसाया था। बौद्धग्रन्थों में अयोध्या उत्तर कोसल एवं दक्षिण

कोसल में विभक्त कही गयी है, जिनके बीच सरयू नदी बहती है।[1] भवभूति अयोध्या का साकेत के पर्याय से उल्लेख करते हैं। बौद्ध लेखों में भी अयोध्या को साकेत कहा गया है। कनिंघम[2] के विचार में वर्तमान काल में भक्तगण अयोध्या की सीमा पूरब में रामघाट, पश्चिम में गुप्तारघाट एवं दक्षिण में भरतकुण्ड मानते हैं।

अलका—कवि ने यक्षों की नगरी अलका का नारी रूप में चित्रण किया है (म.च., 7.0-4)। वस्तुतः अलका एवं इन्द्रपुरी (वही, 1.59) पौराणिक नगरी हैं, जहाँ स्फटिक के पर्वत हैं, स्वर्णकमलों से भरे सरोवर हैं, रजतकण बालू है। परम्परा के अनुरूप अलका भवभूति के वर्णन में भी कैलास पर प्रतीत होती है। 'मेघदूत' में कुबेर की इस नगरी का अत्यन्त सुन्दर वर्णन मिलता है।

आर्यावर्त—दक्षिण भारत से उत्तर की ओर आते हुए सह्यगिरि को पारकर कवि आर्यावर्त की सीमा में प्रवेश करने का उल्लेख करता है (म.च., 7.20-21) दे[3] ने हिमालय और विन्ध्याचल के मध्य के भारत को आर्यावर्त माना है और 'मनुसंहिता' को उद्धृत किया है। पतंजलि के समय में आर्यावर्त उत्तर में हिमालय, दक्षिण में परियात्र, पश्चिम में आदर्शावली (व.सं. 1.8), और पूरब में कालकवन (राजमहल हिल्स) से आबद्ध कहा गया है। राजशेखर[4] ने नर्मदा को आर्यावर्त एवं दक्षिणापथ के बीच की सीमा कहा है।

कुण्डिनपुर—'मालतीमाधव' (1.10-11) में कुण्डिनपुर का प्रसंग आया है, यह विदर्भ की राजधानी कही गयी है। डोसन[5] के अनुसार कुण्डिनपुर विदर्भ का राजनगर था, जो अब कुण्डनपुर है और बरार की अमरावती से प्रायः चालीस मील पूरब में है। नन्दलाल दे के मत में देवलवाड़ा ही प्राचीन कुण्डिनपुर है, जो बरौरा से 11 मील दक्षिण में है तथा मध्यप्रदेश में चाँदा ज़िले की वर्धा नदी पर बसा है। बरार में कोण्डावीर से इसकी एकता स्थापित हो चुकी है।

केरल—भवभूति ने नारी-सौन्दर्य के प्रसंग में केरल का उल्लेख किया है (मा. मा., 3.12-13; 6.19)। त्रावनकोर, कनरा एवं मालाबार केरल की सीमा में ही माने गये हैं। कनरा की सीमा दक्षिण में कुमारी अन्तरीप एवं उत्तर में गोआ है। केरल को चेर भी कहा गया है। 'मेकेंज़ी मनुस्क्रिप्ट' में केरल देश की राजधानी अनन्तशयनम् कही गयी है। परशुराम ने यहाँ ब्राह्मणों को बसाया था। शंकराचार्य का जन्म भी केरल में हुआ था।[6]

---

1. उद्धृत ज्यो. डिक्श., नन्दलाल दे
2. दि एंश्यण्ट ज्योग्रफी ऑफ इण्डिया
3. उद्धृत, ज्यो. डिक्श.
4. बालरामायण, अंक 6
5. क्लासिकल डिक्श. चौथा सं., पृ. 171
6. उद्धृत ज्यो. डिक्श., नन्दलाल दे

कोसल—भवभूति ने रघुवंशी राजा दशरथ के राज्य के सन्दर्भ में कोसल का उल्लेख किया है (म.च., 1.22-23; 3.23-24)। जैसाकि अयोध्या के प्रसंग में वर्णन किया जा चुका है, कोसल दो भागों में विभक्त था—उत्तर कोसल एवं दक्षिण कोसल। उत्तर कोसल की राजधानी श्रावस्ती एवं दक्षिण कोसल की राजधानी कुशावती कही गयी है। भवभूति ने जिस काल का वर्णन अपने नाटकों में किया है, उससे स्पष्ट प्रतीत होता है कि कोसल की राजधानी अयोध्या थी।

पद्मपुर—भवभूति ने 'महावीरचरित' (1.4-5) एवं 'मालतीमाधव' (1.4-6) की प्रस्तावना में पद्मपुर का उल्लेख अपने निवास-स्थान के रूप में किया है। *'अस्ति दक्षिणापथे पद्मपुरं नाम नगरं'* कथन से स्पष्ट है कि यह नगर दक्षिण भारत में था। नन्दलाल दे के मत में पद्मपुर पद्मावती का ही अन्य नाम है जो अमरावती से कुछ दूर चन्द्रपुर के निकट स्थित है, किन्तु भवभूति के वर्णन से पद्मपुर और पद्मावती की एकता स्वीकार नहीं की जा सकती।[1]

पद्मावती—'मालतीमाधव' में इस नगरी का विवरण मिलता है जो न्यायविद्या के अध्ययन के लिए प्रसिद्ध है (1.10-11; 9.-1, 1; 10.22-23)। भवभूति के वर्णन में इस नगरी में स्वच्छ जलवाली सिन्धु और पारा नदियाँ हैं, ऊँचे राजभवन एवं देवमन्दिर हैं। श्री लेले[2] ने पद्मावती की भौगोलिक स्थिति का विचार कर सर्वप्रथम यह स्थापना की कि आधुनिक पद्मपवाया (मध्यप्रदेश) ही प्राचीन पद्मावती है। कनिंघम[3] ने ग्वालियर के नलपुर या नरवाड़ में इसकी पहचान की है, जो ग्वालियर के दक्षिण-पश्चिम में 40 मील दूर है (ज्यो.ऑफ इण्डिया)। हरिहर प्रसाद द्विवेदी[4] ने भवभूति की पद्मावती पर विस्तार से लिखा है। उनके मत में ग्वालियर के दक्षिण-पश्चिम की ओर लगभग 40 मील की दूरी पर पद्मपवाया अथवा धूमपवाया नाम से एक ग्राम बसा हुआ है। प्राचीन मधुबन के उत्तरी भाग में सिन्धु और पारा के संगम पर, जहाँ से कुछ ही दूर उत्तर की ओर मधुमती की धारा सिन्धु में मिलकर अपर त्रिवेणी का निर्माण करती है तथा कुछ और आगे लवणा नदी भी आकर मिलती है, प्राचीन पद्मावती स्थित है। 'मालतीमाधव' को पढ़ने से भवभूति की समकालीन पद्मावती का चित्र प्रत्यक्ष हो उठता है। आठवीं शताब्दी तक पद्मावती अत्यन्त समृद्ध नगरी थी। आज भी पवाया के खँडहरों में खड़े होकर पद्मावती के अवशेषों को घेरे हुए इन नदियों एवं पर्वतों को देखा जा सकता है। पास ही सिन्धु का जलप्रपात भी है। सिन्धु तथा मधुमती के संगम पर आज भी शिवमन्दिर विद्यमान

1. देखिए खण्ड-1, 'भवभूति का जन्मस्थल' शीर्षक
2. मालतीमाधव सार आणि विचार (हिन्दी)
3. दि एंश्य. ज्यो.
4. पद्मावती

है। महाराजा भोज के 'सरस्वती कण्ठाभरण' में पद्मावती का वर्णन आया है। ग्यारहवीं शताब्दी में भी पद्मावती भवभूति की आठवीं शताब्दी की पद्मावती के समान ही समृद्धिशालिनी थी। खजुराहो में प्राप्त वि.सं. 1058 के एक शिलालेख में भी पद्मावती का विशद वर्णन मिलता है। पद्मावती के खँडहरों में नागकालीन अवशेषों की प्रचुरता है। पवाया में गुप्तकालीन विष्णुमन्दिर के अवशेष भी मिले हैं।

प्रयाग—'महावीरचरित' में मन्दाकिनी तट पर स्थित प्रयाग का प्रसंग आता है (2.59-60)। नन्दलाल दे के अनुसार रामायणकाल में प्रयाग कोसल साम्राज्य का ही एक भाग था। प्रसिद्ध अक्षय वट, जो अब भी पूजा का स्थल है, अकबर से निर्मित इलाहाबाद के दुर्ग में पातालपुर नाम के तिमिरान्ध भूभाग में अवस्थित है। 'विक्रमोर्वशी' का नायक पुरुरवा प्रयाग का ही राजा कहा गया है, जिसकी राजधानी प्रतिष्ठान थी और अब झूसी कही जाती है। नहुष, ययाति, पुरु, दुष्यन्त और भरत ने यहीं पर राज्य किया था।

मधुरा (मथुरा)—'उत्तररामचरित' में मधुदैत्य की नगरी मधुरा का उल्लेख हुआ है (1.50-51; 7.20-21)। लवणासुर के वध के पश्चात् शत्रुघ्न मधुरेश्वर कहलाये। मथुरा शूरसेन की राजधानी थी, अतः जैन लोग मथुरा को सरिपुत्र अथवा सार्यपुर कहते हैं। यह कृष्ण का जन्मस्थान था। वर्तमान नगर के दक्षिणी द्वार के बाहर 'कंस का टीला' नामक स्थान पर कृष्ण ने कंस को मारा था और विजय के पश्चात् 'विश्रान्ति घाट' पर विश्राम किया था। जोगघाट उस स्थान का प्रतीक है, जहाँ कंस ने योग माया को मारना चाहा था। मथुरा 'मधुपुरी' भी कही जाती है। कनिंघम ने वासुदेव के शिलालेख मथुरा में ही पाये थे (उद्धृत, ज्यो. डिक्श.)।

मिथिला—'महावीरचरित' (1.58-59; 2.14-15; 4.1-2, 57) एवं 'उत्तररामचरित' (1.7, 15-16) में मिथिला का प्रसंग मिलता है। यह विदेह की राजधानी थी। बौद्ध ग्रन्थों में इसे मियुलु कहा गया है। चौदहवीं शताब्दी के मध्य से सोलहवीं शताब्दी के मध्य तक ब्राह्मण राजाओं के वंश ने मिथिला पर राज्य किया, जिनमें छठा राजा शिवसिंह था। मिथिला को जनकपुर अथवा विदेह भी कहते हैं। मिथिला के पूर्व में कौशिकी नदी, पश्चिम में गण्डक नदी, उत्तर में हिमालय तथा दक्षिण में गंगा है। प्राचीन राजधानी मिथिला बिहार के दरभंगा जिले का जनकपुर है।

दक्षिणापथ—भवभूति ने 'महावीरचरित' एवं 'मालतीमाधव' की प्रस्तावना में दक्षिणापथ का उल्लेख किया है। दे ने दक्कन को ही दक्षिणापथ कहा है, जो नर्मदा नदी के दक्षिण का इलाका है। दूरवर्ती उत्तर भारत में आर्यों का निवास मानने के कारण इस नाम की एक सीमा बाँध दी गयी। 'एनल्स ऑफ द भण्डारकर ओरियण्टल रिसर्च इन्स्टीच्यूट, वाल्यू. 15, 1933-34, पृ. 1-38' के लेख में सरावती नदी एवं पारियात्र पर्वत का दक्षिणी भाग दक्षिणापथ के लिए प्रयुक्त हुआ है। इसका वर्णन

महावस्तु, अशोकावदान, गण्डव्यूह एवं अन्य ग्रन्थों में मिलता है। गण्डव्यूह में उन स्थानों की एक विस्तृत सूची दी गयी है जो दक्षिणापथ में सम्मिलित हैं। 'महाभारत'[1] में उन मार्गों का उल्लेख है, जो दक्षिणापथ को जाते हैं– *'एते गच्छन्ति बहवः पन्थानो दक्षिणापथम्'*। ऋक्षवान पर्वत को पार करके एक मार्ग अवन्ति से भी दूर जाता है, एक विदर्भ तथा अन्य कोसल को जाता है, इनसे परे दक्षिण में जो देश है, वह दक्षिणापथ है।

नन्दिग्राम–'महावीरचरित' में नन्दिग्राम का उल्लेख मिलता है, जहाँ भरत ने राम के लौटने तक निवास करने की प्रतिज्ञा की थी (4.54)।–नन्दिग्राम अयोध्या के पूर्व में स्थित वर्तमान नन्दगाँव है, जो फैजाबाद से 8 मील दक्षिण में भरत कुण्ड से लगा हुआ है। इसे भादरसा भी कहते हैं जो भ्रातृदर्शन का अपभ्रंश है।

लंका–'महावीरचरित' के अनेक स्थलों पर लंका का उल्लेख हुआ है (1.59, 2.9-10; 4.10-11; 6.4-5; 7.-4)। भारत के दक्षिण के द्वीप, स्पष्टतः सिंहल के अर्थ में भवभूति ने लंका को लिया है। पुष्पक विमान पर आरूढ़ राम, सीता, लक्ष्मण, विभीषण, सुग्रीव आदि वायु-पथ का वर्णन करते हैं। यात्रा में सर्वप्रथम अथाह सागर और सेतुबन्ध का वर्णन मिलता है, इसके बाद भारत के भूस्थलों के नाम आते हैं। इससे प्रतीत होता है कि भवभूति के समय में लंका आज का सिंहल ही था। नन्दलाल दे के मत में लंका नगर अथवा लंकापटनम् सीलोन के दक्षिणी-पूर्वी कोने पर वर्तमान एक पर्वत का नाम है जिसे रामायण में त्रिकूट कहा गया है तथा जो रावण का निवास-स्थान था। पाँचवीं शताब्दी में रचा गया सीलोन का अति प्राचीन इतिहास 'महावंश' लंका और सीलोन को समान घोषित करता है। द्वादश शताब्दी में सीलोन के राजा पराक्रम-बाहु के साम्राज्य में रहनेवाले धम्मकीर्ति नाम के एक लेखक ने अपने 'दाढावंश' में सिंहल और लंका को एक माना है। प्रायः सभी भौगोलिक विवेचकों ने इस द्वीप को तपोवन का नाम दिया है और इसे सामुद्रिक वाणिज्य का केन्द्र माना है। यही द्वीप संस्कृत एवं बौद्ध साहित्य का सिंहल है।

विदर्भ–भवभूति ने 'मालतीमाधव' में विदर्भ का उल्लेख किया है (1.10-11; 2.8-9)। दे के मत में बरार, खण्डेश, निजाम राज्य एवं मध्यभारत का भाग विदर्भ कहलाता था। विदर्भ में भीष्मक का राज्य था, जिसकी पुत्री रुक्मिणी का विवाह कृष्ण के साथ हुआ था। इसके प्रधान नगर कुण्डिनपुर एवं भोजकटपुर हैं। भोजकटपुर भोपाल सीमा में भील्सा से 6 मील दक्षिण पूरब में है। भोपाल एवं भील्सा पहले विदर्भ में ही थे। कालिदास[2] के एक वर्णन के अनुसार विदर्भ नर्मदा के दक्षिण में था, क्योंकि इसमें प्रवेश लेने के पूर्व अज को इस नदी को पार करना पड़ा था।

---

1. वन.प., 61.21,23
2. रघु., 5.40,42,43

शृंगबेरपुर–'महावीरचरित' (4.59-60) एवं 'उत्तररामचरित' (1.21) में भवभूति ने गुह निषाद के निवास-स्थान के रूप में शृंगबेरपुर का उल्लेख किया है। इलाहाबाद से 22 मील उत्तर पश्चिम में गंगा के तट पर सिंगरोट नामक स्थान ही प्राचीन शृंगबेरपुर है।

सांकाश्य–सीरध्वज जनक के अनुज कुशध्वज सांकाश्य के राजा कहे गये हैं (म.च., 1.10-11)। 'रामायण' की कथा से ज्ञात होता है कि सुधन्वा को मारकर जनक ने कुशध्वज को इक्षुमती नदी के किनारे सांकाश्य नगर बसाने की आज्ञा दी थी। कनिंघम[1] के विचार में कन्नौज से तैंतीस मील की दूरी पर दक्षिण पूरब में जो संकिस नगर है, वही भवभूति के समय में और पहले भी सांकाश्य कहलाता था। चीनी यात्री ह्वेनसांग ने इसके 'सेंकियासी' और 'क्यापि' (कपिथ) दो नाम लिखे हैं। दे[2] के मत में यह नगर एटा ज़िले में फतेहगढ़ से 23 मील पश्चिम एवं कन्नौज से 45 मील उत्तर-पश्चिम में इक्षुमती नदी के तट पर बसा हुआ है। बौद्धों का यह पवित्र यात्रा-स्थान है। उनके मत में बुद्ध भगवान इन्द्र और ब्रह्मा आदि देवताओं के साथ स्वर्ग से यहीं अवतीर्ण हुए थे। यहाँ अशोक का एक स्तूप भी है।

भवभूति ने अपने नाटकों में पाताल (म.च., 5.2, 45; मा.मा., 5.22; उ.रा.च., 5.14), वितल (म.च., 5.18), रसातल (उ.रा.च., 7.16-17), तथा सप्तताल (वही) का आलंकारिक एवं पारम्परिक वर्णन किया है। वस्तुतः सप्तताल में ही पाताल, वितल, रसातल आदि का समावेश है। नन्दलाल दे ने इन सप्ततालों (अतल, नितल, तलातल, सुतल, वितल, महातल, रसातल) का उल्लेख किया है। पाताल दानवों का निवास-स्थान था। बाली का भवन सुतल में स्थित कहा गया है।

वनस्पति एवं जीव-जन्तु

आज भारत के अधिकांश भूप्रदेशों में मानव का निवास है। वृक्षों से घने अरण्य कहीं-कहीं ही दिखाई पड़ते हैं, अन्यथा सर्वत्र जन-जीवन का साम्राज्य है। कुछ पार्वत्य प्रदेशों में और कम घनी आबादीवाले भागों में अब भी वनमालाएँ हैं, पर दक्षिण के जिन निर्जन अरण्यों की बीहड़ता का वर्णन भवभूति ने किया है, उतने गहन और दुर्गम वन अब नहीं रह गये हैं।

भवभूति के नाटकों में वर्णित इन वनों, उद्यानों, पुष्पवाटिकाओं तथा सरोवरों में उत्पन्न वृक्ष, लता, फूलों, फलों, सस्य, तृण आदि का विवरण यहाँ प्रस्तुत है।

अर्जुन–ग्रीष्म के बीतने पर वर्षा ऋतु के आगमन के समय अर्जुन वृक्ष पुष्पित होता है (मा.मा., 9.17)। अर्जुन ही ककुभ वृक्ष है। कवि ने माल्यवान् पर्वत को

---

1. दि एंश्य. ज्यो.
2. ज्यो. डिक्श.

अर्जुन (ककुभ) पुष्पों से सुरभित कहा है (उ.रा.च., 1.33)। यह वृक्ष सालवंशीय है। भवभूति ने अपने नाटकों में साल, सर्ज, अश्वकर्ण वृक्षों का पर्याय से वर्णन किया है। अश्वकर्ण बहुत ऊँचा और भव्य होता है, इसकी राल की तेज़ गन्ध दूसरे पुष्पों की सुगन्ध को मात देती है। कवि ने पद्मावती की सिन्धु, मधुमती आदि सरिताओं के प्रसंग में इन वृक्षों से दुर्गम वन और पर्वतों का उल्लेख किया है (मा.मा., 9.3-4)। यह वृक्ष भी अर्जुन के सदृश वर्षा के आगमन पर फूल देता है (वही, 9.17)। इसकी छाया घनी कही गयी है (उ.रा.च., 6.22-23)।

अशोक—भवभूति ने इस वृक्ष का वंजुल (उ.रा.च., 2.23) एवं कङ्केल्लि (मा. मा., 2.-1) पर्याय से वर्णन किया है। अशोक के पत्ते अत्यन्त कोमल एवं अरुण वर्ण होते हैं। रक्ताशोक (वही, 3.-1) भी इसकी एक जाति है। अशोक पतला, लम्बा एवं शालीन तरु है। विलियम जोन्स[1] के मत में "फलों से लदे अशोक से बढ़कर शायद ही वनस्पति जगत् में कोई और दृश्य इतना मनोरम होगा। यह साधारण घेरे में होता है। फल बड़े-बड़े, रक्ताभ अंगूरी, हलके पीत एवं चमकीले नारंगी रंग से मिलकर रंग-बिरंगे दिखते हैं। इसका पुष्प ज्यों-ज्यों विकसित होता है, उससे विविध आभा विकीर्ण होती है।" कालिदास[2] ने भी इस वृक्ष की बड़ी प्रशंसा की है। यह मूलपर्यन्त सर्वांग पुष्पित होता है।

इंगुदी—इसका प्रसंग चित्र-दर्शन के समय आता है (उ.रा.च., 1.21)। यह एक जंगली वृक्ष है, जिसका प्रचलित नाम इंगुआ है। इसके फलों से तेल निकाला जाता था, जिसका उपयोग आश्रमवासी लोग शरीर में लगाने और दीपक जलाने के लिए करते थे। यह एक आरोग्यक वृक्ष है, इसके फलों में रोग-नाशन की अपूर्व शक्ति मानी जाती है। यह तापस-तरु भी कहलाता था।

कदम्ब—भवभूति ने अपनी रचनाओं में अनेक स्थलों पर कदम्ब वृक्ष का वर्णन किया है। इसे नीप वृक्ष भी कहते हैं। वर्षा के नये जल से कदम्ब मुकुलित कहा गया है (उ.रा.च., 6.17)। इसके फूलों की सुगन्ध ठण्डी और मीठी होती है (मा. मा. 9.33-34)। कवि के वर्णन के अनुसार ये वृक्ष पर्वत-प्रदेशों पर (वही, 9.16), तथा नदियों के तटों पर (उ.रा.च., 2.23) उत्पन्न होते कहे गये हैं। कदम्ब वर्षा ऋतु में फलता है। इसके फल छोटे सेब के आकार के होते हैं।

कदली—शीतल गुणयुक्त कदली (सामान्य नाम केला) वृक्ष (रम्भा, मा.मा. 6.10) भीतर से अत्यन्त कोमल होता है (वही, 2.3)। कपूर कदली-पत्र पर ही बनता है।

कल्पद्रुम—भवभूति इच्छित फल प्रदान करनेवाले दानी वृक्ष के रूप में कल्पतरु

1. कालिदास का भारत, पृ. 69, (अनु)
2. ऋतु सं., 6.18

का उल्लेख करते हैं (म.च., 4.41-42)। कल्पद्रुम की उत्पत्ति समुद्र से मानी गयी है। यही वृक्ष भवभूति का पारिजात भी है (मा.मा., 2.11-12)।

कांचनपादप—'मालतीमाधव' (1.20-21) में इस वृक्ष का प्रसंग है। इसके पुष्प अत्यन्त सुगन्धित एवं सुकुमार कहे गये हैं। इसे ही चम्पक फूलों का वृक्ष कहा गया है। इसके पुष्पों की गन्ध मन को हर लेती है (मा.मा., 3.3-4)।

काश्मरी—'मालतीमाधव' में इस वृक्ष का प्रसंग आया है (9.7), इसे कुब्जक फूलों का पेड़ भी कहा गया है (वही, 3.6-7)। 'अमरकोश' इसे मधुपर्णी वृक्ष कहता है।

कृतमाल—'मालतीमाधव' में इस वृक्ष का प्रसंग आया है (9.7)। 'अमरकोश' में इसे आरग्वध वृक्ष कहा गया है।

खर्जूर—तालवंशीय खर्जूर अत्यन्त ऊँचा कहा गया है (मा.मा., 5.14)। 'अमरकोश' तालवंशीय वृक्षों को तृणद्रुम कहता है, सम्भवतः इसलिए कि तृणों की तरह इसके रेशे भी समानान्तर और काँटे नुकीले होते हैं।

चन्दन—भवभूति के नाटकों में अनेक स्थलों पर चन्दन वृक्ष का उल्लेख मिलता है (म.च., 2.22; 7.24; उ.रा.च., 1.46; 2.29; 3.11; 6.13; मा.मा., 5.15; 6.12; 9.22; 10.12)। यह सफ़ेद रंग का शीतल और सुगन्धित वृक्ष है। भारत के दक्षिण वन सुगन्धित चन्दन, अश्वकर्ण एवं सरल वृक्षों से परिपूर्ण कहे गये हैं। चन्दन के पत्ते आकार में नुकीले होते हैं, इनका गुण भी शीतल है। प्राचीन भारत में चन्दन लेप, शृंगार और अंगराग के लिए उपयोग किया जाता था। इसकी सुरभि के आकर्षण से सर्प इसके तने से और मूल से लिपटे रहते हैं। इसे रोहिण, हरिचन्दन भी कहा गया है।

जम्बू—यह जामुन के नाम से प्रसिद्ध है और मालवा के मध्य भाग एवं दक्षिण में बहुतायत से पाया ज़ाता है। अत्यन्त स्वादिष्ट और काले रंग के फलवाले जम्बू वनों में होकर अनेक नदियाँ बहती हैं (म.च., 5.40)।

तमाल—'महावीरचरित' (7.12) एवं 'मालतीमाधव' (9.18) में नीली चमकवाले तमालवृक्षों का वर्णन आया है। इस वृक्ष की छाया घनी, शीतल एवं अन्धकारभरी कही गयी है। भवभूति तमाल से निकलने वाले ऐसे रस का वर्णन करते हैं, जो ताड़ के पत्ते पर लिखने के काम आता था (म.च., 2.9-10)।

तालवृक्ष—भवभूति ने ताल अथवा ताड़ वृक्ष का अनेक स्थलों पर उल्लेख किया है (म.च., 1.37; 2.9-10; 7.16; मा.मा., 8.1)। अत्यन्त ऊँचे इस ताल वृक्ष के पत्ते सफ़ेद होते हैं। इन पर तमाल रस से वर्णमाला रची जाने का उल्लेख कवि ने किया है। ताली ताल-वृक्ष का ही अन्य वर्ग है। ये वृक्ष सागर-तट की अरण्यमालाओं की नमकीन मिट्टी में विशेषतः उत्पन्न होते हैं।

तिनिश—इस वृक्ष का उल्लेख कवि ने 'मालतीमाधव' (9.7) में किया है। 'अमरकोश' में रथद्रु, स्यन्दन, अतिमुक्तक पर्यायों से तिनिश वृक्ष जाना गया है।

निचुल—विशेष रूप से नदियों के तटों पर उत्पन्न होनेवाले इस वृक्ष का उल्लेख भवभूति ने 'उत्तररामचरित' (2.23) में किया है। हिज्जल और अम्बुज वृक्ष भी इसी के पर्याय हैं।

निम्ब—निम्ब जाना-पहचाना नीम का वृक्ष है (मा.मा., 5.4-5)।

पीपल—भवभूति ने क्षत्रिय ब्रह्मचारी की वेशभूषा के प्रसंग में पीपल के दण्ड का उल्लेख किया है (उ.रा.च., 4.20)। यह चैत्य-जाति का धार्मिक विशाल वृक्ष है, शास्त्रों में इसे अश्वत्थ की संज्ञा दी गयी है।

पूगवृक्ष—समुद्री तटों एवं नदियों के किनारे विशेष रूप से उत्पन्न होनेवाले पूग (सुपारी) वृक्ष का उल्लेख 'महावीरचरित' (7.13) एवं 'मालतीमाधव' (6.19) में आया है। फल लगने पर यह वृक्ष झुक जाता है। इसका दूसरा नाम राजताली है। इसकी गिरी पान में खायी जाती है।

बकुल—भवभूति ने बकुल (केसर) वृक्ष का वर्णन अपने नाटकों में अनेक स्थलों पर किया है (मा.मा., 1.21-22, 33-34; 2.-1,3,12,15; 5.8; 6.11-12; 9.44-45; उ.रा.च., 6.36)। इसके फूल बहुत मृदु और सुगन्धित होते हैं, वे पवन-झकोरों से स्वयं ही झरते रहते हैं। यह वृक्ष विलासोद्यान की शोभा होता है। बकुल को मौलश्री भी कहते हैं।

भूर्ज—वल्कल वस्त्रों के प्रसंग में 'महावीरचरित' (7.27) भूर्ज का उल्लेख मिलता है। कैलास के निम्नवर्ती प्रदेशों में भोजपत्रों की बहुतायत है, जो 10,000 से 14,000 फ़ीट की ऊँचाई पर मिलते हैं।[1]

लवंग—लवलीलता के प्रसंग में कवि ने लवंग वृक्ष का उल्लेख किया है (मा. मा., 10.3)। मलाया तट में तथा भारत के निकटवर्ती द्वीपों में लवंग के पेड़ पाये जाते हैं। लवंग का स्थान (फूल) भोज्य पदार्थों में है।

विकंकत—यह एक घना छायादार वृक्ष है (म.च., 1.26-27), इसे स्रुवावृक्ष भी कहते हैं।

विषवृक्ष—इसका उल्लेख कवि ने चन्दन वृक्ष के साथ किया है (उ.रा.च., 1.46)।

श्याम—इस नाम के एक विशिष्ट वट-वृक्ष का वर्णन 'उत्तररामचरित' में हुआ है (1.23-24)। अंजीर के सदृश फलवाले वट की छाल से एक प्रकार का दूधिया रस निकलता है, जिसका उपयोग ओषधि के रूप में भी किया जाता है। इसकी छाया बहुत घनी होती है।

---

1. उद्धृत, इण्डिया इन कालिदास, पृ. 65, राबर्टसन

सरल—चन्दन, अश्वकर्ण आदि वृक्षों के साथ भवभूति ने सरल वृक्ष का उल्लेख किया है (मा.मा., 9.3-4)। यह हिमालय के चीड़ वृक्ष की दूसरी जाति है। इसे पिनस देवदार भी कहते हैं।

सहकार—यह आम्र वृक्ष है। इसके बौर (मंजरी) अत्यन्त सुगन्धित कहे गये हैं। कोयल की कूक के लिए यह वृक्ष प्रसिद्ध है (मा.मा., 3.3-4, 12)।

भवभूति ने अपने नाटकों में ताम्बूली, मूर्वा, प्रियङ्गु, लवली, वानीर, सल्लकी एवं सोम लताओं का उल्लेख किया है।

ताम्बूली—'महावीरचरित' (7.13) एवं 'मालतीमाधव' (6.4-5, 19) में कवि ताम्बूली (कुहली) लता का वर्णन करता है। कावेरी नदी का किनारा ताम्बूली लताओं से युक्त है, जिनसे मकरन्द की धारा गिरती है। इसकी पत्तियाँ, जो पान कही जाती हैं, अन्य मसालों के साथ मुखशुद्धि के लिए चबायी जाती हैं। यह मलाया में अधिकता से पैदा होती है।

मूर्वा—इसे बँटकर मेखला बनायी जाती थी जिसे ब्रह्मचारी पहनते थे (उ.रा. च., 4.20)।

प्रियंगु—श्यामा और फलिनी इन अन्य नामों से जानी जानेवाली प्रियंगु लता का उल्लेख संस्कृत कवियों ने प्रायः किया है। भवभूति ने कोमल कृशांगों की उपमा प्रियंगुलता से दी है (मा.मा., 3.9)। इस लता में श्वेत पुष्प लगते हैं।

लवली—लवंग वृक्ष के साथ जुड़ी इस लता का उल्लेख कवि ने 'मालतीमाधव' (10.3) एवं 'उत्तररामचरित (3.40) में किया है। इसके पल्लव अत्यन्त सुकुमार होते हैं जिन्हें स्त्रियाँ कर्णाभूषण के रूप में धारण करती हैं (वही, 3.15)।

वानीर—इस लता का उल्लेख जिसे वेत्र एवं वेंतस भी कहते हैं, भवभूति के तीनों नाटकों में मिलता है। वानीर के पुष्पों से नदी का जल सुवासित कहा गया है (म.च., 5.40; उ.रा.च., 2.20)। वर्णन से स्पष्ट है कि यह लता जल के निकट उत्पन्न होती है (मा.मा., 9.15)। वानीर लता की यष्टि भी बनायी जाती है (वही, 1.29-30)।

सल्लकी—भवभूति ने इस लता का उल्लेख भी कई स्थलों पर किया है। इसे गजभक्ष्य भी कहते हैं, क्योंकि हाथियों को यह अत्यन्त प्रिय है और वे इसे बड़ी रुचि से खाते हैं। इसकी गन्ध शीतल, कटु और कषाय कही गयी है (उ.रा.च., 2.21; 3.6; म.च., 5.41; मा.मा., 9.6)। इसका रस सुरा की तरह मधुर माना गया है।

सोम—सोमलता का रस पीने के काम आता था (मा.मा., 1.4-5; उ.रा.च., 1.8-9)।

कवि ने अपनी रचनाओं में अनेक प्रकार के फूलों का वर्णन किया है।

कमल—कमल की विभिन्न जातियों के लिए भवभूति ने पुण्डरीक, कुवलय,

उत्पल, कनकाब्ज, शतपत्र, पंकज, पद्म, पुष्कर, अरविन्द, कोकनद, अम्भोज आदि अनेक नाम दिये हैं जो पर्यायार्थक भी हैं। हस्त, पाद, मुख, नेत्र आदि की उपमा प्रायः कमल से दी जाती है। कमल में नील, पीत, श्वेत, रक्त सभी प्रकार के वर्ण होते हैं। भवभूति ने कई पद्मसरोवरों का उल्लेख किया है। सूर्य-किरणों से यह पुष्प खिलता है। भवभूति के तीनों नाटकों में इस पुष्प का सौन्दर्य-चित्रण अनेक रूपों में हुआ है (म.च., 5.56-57; 6.9; 7.31; मा.मा., 1.25,30,41; 2.11; 3.12-13, 16; 5.18, 27; 6.11-12, 20; उ.रा.च., 1.15-16, 31, 49-50; 3.2, 16, 22, 27; 5.35, 6.2-3, 12, 13, 26, 29)।

किंशुक–'उत्तररामचरित' में इस पुष्प का उल्लेख मिलता है (6.4)। पलाश की जाति में उत्पन्न किंशुक गहरे लाल रंग का सुगन्धरहित पुष्प है। भवभूति ने अग्नि-ज्वालाओं के वर्ण और चमक की उपमा नये किंशुक पुष्प की कान्ति से दी है (वही)।

कुन्द–श्वेत वर्ण का सुगन्धित पुष्प कुन्द पराग से परिपूर्ण कहा गया है (मा.मा., 1.39; 3.12-13)। कुन्द चमेली का एक प्रकार है और लगभग उतना ही श्वेत और कोमल है।

कुमुद–यह चन्द्रकिरणों से विकसित होनेवाला जलपुष्प है (म.च., 6.52; मा.मा., 1.17; उ.रा.च., 5.26)। कुमुदिनी भी इसी का दूसरा नाम है। चन्द्र के उदित होते ही यह खिल जाती है (उ.रा.च., 5.26)।

कुटज–भवभूति ने खिले कुटज-पुष्पों से महमहाते पर्वत-प्रदेशों का उल्लेख किया है (मा.मा., 9.15)। यह पावस में फूलता है।

केतकी–सुन्दर, सुकुमार, श्वेत केतकी पुष्प वर्षा ऋतु में विकसित होता है। इसके पत्ते नुकीले होते हैं और यह पौधा हरा-भरा होता है, तथा फूल तीव्र गन्धवाले। चन्द्र-ज्योत्स्ना केतकी के पराग के सदृश मधुर और श्वेत कही गयी है। वर्षा की गीली हवा केतकी पुष्पों का सौरभपान करती है (मा.मा., 1.1; 7.-1; 8.1; 9.16,42; उ.रा.च., 3.5)।

जपा–यह लाल रंग का पुष्प है। इसे 'अड़हुल और चीन का गुलाब' भी कहते हैं (मा.मा., 7.-1)।

नवमालिका–अत्यन्त सुकुमार यह पुष्प चमेली का स्वजातीय है (मा.मा., 2.-1)।

पाटल–इस पुष्प का उल्लेख कवि ने 'मालतीमाधव' में किया है (7.-1)। सुन्दर सुगन्धित इस फूल को गुलाब कहते हैं।

मधूक–सीता के लावण्यमय अंगों की उपमा में कवि ने मधूक पुष्प का उल्लेख किया है (म.च., 2.21)। इस पुष्प की कान्ति सरस और शुभ्र होती है। इसे

महुआ भी कहते हैं। इसके फूलों की तीव्र मादकता भरी गन्ध से मय को वसाया जाता था।

माकन्द—कवि ने 'मालतीमाधव' में माकन्द पुष्पों से सुगन्धित पवन का वर्णन किया है (3.12-13)। भवभूति ने वसन्त ऋतु में मलयानिल से कम्पित आम्र-फूलों (मंजरी) का वर्णन किया है (मा.मा., 3.14)। माकन्द अथवा आम्रफूलों को रसाल पुष्प भी कहते हैं।

मुक्तक—मुक्तक अथवा अतिमुक्तक का प्रसंग 'मालतीमाधव' में मिलता है (5.8)। इसके पुष्प सुगन्ध और सौन्दर्य में अद्वितीय होते हैं।

यूथिका—कवि ने नदी-तटों पर विकसित यूथिका पुष्प का वर्णन किया है (मा.मा., 9.15)। चमेली के सजातीय इस पुष्प को जूही भी कहते हैं।

लोध्रपुष्प—इस फूल का वर्णन 'मालतीमाधव' में आता है (9.16,27)। इसे मन्दहास्य के उपमान के रूप में लिया गया है, अतएव यह श्वेत कान्तिमय पुष्प होना चाहिए।

शिरीष—अत्यन्त कोमल, सुन्दर पुष्प शिरीष निदाघ (गर्मी) में खिलता है (मा.मा., 6.31)। भारतीय स्त्रियों को ये फूल विशेष प्रिय थे। वर्णन से ऐसा प्रतीत होता है कि इन फूलों को एक-दूसरे पर फेंककर तरुणियाँ क्रीड़ा करती थीं।

शिलीन्ध्र—'मालतीमाधव' में सुगन्धित शिलीन्ध्र पुष्प का प्रसंग आया है (9.16)। यह छतक की भाँति होता है जो वर्षा ऋतु में उगता और नष्ट हो जाता है।

फलों में भवभूति ने उदुम्बर, कर्कन्धु, कक्कोली, गुंजा, जम्बू, नारिकेल, मालूर आदि का उल्लेख किया है।

उदुम्बर—इसका नामोल्लेख 'महावीरचरित' में हुआ है (5.32)। यह अंजीर के आकार एवं उसी जाति का फल है। वानर इसे बड़े प्रेम से खाते हैं।

कर्कन्धु—बदरी फल है जिसे साग में मिलाकर पकाया जाता था (उ.रा.च., 4.1)।

कक्कोली—यह फल पक्षियों को विशेष प्रिय है, वे इसे खाकर कलरव ध्वनि करते हैं (मा.मा., 6.19)। 'अमरकोश' में इसे कोशफल तथा कहीं कोलकफल भी कहा गया है।

गुंजा—वानरों के लाल मुँह के प्रसंग में कवि ने गुंजा फल की उपमा दी है (म.च., 5.53), इससे स्पष्ट है कि यह लाल रंग का फल है।

जम्बू—(देखिए, जम्बूवृक्ष का विवरण)।

नारिकेल—कवि ने इस फल के रस को पीने का उल्लेख किया है (म.च., 5.32)। सागर-तट की रेतीली मिट्टी में होनेवाले नारियल को 'अमरकोश' ने ताल जाति का वृक्ष होने के कारण तृण-द्रुम कहा है।

मालूर–पके हुए .लूर फलों से अरण्य सुरभित कहे गये हैं (मा.मा., 9.3-4)। इसे बिल्व फल भी कहते हैं।

भवभूति ने अश्मन्तक, उलपा, दूर्वा, शैवाल आदि तृणों का भी उल्लेख अपने नाटकों में किया है।

अश्मन्तक–यह जल-तटों पर उत्पन्न होता है। इस तृण के अग्रभाग को पक्षी खाते हैं (मा.मा., 9.7)।

उलपा–वर्षा ऋतु में उपवनों के प्रान्त भाग उलपा घास की पंक्तियों से सुन्दर कहे गये हैं, यह तृण गर्भिणी गो को विशेष रुचिकर कहा गया है (मा.मा.,9.2)।

दूर्वा–श्यामलता और कोमलता के उपमान के रूप में दूर्वा का प्रसंग आया है (मा.मा., 2.-1)। यह घास अनेक धार्मिक अनुष्ठानों में प्रयुक्त होती है।

शैवाल–तालाबों में उत्पन्न होनेवाले शीतल शैवाल को हाथी विशेषतया खाते कहे गये हैं (मा.मा., 6.12; 9.33)।

कर्पूर, मृगमद (कस्तूरी) एवं संजीवनौषधि का कवि ने अनेक स्थलों पर उल्लेख किया है।

कर्पूर–यह अत्यन्त शीतल, श्वेत और सुगन्धित ओषधि है। भवभूति ने इससे बने लेप को शरीर के लिए अत्यन्त शीतल, सुखद कहा है (मा.मा., 6.12; म.च., 7.17) कर्पूर केले के पत्ते पर विशेष वर्षा-जल के सम्पर्क से बनता है।

मृगमद–यह कस्तूरी है। कवि के वर्णन से ऐसा प्रतीत होता है कि श्यामवर्ण की सुगन्धित यह ओषधि लेप के प्रयोग में आती थी (म.च., 7.24)।

संजीवन–इसे दिव्य ओषधि कहा गया है। इसकी बूटी मृतक को जीवन देनेवाली थी। इसका प्रभाव अचिन्तनीय कहा गया है (म.च., 6.53)। भवभूति ने तीनों नाटकों में इसका उल्लेख किया है (वही, उ.रा.च., 3.11; मा.मा., 10.11)।

सस्य में भवभूति ने नीवार का उल्लेख किया है (उ.रा.च., 1.25; 3.25; 4.1)। यह मुनि-अन्न होता था। तपोवनों में इसका ही व्यवहार किया जाता था।

भवभूति के वर्णनों से ऐसा प्रतीत होता है कि कवि के समय में भारत के वन, उपवन, जलाशय तथा क्षेत्र वनस्पतियों से भरे-पूरे थे। छोटे-बड़े वृक्ष, लताएँ, फूल, फल, जलीय पौधे, तृण एवं सस्य से देश समृद्ध और सम्पन्न था।

जीवजन्तु

प्राचीन भारत बीहड़ वनों से संकुल था। इन अरण्यों में पशु स्वच्छन्द विचरा करते थे। इन वन्य पशुओं के अलावा कवि ने पालतू पशुओं का उल्लेख भी किया है। यह वर्णन इस प्रकार है।

अलर्क–यह शब्द विक्षिप्त कुक्कुर के लिए आया है। इसका विष कुछ समय

के उपरान्त अपना प्रभाव करता है तथा सारे शरीर में फैल जाता है (उ.रा.च., 1.40)।

खर—भवभूति के वर्णन से ऐसा प्रतीत होता है कि खर रथ में जोते जाते थे। रावण के रथ में पिशाचवदन खरों के जुते होने का उल्लेख 'महावीरचरित' (5.17) एवं 'उत्तररामचरित' (3.43) में हुआ है।

गो—भवभूति ने गो (मा.मा., 9.2; म.च., 3.30) का उल्लेख वत्सतरी (उ.रा.च., 4.1-2; म.च., 3.2), होमधेनु (म.च., 4.57), कामधेनु (उ.रा.च., 5.30), (सुवर्ण वर्ण की) कपिला (उ.रा.च., 4.1-2) आदि पर्यायों से किया है। यह सदा से ही एक पवित्र पशु माना गया है। इसकी उपस्थिति शुभसूचक मानी गयी है।

गोलाङ्गूल—गोलाङ्गूल (मा.मा., 9.30) अथवा वलीवदन (वही, 9.31) कृष्णमुख का वानर है। कवि ने इनकी प्रणय-केलि का वर्णन किया है (वही)।

तुरग—'महावीरचरित' (7.24-25) एवं 'उत्तररामचरित' (वही, 1.33; 2.7-8; 4.22-23; 5.1,12) के कई स्थलों पर कवि ने तुरग (वाजि, अश्व, तुरंग) का उल्लेख किया है। मेध्याश्व अश्वमेध यज्ञ के अश्व के लिए प्रयुक्त हुआ है। 'उत्तररामचरित' (4.26) में तुरग का सुन्दर वर्णन है।

भल्लूक—कवि ने भल्लूक की भयंकर गुर्राहट का वर्णन अपने नाटकों में किया है, जिसकी प्रतिध्वनि और भी भयावह मालूम देती है (म.च., 5.41; मा.मा., 9.6; उ.रा.च., 2.21)।

भुजग—कवि ने भुजग का उल्लेख अहि (म.च. 4.7), कुम्भीनस (उ.रा.च., 2.29), पन्नग (म.च., 6.53), फणीन्द्र (वही, 7.26), भुजग (मा.मा., 5.23; उ.रा.च., 1.1), अजगर (मा.मा., 5.15) आदि पर्यायों से किया है। फणीन्द्र शेषनाग के लिए प्रयुक्त हुआ है। अजगर महासर्प है। भुजङ्गी (मा.मा., 6.1) सर्पिणी होती है जो सर्प के संहारक से कटु प्रतिशोध लेती है। कवि ने कुम्भीनस का उल्लेख चन्दन-वृक्षों के साथ किया है।

महोक्ष—महावृषभ के लिए 'महोक्ष' शब्द का प्रयोग हुआ है (उ.रा.च., 4.1-2)। वृष भी इसी का पर्याय है (वही, 6.25)। कवि ने सुन्दर कन्धों की उपमा वृष-स्कन्ध से दी है (वही)।

मृग—इस पशु का उल्लेख कवि ने कुरंग (उ.रा.च., 3.25; मा.मा., 4.8), हरिण (उ.रा.च., 2.23) और सारंग (मा.मा., 5.32) आदि पर्यायों से किया है। भवभूति द्वारा उल्लिखित रुरु चर्म (म.च., 7.28-29; उ.रा.च., 4.20) चित्रमृग (म.च., 5.16), रोहित (उ.रा.च., 4.28-29) कनकहरिण (वही, 1.28) मृग की विशिष्ट जातियाँ हैं। मृगी एवं हरिणी (वही, 3.27) एक हैं। मृगी के नयन बहुत सुन्दर कहे गये हैं (वही)। मृग जंगली भी होते थे और पालतू भी। कवि ने तपोवन

में पले मृगों का उल्लेख किया है (उ.रा.च., 4.1)।

प्रतिसूर्यक–यह गिरगिट है। जनस्थान के भयानक वनों में इसका उल्लेख हुआ है (उ.रा.च., 2.16)।

वराह–यह शूकर है। कवि ने 'महावीरचरित' (5.2) एवं 'उत्तररामचरित' (5.26-27) में विष्णु भगवान के वराह अवतार का उल्लेख किया है।

वृक–यह भेड़िया है। यह एक मांसाहारी शिकारी जन्तु है। मृगी इससे बहुत भयभीत होती है (मा.मा., 5.14,24)।

शृगाल–इस पशु के लिए फेरव शब्द का प्रयोग भवभूति ने किया है (मा.मा., 5.19)।

सिंह–सिंह (म.च., 7.20; उ.रा.च., 6.25) का वर्णन भवभूति ने व्याघ्र (मा.मा., 5.29; उ.रा.च., 4.1-2), शार्दूल (मा.मा., 3.15-16; 4.-1; 7.1-2), हरि (वही, 5.32), मृगारि (म.च., 2.31), नखायुध (मा.मा., 3.17) एवं व्याल (वही, 3.18-19; 4.1) आदि दूसरे नामों से किया है। बड़े-बड़े हाथियों के मस्तक विदीर्ण कर देनेवाले सिंह के गर्जन से हाथियों में प्रलय-सी मच जाती है।

हस्ति–यह इभ (म.च., 5.41; मा.मा. 5.32), गज (म.च., 5.6; मा.मा., 1.29-30), दन्ति (म.च., 6.11; 7.20), द्विप (उ.रा.च., 2.9; 3.39; मा.मा., 8.7), करि (मा.मा., 1.23; उ.रा.च., 5.3), द्विरद (वही, 3.6; 5.5), वारण (वही, 3.15), मातंग (मा.मा., 9.12), कुंजर (उ.रा.च., 5.6) आदि पर्यायों से वर्णित हुआ है। गजवधू एवं करेणु हथिनी के अर्थ में तथा कलभ (म.च., 2.31; उ.रा.च., 3.6; मा.मा., 1.40) हस्तिशावक के लिए प्रयुक्त हुआ है। नाग (मा. मा., 7.-1) एवं स्तम्बेरम (9.33) का उल्लेख कवि ने हाथी के लिए ही किया है।

भवभूति के वर्णन में पक्षी भी बहुलता से आये हैं।

कपोत–यह अत्यन्त निरीह एवं सुकुमार पक्षी है। इसका कण्ठ चमकीला होता है। यह वृक्षों में, लताओं में नीड़ बनाकर रहता है (म.च., 7.21-22; मा. मा., 9.7; उ.रा.च., 2.9; 6.25)।

कोकिल–इस पक्षी का कण्ठ-स्वर बहुत मधुर होता है। आम्रवृक्ष के साथ कोकिल का सम्बन्ध सभी को ज्ञात है। यह आम्रमंजरी को खाकर आम्रवृक्ष पर कूकता है (मा.मा., 3.3-4,12)। कवि ने कोकिल के कूजन से व्यथित विरही हृदय का वर्णन किया है (वही, 8.4)। संस्कृत साहित्य में इस पुंस कोकिल को अन्य प्रान्तीय भाषाओं (हिन्दी आदि) में मादा पक्षिणी के रूप में स्वीकार कर लिया गया है। काव्यों में कोकिल पक्षी का महत्त्वपूर्ण स्थान है।

कोयष्टिक–भवभूति ने टिटिहरी पक्षिणी का कोयष्टिक नाम से उल्लेख किया है (मा.मा., 9.7)।

कौशिक—यह उलूक अथवा उल्लू है, जिसका उल्लेख अप्रिय अथवा अशुभ प्रसंगों में आता है (मा.मा., 5.19; उ.रा.च., 3.29)।

कुक्कुट—यह कृकवाकु अथवा मुर्गी है (मा.मा., 9.7; उ.रा.च., 2.9)।

कुक्कुभ—इस पक्षी को भवभूति ने गौरैया के आकार का पक्षी माना है (मा.मा., 9.7)।

गृध्र—यह मांसलोलुप विशाल पक्षी है (म.च., 5.8; 6.33)।

गरुड़—संस्कृत साहित्य में इसे पार्थिव पक्षी न मानकर स्वर्गिक पक्षी माना गया है। यह पक्षियों का राजा और सर्पों का विकट वैरी माना गया है। यह विष्णु का वाहन है। 'उत्तररामचरित' में इसे सुपर्ण कहा गया है (5.27)। 'महावीरचरित' में भी गरुड़ का प्रसंग आया है (5.6)।

चकोर—चन्द्रकिरणों को पीनेवाले इस पक्षी के नेत्रों को मद से मतवाला कहा गया है (म.च., 7.25; मा.मा., 9.30)। सुडौल शिर, बड़ी-बड़ी रतनार आँखोंवाले चकोर की एक-एक गति से स्फूर्ति टपकती है। समशीतोषण कटिबन्धों में वर्षा काल के पश्चात् नये हरे-हरे उपवनों में इस पक्षी के जोड़े मिलते हैं। विष को देखकर चकोर की आँखें व्यग्र हो जाती हैं।

चाप—इस पक्षी को 'अमरकोश' में किकिदिवि कहा गया है। भवभूति के वर्णन से ज्ञात होता है कि यह नानावर्णी एक चमकदार पक्षी है, जो आकाश में काफ़ी ऊँचाई तक उड़ता है (मा.मा., 6.5)।

चातक—मेघ के आगमन पर प्रसन्नता से झूम उठनेवाले इस पक्षी का वर्णन कवि ने 'मालतीमाधव' (9.25,42) में किया है। एस.पी. पण्डित का विश्वास है कि यह काल्पनिक पक्षी नहीं है, किन्तु एक छोटी चिड़िया है, छोटी से छोटी पण्डुकी से भी छोटी। इसकी पूँछ लम्बी होती है और शरीर में कृष्ण, पीत और श्वेत रंगों का सम्मिश्रण होता है। इसके सिर पर सशर चाप की आकृति का एक छत्र होता है, जो चोंच के ठीक पीछे होने के कारण यह अपना सिर नहीं झुका सकता और इस प्रकार भूमि पर पड़ा पानी नहीं पी सकता (उद्धृत, इण्डिया इन कालिदास, पृ. 85)। सम्भवतः यह पक्षी पूर्वी उत्तर प्रदेश में विख्यात नाइन है।

दात्यूह—'मालतीमाधव' में इस पक्षी का उल्लेख हुआ है (9.7)। इस पक्षी को 'अमरकोश' में कालकण्ठक कहा गया है।

पूर्णिका—अश्मन्तक तृण को खोनवाली पूर्णिका एक छोटी-सी चिड़िया है (मा.मा., 9.7)।

मधुप—मधुप (मा.मा., 9.33) का कवि ने अलि (वही, 1.2,21-22), चंचरीक (वही, 3.3-4) और षट्पद (वही, 9.43) पर्यायों से वर्णन किया है। मधुप फूलों के पराग से आकर्षित होकर मँडराता और गुंजन करता है। अपने नाम के अनुरूप यह मधुपायी है।

मयूर—इस पक्षी का वर्णन कवि ने अपने तीनों नाटकों में अनेक स्थलों पर शिखि, नीलकण्ठ, शिखण्डि, बर्हि, प्रचलाक आदि गुणसूचक नामों से किया है। वर्षा के पूर्व विद्युत् की चमक से मयूर का हृदय आशापूर्ण कहा गया है (मा.मा., 3.4)। इसकी द्युति अनेकवर्णा है (वही, 6.5) नीलाभा से चमकता हुआ कण्ठ है (उ.रा.च., 2.19-20)। स्वर तीव्र एवं मधुर तथा नर्तन शोभन है (म.च., 5.42)। मेघों को देख मयूरों के पैरों में स्वाभाविक थिरकन आ जाती है (मा.मा., 9.42)। और इनके कोलाहल से दिशाएँ मुखरित हो जाती हैं (वही, 9.18)। 'मालतीमाधव' में मयूरी का प्रसंग भी मिलता है (9.5)।

मौकुलि—भवभूति ने इस पक्षी का उल्लेख क्रौंच पर्वत के प्रसंग में किया है (उ.रा.च., 2.29)। इसे विषिकर (वही, 2.9) भी कहा गया है। 'अमरकोश' इसे काकपक्षी कहता है।

वर्तिक—'मालतीमाधव' में इसे एक छोटी-सी साधारण चिड़िया कहा गया है जो अत्यन्त निरीह होती है (वही, 8.8)।

श्येन—यह बाज या चील है, जो उड़ते हुए पक्षियों को पकड़ लेती है और खा जाती है। इसका शरीर विशाल है। (वही, 8.8)।

जलचरों में कवि ने कच्छप, कंक, नक्र, मण्डूक, मराल एवं सारस का उल्लेख किया है।

कच्छप—कच्छप अथवा कूर्म का प्रसंग 'मालतीमाधव' (6.22) में आया है। भवभूति ने परम्परा के अनुसार कूर्म की पीठ पर पृथ्वी की स्थिति का उल्लेख किया है।

कंक—कंक (उ.रा.च., 4.20) लम्बे पैर और गर्दनवाला, तीव्र आवाज़ में बोलनेवाले बगुलों की जाति का जलपक्षी है। कंकपत्र कहे जानेवाले बाणों के पुच्छ इसी पक्षी के परों के योग से बनते थे।

क्रौंच—यह पक्षी भी कंक की भाँति होता है (उ.रा.च., 2.5)। वाल्मीकि के आदि श्लोक ने इस पक्षी को महाकाव्यात्मक महत्त्व दे दिया है। यह जोड़ी से रहता है।

कुरर—यह जलाशय के पास रहनेवाला एकान्तप्रिय पक्षी है (मा.मा., 7.-1)। कुररी (वही, 5.20) का स्वर दर्दभरा होता है (वही)। ये पक्षी इतने भीरु होते हैं कि किसी आशंका का आभास पाते ही उड़ जाते हैं। कालिदास[1] ने सीता की क्रन्दन-ध्वनि को कुररी पक्षी के रुदन सदृश कहा है।

नक्र—यह जल के भीतर रहनेवाला भयंकर जीव ग्राह है (म.च., 6.12)।

मण्डूक—'महावीरचरित' में विशेषण के रूप में उल्लिखित यह जीव

---

1. रघु., 14.68

(5.26-27) जल-थल दोनों में रह लेता है। इसे मेढक कहते हैं।

मराल—मराल (म.च., 7.25) जो हंस (उ.रा.च., 3.37; 4.21-22), कलहंस (मा.मा.,1.26-27; 7.1-2), मल्लिकाक्ष (वही, 9.14; उ.रा.च., 1.31) नाम की विशिष्ट जातियों से वर्णित हुआ है, नीर-क्षीर का विवेकी पक्षी माना गया है। कमल का केसर खाने के कारण इसका कण्ठ मधुर कहा गया है। इसका वर्ण श्वेत, चोंच एवं पैर लाल होते हैं।

सारस—'मालती माधव' (9.33-34) में सारस का प्रसंग मिलता है। इसे बलाक या बगुला भी कहते हैं।

इस प्रकार भवभूति ने थलचर, नभचर एवं जलचर पशु-पक्षियों का विशद एवं प्रासंगिक वर्णन अपने नाटकों में किया है।

अध्याय 3

राज्य और राजनीति

राज्य–हिन्दू राजनीति[1] राज्य को सात अंगों में विभक्त करती है–स्वामी, अमात्य, मित्र, कोश, राष्ट्र, दुर्ग और सैन्य। कौटिल्य[2] इन सप्तांगों को 'सप्तप्रकृति' कहकर निर्देश करते हैं। शुक्राचार्य[3] ने मन्त्रियों के लिए 'प्रकृति' शब्द का उल्लेख किया है किन्तु 'खारवेल शिलालेख'[4] में तथा 'नारदस्मृति' एवं रघुवंश[5] में यह शब्द प्रजा के लिए प्रयुक्त हुआ है। भवभूति में 'प्रकृति' शब्द का उल्लेख अनेक स्थलों पर प्राप्त है (म.च., 4.7-8, 43-44, 56-57; 7.30), पर प्रकृति से उनका तात्पर्य कौटिल्य की भाँति राज्यांगों से न होकर अमात्य आदि तथा प्रजावर्ग से है। राजा को 'प्रधान प्रकृति' कहा गया है (मा.मा., 10.23-24)। यहाँ उनका अभिप्राय प्रकृति अर्थात् राज्यांगों से हो सकता है, फिर भी अमात्यों तथा प्रजा के प्रधान के रूप में ही अर्थ अधिक प्रयोजनीय प्रतीत होता है। भवभूति ने राज्य के इन भागों को 'अंग' की संज्ञा भले ही न दी हो, पर उनकी रचनाओं में राज्य की स्थिति के अन्तर्गत स्वामी, अमात्य, मित्र, कोशादि अंगों की सत्ता और महत्ता स्पष्ट दिखाई देती है। हिन्दू राजनीति के अनुसार राज्य वह सावयवी सत्ता है, स्वामी अर्थात् राजा जिसका शिर है, मन्त्री नेत्र, मित्र कर्ण, कोश मुख, सैन्य बुद्धि, दुर्ग और राष्ट्र हस्त एवं पाद हैं।[6] ये सब मिलकर राज्य के अस्तित्व तथा उसके कल्याण एवं उत्थान में सहयोग देते हैं।

राजपद–वैदिक युग में राजा का निर्वाचन किया जाता था।[7] किन्तु भवभूति

---

1. मनुस्मृति, 9.294; शुक्रनीतिसार, 1.61; कामन्दकीयनीतिसार, 1.16
2. अर्थशास्त्र, 6.1,1
3. शुक्रनीतिसार, 2.70-73
4. ई.आई.वाल्यू. 20, पृ. 79,1-4
5. रघुवंश, 4.12
6. शुक्रनीतिसार, 1.61-62
7. हिन्दू राज्यतन्त्र, अ.1, पृ. 11-16, जायसवाल

के बहुत समय पहले से ही राजपद वंश-परम्परागत हो गया था। मनु के सिद्धान्तों से प्रभावित होने के कारण भवभूति ने राजपद को न केवल आनुवंशिक बल्कि दैवी भी समझा है। 'महावीरचरित' एवं 'उत्तररामचरित' में भवभूति ने इक्ष्वाकुवंश की राजपरम्परा का वर्णन किया है (म.च., 4.51; उ.रा.च., 1.22)। राजा पुत्र को राजलक्ष्मी का भार सौंपकर आरण्यकव्रत धारण करते थे। राजपुत्रों में साम्राज्यसूचक कुछ ऐसे चिह्न होते थे (उ.रा.च., 6.23), जो सामान्य जन में सम्भव नहीं थे, अतएव राजपद का अधिकारी राजपुत्र ही मान्य था, अन्य नहीं। 'महावीरचरित' में प्रकृति (अमात्य आदि प्रजा) दशरथ से 'त्रय्यास्त्राता' राम को राजा बनाने का आग्रह करती है और दशरथ इस निवेदन को सहर्ष स्वीकार करते हैं (4.44,45)। तब भी यह नहीं समझना चाहिए कि राजपद निर्वाचन-जन्य था, क्योंकि प्रजा ने अपनी अभिलाषा प्रकट की थी, अधिकार नहीं। इसीलिए राज्याधिकारी राम के राजपद से वंचित होने पर प्रजा इस बात का सशक्त विरोध नहीं कर पाती। राजपद ईश्वरीय था अतएव राजा भी देवताओं के मनोरथ सिद्ध करते थे (म.च., 7.42) और इन्द्र आदि तक को अभय प्रदान करते थे (उ.रा.च., 6.18)।

राजा—भवभूति के नाटकों में राजा को प्रभु (म.च., 3.5), परमेश्वर (मा.मा., 9.12), जगत्पति (म.च., 3.46; उ.रा.च., 2.8,9), लोकनाथ (उ.रा.च., 2.13), देव (वही, 1.8-9), नरपति (म.च., 3.30), नृपति (उ.रा.च., 6.18), नरेन्द्र (वही, 1.7), महाराज (वही, 1.8-9) आदि विशेषणों से सम्बोधित किया गया है। गुणबोधक अर्थ में राजा (म.च., 1.9; 2.4-5) के लिए भूपाल (वही, 7.40), क्षमापाल (वही, 7.42), भूमिपाल (उ.रा.च., 1.42), प्रजापाल (म.च., 4.26-27), धरित्र्याः पति (वही, 4.17), विनेता (वही, 6.27), विनेत्रा (वही, 7.-1), पार्थिव (उ.रा.च., 1.9) आदि शब्दों का प्रयोग मिलता है। वह भोक्ताधिराज्यस्य (म.च., 4.41), त्रय्यास्त्राता (वही, 4.44), ब्रह्मकोशस्य गोप्ता (उ.रा.च., 6.19-20), धर्मस्य गोप्ता (म.च., 5.30) आदि आदरसूचक विशेषणों से जाना जाता था। उसकी पत्नी रानी देवी (उ.रा.च., 1.8-9), राज्ञी (म.च., 4.1-2) भर्त्री (वही, 6.10-11) आदि सम्बोधनों से समादृत होती थी। प्रधान रानी को महादेवी कहकर सम्मानित किया जाता था (उ.रा.च., 4.17-18)।

राजा के गुण—भवभूति के अनुसार राजा आभिगामिक गुणों से सम्पन्न होना चाहिए, ऐसे राजा में 'प्रकृति' अनुरक्त रहती है। (म.च., 4.7-8)। कौटिल्य[1] के मत में राजा को उत्तम कुलोत्पन्न, आस्तिक, बलशाली, धार्मिक, सत्यवादी, प्रगल्भ, कृतज्ञ, उत्साही होना चाहिए, ये उसके आभिगामिक गुण हैं। भवभूति के नाटकों में राजा के जो गुण लक्षित किये गये हैं, उनके अनुसार राजा को सामर्थ्य का समुच्चय

1. अर्थशास्त्र, 6.1.3

(म.च., 2.41), अभिराम चरित (वही, 5.48), धार्मिक (वही) तथा श्रेष्ठ पुरुष (वही) होना चाहिए। वह अविरतपुण्यशाली (वही, 1.26), याज्ञिक (वही, 3.5), दानी (वही, 3.30), वेदों का ज्ञाता (वही, 3.5), क्षमानिधान (वही, 7.33), गुणों की खान (वही), विपन्न प्राणियों के पुण्यों का मूर्त परिणाम (वही), दीन वत्सल (वही, 7.25), जगत् का बन्धु (वही), विद्वत्जन का आश्रयदाता (वही, 3.5), निरालस (वही, 7.42) तथा सदा धर्मशील (उ.रा.च., 3.7-8) कहा गया है। राजा के विशिष्ट गुणों का उल्लेख करते हुए कवि कहता है, "विद्या, तप, वृद्धों का संसर्ग एवं धैर्य आदि गुण राजा को कर्तव्य से विमन नहीं होने देते (म.च., 5.7)। कवि राजा के प्रसाद सम्पन्न रूप तथा पवित्र प्रभाव का वर्णन करता है (उ.रा.च., 6.20)। आकार, प्रभाव तथा गाम्भीर्य में वह लोकोत्तर होता है (वही, 6.19-20)। राजा को निरभिमान होना चाहिए, इससे उसकी प्रजा भी दम्भी नहीं होती (वही, 5.28-29)। यही सब वे गुण हैं, जिनके कारण राजा प्रजा की भक्ति का आधार तथा धर्म की साक्षात् मूर्ति प्रतीत होता है (वही, 6.10)। उसका दर्शन सुन्दर पुण्यों का परिणाम समझा जाता है (वही, 3.46-47)।

राजा के अधिकार—दण्ड का अधिकार राजा में सन्निहित है। भवभूति राजा के इस अधिकार का वर्णन करते हुए कहते हैं, 'विरुद्ध आचरण करनेवाले का यदि राजा शासन न करे, तो प्रजा-विप्लव उपस्थित हो सकता है' (म.च., 3.35)। 'धर्माचार्य मनु ने राजदण्ड को प्रायश्चित्त के समान पापों की शुद्धि का कारण कहा है' (वही, 4.26-27)। राजा को सम्यक् दण्ड-विधायक होना चाहिए। कौटिल्य[1] के अनुसार यथायोग्य दण्ड प्रशंसनीय है। दण्ड-विधान की मर्यादा निर्धारित करते हुए भवभूति कहते हैं कि राजा सब स्थलों पर दण्ड-विधायक स्वयं नहीं होता। अज्ञानी को शिक्षित करने का अधिकार ब्राह्मण का है, पर विशुद्ध ज्ञान के होने पर भी जो अहंकारवश अनाचरण करता है, उसे दण्ड देने का अधिकार राजा का है (म.च., 3.36)। छोटे अपराधों का दण्ड-विधान राजा नहीं करता, पर दोष जब असाध्य हो जाए, तब एक अच्छे वैद्य की तरह राजा को शस्त्रपाणि बनना पड़ता है (वही, 4.23)।

राजा के कर्तव्य—प्रकृति-प्रधान राजा अनेक महत् दायित्वों से बँधा होता है। शुक्रनीति[2] राजा के आठ कर्तव्यों का निर्धारण करती है, प्रजारक्षण, प्रजापालन तथा प्रजारंजन इनमें सम्मिलित हैं। *'भोक्ताधिराज्यस्य'* होकर भी राजा को प्रजा-रंजन के लिए हर निजी स्वार्थ का परित्याग करना पड़ता है। 'उत्तर रामचरित' में कवि का

---

1. अर्थशास्त्र, 1.4.10
2. शुक्रनीतिसार, 1.123, 124

यह कथन–

स्नेहं दयां च सौख्यं च यदि वा जानकीमपि।
आराधनाय लोकस्य मुञ्चतो नास्ति मे व्यथा ॥ 1.12 ॥

राम के चरित्र की पराकाष्ठा है, जिसमें स्नेह, दया एवं सुख का परित्याग ही नहीं, राम के इन तीनों गुणों का एवं सुखमय जीवन का आधार स्वयं सीता का परित्याग सन्निहित है। सीता के त्याग से स्नेह, दया एवं सुख स्वयं ही परित्यक्त हो जाते हैं। प्राण देकर भी राजा के लिए प्रजारंजन व्रत है (उ.रा.च., 1.41)। शिलालेखों[1] में भी राजा का मुख्य लक्षण प्रजारंजन कहा गया है। नृप को राजा की संज्ञा प्रजा को प्रसन्न (रंजन) करने के कारण ही मिली। कालिदास[2] ने भी कहा है *'राजा प्रकृतिरंजनात्'* इस विशिष्ट गुण के कारण ही राजा शब्द सर्वोपरि रूप से नृप के लिए प्रयुक्त हुआ।

राजा को सौम्य और सहृदय होकर भी कठोर शासक होना चाहिए (म.च., 4.24)। 'शुक्रनीति'[3] में राजा को काल का कारण कहा गया है। उसे कठोरतापूर्वक दण्ड द्वारा प्रजा को स्वधर्म में स्थित करना चाहिए (1.60)। भवभूति के राम अपराधी को दण्डित करने के लिए शस्त्र-ग्रहण कर सब दिशाओं में भ्रमण करते हैं (उ.रा. च., 2.8-9)। वे दुष्टों का दमन कर दुर्गम स्थलों को भी प्रजा के लिए सुगम कर देते हैं (2.15-16)।

राज-कर्तव्यों का उल्लेख करते हुए भवभूति का कथन है कि राजा को विधिपूर्वक एकाग्र चित्त से प्रजा का पालन करना चाहिए *'इदं विश्वं पाल्यं विधिवदभियुक्तेन मनसा'* (उ.रा.च., 3.30)। नीति, धर्म, और ज्ञान से विमल बुद्धिवाले राजा का शासन सदा न्यायपूर्ण होता है (म.च., 7.35)। वेदों की रक्षा (वही, 4.44), वर्णाश्रम-धर्म की व्यवस्था (वही, 4.53-54), दुष्टों का दमन कर लोक को स्वस्थ बनाना (वही, 7.41), देवताओं के मनोरथ पूर्ण करना (वही) राजा के कर्तव्य कहे गये हैं। राजा यज्ञ करता है तथा तडागादि का निर्माण करता है (वही, 3.1)। वह गुप्तचरों द्वारा प्रजा के सुख-दुख की वार्ता तथा अपने प्रति प्रजा के विचारों को जानने का प्रयत्न करता है (उ.रा.च., 1.38-40)। वह अपने दोष जानने का इच्छुक रहता है, ताकि उनका निराकरण कर सके *'दोषं तु मे कथंचित्कथय, येन प्रतिविधीयते* (वही, 1.39-40)।

भवभूति ने राजा की दिनचर्या के लिए स्पष्ट कुछ नहीं कहा, तब भी दो स्थलों

---

1. स्कन्दगुप्त जूनागढ़ शिलालेख, 16, 22
2. रघुवंश, 4.12
3. शुक्रनीतिसार, 1.22

पर किये गये संकेतों से यह स्पष्ट है कि जगत् के अभ्युदय के लिए राजा कार्यव्यस्त रहता था (उ.रा.च., 3.3-4)। विद्या, तप, गुरुजनों का संसर्ग और संसार की रक्षा का भार—इनसे वह इतना दबा था कि उसे अपने मन के सुख-दुख के बारे में सोचने का अवकाश ही नहीं था (म.च., 5.7)। वस्तुतः प्रजा का सुख ही राजा का सुख है। इस आदर्श का वर्णन करते हुए कौटिल्य ने कहा है कि प्रजा का सुख ही राजा का सुख और प्रजा का हित ही उसका हित होता है, उसका प्रिय और हितकारी कोई भी कार्य प्रजा से पृथक् नहीं होता—

प्रजासुखे सुखं राज्ञः प्रजानां च हिते हितम्।
नात्मप्रियं हितं राज्ञः प्रजानां तु प्रियं हितम् ॥[1]

राजा के करणीय कार्यों में राजसूय यज्ञ का समावेश भी है। राजा के आठ कर्तव्य-व्रतों में युद्ध को भी स्थान दिया गया है। भवभूति के मत में शत्रु के ध्वस्त होने पर राजा को सदा ब्रह्मतत्त्व की भावना में संलग्न रहना चाहिए, जिससे ब्रह्मतेज की ओर उसकी प्रवृत्ति हो जाती है (म.च., 3.25)। सारांश में राजा का व्रत है रक्षा, लोक का आराधन (उ.रा.च., 7.6)।

राजा का महत्त्व—शुक्रनीति[2] राज्य में राजा को सर्वोपरि स्थान देती है *'तत्र मूर्धा नृपः स्मृतः'* नृपति राज्य-रूपी वृक्ष का मूल होता है *'राज्यवृक्षस्य नृपतिर्मूलम्'*[3] भवभूति ने भी राजा को 'प्रकृतिप्रधान' कहकर सम्मानित किया है (मा.मा., 7.23-24)। उनके मत में सकल लोक के मंगल के लिए राजा का जन्म होता है (उ.रा.च., 3.38-39)। वह प्रजा का आशाबन्ध होता है (वही, 3.45-46)। राजा राम पर कुपित जनक के शाप एवं चाप के प्रयोग के प्रयास को देखकर अरुन्धती का यह कथन *'पाल्याश्च कृपणाः जनाः'* (वही, 4.24) इस बात को प्रकट करता है कि राजा ही प्रजा का पालक होता है। प्रजा कितनी भी कृपण और क्रूर क्यों न हो, फिर भी राजा से पालनीय होती है, इसलिए राजा का अशुभ नहीं करना चाहिए। साथ ही जनक की यह स्वीकृति कि "नागरिक जन भी ब्राह्मण, बालक, वृद्ध, अपंग तथा स्त्रियों से युक्त हैं, इसलिए राजा राम में मेरा शाप व चाप निवृत्त हो (उ.रा.च., 4.5), राजा को रक्षक के रूप में स्वीकार करता है।" वाल्मीकि[4] ने भी राजा को अवध्य माना है, क्योंकि वह देवता है, जो मनुष्य रूप में पृथ्वीतल पर विचरण करता है। वस्तुतः राजा का जीवन प्रजा के पुण्यों का परिचायक है (उ.रा.च., 7.7)। राज्य

---

1. अर्थशास्त्र, 1.19.34
2. शुक्रनीतिसार, 1.61
3. वही, 4.55
4. रामायण, कि.का., 18.42

राजा से ही अर्थ ग्रहण करता है। भवभूति के शब्दों में "जिस प्रकार इन्द्र से स्वर्गपुरी वैसे ही महाराज दशरथ से यह पृथ्वी है" (म.च., 3.1)।

राज्याभिषेक—राजा की मृत्यु के उपरान्त अथवा जीवन-काल में ही राज्य का उत्तराधिकारी राजा बनाया जाता था। इसके लिए उसका विधिवत् अभिषिंचन होता था (म.च., 4.54), जिसे अभिषेक कहते थे। कुलगुरु राज्याभिषेक के समस्त उपकरणों के साथ सिंहासन-गृह में भावी राजा की प्रतीक्षा करता था (वही, 7.32-33)। इन उपकरणों में तीर्थों, सरिताओं, समुद्रों और सरसियों के जल का विशिष्ट स्थान था, इसी के द्वारा अमात्यगण राज्याभिषेक का कार्य पूर्ण करते थे। वैदिक काल में भी यह प्रथा व्यवहार में आती थी।[1]

राज्याभिषेक का उत्सव अविच्छिन्न मंगलयुक्त होता था। प्रांगण में चारणगण स्तुतिगान करते थे (उ.रा.च., 1.2-3)। देशान्तरों से ब्रह्मर्षि, राजर्षि, मित्र, बन्धु इस उत्सव में भाग लेने के लिए आते थे (वही; म.च., 7.1-2)। नगर में यह आज्ञा प्रचारित कर दी जाती थी कि "पुरवासी उत्सव में प्रवृत्त हों, अधिकारी जन अपने कर्तव्यों में सावधान हों तथा ब्राह्मणश्रेष्ठ राज्याभिषेक का प्रबन्ध करें (वही, 7.37)। ऋषियों द्वारा सम्पन्न किया गया अभिषेक प्रशंसनीय समझा जाता था (वही, 7.37-38)। विभीषण का अभिषेक दिव्य ऋषियों ने सम्पन्न किया था, तथा अप्सराओं ने गीत गाये थे" (वही, 7.4-5)। लोकपालों सहित इन्द्र ने राम के अभिषेक का अनुमोदन दुन्दुभि ध्वनि तथा पुष्पवृष्टि से किया था (म.च., 7.39-40)।

राज्याभिषेक के अवसर पर बन्दियों को मुक्त कर दिया जाता था (वही, 7.5-6)। भवभूति के अनुसार इस मंगल घड़ी में राज्य की ओर से याचकों को यथेच्छित उपहार दिये जाते थे (म.च., 4.46-47)। उत्सव ख़ूब धूमधाम से मनाया जाता था।

अश्वमेध—अश्वमेध यज्ञ को राजयज्ञ कहा गया है (उ.रा.च., 2.6-7)। एक महत्त्वाकांक्षी राजा दिग्विजय की आकांक्षा से इस यज्ञ को सम्पन्न करता था। यज्ञ का अश्व राजा की विजय पताका अथवा वीर घोषणा कहा जाता था (वही, 4.27)। यह घोषणा राजा के सैनिक करते थे। भवभूति ने अश्वमेध को अन्य क्षत्रियों का पराभव करनेवाले विजयी राजाओं के उत्कर्ष की कसौटी कहा है (वही, 4.26-27)। यज्ञ में मन्त्रों से संस्कार किया गया अश्व छोड़ा जाता था (वही, 2.7-8)। इसकी रक्षा में शत संख्यक कवचधारी, दण्डधारी एवं तरकशधारी वीर नियुक्त होते थे (वही, 4.26-27)। उनके अधिपति के रूप में राजा या तो स्वयं जाता था या राजकुमार को दिव्यास्त्र एवं चतुरंगिणी सेना से सुसज्जित करके भेजता था (वही, 2.6-8)। घोड़ा

---

1. हिन्दू राज्यतन्त्र, भाग 2, पृ. 23-24

जिन देशों को आक्रान्त कर जाता था, वह भूमि राजा के अधिकार में आ जाती थी और उस भूमि के राजा अश्वमेध करनेवाले राजा के अधीन हो जाते थे।

भवभूति ने परशुराम द्वारा सम्पन्न अश्वमेध यज्ञ का उल्लेख किया है, जिसमें उन्होंने कश्यप मुनि को सद्वीपा पृथ्वी यज्ञ की दक्षिणा स्वरूप दान कर दी थी (म.च., 2.19)। कवि का यह वर्णन रघुवंश के विश्वजित् यज्ञ से मिलता है, जिसमें विजेता अपनी सारी सम्पत्ति याज्ञिक पुरोहित को दक्षिणा स्वरूप दान कर देता है (4.86; 5.1)। भवभूति का अश्वमेध यज्ञ का वर्णन पारम्परिक है, क्योंकि उनके समय में यज्ञ की ऐसी किसी प्रथा का ह्रास हो चुका था, देश भी किसी एकछत्र सम्राट् के आधिपत्य में न होकर जनपदों में विभाजित था।

सामन्त—भवभूति ने सामन्त शब्द का उल्लेख साधारण राजाओं के लिए किया है (म.च., 2.49-50; 3.19-20)। एक अन्य स्थल पर प्रणत सामन्तों के शिरोभूषण बने फूलों के पराग से मन्त्री भूरिवसु के पैरों की उँगलियाँ चित्रित हुई कही गयी हैं (मा.मा., 6.15-16)। यह वर्णन परम्परागत और अतिरंजित प्रतीत होता है फिर भी तत्कालीन भारत का इतिहास देखने से यह ज्ञात होता है कि छोटे-छोटे राजाओं के रूप में सामन्तवाद तब फल-फूल रहा था। एक राजा के नीचे बहुत से करद राजा होते थे, जिन्हें 'सामन्त' की उपाधि से सम्बोधित किया जाता था।

अमात्य—हिन्दू राजनीति[1] अमात्य (मन्त्री सचिव) अथवा अमात्य-परिषद् को राज्य व्यवस्था का अत्यन्त महत्त्वपूर्ण अंग मानती है। कौटिल्य[2] के मत में जिस प्रकार एक चक्र से रथ नहीं चल सकता, उसी प्रकार मन्त्रियों की सहायता के बिना राजा से राज्य नहीं चल सकता। शासन-संचालन के लिए मन्त्रि-परिषद के निर्माण का एक मात्र आधार सद्मन्त्रणा कहा गया है। महात्मा भीष्म ने स्पष्ट कहा है कि राज्य का मूल राजा के मन्त्रियों की सद्मन्त्रणा ही होती है। *'मन्त्रिणां मन्त्रमूलं हि राज्ञो राष्ट्रं विवर्धते।'*[3]

अमात्य पद—शास्त्र[4] विशिष्ट अमात्य का पद ब्राह्मण को प्रदान करते हैं, उनके मत में राजा को इसी की मन्त्रणा से राज्य-कार्य करना चाहिए। ब्रह्मशक्ति से सम्पन्न अमात्य तथा क्षात्रशक्ति से युक्त राजा जब मिलकर प्रजापालन करते हैं, तब उनका बल अपरिमित होता है। भवभूति का कथन है कि जब क्षात्रतेज से ब्रह्मतेज मिल जाता है तब वह दुर्धर्ष हो जाता है (म.च., 2.5)। वस्तुतः ब्राह्मण अपनी ब्रह्मशक्ति से विधान बनाता है और राजा अपनी क्षात्रशक्ति से प्रजा द्वारा उसका

1. शुक्रनीतिसार, 1.61-62
2. अर्थशास्त्र, 1.7.9
3. महाभारत, शा.प., 83.48
4. मनुस्मृति, 7.58

पालन करवाता है। ब्राह्मण धर्म का मूल होता है।[1] वह अमात्य पद के योग्य इसलिए समझा गया है, ताकि शासन के विधिवत् संचालन के लिए शास्त्रानुसार राजा को सद्मन्त्रणा दे सके। मनु ने क्षत्रिय और ब्राह्मण को अन्योन्याश्रित कहा है।[2]

अमात्यवर्ग—भवभूति ने एक स्थल पर एकाधिक अमात्यों के होने का उल्लेख किया है (म.च., 3.5)। तथा नर्मसचिव का भी पृथक् वर्णन किया है (मा.मा., 1.12; 2.7)। इससे प्रतीत होता है कि उनके समय में परम्परा के अनुसार अमात्यों का एक वर्ग होता था, जो राज्य के विभिन्न विभागों में नियुक्त होकर अपने कर्तव्यों का पालन करता था। राजनीति में कई अमात्यों का होना आवश्यक समझा गया है, क्योंकि प्रत्येक मनुष्य में भिन्न प्रकार का बुद्धि-वैभव होता है, जो विभिन्न विभागों में उपादेय सिद्ध हो सकता है।[3]

राजा तथा मन्त्री—हिन्दू राजनीति में राजा और मन्त्री उन दो चक्रों की तरह माने गये हैं, जिन पर राज्य रूपी रथ गतिशील होता है।[4] भवभूति के ग्रन्थों में इस परम्परा का निर्वाह दिखाई नहीं देता। कवि ने राजा के क्रीड़ासहचर के रूप में नर्मसचिव का उल्लेख किया है। इसके अतिरिक्त भवभूति के नाटकों में मन्त्रियों का व्यक्तित्व दो प्रकार का दिखाई देता है। एक ओर मन्त्री माल्यवान् की राजनीतिक चालों और गतिविधियों को देखकर यह ज्ञात होता है कि राज्य सम्बन्धी सभी प्रमुख कार्यों का दायित्व उस पर था (म.च., 4.1-11)। राजा का सहयोग उसे प्राप्त नहीं था। यही कारण है कि मन्त्रीपद उसे महाकष्टप्रद प्रतीत होता है (वही, 6.2-3), और अनुजीवी होने का भार दुर्वह (वही, 4.8-9)। उसका विचार कि मदान्ध राजागण स्वेच्छापूर्वक आचरण करते रहते हैं और मन्त्री भाग्य की विपरीतताओं के निवारण में लगे रहते हैं (वही, 6.3), तत्कालीन राजा और मन्त्री के सम्बन्ध की एक झलक प्रस्तुत करता है। दूसरी ओर मन्त्री भूरिवसु के लिए राजाराधन ही सबसे बड़ा कर्तव्य है (मा.मा., 2.7-8)। राजा की प्रसन्नता के लिए वह अयोग्य पात्र को अपनी कन्या देने के लिए तत्पर हो जाता है, क्योंकि राजा के आदेश को अस्वीकार करना राजा के कोप का कारण कहा गया है (वही, 1.12)। वस्तुतः राज्य-संचालन का गुरुकार्य न तो राजा ही कर सकता है और न अकेला मन्त्री ही। शुक्रनीति[5] कहती है कि एक व्यक्ति के लिए साधारण कार्य भी दुष्कर होता है, राज्य तो अति महान् कार्य है। स्वेच्छाचारी राजा अनर्थकारी होता है। उसका राज्य भिन्न तथा प्रकृति भी पृथक्

---

1. मनुस्मृति, 11.83
2. वही, 9.322
3. शुक्रनीतिसार, 2.5
4. अर्थशास्त्र, 1.7.9
5. शुक्रनीतिसार, 2.1,4

हो जाती है। भवभूति एक स्थल पर मन्त्री की असमर्थता का वर्णन करते हैं–मन्त्री माल्यवान् ने रावण की अनाचारिता से खिन्न होकर ये शब्द कहे हैं–"हाय रावण के अविनय-तरु का कोरक चारों ओर फैल रहा है... इस आपद्काल में रक्षार्थ अपनी मन्त्रशक्ति से जो कार्य भी मैंने किये थे, वे सब नष्ट हो गये...." (म.च., 6.1,2)। यहाँ राजा और मन्त्री के बीच मन्त्रणा का अभाव स्पष्ट दिखाई देता है। जबकि मन्त्रणा के महत्त्व के कारण ही शासन में मन्त्रि पद का विशेष स्थान था। कौटिल्य ने कहा है *'मन्त्रपूर्वाः सर्वारम्भाः'*।[1] महाभारत[2] में भी स्पष्ट कथन है कि राज्य का मूल राजा मन्त्रियों की सद्मन्त्रणा ही होती है।

भवभूति अमात्य, सचिव और मन्त्री शब्दों को पर्यायवाची अर्थ में ग्रहण करते हैं (म.च., 3.5; 6.3; मा.मा., 1.10-11;12-13; 2.7,8,8-9; 6.15-16) मनु[3] ने मन्त्रियों में भी एक विशिष्ट मन्त्री की व्यवस्था दी है।

भवभूति ने मन्त्रि परिषद् के सदस्यों की संख्या का उल्लेख नहीं किया है, पर उन अधिकारियों का नामोल्लेख अवश्य किया है, जो राज्य-कार्य के प्रमुख अंग हैं। इनमें से कुछ हिन्दू राजनीति में मन्त्रि परिषद् के सदस्य कहे गये हैं।

मन्त्रि परिषद् के सदस्य के रूप में अथवा विभिन्न विभागों के अध्यक्ष के रूप में इनका अध्ययन इस प्रकार है–

प्रधानामात्य–भवभूति के शब्दों में यह मन्त्री अगाध सत्त्व से युक्त (म.च., 5.60-61) तथा अपनी वृद्ध दृष्टि अथवा बुद्धि से भविष्य के परिणामों का द्रष्टा होता था (वही, 6.1-2) वह *'समग्रपुरुषप्रकाण्डचक्रचूडामणि'* (मा.मा., 2.8-9) सबसे सम्मानित, पुण्य महात्म्य से युक्त होता था (वही)। यह अमात्य अत्यन्त यशस्वी, अपरिमित महिमा सम्पन्न एवं शुभों का आगार होता था (मा.मा., 2.9)। इसे सब मन्त्रियों में विशिष्ट कहा गया है, राजा को इसी की मन्त्रणा से कार्य करना चाहिए।[4] यह अमात्य राजनीति तथा धर्मशास्त्रों का ज्ञाता[5] तथा विपत्ति में राजा का रक्षक होता है।[6] मन्त्री माल्यवान् के साम, दान, दण्ड, भेद के प्रयोगों को देखकर उसका राजनीतिक ज्ञान प्रकट होता है। वह अपनी विचार शक्ति के द्वारा निरन्तर राज्य की विपत्ति के प्रतिकार में लगा रहता है (म.च., 4.2,3)।

'मनुस्मृति'[7] अमात्य को दण्ड अर्थात् शासन का अधिकार देती है। भवभूति

---

1. अर्थशास्त्र, 1.15.2
2. शा.प., 83.48
3. मनुस्मृति, 7.58
4. वही
5. वही
6. अर्थशास्त्र, 1.8 अमात्य प्रकरण
7. मनु., 7.65

ने माल्यवान् को विभीषण के लिए प्रकाशदण्ड, तूष्णींदण्ड, संरोधन एवं अपसारण दण्ड के प्रयोग और उनके परिणामों का विवेचन करते हुए दिखाया है (म.च., 4.7-8,8)। भवभूति का यह अमात्य शत्रु-बल तथा अपनी शक्ति को निरन्तर तौलता रहता है (वही, 6.1-11)। कौटिल्य[1] ने भी कहा है कि मन्त्री को स्वराष्ट्र और परराष्ट्र के बारे में सदा चिन्ता करते रहना चाहिए।

नर्मसचिव—राजा के साथ नर्मसचिव अथवा क्रीड़ासहचर का एक विशिष्ट महत्त्व था, पर भवभूति के वर्णन के अनुसार यह एक गुणहीन और अयोग्य व्यक्ति प्रतीत होता है (मा.मा., 1.12; 2.7-8)। राजनीति ऐसे किसी सचिव का उल्लेख नहीं करती। सम्भवतः इसके अधिकार में राज्य में होनेवाले उत्सवों आदि का प्रबन्ध रहा हो तथा राजा के मनोरंजन के लिए यह अनेक प्रकार के कार्यकलापों का संजोजन करता हो।

पुरोहित—'ऐतरेय ब्राह्मण'[2] में पुरोहित को 'राष्ट्रगोपः' कहा गया है। भवभूति का कथन है कि विद्वान् ब्राह्मण जिस राष्ट्र का रक्षक पुरोहित होता है, वह राष्ट्र न तो व्यथित होता है और न जीर्ण, न आपत्ति से आक्रान्त होता है (म.च., 3.18)। 'शुक्रनीति'[3] पूरे देश के पालनकर्ता के रूप में पुरोहित को प्रथम और सर्वश्रेष्ठ स्थान देती है। कौटिल्य[4] पुरोहित को अमात्य से दूसरा स्थान देते हैं। भवभूति राज्य के महत्त्वपूर्ण कार्यों में पुरोहित को विशिष्ट स्थान देते हैं। राज्याभिषेक का सम्पूर्ण कार्य पुरोहित ही सम्पन्न करता है (म.च., 7.32-33)। पुरोहित गृह वह्नि के समान होता है (वही, 3.17)। वह अपने तपोबल से सदा राजा की रक्षा करता है (वही, 2.43)। यदि राजा या राज्य पर कोई आपत्ति आती है तो वह अपने कुल और तप को व्यर्थ समझता है (वही, 3.17)। कुलगुरु (वही, 7.32-35) होने के कारण राजा उसकी पूजा कुलदेवता (वही, 4.14) के समान करता है। वह राजा को उसके कर्तव्यों के प्रति प्रेरित करता है। उसकी उपस्थिति राजा को स्वच्छन्द नहीं होने देती। दूरवर्ती वसिष्ठ का राजा राम के प्रति यह सन्देश "हम जामाता के यज्ञ में व्यस्त हैं, तुम नये राजा हो, सदा प्रजा के अनुरंजन में लगे रहना, वही तुम्हारा परम धन है" (उ.रा.च.,1.11) राज्य में पुरोहित की स्थिति को स्पष्ट करता है। 'शुक्रनीति'[5] पुरोहित के गुणों का निर्देश करती है कि जो मन्त्र और अनुष्ठानों में कुशल, तीनों वेदों का ज्ञाता, कर्म में तत्पर, जितेन्द्रिय, जितक्रोध, लोभ-मोहरहित, षडांगों का ज्ञाता, धनुर्विद्या में निष्णात और धर्मरत है जिसके कुपित हो जाने के

---

1. अर्थशास्त्र, 1.15.51
2. ऐतरेय ब्राह्मण, 8.25
3. शुक्रनीतिसार, 2.74
4. अर्थशास्त्र, 1.12.6
5. शुक्रनीतिसार, 2.77-79

भय से राजा धार्मिक जीवन व्यतीत करता है, जिसे नीतिशास्त्र और आयुधों का ज्ञान है, जो शाप (म.च., 3.21) और अनुग्रह में समर्थ है, वह पुरोहित है, आचार्य है।

सेनापति तथा यूथपति—सेना का संचालन करनेवाले अधिकारी को भवभूति की रचनाओं में सेनापति (म.च., 6.16-18), चमूपति (उ.रा.च., 5.8-9) तथा सेना का विनेता (म.च., 4.18) कहा गया है। कौटिल्य[1] सेनापति को मन्त्रि परिषद् में तीसरा स्थान देते हैं। भवभूति ने मन्त्री के रूप में सेनापति का प्रत्यक्ष उल्लेख नहीं किया है, किन्तु रावण के एक सेनापति प्रहस्त (म.च., 6.16-17) का वर्णन किया है, जिसे वाल्मीकि[2] ने मन्त्रि परिषद् का सदस्य कहा है। दूत को दण्ड देने के प्रसंग में प्रहस्त का राजा को यह सम्मति देना कि 'दूत पर कोप नहीं करना चाहिए' (म.च., 6.21-22), उसके मन्त्रि-पद पर होने का आभास देता है। सेनापति की नियुक्ति के लिए 'शुक्रनीति'[3] का आदेश है कि "नीतिशास्त्र, शस्त्रास्त्र की विद्या में विशारद, मध्यवयस्क, शूरवीर, सुदृढ़ अंगों से युक्त, स्वामी-भक्त, शत्रुद्वेषी व्यक्ति को सेनापति नियुक्त करना चाहिए।" कौटिल्य[4] ने दण्ड शक्ति को राजा के अधिकार में होने का आदेश दिया है—*'दण्डशक्तिमात्मसंस्थां कुर्वीत्।'* वस्तुतः सेनापति राजा के निर्देशानुसार ही सैन्य-संचालन करता था (म.च., 6.22-23,23)। वह युद्ध की तथा सेना की सम्पूर्ण स्थिति राजा के समक्ष रखता था (वही, 6.18,19)। यदि स्थिति कठिन होती थी तो राजा स्वयं सैन्य का संचालन करता था (वही, 6.25)। भवभूति ने दशरथ को सेना का विनेता (म.च., 4.18) कहा है। एक अन्य स्थल पर भवभूति ने वानरसेना के अधिकारी के रूप में यूथपति का उल्लेख किया है (म.च., 5.31-32, 54-55, 55-56)। सम्भवतः ये दलनायक होते थे। सैन्य में प्रधान सेनापति के अतिरिक्त अन्य बहुत से सेनापति होते थे (उ.रा.च., 5.8-9)। यहाँ चमूपति का बहुवचन में प्रयोग किया गया है। सम्भवतः सैन्य टुकड़ियों में बँटा होता था, जिनके ये नायक होते थे—अथवा सामान्य सैनिकों से अलग विशेष पदाधिकारियों को यह संज्ञा दी गयी है।

कोषाधीश—मनु[5] के अनुसार कोश का अधिकारी राजा होता है। भवभूति ने एक प्रसंग में अक्षय कुमार के लिए कोषाधीश शब्द प्रयुक्त किया है तथा उसके वध पर चिन्ता प्रकट की है (म.च., 6.1)। राम के अभिषेकोत्सव के समय दशरथ का यह कथन कि जिसे जो चाहिए, दिया जाए (वही, 4.46-47), एक सीधा आदेश

---

1. अर्थशास्त्र, 1.12.8
2. रामायण, यु. का., 12.1
3. शुक्रनीतिसार, 2.135, 136
4. अर्थशास्त्र, 8.2.4
5. मनुस्मृति, 7.65

है जो कोश पर राजा का अधिकार प्रकट करता है। कौटिल्य[1] के मत में भी राजा को कोष अपने अधिकार में रखना चाहिए *'कोश शक्तिमात्मसंस्थां कुर्वीत।'* यद्यपि भवभूति ने इस विभाग में किसी मन्त्री का उल्लेख नहीं किया, पर हिन्दू राजनीति राजकोष के मन्त्री-पद पर एक ऐसे व्यक्ति की नियुक्ति का निर्देश करती है, जो मान, आकार, प्रभा, वर्ण एवं जाति के साम्य से रत्नों का मूल्यवेत्ता हो, जितेन्द्रिय, धनी, व्यवहारविद् तथा कृपण हो।[2] अर्थविभाग की समस्त सूचनाएँ यही मन्त्री राजा को देता होगा। कौटिल्य ने इसे 'सन्निधाता' नाम प्रदान किया है।

दूत—भवभूति दूत (म.च., 2.3; 4.48; 6.20, 21-22,22) तथा वार्ताहर (वही, 2.9-10; 7.8-9) शब्द से राजदूत का संकेत करते हैं। कौटिल्य[3] के अनुसार इस दूत के द्वारा ही राजाओं के बीच वार्ता होती है। मनु[4] के अनुसार सन्धि और विग्रह का राजकर्तव्य दूत में निहित है। दूत अपने स्वामी की आज्ञानुसार उसी के वचन से *'तदीयवचसा'* अन्य राजा को सन्देश देता है (म.च., 6.20)। कौटिल्य[5] इस प्रसंग में कहते हैं कि दूत को अपने राजा का आदेश पर-राजा के समक्ष यथावत् कहना चाहिए। दूत अपने दौत्य-कर्म के कारण परवश होता है (म.च., 6.22)। पर-राज्य में उसे बल-प्रदर्शन का अधिकार नहीं है।[6] अन्य समस्त अधिकारियों की तुलना में दूत को एक विशेष अधिकार मिला है, वह है उसकी अवध्यता (म.च., 6.21-22)। शास्त्रों के प्रणेता एक मत हो दूत को अवध्य घोषित करते हैं। 'रामायण'[7] और 'महाभारत'[8] में भी दूत के वध का निषेध किया गया है। 'शुक्रनीति'[9] ने दूत को मन्त्रि-परिषद् का सदस्य माना है। दूत की योग्यता का निर्धारण करते हुए यह ग्रन्थ कहता है कि दूत को इंगित और आकार का ज्ञाता, स्मृतिमान्, देश-काल का जानकार, षाडगुण्यमन्त्र का विद्वान्, वाक्कुशल और निर्भीक होना चाहिए।

इस विशिष्ट दूत के अतिरिक्त भवभूति ने विज्ञप्तिहारक (म.च., 4.40-41), वार्ताहारिणी (वही, 4.1-2) तथा निसृष्टार्थदूती (मा.मा., 1.16-17; 2.12-13) का उल्लेख किया है। विज्ञप्तिहारक कौटिल्य[10] तथा कालिदास[11] के शासनहर से या

---

1. अर्थशास्त्र, 8.2.4
2. शुक्रनीतिसार, 2.146, 147
3. अर्थशास्त्र, 1.16.14,16
4. मनुस्मृति, 7.65
5. अर्थशास्त्र, 1.16.11
6. वही, 1.16.19
7. सुन्दरकाण्ड, 52.13
8. शान्तिपर्व, 85.26
9. शुक्रनीतिसार, 2.73, 76, 86
10. अर्थशास्त्र, 1.16.4
11. रघुवंश, 3.68

शासनहारी से तथा साहित्यदर्पण[1] में वर्णित सन्देशहारक से मिलता है, जो राजा तथा अन्य प्रधानों के लिखित (राजकीय लेख) अथवा मौखिक आदेशों को पहुँचाने का काम करता है। रानी की दूती वार्ताहारिणी कही गयी है। कौटिल्य[2] के मत में निसृष्टार्थ दूत प्रथम श्रेणी का दूत होता है जो कार्य-सिद्धि के लिए वार्ता में अपनी बुद्धि का उपयोग कर सकता है। 'साहित्यदर्पण'[3] में इस विशिष्ट दूत के विषय में कथन है, 'जो जिसने भेजा है और जिसके पास भेजा है, उन दोनों के अभिप्राय का विवेचन कर स्वयं का विचार भी प्रस्तुत करे और कार्य को सफल बनाए, वह निसृष्टार्थ दूत होता है।' 'मालती माधव' में कामन्दकी यह काम सम्पन्न करती है, जो इस प्रकरण की अत्यन्त विशिष्ट पात्र है।

राजनीतिक लेख—भवभूति तीन राजनीतिक लेखों का विवरण देते हैं। प्रथम लेख में परशुराम तमाल-रस से तालीपत्र पर इस प्रकार लिखते हैं—"स्वस्ति। महेन्द्र द्वीप से परशुराम लंकास्थित मन्त्री माल्यवान् को समादृत करता है। साथ ही परम माहेश्वर रावण का अभिनन्दन कर कहता है—'आपको ज्ञात हो कि हमने दण्डकारण्य में उपासना करने वालों को अभयदान दिया है, वहाँ विराध, दनुकबन्ध आदि अत्याचार करते हैं, इसलिए उन्हें वैसा न करने की आज्ञा देकर आप परस्पर के माहेश्वर स्नेह की रक्षा करें। ब्राह्मणों के प्रति उपद्रव का त्याग आपके लिए कल्याणकारी होगा। अन्यथा करने पर आपका मित्र परशुराम आपसे विमन हो जाएगा' (म.च., 2.9-10)।" इस राजकीय लेख को वार्ताहर ले जाता है। इस पत्र की पहली पंक्ति पढ़कर शूर्पणखा का यह कथन 'क्यों प्रभुपद का परिपाटी-क्रम छोड़कर लिखा है', (वही) इस बात को प्रकट करता है कि सामान्यतया राजलेख राजा को सम्बोधित होते थे, मन्त्री आदि को नहीं।

दूसरा लेख कैकेयी द्वारा लिखित है कि "एक वर से भरत राज्य का अधिकारी हो तथा दूसरे वर से राम वनगमन करें तथा वहाँ जटाधारण कर वल्कल-वस्त्र पहनकर चौदह वर्ष तक वास करें और सीता एवं लक्ष्मण के अतिरिक्त अन्य कोई उनके साथ न हो (म.च., 4.41)।"

तीसरा लेख प्रसन्नचित्त राजा ने मन्त्री-पुत्र को लिखा है—"तुम लोगों का कल्याण हो। राजा आज्ञा करते हैं, प्रशंसनीय गुणों से युक्त, श्रेष्ठ कुलोत्पन्न, विपत्ति का हरण करनेवाले, अत्यन्त महान् तुम पर हम प्रसन्न हैं। इसलिए तुम्हारी प्रसन्नता और तुम्हारे प्रिय मित्र मकरन्द की प्रणय-भावना के कारण इस मदयन्तिका को भी देता हूँ (मा.मा., 10.23)"—वार्ताहर का यह कार्य भी प्रकरण की विशेष पात्री सौदामिनी पूरा करती है।

---

1. साहित्यदर्पण, 3.60, विश्वनाथ
2. अर्थशास्त्र, 1.16.2
3. सा. द., 3.59, विश्वनाथ

चार अथवा चर—गुप्तचरों को चार (म.च., 4.1-2; 5.60-61), चारक (वही, 5.46-47; 6.3-4 4-5), अपसर्प (उ.रा.च.,1.38-39) तथा प्रणिधि (म.च., 6.8-9) कहा गया है। ये दो प्रकार के थे—नागरिक गुप्तचर और सैनिक गुप्तचर। 'उत्तररामचरित' में जिस चर से राम को सीताविषयक लोकापवाद की सूचना मिली थी, उसे नागरिक गुप्तचर कहा जा सकता है। राम ने इसे पुर और जनपद में भेजा था (उ.रा.च., 1.38-39)। इस विभाग के चरों द्वारा राजा अपने प्रति प्रजा के विचारों को जानने का प्रयत्न करता था। यह चर राजा का आसन्नपरिचारक होता था और इसका आगमन अन्तःपुर में निर्बाध होता था—'शुद्धान्तचारी' (वही)।...सैनिक गुप्तचर परराज्य के भेदों को अपने मन्त्री तथा राजा से निवेदन करते थे (म.च., 4.1-2; 5.46-47; 6.3-4, 4-5)। शत्रु की प्रत्येक गतिविधि पर इनकी सूक्ष्म दृष्टि रहती थी (वही, 5.60-61)। इनके कार्यों का विचार मन्त्रिगण एकान्त में करते थे (वही, 6.8-9)। 'रामायण'[1] में इस प्रकार के चरों को राजभक्त, धीर, वीर तथा निर्भीक कहा गया है

सूत, चारण तथा बन्दी—सूत सामान्य अवसरों पर तथा युद्ध के समय में भी राजा के रथ का संचालन करता था (म.च., 1.9-13; 6.25-28; उ.रा.च., 5.1-35)। इसे देश के सभी स्थानों एवं मार्गों का परिचय रहता था (म.च., 1.12-13)। सूत को वेद-शास्त्रों का ज्ञाता (वही, 1.11; उ.रा.,च., 5.15,16,17) तथा युद्ध की मर्यादा से पूर्णतया परिचित कहा गया है (वही, 5.6-7, 22)। राजकुल में यह समादरणीय था।

चारण तथा बन्दीजनों का प्रमुख कार्य राजा तथा राजकुल का गुणगान करना था (म.च., 4.12)। ये प्रांगण अथवा राजद्वार पर स्थित रहकर राजा की दोष-रहित शुद्ध स्तोत्र-पद्धति का गान करते थे (उ.रा.च., 1.2-3, 4-5)।

अन्य पदाधिकारियों में भवभूति ने अन्तःपुर के प्रसंग में कंचुकी (म.च., 2.50; उ.रा.च., 1.8-9; 4.5-6, 7-8, 10-11, 15, 16, 19-21), प्रतिहार (म.च., 2.9-10; मा.मा., 8.8-9), प्रतिहारी (म.च., 6.16-17, 19-20; मा.मा., 2.2-3), चेटी (म.च., 6.10-11), गणिका (मा.मा., 1.33-34, 38) तथा अन्य छोटे-छोटे परिजनों का उल्लेख किया है। इनमें कंचकी राजप्रासाद के अन्तःपुर का सर्वोच्च अधिकारी था। इसका प्रवेश सर्वत्र निर्बाध माना जाता था। वयोवृद्ध होने के कारण राजा इसका बहुत सम्मान करता था और इसे 'आर्य' सम्बोधन देकर आदर से बातचीत करता था। यह अत्यन्त विश्वासपात्र होने के कारण राजपरिवार की सभी अन्तरंग बातों से परिचित रहता था (उ.रा.च., 4.16)। इसे अन्तर्वशिक भी कहते हैं। प्रतिहार राजद्वारों पर रहता था। प्रतिहारी अन्तःपुर के द्वार पर रहती थी। इन दोनों का ही

1. युद्धकाण्ड, 29.18

कार्य राजा, रानी तथा अन्य राज्याधिकारियों को आगन्तुक की सूचना देना था। इनके हाथ में बेंत की छड़ी होती थी, इस कारण इन्हें 'वेत्रि' भी कहा गया है (म.च., 2.20)। शुक्रनीति[1] प्रतिहार की योग्यता के बारे में निर्देश करती है कि शस्त्रास्त्र में कुशल, मज़बूत अंगोंवाले, आलस्यरहित तथा नम्र होकर जो यथायोग्य रूप से आह्वान करता है, वह पुरुष प्रतिहार है। चेटी रानी की दासी होती थी, जो स्वामिनी के चलते समय मार्गनिर्देश करती थी (म.च., 6.10-11) गणिका को भवभूति ने वारयोषित कहा है (मा.मा., 1.33-34, 38)। अन्तःपुर में इनकी संख्या पर्याप्त थी। ये कुलकन्या की सेवा तथा मनबहलाव के लिए नियुक्त होती थीं। इनका पद सखियों जैसा था। अन्तःपुर में अन्य बहुत से दास-दासी होते थे, जिन्हें राजकुलचारी (म.च., 2.15-16), परिजन (मा.मा., 1.21-22; म.च. 2.20), परिष्कन्द (वही, 2.21-22), परिचारक-परिचारिका (वही, 4.1-2) आदि पर्यायों से पुकारा गया है। कुलकन्याओं की रक्षा के निमित्त वेत्रधारी नपुंसक-पुरुष नियुक्त किये जाते थे (मा.मा., 1.29-30)। 'शुक्रनीति[2] राज-अन्तःपुरों में ऐसे ही पुरुषों की नियुक्ति का विधान करती है।

राज्य में लोकमत—भवभूति 'प्रकृति' के अतिरिक्त 'पौरजानपदों' का भी उल्लेख करते हैं। प्रकृति से उनका तात्पर्य निश्चित रूप से अमात्य आदि तथा प्रजावर्ग से है। पौरजानपदों को वे जनता के प्रतिनिधियों के रूप में ग्रहण करते हैं तथा प्रजा से अलग विशेष रूप से उनका उल्लेख करते हैं (उ.रा.च., 7.-1)। 'हिन्दू राज्यतन्त्र' इन्हें राजनीतिक संस्थाएँ मानता है जो जनता का प्रतिनिधित्व करती थीं। भवभूति जिस काल के भार का वर्णन करते हैं, उस समय राज्य का संचालक राजा होता था, किन्तु शासन-व्यवस्था में पुरोहित, मन्त्रिपरिषद् एवं स्थानीय संस्थाओं (पौरजानपद) का महत्त्वपूर्ण स्थान था। इनके अधिकारों को देखकर यह सहज ही अनुमान लगाया जा सकता है कि राजा निरंकुश शासक नहीं था। वह इन पदाधिकारियों की सम्मति तथा सहयोग से ही राज्य का गुरुभार वहन करता था।

राजा के निर्वाचन में प्रकृति सक्रिय भाग लेती थी तथा अभिमत गुणों से युक्त राजपुत्र के राज्याभिषेक के लिए राजा से निवेदन करती थी (म.च., 4.44)। राजा भी "कल्याण चाहनेवाली प्रजा से हम अनुगृहीत हुए हैं" ऐसा कहकर अपनी सम्मति प्रकट करता था (वही, 4.45)। "आभिगामिक गुणों से युक्त राजा में प्रकृति अनुरक्त रहती है, अन्यथा भिन्न हो जाती है (वही, 4.7-8)। इस कारण राजा सदा प्रजा के अनुकूल होने का प्रयत्न करता था। राजा का प्रभुत्व प्रजा के सौजन्य पर निर्भर करता था (वही, 5.62)।

भवभूति में राज्य में लोकमत का महत्त्व एक दूसरे स्थल पर हम तब देखते

---

1. शुक्रनीतिसार, 2.168
2. वही, 2.179

हैं जब पौरों के अपवाद के भय से राजा पत्नी-परित्याग का दारुण कर्म करता है (उ.रा.च., 4.10-11, 22-23)। अन्त में जब स्त्री की पवित्रता सिद्ध होती है, तब पौरजानपद को सम्बोधित कर कहे गये अरुन्धती के ये वचन "हे पौरजानपदो, इस समय पृथ्वी और गंगा से प्रशंसित, मुझ अरुन्धती से समर्पित, पहले भी जिसके पवित्र चरित्र को अग्निदेव निर्णीत कर चुके हैं, देवों द्वारा वन्दित, सूर्यकुल की वधू तथा यज्ञभूमि में उत्पन्न सीता को क्या ग्रहण कर लिया जाए, इस विषय में आपका क्या मत है (वही, 7.19-20)"—स्पष्ट प्रकट करते हैं कि राज्य में लोकमत को कितनी मान्यता दी जाती थी। राजा का धर्म था प्रजारंजन। इस कर्तव्य की पूर्णता के लिए वह लोक के अनुकूल आचरण करता था।

शासन के विभाग

राजधानी—राज्य का मुख्य नगर राजधानी कहा जाता था। इसमें राजा मन्त्रियों एवं अन्य अधिकारियों के साथ निवास करता था। राजधानी एक आदर्श नगरी होती थी। भवभूति के अनुसार उसकी रक्षा सप्तधातुओं से निर्मित एक सुदृढ़ दीवार के द्वारा की जाती थी, जिसे प्राकार कहा जाता था (म.च., 6.7)। इस प्राचीर के चारों ओर नगरी की सुरक्षा के लिए एक परिखा का निर्माण होता था, जो शत्रु के लिए दुर्लंघ्य होती थी (म.च., 6.7)। युद्ध के समय में द्वारों को बन्द कर दिया जाता था (वही, 6.16-18) अथवा अर्गलाएँ तोड़कर उन्हें पाट दिया जाता था (वही, 6.23)। 'शुक्रनीति'[1] राजधानी के निर्माण का निर्देश करती है—"नाना वृक्ष और लताओं से आकीर्ण, पशु-पक्षियों के समूह से आवृत, जल तथा धान्य से युक्त, तृण तथा काष्ठ जहाँ सुलभ हो, जहाँ से समुद्र तक आवागमन की सुविधा हो, पर्वत से भी न अति दूर, सुरम्य प्रदेश में राजा को राजधानी बनानी चाहिए। जो नगरी प्राकारों से घिरी हो, परिखा से युक्त हो, गृहसमूहों से पूर्ण हो, कूप, वापी, तडागादि से युक्त हो, चार द्वार हों, वाटिकाएँ-वीथिकाएँ हों; पानगृह तथा मठ हों—वह नगरी राजधानी के उपयुक्त है।" भवभूति पद्मावती नगरी के वर्णन में इन निर्देशों का पूरी तरह पालन करते हैं। इस राजधानी में पथिकों के विश्राम के लिए उद्यान थे तथा वापी, पानगृह एवं विहार भी थे (मा.मा., 1.16-17, 17-18; 8.-1; 9.1)। भवभूति कुसुमाकर उद्यान का वर्णन करते हैं (वही, 1.20-21, 29-30; 2.-1; 3.-1)। शृंखला तोड़कर भागे हुए व्याघ्र के वर्णन से यह भी ज्ञात होता है कि इस उद्यान के एक भाग में जन्तुगृह था (वही, 3.15-16)। मुख्य मार्ग को राजमार्ग कहते थे (वही, 1.15-16; 7.5)। राजकार्य इसी नगरी से होता था। नगरी की रक्षा में विश्वस्त सैनिक नियुक्त रहते थे (वही, 8.6-7; म.च., 6.18)।

---

1. शुक्रनीतिसार, 1.213-270

राजप्रासाद—यह एक विशाल भवन था, अपनी ऊँचाई के कारण जो चाँदनी से शोभित रहता था (मा.मा., 8.8-9)। इसके ऊपरी अलिन्द में वातायन अथवा गवाक्ष बने होते थे, जहाँ से कुल स्त्रियाँ राजमार्ग को देख सकती थीं (वही, 1.16)। भवभूति ने प्रासाद के लिए अट्टालिका (म.च., 6.8-9), वेश्म (मा.मा., 7.3), भवन (वही, 1.16; म.च., 6.11-12), मन्दिर (मा.मा., 1.15-16), सौध (मा.मा., 2.12, 7.5) आदि पर्याय दिये हैं। इस विषय में यह उल्लेखनीय है कि भवभूति ने इनका प्रयोग राजभवन तथा मन्त्रिभवन दोनों के लिए किया है। उस समय भवनों को नाम भी दिये जाते थे। भवभूति रावण की 'सर्वतोभद्र' नामक अट्टालिका का उल्लेख करते हैं (म.च., 6.8-9)। भवन की सीमा में ही एक उद्यान होता था (मा.मा., 3.12-13)। इसमें प्रासाद की स्त्रियाँ निर्बाध विचरण करती थीं तथा कक्ष में विद्यमान रहकर भी उपवन की सुरभित वायु का आनन्द लेती थीं (वही)। प्रासाद का एक भाग अन्तःपुर अथवा वासभवन (मा.मा., 7.-1), वासगृह (उ.रा.च., 1.7) कहलाता था। इसकी सुरक्षा का भार कंचुकी पर था, जो प्रतिहार, प्रतिहारी तथा अन्य परिजनों की सहायता से अन्तःपुर का पूरा प्रबन्ध करता था। धर्मासन अथवा न्यायालय प्रासाद के बहिर्भाग में होता था। भवभूति राजा के धर्मासन से उठकर वासभवन में जाने का उल्लेख करते हैं (वही)।

धर्मासन—यह आसन न्याय-कार्य की धार्मिक प्रवृत्ति को प्रकट करता है। राजा धर्मासन पर बैठकर न्याय करता था, इससे ज्ञात होता है कि राजा ही धर्माध्यक्ष था। शुक्रनीति[1] राजा को धर्मशास्त्रों के अनुसार कानूनी अभियोगों का निर्णय करने का आदेश देती है। धर्मासन अथवा न्यायालय राजभवन के द्वार के समीप होता था। अन्याय होने पर प्रजा यहीं से 'अब्रह्मण्यम्' का उद्‌घोष करती थी (उ.रा.च., 1.49-50; 2.7-8)।

दण्ड—राजा 'धर्मस्य गोप्ता' था (म.च., 5.30)। वह प्रजा में शान्ति की स्थापना के लिए अपराधी को दण्डित करता था। लवणासुर से त्रस्त ऋषिगण जब 'अब्रह्मण्यम्' का उद्‌घोष करते हैं, तब राम उसके वध के लिए शत्रुघ्न को भेजते हैं (उ.रा.च., 1.50, 50-51)। वस्तुतः राजा धर्म की मूर्ति होता था (वही, 6.10)। उसके दर्शन मात्र से ही विरोध शान्त हो जाता था (वही, 6.1)। वह वर्णाश्रम धर्म का सजग प्रहरी था। जो वर्णाश्रमधर्म के नियमों के प्रतिकूल आचरण करता था, राजा उसे दण्डित करता था। ब्राह्मण बालक की मृत्यु पर "राजा के अपचार के बिना प्रजा में अकाल मृत्यु नहीं हो सकती" इस प्रकार आत्मदोष का निरूपण करता हुआ राजा ब्राह्मण के जीवन के लिए शूद्रमुनि को शिरच्छेदन का दण्ड देता है (उ.रा.च., 2.7-8)। भवभूति एक अन्य स्थल पर विरोध करनेवालों को कारागृह में

---

1. शुक्रनीतिसार, 4.51,54

बन्द करने का उल्लेख भी करते हैं (म.च., 6.25)।

कारा—मनु[1], कौटिल्य[2], तथा शुक्र[3] तीनों ही कारागृह का उल्लेख करते हैं। शत्रु स्त्रियों को भी बन्दिनी बनाकर रखा जाता था। भवभूति अनेक बन्दिनी अप्सराओं का उल्लेख करते हैं (म.च., 7.5)। बन्दियों को शृंखला से भी बाँधा जा सकता था (वही, 7.6)।

बन्दियों की मुक्ति—विशेष अवसरों पर बन्दियों को मुक्त कर देने की प्रथा थी। विभीषण के राज्याभिषेक के अवसर पर सब बन्दियों को मुक्त कर दिया गया था और उनकी बेड़ियों को पताका बनाकर लटका दिया गया था (वही, 7.6)।

सैन्य—राजनीति[4] सैन्यबल अर्थात् दण्ड को सप्तांग राज्य का एक अंग मानती है। भवभूति ने सैन्य (मा.मा., 8.8-9), बल (म.च., 3.41; 6.52-53,54-55) के लिए अनीक (वही, 5.31-32; मा.मा. 8.8-9), सेना (म.च., 6.11-12), चमू (वही, 6.49), पृतना (वही, 6.48,49,55) आदि पर्यायों का प्रयोग किया है। कवि ने चतुरंगिणी अर्थात् पदाति, अश्वारोही, रथी और गजारूढ़ सेना का उल्लेख भी किया है (उ.रा.च., 2.7-8, वही, 5.12)। भवभूति के समय के बहुत पहले ही सैन्य-साधन के रूप में रथों का प्रयोग लोकप्रिय नहीं रहा था, फिर भी भवभूति जिस रामायणकालीन भारत का चित्र उपस्थित करते हैं, उस समय रथ युद्ध में सेना का आवश्यक अंग समझे जाते थे।

आयुध—भवभूति के वर्णन के अनुसार अस्त्र-शस्त्र दो प्रकार के आयुध थे। एक तो दिव्यास्त्र थे जो मन्त्रसिद्ध रहते थे तथा परम्परा से प्राप्त होते थे जैसे जृम्भकास्त्र (म.च., 1.41-42; उ.रा.च., 1.14-15; 2.3-4; 5.13-14;6.14-15,15), ब्रह्मास्त्र (म.च., 6.63), अच्युतास्त्र (वही), आग्नेयास्त्र (उ.रा.च., 6.3-4), वारुणास्त्र (वही, 6.5-6), वायव्यास्त्र (वही), नागपाशास्त्र (म.च., 6.48) तथा विहगपरिवृढास्त्र (वही) आदि। इनमें शंकरशरासन (शम्भोः धनुः म.च., 1.52; माहेश्वर धनुः वही, 1.14-15), इन्द्रवज्र (इन्द्रास्त्र वही, 1.34, 45; 5.34) तथा माहेन्द्र धनुष (वही, 2.4-5) को भी सम्मिलित किया जा सकता है। खट्वांग (मा.मा., 5.4) भी शंकर का एक अस्त्र माना जाता था। इसके अलावा दूसरे आक्रामक अस्त्र थे धनुष (म.च., 2.29,42; 4.38) अर्थात् धनु (वही, 3.27,48; 4.31; उ.रा.च., 6.18), कार्मुक (म.च., 2.44; 3.25), शरासन (वही, 3.9), चाप (वही, 3.14,29), एवं वाण (वही, 6.54) अर्थात् शर (उ.रा.च., 5.2,3), इषु (म.च., 6.21), सायक (उ.रा.च., 5.18)

1. मनुस्मृति, 9.288
2. अर्थशास्त्र, 2.5.1
3. शुक्रनीतिसार, 1.269
4. अर्थशास्त्र, 6.1.1

आदि। इनके अलावा वज्र (अशनि, कुलिश) (म.च., 6.11; 5.57; मा.मा. 5.32), परशु (कुठार) (म.च., 2.22-23,33; 3.14-15, 32, 41, 44; वही, 2.26, 46, 49; 3.28), असि (तरवारि) (वही, 6.53; मा.मा., 5.34; 10।10; वही, 8.8-9), खड्ग (कृपाण) (वही, 5.29; उ.रा.च., 2.8-9; मा.मा., 5.28), हल (वही, 8.8-9), कर्पर (वही, 3.15-16), क्रकच (उ.रा.च., 4.3), प्रास (म.च., 6.33), शतघ्नी (वही, 6.48) आदि। सेना इन्हीं आयुधों से सज्जित होकर युद्धक्षेत्र को प्रस्थान करती थी।

दिव्यास्त्रों की अपरिमित शक्ति थी। इनका ध्यान करने पर ये प्रकट होते थे (म.च., 1.50)। जृम्भकास्त्रों को अजितवीर्य कहा गया है (उ.रा.च., 5.13)। प्रयोग के समय इनका प्रकाश आकाश में छा जाता था। इनकी आभा तपे हुए पीतल के वर्ण की होती थी (वही, 5.14)। जृम्भकास्त्रों का प्रभाव था परसैन्य को चित्रलिखित की भाँति निश्चेष्ट कर देना (उ.रा.च., 5.13)। ब्रह्मास्त्र तथा अच्युतास्त्र अमोघ एवं अचूक होते थे। आग्नेय, वारुण तथा वायु अस्त्र क्रमशः एक-दूसरे के प्रतिरोधक थे। नागपाशास्त्र दुर्भेद्य था, इसका भेदन केवल गरुडास्त्र कर सकता था। (म.च., 6.48)। भवभूति ने पौराणिक परम्परा के अन्तर्गत इन अस्त्रों का वर्णन किया है।

धनुष एक लम्बे व लचीले दण्ड का बनाया जाता था, जिसके दोनों छोरों को एक डोरी से बाँध देते थे, जो मौर्वी (म.च., 5.54), ज्या (वही, 3.29, 48; उ.रा.च., 6.18) तथा गुण (वही, 5.2) कहलाती थी। शास्त्रों में ताल, काप, दारु और शृंग के बने धनुष एवं मूर्व, अर्क, शण, वगेथु, वेणु और स्नायु की बनी ज़्या का उल्लेख मिलता है। धनुष में छोटी-छोटी घण्टियाँ लगी होती थीं। सन्धान के समय उनका झनझन शब्द होता था (उ.रा.च., 6.1)। हाथों पर धनुर्ज्या का चिह्न होना योद्धाओं के गौरव को प्रकट करता था (म.च., 3.9)।

भवभूति उपवेदों में से अस्त्रवेद अथवा धनुर्वेद का उल्लेख करते हैं (म.च., 2.41; उ.रा.च., 6.9)। इसमें युद्धविद्या तथा धनुःप्रयोग की शिक्षा का विवरण मिलता है। कवि कंकपत्र से युक्त बाणों का संकेत करता है (म.च., 1.18; उ.रा.च., 4.20)। सम्भवतः नागपाशास्त्र सर्पाकृति के तथा विहगपरिवृढ्धास्त्र गरुड़ आकृति के बाण थे, जो मन्त्रसिद्ध थे। बाणों का अग्रभाग अत्यन्त तीक्ष्ण होता था (शितैर्बाणैः, म.च., 6.21, 63)। इनके प्रयोग के समय प्रकाश का पुंज छूट पड़ता था, जो ज्या की आरती उतारता-सा प्रतीत होता था (उ.रा.च., 6.18)। कुशल योद्धा एक साथ सहस्रों बाणों की वर्षा कर सकता था (वही, 5.3), जिसकी उपमा कवि ने तुषार-पात से दी है (वही, 5.2)। प्रत्यंचा की टंकार से दिशाएँ गूँज उठती थीं (म.च., 3.48)। बाण तूणीर में रखे जाते थे, जो कन्धे पर लटका रहता था (वही, 1.18; 2.26; उ.रा.च., 4.20)।

अन्य आयुधों में कर्पर अत्यन्त नुकीला और कठोर औजार था। क्रकच करपत्र

था, जो वस्तु को बीच के भाग से आरे के समान काट देता था (उ.रा.च., 4.3)। प्रास भाले के समान था जो भीतर धँसकर प्रहार करता था (म.च., 6.33)। परशु युद्ध का कुठार था। यह अग्नि के समान प्रज्वलित तथा तीक्ष्ण अस्त्र था (वही, 2.22-23)। असि एक लम्बी तलवार थी और कृपाण अथवा खंग तलवार की छोटी आकृति के समान एक शस्त्र था। हल बलराम का आयुध है, इसलिए उन्हें हलायुध भी कहते हैं, इसके प्रयोग से यमुना अचानक विस्तृत, ऊपर संचलित प्रवाहयुक्त हो गयी थी (मा.मा., 8.8-9)। शतघ्नी भीषण आक्रामक अस्त्र था। एक बार में सौ का हनन करने के कारण इसे शतघ्नी कहा गया है।

बचाव के आयुधों में हमें कवच का उल्लेख मिलता है (उ.रा.च., 5.12)। यह गले के नीचे तथा पैरों के ऊपरी भाग की रक्षा के लिए था।

सैन्य-सज्जा—आयुधों के अतिरिक्त सैन्य-सज्जा में भवभूति केतु (उ.रा.च., 5.1), स्कन्धावार (म.च., 6.17) और दुन्दुभि (वही., 5.6; उ.रा.च., 6.2) का संकेत मात्र करते हैं। भवभूति कोविदार काष्ठ में लगी रणध्वजा का उल्लेख करते हैं (वही, 5.1)। ध्वजा का वस्त्र अत्यन्त महीन होता था (वही, 6.4)। युद्ध के रथ अलग होते थे, उन्हें सांग्रामिक रथ (म.च., 6.30-31) कहा गया है। ये अत्यन्त विशाल होते थे (वही, 6.30)। रथों में सोने की छोटी-छोटी घण्टियाँ (किंकिणी) लगी रहती थीं जो चलने पर झन-झन शब्द करती थीं (उ.रा.च., 5.5)। स्कन्धावार अथवा सेनानिवेश खेमों की उन पंक्तियों के लिए प्रयुक्त हुआ है जिनमें सेना निवास करती थी। सेना के ये पड़ाव जल के निकट हुआ करते थे। युद्ध में दुन्दुभि का तीव्र नाद होता था (वही, 5.6)। मेघगर्जन के समान इसका दुम-दुम शब्द योद्धाओं का उत्साह बढ़ाया करता था।

युद्ध—भवभूति ने युद्ध के लिए समनीक (म.च., 4.18), संग्राम (वही, 4.31), रण (वही, 5.13), समर (वही, 6.27-28), प्रधन (वही, 6.30), आयोधन (वही, 6.53-54) आदि तथा युद्धक्षेत्र के लिए युद्धभूमि (वही, 6.38), युद्धसीम्नि (वही, 6.42), मृधभुवि (वही, 6.54, 63) आदि शब्दों का प्रयोग किया है। युद्धकाल में प्रस्थान के पूर्व नगरी के प्रमुख द्वारों को बन्द कर दिया जाता था। स्त्री, बालक तथा वृद्धों की रक्षा का विशेष प्रबन्ध होता था तथा खाद्यसामग्री जमा कर ली जाती थी (म.च., 6.16)। विजय का अभिलाषी राजा (योद्धा) शत्रु की नगरी पर घेरा डाल देता था ताकि बाह्य सहायता उपलब्ध न हो सके (वही, 6.19)। मनुस्मृति[1] भी शत्रु को निर्बल बना देने के लिए इस प्रकार की व्यवस्था देती है। लड़ने के पूर्व योद्धा गुरुजनों को प्रणाम करता था तथा उनसे आशीर्वाद प्राप्त करता था (उ.रा.च., 5.26-27)। सेना के संचालक (राजा, राजपुत्र अथवा सेनापति) की सुरक्षा सेना के

1. मनुस्मृति, 7.195

अन्य पदाधिकारी उसके चारों ओर रहकर करते थे (म.च., 6.35)। तत्पश्चात् पदाति पदाति से अश्वारोही अश्वारोही से, रथी रथी से और गजारोही गजारोही से युद्ध करते थे। यह उस समय का युद्धाचार अथवा युद्धधर्म था।

युद्धधर्म—अर्थशास्त्र[1] तीन प्रकार के युद्धों का उल्लेख करता है—प्रकाशयुद्ध, कूटयुद्ध एवं तूष्णींयुद्ध। भवभूति ने एक स्थल पर धर्मयुद्ध का नामोल्लेख किया है (म.च., 6.52-53)। 'शुक्रनीति'[2] धर्मयुद्ध के नियमों का वर्णन करती है कि हस्ति, अश्व, रथ एवं पदाति को इसी क्रम के योद्धा से युद्ध करना चाहिए। कवचहीन, शस्त्रहीन, वृद्ध, बालक तथा स्त्री का हनन धर्मयुद्ध के विरुद्ध है। भवभूति ने अपनी रचनाओं में इन नियमों के पालन पर जोर दिया है।

उनके मत में एक को लक्ष्य कर अनेक का समारम्भ, द्विरद, तुरग, स्यन्दन पर आरूढ़ कवचधारी योद्धाओं का पैदल, कवचरहित तथा एकाकी योद्धा से युद्ध करना धिक्कार का कारण है (उ.रा.च., 5.12)। कवि इस प्रसंग में शास्त्रज्ञों का हवाला देकर कहता है *'न रथिनः पादचारमभियुंजति'* अर्थात् रथारोही का पैदल से युद्ध करना सर्वथा असंगत है (वही, 5.20)। स्त्री को मारना, युद्ध में पीछे हटकर वार करना तथा छल करना वीरयोद्धा के लिए निन्दनीय है (वही, 5.34)। युद्ध में दोनों योद्धाओं का समान स्थिति में होना युद्ध-पद्धति के अनुकूल है (म.च., 6.30-31)। संग्राम में वीर का सत्कार वीरोचित ढंग से अर्थात् शस्त्रास्त्रों द्वारा करना उचित है। उस समय स्नेह व आदर अथवा किसी व्यक्तिगत भावना को प्रकट करना वीर-पद्धति एवं सांग्रामिक न्याय के प्रतिकूल माना गया है (उ.रा.च., 5.19,22)।

कुछ राजनीतिक तथ्य—भवभूति हिन्दू राजनीति के प्रकृति, प्रधान-प्रकृति, राजदण्ड, राजा की शक्तियाँ (प्रभुशक्ति, उत्साहशक्ति, म.च., 4.1-2), चतुर्विध नीति (साम, दान, दण्ड, भेद वही, 4.3,4), चतुर्दण्ड (प्रकाश, तूष्णीं, संरोधन, अपसारण, वही, 4.7-8,8), शत्रु (प्रकृत, सहज, वही, 4.7), रन्ध्र (वही, 4.7-8) आदि पारम्परिक शब्दों का उल्लेख करते हैं। जैसा कि पहले कहा गया है, भवभूति 'प्रकृति' को अमात्य तथा प्रजा के अर्थ में ग्रहण करते हैं। इसी प्रकृति का प्रधान 'राजा' कहा गया है। राजदण्ड इसी के हाथ में रहता था। कवि ने धर्माचार्यों के मत का उल्लेख करते हुए कहा है कि प्रायश्चित्त के समान राजदण्ड भी पापों को नष्ट करता है (म.च., 4.26-27)। 'मनुस्मृति'[3] कहती है कि दण्ड ही राजा है, वही पुरुष है, वही नेता तथा शासिता है। इस राजा की तीन शक्तियाँ होती हैं। जिन्हें कौटिल्य[4] ने मन्त्रशक्ति, प्रभुशक्ति और उत्साह शक्ति कहा है। वे ज्ञान-बल को मन्त्रशक्ति, कोश

1. अर्थशास्त्र, 7.6.17
2. शुक्रनीतिसार, 4.7.339-343
3. मनुस्मृति, 7.17
4. अर्थशास्त्र, 6.2.33, 34

और सैन्यबल को प्रभुशक्ति और विक्रम को उत्साहशक्ति मानते हैं। भवभूति प्रभुशक्ति और उत्साहशक्ति का उल्लेख करते हैं (म.च., 4.1-2)। इन शक्तियों से हीन राजा को आसानी से जीता जा सकता है।

प्रायः सभी राजशास्त्र-प्रणेता राजा की सफलता के निमित्त साम, दान, दण्ड, भेद चतुर्विध उपायों की आवश्यकता का विधान करते हैं।[1] कवि के मत में जो शत्रु प्रजा का पालन करता है, देवों का प्रिय है तथा सबका विश्वासपात्र है, उस पर साम, दान, भेद के प्रयोग निष्फल होते हैं (म.च., 4.3)। प्रकाशदण्ड द्वारा ऐसे बलवान शत्रु को पराजित नहीं किया जा सकता। एकमात्र छद्म द्वारा ही ऐसा शत्रु वश में आता है (वही, 4.4)। भवभूति चार प्रकार के दण्ड का उल्लेख करते हैं–प्रकाश दण्ड, तूष्णींदण्ड, संरोधन (बन्दी बनाना) तथा अपसारण (देश निष्कासन) 'शुक्रनीति'[2] में विस्तार से दण्ड के इन भेदों का विवेचन हुआ है।

कौटिल्य[3] तीन प्रकार के शत्रुओं का उल्लेख करते हैं--प्रकृत सहज, कृत्रिम निकटवर्ती तथा स्वयं अपकृत होने अथवा अपकार करनेवाले शत्रु को भवभूति प्रकृत और कृत्रिम दो प्रकार का शत्रु मानते हैं। सहज शत्रु कुल का ही व्यक्ति होता है तथा भवभूति के मत में समीपस्थ सर्प की तरह सदा आशंकित किये रखता है (म.च., 4.7)। मित्र के बारे में भवभूति ने पारिभाषिक रूप से कुछ नहीं कहा, किन्तु राजाओं की परस्पर मैत्री का उल्लेख किया है। कौटिल्य[4] ने शत्रु की भाँति ही मित्र को भी परिभाषित किया है। सुग्रीव राम के 'प्रकृत मित्र', निषादपति 'सहजमित्र' तथा विभीषण 'कृत्रिम मित्र' कहे जा सकते हैं।

भवभूति ने राज्य में फूट को राज्य के विनाश का बहुत बड़ा कारण माना है। छिद्र कितना भी छोटा क्यों न हो, विपदा आने पर कठिन हो जाता है। (म.च., 4.7-8)। इसीलिए अन्तर्भेद से जर्जरित शत्रु-राज्य को सहज ही जीता जा सकता है (वही)। कवि ने राजनीतिक तथ्यों का उल्लेख अपने नाटकों में अनेक स्थलों पर किया है। वे कहते हैं कि राजा को शत्रु के प्रति सदा जागरूक रहना चाहिए क्योंकि कोई भी संगठन अथवा समुदाय शंका उत्पन्न करता है– *'समुदायः खलु शङ्कते'* (वही, 6.11-12)। भवभूति के मत में सन्तप्त हुआ शत्रु सन्धि का प्रस्ताव कर सकता है (वही, 4.5)। कौटिल्य[5] का मत है कि 'यदि राजा अपने को शत्रु-राजा से दुर्बल समझता है तो ऐसी परिस्थिति में उसे सन्धि कर लेनी चाहिए।'

इस प्रकार भवभूति के तीनों नाटक उनके राज्य और राजनीति-विषयक बृहत् ज्ञान को प्रकट करते हैं।

---

1. अर्थशास्त्र, 9.3.6
2. शुक्रनीतिसार, 4.80-104
3. अर्थशास्त्र, 6.2.19,20
4. वही
5. वही, 7.1.17

अध्याय 4

समाज एवं संस्कृति

भवभूति अपनी रचनाओं में समाज की जो झलक प्रस्तुत करते हैं, वह पारम्परिक होकर भी उनके समय के रीति-नियमों का विवरण प्रस्तुत करती है। हिन्दू समाज पूर्ववत् चार वर्णों में विभक्त था—ब्राह्मण, क्षत्रिय, वैश्य एवं शूद्र। प्रथम तीन वर्णों को मनुस्मृति[1] 'द्विज' के लाक्षणिक नाम से पुकारती है, क्योंकि इनका उपनयन संस्कार इन्हें दूसरा जन्म देनेवाला कहा जाता था तथा वेदाध्ययन का अधिकार प्रदान करता था। भवभूति ने वर्णाश्रम-धर्म की रक्षा राजा का गुरु कर्तव्य कहा है (म.च., 4.53-54)। *'धर्मस्य गोप्ता'* राजा अपने इस कर्तव्य का पालन कठोरता से करता था (वही, 2.7)। इस प्रसंग में मनु[2] का स्पष्ट कथन है कि वर्णाश्रमों की रक्षा के लिए ही राजा की सृष्टि हुई है।

वर्ण—भवभूति चतुर्वर्णों में ब्राह्मण तथा क्षत्रिय के आचार-विचारों का विस्तार से वर्णन करते हैं। कवि की दृष्टि से सत्त्वगुण का अधिकारी ब्राह्मण है जो अपनी तपस्या के प्रभाव से मनुष्यों में सत्त्व की वृद्धि और पाप का विनाश करता है— *'सत्त्वं प्रबलयति पापं च नुदति'* (म.च., 2.15)। वह स्वभावतः शान्त प्रकृति का होता है 'ब्रह्माणः प्रशमनपराः' (वही, 3.34)। दर्प उसके लिए व्याधि कहा गया है (वही, 4.22)। ब्राह्मणों में वाणी का वैभव सिद्ध माना गया है *'सिद्धं ह्येतद्वाचि वीर्यं द्विजानाम्'* (उ.रा.च., 5.32)। 'उत्तररामचरित' में कवि का निर्देश है कि साक्षात्कारी ब्राह्मणों के वचनों में संशय नहीं करना चाहिए, क्योंकि उनके वचनों में लक्ष्मी का वास होता है और वे कभी अर्थरहित नहीं होते, सदा पूर्ण होते हैं (वही, 4.18)। ब्राह्मण द्वारा उच्चारित वचन कभी असत्य नहीं होते।

'महावीरचरित' (2.20-21) में ब्राह्मण ही शिष्टाचार-पद्धति के निर्माता कहे गये हैं। इन्हें जगत् को धारण करनेवाले दृश्यमान देवता माना गया है। कवि भी

---

1. मनुस्मृति, 10.4
2. वही, 7.35

ब्राह्मणों को भू-देवता कहकर समादृत करता है (मा.मा., 6.2)। क्षत्रिय ऋषि विश्वामित्र के लिए 'ब्राह्मण' शब्द का प्रयोग यह सिद्ध करता है कि भवभूति ब्रह्मवेत्ता क्षत्रिय को भी ब्राह्मण स्वीकार करते थे (म.च., 1.56-57)। 'शुक्रनीति'[1] का इस प्रसंग में निर्देश है कि जन्म से ब्राह्मण, क्षत्रिय, वैश्य और शूद्र नहीं होते, किन्तु गुण और कर्म के भेद से होते हैं। समाज में ब्राह्मणों को कुछ विशिष्टाधिकार प्राप्त थे, जिनमें भवभूति ने उनकी 'अवध्यता' का उल्लेख किया है (म.च., 3.30)। पर अपवाद रूप में विषम परिस्थिति समक्ष होने पर राजा ब्राह्मण का दमन भी कर सकता था (वही, 3.34,35)। ब्राह्मण-पुत्र के जीवन के लिए शूद्रपुत्र को प्राणदण्ड दिये जाने का उल्लेख भवभूति ने किया है (उ.रा.च., 2.8)। राजा (राम) अपने कार्य की कठोरता के प्रति सजग होकर भी दयार्द्र है और अपनी इसी मिश्रित मनःस्थिति में कहता है *'रे हस्त दक्षिण मृतस्य शिशोर्द्विजस्य, जीवातवे विसृज शूद्रमुनौ कृपाणं... करुणा कुतस्ते,* (वही, 2.10)। साथ ही शूद्र मुनि को मारनेवाले राजा के प्रति प्रशंसात्मक यह वचन *'दिष्ट्या अपरिहीनधर्मः स राजा'* (वही, 3.7-8) कवि का वर्णाश्रम धर्म के नियमों के पालन में आग्रह प्रकट करता है।

धर्मशास्त्र[2] ब्राह्मण के कर्तव्यों में यजन-याजन, अध्ययन-अध्यापन तथा दान-प्रतिग्रह का उल्लेख करता है। भवभूति ने राजा द्वारा ब्राह्मणों को दान दी गयी गौओं का उल्लेख किया है (म.च., 3.30)।

कवि ने एक ब्राह्मण के धर्म-कर्म की विस्तृत सारिणी प्रस्तुत की है। उसके अनुसार "चित्त को निर्मल बनानेवाली मैत्री आदि भावना का अवलम्बन, ज्योतिष्मती नामक समाधि-वृत्ति तथा ऋतम्भरा प्रज्ञा के आश्रय से आन्तर ज्योति के दर्शन ब्राह्मण के उचित कर्तव्य हैं। इनसे वह सर्वसामर्थ्य प्राप्त करेगा, उसे किसी प्रकार का विघ्न बाधित नहीं कर पाएगा और तेजोबल की वृद्धि होगी, इससे वह अपमृत्यु के पाप से पार हो जाएगा" (म.च., 3.4-5)।

जिस प्रकार सत्त्व गुण का अधिकारी ब्राह्मण है, उसी प्रकार रजस् गुण का अधिकारी क्षत्रिय कहा गया है। उसका बाहो-बल सिद्ध था—*'बाह्वोवीर्यं यत्तु तत्क्षत्रियाणाम्'* (उ.रा.च., 5.32)। अपने इसी बल के कारण क्षत्रिय को दुर्दान्तों के दमन का अधिकारी कहा गया है (म.च., 3.34)। क्षत्रिय का व्रत था रक्षण।[3] वह लोकरक्षा के लिए सशरीरी धनुर्वेद, वेदों के रक्षार्थ देहधारी क्षत्रिय धर्म और साक्षात् सामर्थ्य का समुच्चय होता था (म.च., 2.41; उ.रा.च., 6.9)। क्षत्रिय को स्वभावतः तेजस्वी माना गया है, वह दूसरे के तेज के प्रति असहिष्णु होता है। कवि ने उसकी

1. शुक्रनीतिसार, 1.38
2. मनुस्मृति, 10.75
3. वही, 10.80

उपमा उस सूर्यकान्तमणि से दी है, जो सूर्य के तेज को न सह सकने के कारण अग्नि-वमन करती है (उ.रा.च., 6.14)।

क्षत्रिय धर्म का रक्षक था, वह धार्मिक अनुष्ठानों को करनेवाले ऋषि-मुनियों के लिए विघ्नकारी राक्षसों का हनन कर राज्य को निष्कण्टक बनाता था। युद्ध उसका स्वाभाविक धर्म था, पराक्रम उसका सहज आचरण।

भवभूति वैश्य एवं वणिक् के लिए 'नैगम' शब्द का प्रयोग करते हैं (मा.मा., 1.33-34)। 'अमरकोश' भी *'वैदेहकः सार्थवाहो नैगमो वाणिजो वणिक्'* इन पर्यायवाची शब्दों से 'वैश्य' वर्ण का उल्लेख करता है। शूद्र के लिए कवि ने 'वृषल' (उ.रा.च., 2.8-10) पद का प्रयोग किया है। 'मनुस्मृति'[1] में ब्राह्मणों का कर्तव्य वेदाध्ययन, क्षत्रिय का कर्तव्य रक्षण तथा वैश्य का कर्म व्यापार एवं पशुपालन कहा गया है।

आश्रम—आश्रम रूप में चार अनुशासनों का उल्लेख है, जो द्विज के जीवन को चार अवस्थाओं में विभाजित करते कहे गये हैं। ये हैं—ब्रह्मचर्य अर्थात् विद्यार्थी जीवन, गृहस्थ अर्थात् दाम्पत्य जीवन, वानप्रस्थ या वनवासी जीवन तथा संन्यास—सर्वत्याग का जीवन। ये आश्रम चतुष्पदी रूप थे, जिनमें क्रमशः आरोहण करता हुआ मनुष्य अन्त में मोक्ष प्राप्त करता था। आश्रमों की यह व्यवस्था मनुष्य के विकास को पराकाष्ठा तक ले जाती थी।

ब्रह्मचर्याश्रम में ब्राह्मण ब्रह्मचारी वेदाध्ययन करते थे तथा क्षत्रिय ब्रह्मचारी धुनर्विद्या के साथ-साथ चार वेदों एवं अन्य विद्याओं का अध्ययन भी करते थे (उ.रा.च., 2.3-4)। परशुराम ने धनुर्वेद की शिक्षा शंकर से ली थी (म.च., 3.37)। इससे यह प्रतीत होता है कि ब्राह्मण भी क्षत्रियोचित युद्धधर्म की शिक्षा ले सकता था।

भवभूति एक क्षत्रिय ब्रह्मचारी की वेशभूषा का वर्णन इस प्रकार करते हैं—

चूडाचुम्बितकङ्कपत्रमभितस्तूणीद्वयं पृष्ठतो
भस्मस्तोकपवित्रलाञ्छनमुरो धत्ते त्वचं रौरवीम्।
मौर्व्या मेखलया नियन्त्रितमधोवासश्च माञ्जिष्ठकं
पाणौ कार्मुकमक्षसूत्रवलयं दण्डोऽपरः पैप्पलः ॥

—म.च., 1.18

'पीठ पर तूणीर लटकी हुई है जिसमें रखे हुए बाण शिखा का स्पर्श कर रहे हैं। उसके वक्षस्थल पर भस्म का पवित्र चिह्न है, वह मृगचर्म तथा मूँज की मेखला से बँधा गेरुआ लाल अधोवस्त्र पहने हुए है और उसने हाथों में धनुष के अतिरिक्त

1. मनुस्मृति, 10.80

अक्षमाला और पीपल का बना दण्ड धारण कर रखा है।'

निःश्रेयस् की प्राप्ति के लिए ब्रह्मचारी सदा स्वधर्म-पालन में रत रहता था (म.च., 1.24)।

शिक्षा के उपरान्त ब्रह्मचारी गृहस्थाश्रम में प्रवेश करता था। यह आश्रम अन्य आश्रमों की अपेक्षा मुख्य माना गया है। मनु[1] का कथन है, "जिस प्रकार सब जीवधारी वायु के आश्रय से जीवित रहते हैं, उसी प्रकार सभी आश्रम गृहस्थाश्रम पर अवलम्बित होते हैं।" भवभूति ने इस आश्रम में विद्यमान गृहस्थी को पंचयज्ञों का सम्पन्न करनेवाला तथा धर्मपरायण रहकर सांसारिक सुखों का भोग करनेवाला उल्लेख किया है (उ.रा.च., 2.22)।

इसके पश्चात् आता था मनुष्य का बनवास-काल। भवभूति ने पुत्र को कार्य-भार सौंपकर पिता द्वारा आरण्यक व्रत ग्रहण करने का उल्लेख किया है (म.च., 4.51)। कवि उन वनवासियों एवं गृहस्थियों का उल्लेख करता है, जो जनपद से दूर पार्वत्य वन-प्रान्तों में नदियों के तटवर्ती तपोवनों में तथा पर्णशालाओं में रहकर अहिंसा, सत्य, अस्तेय, ब्रह्मचर्य, अपरिग्रह आदि यमों एवं शौच, सन्तोष, तप, स्वाध्याय, ईश्वर प्रणिधान आदि नियमों (पतंजलि, योगसूत्र) का पालन करते हुए, अतिथि-सत्कार एवं मुट्ठीभर नीवार अन्न पकाकर जीवन-निर्वाह करते थे।

मनु[2] ने वानप्रस्थियों के लिए कन्दमूल फल का विधान किया है, मांस उसके लिए निषिद्ध है। वाल्मीकि राजर्षि जनक का मधुपर्क दधि और मधु से सम्पन्न करते हैं (उ.रा.च., 4.1-2)। वानप्रस्थी जटा, वल्कल, मृगचर्म तथा हाथों में अक्षसूत्र को धारण करता कहा गया है (म.च., 2.26)। वह जनपद में अधिक समय तक निवास नहीं कर सकता *'जनपदेषु न चिरमारण्यकास्तिष्ठन्ति'* (वही, 2.50-51)।

भवभूति संन्यासी को परिव्राट (वही, 5.16) तथा संन्यास को प्रव्रज्या (मा. मा., 4.6) की संज्ञा देते हैं। यह मनुष्य के सर्वत्याग की अवस्था है, जब वह संसार के सब भावों को दुखदायी मानकर उनसे संन्यास लेता है और वन में निवास करता है *'एते हि हृदयमर्मच्छिदः संसारभावाः। येभ्यो बीभत्समानाः संत्यज्य सर्वान्कामानरण्ये विश्राम्यन्ति मनीषिणः'* (उ.रा.च., 1.8-9)। इस आश्रम में संन्यासी ब्रह्मलीन रहकर अन्त में योग द्वारा अपने प्राणों का उत्सर्ग कर मोक्ष प्राप्त करता था।

वर्णाश्रम-व्यवस्था का विधान समाज के लिए अनिवार्य था। इस प्रसंग में कौटिल्य का स्पष्ट कथन है कि वर्ण और आश्रम की मर्यादा का पालन करने से लोक उन्नति को प्राप्त होता है—

---

1. मनुस्मृति, 3.77
2. मनुस्मृति, 6.5,14

व्यवस्थितार्यमर्यादः कृतवर्णाश्रमस्थितिः,
त्रय्याभिरक्षितो लोकः प्रसीदति न सीदति[1] ॥

विवाह—मनु[2] विवाह को स्त्री-पुरुष के सम्बन्ध को मर्यादा में रखनेवाली एक महत्त्वपूर्ण लौकिक प्रथा मानते हैं। भवभूति ने इसे 'लोकधर्म' कहकर सम्मानित किया है (म.च., 2.50-51)। विवाह द्विज के लिए एक आवश्यक संस्कार था। प्रत्येक धार्मिक कृत्य पत्नी के साथ सम्पन्न होता था। अश्वमेधयज्ञ में *'हिरण्यमयी सीताप्रतिकृति'* (उ.रा.च., 2.6-7) इसका उदाहरण है। विवाह-सम्बन्ध कुलपुरोहित अथवा कोई समादरणीय ब्राह्मण के द्वारा सम्पन्न किया जाता था (म.च., 2.57-58)। कन्या परार्थ समझी जाती थी। उसका प्रार्थी कोई भी हो सकता था (वही, 1.30)। सर्वाधिकार पिता को अथवा कुल के ज्येष्ठ व्यक्ति को होता था (वही, 1.41)। भवभूति की रचनाओं में विवाह के प्रकारों का उल्लेख नहीं है, किन्तु यह स्पष्ट है कि कवि गुरुजनों से सम्मत विवाह को प्रशंसनीय मानता है (वही, 1.57)। इस प्रसंग में वह 'रामायण' का यह श्लोक उद्धृत करता है—

प्रिया तु सीता रामस्य दारा पितृकृता इति।
गुणै रूपगुणैश्चापि प्रीतिर्भूयोऽप्यवर्धत ॥

—उ.रा.च., 6.31

किन्तु वर-वधू में यदि पूर्वानुराग हो जाता है तो वह उसे भी विवाह के लिए प्रशंसनीय मानता है। इस प्रसंग में कवि अंगिरा ऋषि के कथन को उद्धृत करता है *'गीतश्चायमर्थोऽङ्गिरसा यस्यां मनश्चक्षुषोर्निर्बन्धस्तस्यामृद्धिरिति'*—जिस कन्या में मन और चक्षु अनुरक्त हो जाएँ, उससे विवाह करने में समृद्धि है (मा.मा., 2.2-3)।

भवभूति की रचनाओं में कुछ ऐसे प्रसंग मिलते हैं, जिनसे प्रतीत होता है कि बाल-विवाह सम्मत था। सीता राम की बचपन से पोषिता प्रिया कही गयी हैं *'शैशवात्प्रभृति पोषितां प्रियाम्'* (उ.रा.च., 1.45)। कवि ने बाल्यावस्था में किये गये पाणिग्रहण का उल्लेख किया है (वही, 7.5)। भवभूति का यह कथन कि सीता अपने शिशुमुख से तथा स्वाभाविक हाव-भाववाले अंगों से राम तथा कौसल्या आदि माताओं का आनन्द-वर्धन करती थी (उ.रा.च., 1.20) विवाहोपरान्त सीता की बाल्यावस्था को इंगित करता है। किन्तु कवि का यह वर्णन काल्पनिक ही अधिक है, क्योंकि 'महावीरचरित' में राम के प्रति सीता का और लक्ष्मण के प्रति उर्मिला का मुग्धभाव तथा 'मालतीमाधव' में माधव के प्रति मालती का आकर्षण उनकी तरुणावस्था को प्रकट करता है।

---

1. अर्थशास्त्र, 1.3.17
2. मनुस्मृति, 9.25, 95

भवभूति अनुरूप गुणसम्पन्न वर-वधू का उल्लेख करते हैं (मा.मा., 6.15-16)। कवि के मत में श्लाघ्य वंश में जन्म, सुरूपता तथा गुणों से समृद्ध होना कन्या की ऐसी योग्यताएँ हैं, जो पति को सदा वश में रखती हैं (वही, 6.17)।

कन्या की ही भाँति वर को भी श्रेष्ठ वंश में उत्पन्न एवं प्रशंसनीय गुणों से युक्त होना अभीष्ट समझा गया है (वही, 10.23)। अयोग्य वर में कन्या का दान शोचनीय हो जाता है *'अनुचितवरसम्प्रदानशोच्यम्'* (वही, 2.6)।

कवि ने विवाह-कृत्य के कुछ अनुष्ठानों का संकेत दिया है, जिनमें विवाह के पूर्व वर का गोदान-संस्कार, पाणिग्रहण तथा कंकणमोचन उल्लेखनीय है। गोदान-मंगलयुक्त वर विवाह-दीक्षित समझा जाता था (उ.रा.च., 1.17-18)। कंकण-मोचन विधि से पूर्व कन्या का कर-दान होता था, जो कन्या के कुलपुरोहित द्वारा सम्पन्न होता था (वही, 1.18)। कवि ने पाणिग्रहणमंगल का उल्लेख कई बार किया है, परिणय-विधि में यही संस्कार प्रमुख था। एक स्थल पर 'जन्ययात्रा' का उल्लेख हुआ है, 'अमरकोश' के अनुसार 'जन्या' वरपक्ष के प्रियजन होते थे *'जन्याः स्निग्धा वरस्य ये'*। 'जन्ययात्रा' वरपक्ष के इन व्यक्तियों का जुलूस होता था, जो कन्या-गृह की ओर परिणय के लिए प्रस्थान करता था। इसे बारात कह सकते हैं। उस समय कन्यापक्ष के लोग अत्यन्त व्यस्त हो उठते थे। ब्राह्मण वेदमन्त्रों का पाठ करते थे, तथा सभी मनुष्य विभिन्न मंगलकृत्यों में संलग्न हो जाते थे (मा.मा., 6.2)।

विवाह के पश्चात् कंकण-मोचन होता था (म.च., 2.50)। इस उत्सव में वर वधू के हाथ में बँधा मंगलसूत्र खोलता था। इसमें वर-वधू के अतिरिक्त कन्या-पक्ष की स्त्रियाँ ही उपस्थित रहती थीं।

विवाहोपरान्त गुरुश्रेणी का कोई व्यक्ति वर-वधू को उपदेश देता था कि पति-पत्नी परस्पर प्रिय, मित्र, बन्धु, समस्त कामनाओं के आधार, निधि तथा जीवन होते हैं, यह तुम्हें ज्ञान होना चाहिए—

प्रेयो मित्रं, बन्धुता वा समग्रा सर्वे कामाः शेवधिर्जीवितं वा।
स्त्रीणां भर्ता, धर्मदाराश्च पुंसामित्यन्योन्यं वत्सयोर्ज्ञातमस्तु ॥

—मा.मा., 6.18

विवाह के पूर्व कन्या विघ्नरहित मंगल के लिए नगर-देवता के मन्दिर में जाकर पूजा करती थी (मा.मा., 6.2-3)। देवता के समक्ष ही वधू-अलंकरण होता था (वही, 6.7-8)। वधू की वेश-सज्जा के लिए श्वेत रेशमी वस्त्रों के अतिरिक्त एक लाल रंग का दुशाला होता था। अंगों को आभूषणों से सजाया जाता था। आभरणों में मुक्ताहार होता था तथा श्वेत कुसुमों का बना शिरोभूषण होता था (वही)।

विवाह के समय मंगलवाद्यों की ध्वनि में, जिनमें मृदंग का स्थान प्रमुख था,

अन्य सब शब्द खो जाते थे (वही, 6.4)। चामर, पताका और श्वेत छत्रों की भरमार हो जाती थी। गणिकाएँ पान चबाती हुई डोलती थीं तथा उच्चस्वर से मंगलगान गाती थीं। उनके अलंकारों की चमक इन्द्रधनुष का आभास देती थी तथा घुँघरू झण-झण बजते थे (वही, 6.4-5)। रत्नकिरणों एवं चीनांशुकों की छटा दिशाओं में छा जाती थी (वही, 6.5)।

विवाह-महोत्सव का अन्तिम कार्य था वधू का प्रतिगृहप्रवेश। प्रदोष काल में कौमुदी महोत्सव मनाया जाता था *'नववधूगृहप्रवेशविरचिताकालकौमुदीमहोत्सव'* (वही, 7-1)। वस्तुतः यह वर-वधू की मधुरात्रि होती थी, जब पति प्रथम बार वधू की सज्जित शैया के निकट जाता था। इस प्रकार विवाह-मंगल सम्पन्न हो जाता था।

पारिवारिक सम्बन्ध–परिवार-सम्बन्धों का कवि ने अत्यन्त सुन्दर वर्णन किया है। स्त्री परिवार एवं समाज का प्रधान अंग होती है। कवि का यह कथन *'गुणाः पूजास्थानं गुणिषु न च लिङ्गं न च वयः'* (उ.रा.च., 4.11)–गुणवानों में गुण पूजनीय होता है, लिंग या आयु नहीं, स्त्री के प्रति उसकी आदर-भावना को अभिव्यक्त करता है। स्त्री वह धुरी है जो विश्व-चक्र की उच्छृंखल गति को संयत कर उसे निरन्तर गतिशील रखती है। इसीलिए काव्यों में भी स्त्री ही केन्द्रबिन्दु रही। भवभूति की रचनाओं में भी स्त्री चाहे कन्या हो, पत्नी हो, माँ हो, हर रूप में आत्मगरिमा से मण्डित है। कवि ने स्त्री का जो वर्णन किया है, वह एक ओर रामायणकालीन स्त्री का चित्र प्रस्तुत करता है, दूसरी ओर आठवीं शताब्दी के भारत में स्त्री के स्थान को नियत करता है–पर इन दोनों में ही स्त्री का वह चित्र विशेष रूप से प्रकट हुआ है, जो भवभूति के अपने मानस-लोक का चित्र है।

भवभूति की 'कन्या' आनन्ददायिनी, प्रेमरस से परिपूर्ण और गुणों से उज्ज्वल है *'नयनोत्सवकारिणीति निर्व्यूढसौहृदरसेति गुणोज्ज्वलेति'* (मा.मा., 6.17)।

नारी के सन्दर्भ में डॉ. राधाकृष्णन्[1] का कथन है कि 'सौन्दर्य और कोमलता, शान्ति और प्रेम, समर्पण और त्याग उसके विशेष गुण हैं। कवि ने भारतीय कुमारी के रूप में मालती का जो रूप प्रस्तुत किया है, वह उपर्युक्त गुणों से परिपूर्ण है। वह अत्यन्त विनम्र एवं सहृदय है, इसलिए अपार कष्ट सहकर भी माता-पिता की अभिलाषा के विरुद्ध कोई कार्य नहीं करना चाहती। मृत्यु उसे अंगीकार है, पर माता-पिता का दुःख स्वीकार नहीं (मा.मा., 2.2)।' माधव के प्रति प्रेमासक्त होने के कारण वह अपने को लज्जाहीन और अपराधिनी अनुभव करती है (वही, 2.1-2)। भवभूति की यह उक्ति *'प्रभवति प्रायः कुमारीणां जनयिता दैवं च'* (मा.मा. 2.7-8) अर्थात् 'कुमारियों के विवाह आदि कार्य के बारे में पिता और भाग्य ही समर्थ होते हैं'–यह संकेत करती है कि भवभूति के समय में विवाह आदि प्रसंगों में कन्याओं

---

1. रिलीज़न एण्ड सोसाइटी, पृ. 139

की सम्मति लेना आवश्यक नहीं था। वे प्रायः पिता की इच्छा और भाग्य के अधीन रहती थीं। परिवार में कन्या का जन्म दुःख का कारण समझा जाता था *'स्त्रीजन्मलाभं जुगुप्सन्ते बान्धवाः'* (वही, 7.-1)। ऐसा निष्कारण नहीं था, क्योंकि उसके कारण कई बार परिजनों को तिरस्कार का दुःसह कीलक सहना पड़ता था (वही)। फिर भी परिवार में वह उपेक्षणीय नहीं थी। उसका पालन-पोषण प्रेम से किया जाता था। उच्चकुल की कन्याओं के लिए दास-दासियाँ नियुक्त रहती थीं तथा उन्हें ललित कलाओं की शिक्षा दी जाती थी।

भवभूति ने कन्यादान से होनेवाले मैत्री-सम्बन्धों का उल्लेख किया है। पुत्री देकर किसी बड़े व्यक्ति के साथ सम्बन्ध स्थापित करना प्रचलन में था। अपने लाभ को ध्यान में रखकर निम्न पदाधिकारी उच्चपदाधिकारी को अपनी कन्या दे देते थे (वही, 2.7)। मन्त्री एवं सामन्तगण राजा की प्रसन्नता के लिए अपनी कन्या को किसी अवांछित व्यक्ति को देने के लिए तत्पर हो जाते थे (वही, 2.8)। राजा की प्रसन्नता के लिए मन्त्री अपनी कन्या को प्रभुत्वाधीन कहने में संकोच अनुभव नहीं करता था (वही, 4.4-5)। जबकि कन्यादान में धर्मशास्त्र के अनुसार राजा प्रमाण नहीं माना गया है (वही)। 'याज्ञवल्क्य स्मृति' के इस कथन–'पिता' पितामह, भाई, सगोत्र तथा जननी कन्यादान में क्रमशः अधिकारी हैं'–से भवभूति के विचार मेल खाते हैं।

सारांश में परार्थ मानी जानेवाली कन्या *'कन्यायाश्च परार्थतैव हि मता'* (म.च., 1.30) की स्थिति कई बार विपदा का कारण होने पर भी परिवार में स्निग्ध थी। राजा दशरथ सीता को पुत्री के समान प्यार करते थे *'एषा रघुकुलमहत्तराणां वधू अस्माकं तु जनकसुता दुहितैव'* अथवा *'प्रिया तनूजास्य यथैव सीता'* (उ.रा.च., 4.15-16, 16)। इस तरह कन्या के प्रति परिवार में एक विशेष प्रिय मृदुभाव था।

दशरथ ने अपनी पुत्री शान्ता को दत्तक पुत्री के रूप में राजा रोमपाद को दिया था–

> कन्यां दशरथो राजा शान्तां नाम व्यजीजनत्।
> अपत्यकृतिकां राज्ञे रोमपादाय तां ददौ॥
>
> –उ.रा.च., 1.4॥

इससे प्रतीत होता है कि कन्या को दत्तक पुत्री के रूप में देने की प्रथा प्रचलित थी। राजा सन्तान के रूप में न केवल दत्तक पुत्र बल्कि पुत्री को भी सहर्ष स्वीकार करते थे। यही कन्या शान्ता ऋषि ऋष्यशृंग की पत्नी बनती है। वैदिक और पौराणिक इतिहास में ऐसे अनेक उदाहरण हैं, जब राजकन्या ऋषिपत्नी होने का गौरव धारण करती है।

पत्नी पति की सहधर्मचारिणी होती थी (उ.रा.च., 2.6-7; 7.20)। कवि ने उसे *'गेहेलक्ष्मी'* कहकर समादृत किया है (वही, 1.38)। पत्नी का अभाव जगत् को जीर्णारण्य बना देता है *'जगज्जीर्णारण्यं भवति च कलत्रे ह्युपरते'* (वही, 6.38)। स्त्री

उस रत्नदीप की तरह है, जिसके बिना जगत् प्रकाशशून्य हो जाता है *'निरालोकं लोकम्'* (मा.मा., 5.30)। वह गर्मी में वर्षा और शीत में उषा की मृदु रश्मियों के सदृश सुखदायिनी है, इसलिए वह जीवन, अपना ही दूसरा हृदय, आँखों के लिए चाँदनी और अंगों के लिए अमृत कही गयी है (उ.रा.च., 3.26)।

सहधर्मिणी होने के कारण पत्नी के बिना कोई भी धार्मिक कार्य सम्पन्न नहीं हो सकता। अश्वमेध-यज्ञ में सीता की अनुपस्थिति में *'हिरण्यमयी सीता प्रतिकृति'* को यज्ञ-सहधर्मिणी के रूप में प्रतिष्ठित करना इसका प्रत्यक्ष उदाहरण है (वही, 2.6-7)। इस प्रसंग में 'तैत्तिरीय ब्राह्मण'[1] का यह पद *'अयाज्ञिको वा एष यो अपत्निकः'*, प्रमाण है। जिस प्रकार सुख-दुःख में वह अद्वैत भाव से पति की सहचरी होती है, वैसे ही हर धार्मिक अनुष्ठान में वह पति की संगिनी होती है। वह पति के शान्ति, सुख, आनन्द, प्रेम, सौन्दर्य के दिव्य अनुभवों का माध्यम है। उसके वचन म्लान जीवन-कुसुम को विकसित करते हैं, कानों में अमृत भरते हैं और रसायन की भाँति मनःशक्ति का वर्धन करते हैं (उ.रा.च., 1.36)।

पत्नी के रूप में भवभूति ने नारी का जो चित्रण किया है, वह एक स्त्री का ऐसा आदर्श रूप है जो किसी बाह्य नियम या आदर्श से संचालित नहीं, बल्कि अपने स्वभाव की गरिमा से, जो वह है उसके वही होने से जुड़ा है। पति उसका परित्याग कर देता है, सन्तान उससे बिछुड़ जाती है। इन मर्मघाती आघातों से उसका मुख पीला और कृश हो जाता है—वह साक्षात् करुण-मूर्ति और विरहव्यथा जान पड़ती है (उ.रा.च., 3.14)। पर यह सिर्फ़ इनता ही नहीं है...उसकी निष्ठा अम्लान और अटूट रहती है क्योंकि उसके अन्दर परस्पर के प्रेम का विश्वास है *'अहमेवैतस्य हृदयं जानामि, ममाप्येषः'* (वही, 3.12-13)। उसका आराधना-भाव अविचल बना रहता है *'नमः सुकृतपुण्यजनदर्शनीयाभ्यामार्यपुत्रचरणकमलाभ्याम्'* (वही, 3.46-47)।

स्त्री के रूप में अब आती है माता। भवभूति शास्त्र उद्धृत करते हुए कहते हैं कि 'सन्तान के लिए पत्नी समादरणीया है' (मा.मा., 1.5)। जिस तरह महाप्रकृति मानव की रक्षा में तत्पर रहती है, उसका पालन-पोषण करती है, उसी तरह भवभूति की रचनाओं के नारी पात्र पशु-पक्षियों में, पौधों में अपना वात्सल्य अर्पित करते, सन्तान की तरह उनका लालन-पालन करते दिखाई देते हैं (उ.रा.च., 3.25)। पुत्रवत् पाले गये हस्तिशावक के अन्य हस्ति से आक्रान्त होने पर 'उत्तररामचरित' की नायिका पुकार उठती है *'परित्रायस्व परित्रायस्व मम पुत्रकम्'* (वही, 3.6-7)।

भवभूति ने प्रकृति में मानवी के मातृरूप को प्रतिष्ठित किया है। पृथ्वी, गंगा, गोदावरी, तमसा, मुरला आदि इसकी उदाहरण हैं। *'सा त्वमम्ब! स्नुषायामरुन्धतीव सीतायां शिवानुध्याना भव'* (वही, 1.23-24) तथा *'भगवति वसुन्धरे! सुश्लाघ्यां*

---

1. तैत्तिरीय ब्राह्मण, 2.2.2,6

दुहितरमवेक्षस्व जानकीम्' (वही, 1.50-51)। राम के इन वचनों को गंगा और पृथ्वी अन्त तक पूर्ण करती हैं। सन्तान का स्नेह धरणी को भी विचलित कर देता है *'अत्रभवती विश्वम्भरा व्यथतं इति जितमपत्यस्नेहेन'* (वही, 7.3-4)। फिर उन स्त्रियों की तो कथा ही क्या, जिनका हृदय फूल के समान सुकुमार कहा गया है (वही, 4.12)।

भवभूति की स्त्री केवल 'गेहे लक्ष्मी', पत्नी अथवा माँ ही नहीं है, वह 'आचार्या' के महनीय पद को भी धारण करती है। वह वेद-वेदांगों में निष्णात है, सहज बोधसम्पन्न है, गुणों के अभ्यास से पूर्ण उसकी वाणी है, उसमें प्रगल्भता है, काल का ज्ञान है, प्रतिभा की नवीनता है (मा.मा., 3.11)। धर्मशास्त्र के नियमों से वह परिचित है (वही, 4.4-5) और कामशास्त्र के आचारों से भी अनभिज्ञ नहीं (वही, 7.1)।

आत्रेयी वेदान्त विद्या के अध्ययन के लिए मुनि वाल्मीकि का आश्रम छोड़कर अगस्त्य मुनि के पास दण्डकारण्य जाती है। यह घटना इस बात की सूचक है कि अध्ययन के लिए स्त्रियाँ देशाटन भी करती थीं–

अस्मिन्नगस्त्यप्रमुखाः प्रदेशे, भूयांस उद्‌गीथविदो वसन्ति।
तेभ्योऽधिगन्तुं निगमान्तविद्यां, वाल्मीकिपार्श्वादिह पर्यटामि ॥

— उ.रा.च., 2.3

सीता के प्रति वसिष्ठ-पत्नी अरुन्धती की यह उक्ति– *'शिशुर्वा शिष्या वा'* (वही, 4.11) इस बात को प्रकट करती है कि अरुन्धती गुरुपदवी धारण करती थीं। 'मालतीमाधव' में सौदामिनी और अवलोकिता कामन्दकी की शिष्याएँ कही गयी हैं। विद्याप्राप्ति के लिए स्त्रियाँ भिन्न-भिन्न स्थानों में प्रवास करती थीं *'विद्यापरिग्रहाय नानादिगन्तवास साहचर्यमासीत्'* (मा.मा., 1.10-11)।

भवभूति ने स्त्री को उस महिमा-गरिमा से मण्डित दिखाया है, जिसके कारण तेजोनिधि ब्राह्मण भी अपने को पवित्र मानते हैं और राजर्षि पृथ्वी-तल पर झुककर जिसकी अभ्यर्थना करते हैं– *'जगद्वन्द्यां देवीमुषसमिव वन्दे भगवतीम्'* (उ.रा.च., 4.10)। पृथ्वी के मानव ही नहीं, द्युलोकवासी देवगण भी जिसका अभिनन्दन करते हैं *'वस्वर्करुद्रसहितः स्वयमेष साक्षात्वृद्धश्रवाः समभिनन्दति साधु साध्वीम्'* (म.च., 7.3)। पृथ्वी और भागीरथी भी जिससे अपने को पवित्र मानती हैं *'आवयोरपि यत्सङ्गात्पवित्रत्वं प्रकृष्यते'* (उ.रा.च., 7.8)।

कवि ने पति-पत्नी के मध्य स्थित प्रेम का अत्यन्त सुन्दर वर्णन किया है। 'सुख-दुःख में समान, सर्व अवस्थाओं में अनुगत, हृदय का विश्राम रूप यह प्रेम शाश्वत है। वृद्धावस्था इसके रस का हरण नहीं करती, और जो समय के आवरणों के हट जाने पर प्रगाढ़ता और उत्कर्ष को प्राप्त करता है, ऐसा दाम्पत्य-प्रेम बड़े पुण्य से प्राप्त होता है' (उ.रा.च., 1.39)।

पारिवारिक प्रेम की महत्त्वपूर्ण ग्रन्थि है सन्तान। कवि ने उसे प्रेम की पराकाष्ठा और माता-पिता के हृदय का अनुबन्ध माना है *'प्रसवः खलु प्रकृष्टपर्यन्तः स्नेहस्य। परं चैतदन्योन्यसंश्लेषणं पित्रोः* (वही, 3.16-17)।

पति-पत्नी के हृदय में प्रेम के रूप में रहनेवाली यह सुख की ग्रन्थि ही सन्तान कही गयी है (वही, 3.17)। माताएँ सदा ही सन्तान की सुख की चिन्ता में लगी रहती थीं *'मातृभिश्चिन्त्यमानानाम्'* (वही, 1.11)।

भवभूति ने परिवार में सम्बन्धों का जो चित्रण किया है, वह केवल पौराणिक, पारम्परिक या मानसिक चित्रण नहीं है, ऐसा प्रतीत होता है कि कवि ने अपने समकालीन समाज में और स्वयं अपने जीवन में सम्बन्धों की मधुरता, उदारता और सामंजस्यपरता को जाना था, अनुभव किया था।

आचार-पद्धति—हर प्राणी का कर्तव्य था पुरातन आचार का पालन करना *'अस्माभिरेव पाल्यस्य... पुराणस्य...आचारस्य...'* (म.च., 3.38)। गुरुजन सदा अनुगमन के योग्य समझे जाते थे *'गुरवो यूयमनुगन्तव्या नानुगन्तारः'* (वही 4.56-57)। यदि कभी कोई धर्म-विरुद्ध आचरण करता था तो गुरुजन ही उसका निराकरण करते थे (वही, 4.56-58)। कुलमर्यादा (वही, 7.31-32) तथा लोकमर्यादा (वही, 7.3-4) की रक्षा सामान्य कर्तव्य था। तपोवनों में विनीत भाव से प्रवेश कर्तव्य था। रथ अथवा विमान द्वारा भी तपोभूमि का अतिक्रमण करना आचार-पद्धति के विरुद्ध था (वही, 7.27-28; उ.रा.च., 4.22-23)। समाज का एक छोटा व्यक्ति जब अपने बड़ों से मिलता था तब अभिवादन करता था। वय आदि से परिचित न होने पर 'मैं पूज्यानुक्रम से आप सबको प्रणाम करता हूँ' (उ.रा.च., 4.21-22) इस प्रकार वह विरोधरहित नमस्कार-पद्धति का निर्वाह करता था। गुरुजन आशीष वचनों से अभिवादन का उत्तर देते थे— *'कल्याणिन्! आयुष्मान् भूयाः'*, *'जात! चिरं जीव'* (वही) इत्यादि। गुरुपत्नी के चरण-स्पर्श न करके 'मैं अवनितल पर सिर झुकाकर आपकी वन्दना करता हूँ' (उ.रा.च., 4.10)—इस प्रकार अभिवादन-पद्धति कही गयी है। गुरुपत्नी भी उचित पात्र में *'अक्षरं ते ज्योतिः प्रकाशताम्'* (वही, 4.10-11) कहकर आशीर्वाद देती थी। प्रणाम करनेवाला अपना परिचय देकर प्रणाम करता था, जैसे *'प्राचेतसान्तेवासी लवोऽभिवादयते'* (वही, 6.12-13) अथवा *'अयं लक्ष्मणः प्रणमति'* (वही, 7.20-21)।

सामाजिक सम्बन्ध—सामाजिक सम्बन्धों में ऋषि-मुनियों के साथ व्यवहार एवं मित्र, अतिथि, भृत्यों आदि को लिया जा सकता है। जबकि ऋषिगण जनपद से दूर पर्वतीय वन प्रान्तों एवं नदियों के तटों पर रहते थे, तब भी समाज से उनका सम्पर्क था। वे सामाजिक शिष्टाचार के निर्माता कहे गये हैं *'शिष्टाचारपद्धतेः प्रणेतारः'* (म.च., 2.20-21)। ऋषि राजकुलों में सम्बन्ध स्थापित करते थे (वही, 1.57) तथा विश्व-कल्याण के लिए निरन्तर प्रयत्नशील रहते थे (वही, 1.50)। ये

अपने तेजोबल से सामान्य वस्तुओं में भी तर्कातीत शक्ति उत्पन्न कर देते थे (वही 2.6)। ऋषि सत्त्व के प्रवर्तक और पाप के विनाशक समझे जाते थे *'सत्त्वं प्रबलयति पापं च नुदति'* (वह, 2.15)। ऋषियों को शस्त्रास्त्रविद्या का ज्ञान भी था। ये लोक में शान्ति स्थापित करने के लिए और दुष्टों के दमन के लिए अपने अधिकृत अस्त्रों को भेंट करते थे (वही, 2.4-5)। उनके आशीर्वचनों को 'अमोघ अस्त्र' कहकर सम्मानित किया गया है *'अमोघमस्त्रं क्षत्रस्य ब्राह्मणानामनुग्रहः'* (वही, 2.4-5)। सत्यान्वेषी ऋषियों का सम्पर्क उत्कृष्ट कल्याण प्रदान करनेवाला होता था, वह अज्ञान का नाशक और शाश्वत शान्ति प्रदायक था। ऋषियों का संसर्ग दोनों लोकों में शुभकारी और महिमामय था। इनके वचन थे लोकोत्तर अपरिमित सुख के प्रदाता *'प्रकृष्टकल्याणोदर्कसंगमा ह्येते भवन्ति भगवन्तः सत्यसन्धाः साक्षात्कृतब्रह्माणो महर्षयः'* (वही, 1.11-12)।

तमांसि ध्वंसन्ते परिणमति भूयानुपशमः
सकृत्संवादेऽपि प्रथत इह चामुत्र च शुभम्।
अथ प्रत्यासङ्गः कमपि महिमानं वितरति
प्रसन्नानां वाचः फलमपरिमेयं प्रसुवते ॥
—वही, 1.12

गृहस्थी जन ऋषियों के सम्पर्क से अपने को धन्य समझते थे (वही, 1.11)। पुण्य और पाप के विचार में ऋषियों की वाणी प्रमाण मानी जाती थी (वही, 1.38)।

मैत्री एक ऐसा सम्बन्ध था, जिसकी रक्षा प्राण देकर भी करणीय थी। द्रोह तथा छल न करना, आत्म भाव से प्रिय करना मैत्री-धर्म माना जाता था—

प्राणैरपि हिता वृत्तिरद्रोहो व्याजवर्जनम्।
आत्मनीव प्रियाधानमेतन्मैत्रीमहाव्रतम् ॥
—म.च., 5.59

मैत्री की दृढ़ता के लिए इसे अग्निसाक्षी कर लिया जाता था, इसके पश्चात् दोनों का हृदय एकता से व्यवहार करता था—

पुण्ये मतङ्ग्यज्ञाग्नौ सख्यं निर्वृत्तमावयोः।
ममैव हृदयं तेऽस्तु तवैव हृदयं च मे ॥
—वही, 5.60

यदि दुर्जन के साथ भी मित्रता हो गयी है तो उसका निर्वाह किया जाना चाहिए (वही, 5.43)। मित्र के कार्य में तटस्थता का अवलम्बन धर्मविरुद्ध माना गया है (वही, 5.36)।

अतिथि को देवता की प्रतिष्ठा दी जाती थी, उसका आगमन शुभसूचक माना

जाता था *'अयं मे सुदिवसः'* (उ.रा.च., 2.1)। जहाँ भी अतिथि का आगमन होता था, वह गृह हो अथवा आश्रम, उसकी विशेष सज्जा की जाती थी (वही, 4.-1)। विशिष्ट अतिथि के आने पर आश्रम में अनध्याय हो जाता था, जिसे विद्यार्थी ब्रह्मचारी उत्सव की तरह मनाते थे *'शिष्टानध्याय इत्यस्खलितं खेलतां वटूनां कोलाहलः'* (वही, 4.18-19)। अतिथि के स्पर्श से गृह पवित्र समझा जाता था तथा उसे योग्य आसन अर्पित कर उसकी अभ्यर्थना की जाती थी (म.च., 4.27-28)। पुष्पांजलि बिखेरकर उसका स्वागत किया जाता था (उ.रा.च., 2.-1)। तपस्वी अतिथि को तरुछाया में बैठाया जाता था तथा उसे कन्दमूल, फल आदि से तृप्त किया जाता था (वही, 2.1)।

ऋषि अतिथि को आसन, पाद्य, अर्घ्य तथा श्रोत्रियोचित मधुपर्क देकर सम्मानित किया जाता था (म.च., 2.44)। आतिथ्य-धर्म जीवन के साथ इतना एकरस था कि प्रकृति भी वन्दनीय अतिथि के आगमन से प्रसन्न और उदार हो उठती थी (उ.रा.च., 3.24)। आतिथ्य-सत्कार गृहस्थियों का पवित्र कर्तव्य माना जाता था (वही, 1.25)।

समाज में भृत्यों अर्थात् दास-दासियों का भी उचित स्थान था। उनके साथ मृदु व्यवहार किया जाता था। गृहों के पुराने सेवक कुलवृद्ध के समान आदरणीय माने जाते थे (वही, 1.8-9)।

उत्सव और मनोरंजन—भवभूति विवाहोत्सव (मा.मा., 6.6), विजयोत्सव (म.च., 4.46-47), अभिषेकोत्सव (वही), जन्मोत्सव (उ.रा.च., 3.3-4), मदनोत्सव (मा.मा., 1.16-17) तथा कौमुदी महोत्सव (वही, 7.-1) का उल्लेख करते हैं। नाटक तथा यात्रा (जुलूस) भी समाज में उत्सवों के रूप में माननीय थे। प्रथम तीन उत्सवों का उल्लेख प्रसंगतः किया जा चुका है। जन्मदिन अथवा वर्ष की मंगलग्रन्थि एक महत्त्वपूर्ण दिवस एवं उत्सव के रूप में मान्य थी। माँ अपने बच्चों के कल्याण के लिए पुष्पों से कुलदेवता की अर्चना करती थी (उ.रा.च., 3.3-4) तथा दीर्घायु होने की मंगल-कामना करती थी (वही, 3.45-46)।

मदनोत्सव एक महत्त्वपूर्ण सामाजिक उत्सव था। इसे नगर से बाहर अथवा नगर के विशिष्ट उद्यान में मनाया जाता था (मा.मा., 3.8-9)। यह उद्यान मदनोद्यान, कुसुमाकरोद्यान (वही, 3.3-4) अथवा कामदेवोद्यान (वही, 1.20-21) के नाम से जाना जाता था। इस उत्सव में नगर के सब स्त्री-पुरुष सम्मिलित होते थे। पुरसुन्दरियों से उपवन अभिराम हो उठता था (वही)। इस उद्यान में कामदेव का मन्दिर होता था (वही, 9.44-45)। व्यापारियों की भीड़ (वही, 1.33-34) से ऐसा प्रतीत होता है कि यह उत्सव एक मेले की तरह था, जिसमें व्यापारी लोग क्रय-विक्रय करते थे। इस उत्सव में बड़े-बड़े कुलों की स्त्रियाँ एवं कुमारियाँ खूब सज-धजकर हथिनी पर बैठकर अपनी सखियों के साथ जाती थीं (वही, 1.21-22, 29-30)।

संस्कृत नाटकों (मृच्छकटिक आदि) में नायक-नायिका का प्रेम प्रायः इस उत्सव में आरम्भ होता है।

कौमुदी महोत्सव कार्तिक पूर्णिमा का उत्सव था, जिसे अब शारदोत्सव कहते हैं। कवि नववधू के गृहप्रवेश के समय ऐसे कौमुदी महोत्सव का उल्लेख करता है, जिसकी तैयारी में सब परिजन व्यस्त हैं (मा.मा., 8.-1)। उस समय शरद ऋतु न होने के कारण इसे 'अकाल कौमुदी महोत्सव' की संज्ञा दी गयी है।

यात्रा जुलूस का सामान्य नाम था। कवि जन्ययात्रा (वही, 6.2), मदनोद्यान यात्रा (वही, 3.8-9) तथा कालप्रियनाथ की यात्रा (म.च., 1.1-2; उ.रा.च., 1.1-2; मा.मा., 1.3-4) का उल्लेख करता है।

कालप्रियनाथ की यात्रा में देश-देशान्तर के लोग सम्मिलित होते थे (मा. मा., 1.3-4)। भवभूति ने कालप्रियनाथ की यात्रा के प्रसंग में अपने नाटकों के मंचन का उल्लेख किया है। इस दृष्टि से यात्रा एक ऐसा जुलूस होता था, जो किसी महोत्सव को लक्ष्य कर चलता था और तब एक स्थान पर रुककर अनेक रंगारंग कार्यक्रमों को प्रस्तुत करता था। इसमें प्रेक्षक भी होते थे और अभिनेता भी। प्रायः इसका समायोजन कई दिन तक होता था।

नाटक मनोरंजन के लिए होते थे (मा.मा., 1.8-9)। किसी विशेष नाटक के आयोजन पर सम्पूर्ण प्राणी समाज एकत्रित होता था। कवि दर्शकों के रूप में ब्राह्मण, क्षत्रिय, पौरजानपदों के साथ देव, असुर, तिर्यग् आदि प्राणीसमूह का उल्लेख करता है (उ.रा.च., 7.-1)। रंगस्थली में समाज का स्थान-विभाग लोगों की पदवी और प्रतिष्ठा को ध्यान में रखकर किया जाता था। ये नाटक प्रायः नदी-किनारों पर खेले जाते थे (वही)।

मनोरंजन के अन्य साधनों में चित्रकला (मा.मा., 1.16-17) एवं संगीत (मा.मा., 2.-1) सम्मिलित थे।

कवि खेलों में अस्त्रप्रयोग की प्रतियोगिता (म.च., 2.34) एवं पक्षियों के उड़ने की प्रतियोगिता (वही, 5.5) का उल्लेख करता है। ये प्रतियोगिताएँ अत्यन्त मनोरंजक थीं। एक स्थल पर कवि हाथीदाँत की बनी पुत्तलिका का संकेत करता है (मा.मा. , 10.5), सम्भवतः यह बाल्यकाल का एक खिलौना थी। पुष्पों से क्रीड़ा करना युवतियों का प्रमुख मनोरंजन था (वही, 5.31; 1.22-23)।

भोजन, पान—खाद्य पदार्थों में कवि नीवार चावल से निकले मधुर माँड (उ. रा.च., 4.1), घी से मिश्रित शाक, भात तथा बदरीफल से मिश्रित शाक का उल्लेख करता है (वही)। *'समांसो मधुपर्कः'* इस वाक्य के अनुसार कुछ विशिष्ट अतिथियों के लिए दो वर्ष की वत्सतरी और महोक्ष का मांस-मधुपर्क अर्पित करते थे। पर यह एक विवादग्रस्त प्रसंग है और धर्म सूत्रकारों ने इसकी अलग ढंग से व्याख्या की है। भवभूति मांसयुक्त मधुपर्क के विरुद्ध नहीं थे, क्योंकि वाल्मीकि मुनि के आश्रम

में वसिष्ठ के आने पर मांसयुक्त मधुपर्क से उनका स्वागत किया जाता है। पर दधि-मधुयुक्त 'मधुपर्क' के प्रति कवि का आग्रह विशिष्ट है। आश्रमवासी दण्डायन कहता है *'अनिवृत्तमांसानामेवं कल्पं व्याहरन्ति केचित्। निवृत्तमांसस्तु तत्रभवान्जनकः'* कि वसिष्ठ आदि जिन्होंने मांसाहार का त्याग नहीं किया है, उनके लिए *'समांसो मधुपर्क'* की व्यवस्था की गयी है, पर जनक ने मांस का परित्याग कर दिया है (उ.रा.च., 4.1-2), इसलिए उनके लिए दधिमधुयुक्त मधुपर्क प्रस्तुत किया गया। अतिथि-सत्कार के लिए घी में पका अन्न तथा मांस विशेष महत्त्व की वस्तुएँ थीं (म.च., 3.2)। कन्दमूल फल बहुलता में प्राप्त थे (उ.रा.च., 2.1) तथा तपस्वियों की खाद्यसामग्री में इनका विशेष स्थान था।

वेशभूषा और शृंगार—भवभूति की रचनाओं में हमें ब्रह्मचारी (म.च., 1.18), तपस्वी (वही, 7.30), वनवासी (वही, 2.26) तथा संन्यासी (मा.मा., 1.9-10; 2.5-6) व्यक्तियों के वेश का उल्लेख मिलता है। यात्रा के समय पथिक की वेशभूषा निश्चय ही पृथक् होती होगी, क्योंकि कवि तापसी के लिए *'अध्वगवेषा'* (उ.रा.च., 2.1) विशेषण का प्रयोग करता है। सामान्य स्त्री-पुरुषों की वेशभूषा का संकेत भी कई स्थलों पर हुआ है। पात्रों की वेशभूषा से प्रेक्षक तुरन्त समझ जाते थे कि यह कौन है और किस परिस्थिति में है। वधू के परिधान के लिए श्वेत *'धवलपट्टांशुक'* और लालवर्ण के वस्त्र *'उत्तरीयरक्तवर्णांशुक'* (मा.मा., 6.7-8) का उल्लेख हुआ है। ब्रह्मचारी का अधोवस्त्र मांजिष्ठ रंग का कहा गया है (म.च., 1.18)। यह रंग गेरुआ रंग के सदृश है। उत्तरीय स्त्री-पुरुष दोनों धारण करते थे। उत्तरीय के अतिरिक्त स्त्रियाँ दो वस्त्र *'अंशुकयुगम्'* और पहनती थीं (मा.मा., 6.7-8)। सम्भवतः पुरुष उत्तरीय के अलावा केवल अधोवस्त्र पहनते थे। स्त्रियों का अधोवस्त्र कमर पर नीवींबन्ध से बँधा रहता था (वही, 3.12-13)। राजपट्ट विशेष मृदु और सुन्दर कहे गये हैं *'मसृणितराजपट्टकान्ते'*—कवि ने इस वस्त्र को सुन्दर कोमल शरीर के उपमान के रूप में प्रस्तुत किया है (उ.रा.च., 5.18)। कवि उड़ते हुए राजहंसों से चिह्नित चामर (मा.मा., 6.4-5) तथा चित्रांकित चीनांशुकों (वही, 6.5) का उल्लेख भी करता है।

शृंगार में अलंकार (वही, 6.7-8) होते थे जो सुवर्ण, मोती और मणि से निर्मित होते थे। इनमें पुष्प (वही), अंगराग (वही), लाक्षारस (मा.मा., 3.12-13) तथा चन्दन (वही, 6.7-8) आदि सम्मिलित थे। स्त्रियाँ हाथों में वलय (वही, 1.26-27), पैरों में मंजीर (वही, 7.-1) और कमर में छोटे-छोटी किंकणियों से गुँथी हुई मेखला (वही, 1.26-27) पहनती थीं। कण्ठाभरण के रूप में मणि-मुक्तामाला (उ.रा.च., 1.29; मा.मा., 6.7-8) स्त्री एवं पुरुष दोनों पहनते थे। शिरोभूषण को कवि 'केशाभरण' (म.च., 6.5-6) तथा 'चूडामणि' (मा.मा., 9.29) नाम देता है। इन्द्रमणि (उ.रा.च., 6.17), चन्द्रमणि (मा.मा., 3.5), चन्द्रकान्त (वही, 6.12), कौस्तुभ (म.वी.च., 1.23)

तथा चिन्तामणि (मा.मा., 10.32) का प्रसंग कई स्थानों पर मिलता है। इन मणियों के बने हार चन्द्रमणिहार (वही, 8.3), मुक्तामणिसर (उ.रा.च., 1.29) एवं मणिनूपुर (मा.मा., 7.3) का उल्लेख कवि ने किया है। वेशभूषा में जूते अथवा पादुकाओं का स्थान भी था। कवि राम की सुवर्णमय पादुकाओं का उल्लेख करता है *'तपनीयोपानद्युगं'* (म.च., 4.53-54)। शृंगार में पुष्पों का महत्त्वपूर्ण स्थान था। वधू का शिरोभूषण श्वेत पुष्पों का बना कहा गया है (मा.मा., 6.7-8; वही, 7.-1)। राजा भी पुष्पों के किरीट पहनते थे; मन्त्री भूरिवसु के चरण सामन्तों के शिरोभूषण के फूलों के पराग से रंजित कहे गये हैं (वही, 6.15-16)। स्त्री-पुरुष पुष्पों की माला पहनते थे (वही, 6.7-8)। स्त्रियाँ चन्दन और केसर (उ.रा.च., 6.37) से बने अंगराग से कपोलों पर पत्र लेखा रचती थीं (मा.मा., 1.38)। कवि अनेक स्थलों पर चन्दन, हरिचन्दन (वही, 6.7-8; उ.रा.च., 3.11) के रस का वर्णन करता है जो लेप के काम आता था। स्त्रियाँ अलक्तक अथवा लाक्षारस से अपनी पगतलियाँ रँगती थीं (मा.मा., 3.12-13)। यह अभी तक प्रचलन में है।

चित्रकला और संगीत–निवासगृहों की भित्तियों पर चित्र अंकित किये जाते थे। यह प्रथा कवि के युग में सामान्य दीख पड़ती है। 'उत्तररामचरित' के प्रथम अंक में कवि चित्रवीथि का विस्तार से वर्णन करता है। राम की जृम्भकास्त्र-प्राप्ति से लेकर सीता की हुताशन-शुद्धि तक की समस्त घटनाएँ भित्तिचित्रों के रूप में सुसम्बद्ध रूप से अंकित की गयी हैं। ये भित्तिचित्र इतने सजीव और कलात्मक हैं कि दर्शक *'जानामि तस्मिन्नेव प्रदेशे, तस्मिन्नेव काले वर्ते'*–उसी स्थान में और उसी समय में होने की अनुभूति करने लगता है (उ.रा.च., 1.17-18)। शृंगवेरपुर में इंगुदी का पेड़ (वही, 1.21) तथा चित्रकूट के मार्ग में यमुना-तीर पर स्थित श्याम वटवृक्ष (वही, 1.23-24), भागीरथी की पावन धारा (वही, 1.22-23), वनवासियों से आश्रित तपोवन (वही, 1.25), गोदावरी (वही, 1.25-26) और मेघों की स्निग्धनीलिमा से आच्छादित प्रस्रवण पर्वत (वही)–इन सबका अत्यन्त स्वाभाविक चित्रण इन चित्रों में है। चित्रों में स्मृति का तत्त्व इतना संग्राहक है कि दर्शक उसमें बहुत दूर तक चला जाता है और उसे *'चित्रमेतत्'* कहकर सजग करना पड़ता है (वही, 1.27-28)। इस चित्रवीथि में जनस्थान (वही, 1.30-31) और दण्डक (वही) के भीषण वन, कुंजवान् पर्वत (वही) और कमलों से भरा पम्पा सरोवर (वही) हैं। इन्हें इतने वास्तविक रूप में चित्रित किया गया है कि ये सब वातावरण में प्रविष्ट हुए सदृश लगते हैं। कवि चित्रांकित माल्यवान् पर्वत का उल्लेख करता है, जहाँ विकसित कदम्ब वृक्षों पर मयूर नृत्य कर रहे हैं, जो अर्जुन पुष्पों से सुरभित है और जिसके शिखर पर नीला नया मेघ ठहरा हुआ है (उ.रा.च., 1.33)। पर यह सारा चित्रांकन प्रकृति के सौन्दर्य को कलात्मक रूप देने के लिए नहीं है–इसके अन्दर मानव-मन की

संवेदनाएँ, सुख-दुःख के भाव मिलन और विरह के मधुर-तिक्त क्षण पिरोये हुए हैं। सीता पूछती हैं यह कौन-सा पर्वत है जिसके नीचे *'प्ररुदितेनावलम्बितस्तरुतले आर्यपुत्रः आलिखितः'* रोते हुए आर्यपुत्र (राम) चित्रित हुए हैं? लक्ष्मण परिचय देते हैं और जब आगे सीता के विरह में राम की स्थिति का वर्णन करने लगते हैं—तो राम रोक देते हैं—

...विरम विरमातः परं न क्षमोऽस्मि,
प्रत्यावृत्तः स पुनरिव मे जानकीविप्रयोगः ॥ वही, 1.33

इस प्रकार राजप्रासाद की भव्य भित्ति पर आलिखित ये चित्र जीवन के अनेक मर्मान्तक प्रसंगों को फिर से अनुभवगम्य बना देते हैं।

इस प्रकार उत्तररामचरित का पहला अंक चित्र-दर्शन अंक है—इसे सीता के मन बहलाव के लिए प्रस्तुत किया जाता है *'दुर्मनायमानां देवीं विनोदयितुम्'* (वही, 1.12-13)।

कवि हिरण्यमयी सीताप्रतिकृति (उ.रा.च., 2.6-7) तथा मालती माधव के चित्र (मा.मा., 1.37-38; 2.-1) का उल्लेख करता है। स्वर्णनिर्मित सीता की मूर्ति, जो सीता के समान राम का विनोद करती है *'विनोदयन्ती'* (उ.रा.च., 3.45-46), सफल शिल्पकला का उदाहरण है। उच्चकुल के कुमार-कुमारिकाएँ चित्रकला में दक्ष थे—मालती माधव कम समय में ही एक-दूसरे का चित्र अंकित कर लेते कहे गये हैं (मा.मा., 1.34-35, 35-36)। कवि हाथीदाँत की बनी पुत्तलिका का संकेत करता है (वही, 10.5), जिससे प्रकट है कि हाथी दाँत कला के प्रयोग का माध्यम था।

भवभूति ने एक स्थल पर संगीतशाला (मा.मा., 2.-1) का उल्लेख किया है, जो उच्चकुल के वासगृहों के भीतर होती थी। मैक्डोनेल[1] का इस विषय में मत है कि 'मध्यकालीन भारत में विशेष प्रेक्षागृह नहीं थे, सम्भवतः नाटकों का मंचन राजभवनों की संगीतशाला में किया जाता था।' संगीत तथा नृत्य अप्सराओं (उ.रा.च., 4.23-24) एवं वारसुन्दरियों (मा.मा., 6.4-5) द्वारा विशेष अवसरों पर समाज के मनबहलाव के लिए प्रस्तुत किये जाते थे। कवि तूर्य (म.च., 7.4-5) तथा मृदंग (मा.मा., 6.4) आदि वाद्यन्त्रों का उल्लेख भी करता है।

साहित्य तथा शिक्षा-पद्धति—भवभूति तिस्रो विद्याः (उ.रा.च., 2.3-4), आन्वीक्षिकी (तर्कशास्त्र, दर्शन और अध्यात्मविद्या), वार्ता (कृषि, वाणिज्य, गोचारण और पशुपालन) और दण्डनीति (राजनीति, राज्य तथा शासन-संचालन की विद्या) का उल्लेख करते हैं जिनका अध्ययन विद्यार्थी चूड़ाकर्म संस्कार (वही) के पश्चात् करता था। लेकिन वह त्रयी विद्या (तीन वेद, वेदांग, उपांग, उपकरण) का अध्ययन उपनयन

---

1. हिस्ट्री ऑफ़ संस्कृत लिटरेचर, पृ. 352

संस्कार (वही) के पश्चात् करता था। जबकि मनु तीन विद्याएँ (त्रयी, वार्ता, दण्ड) और बृहस्पति दो विद्याएँ (वार्ता, दण्ड) स्वीकार करते हैं, वहाँ भवभूति कौटिल्य[1] का अनुकरण करते हुए *'आन्वीक्षिकी त्रयी वार्त्ता दण्डनीतिश्चेति विद्याः'* चार विद्याओं का प्रसंगतः उल्लेख करते हैं। कवि ने अनेक स्थलों पर वेद, उपनिषद्, सांख्य, योग (मा.मा., 1.8), मीमांसा, व्याकरण, न्याय (उ.रा.च., 1.1-2), वेदान्त 'निगमान्तविद्या' (उ.रा.च., 2.3), धुनर्वेद (म.च., 4.25-26), नाम संग्रह-ग्रन्थ (उ.रा.च., 4.25-26), रामायण (वही, 2.5-6) और पुराण (वही, 5.23) तथा मनु द्वारा प्रणीत धर्मशास्त्रों (म.च., 4.25; उ.रा.च., 5.23) आदि का उल्लेख किया है। ये उस समय पाठ्य-क्रम में थे। भवभूति वात्स्यायन तथा अंगिरा के कामसूत्रों (मा.मा., 7.-1) को भी यथाप्रसंग उद्धृत करते हैं। उन्होंने भास के वासवदत्ता-उदयन, कालिदास के विक्रम-उर्वशी एवं शकुन्तला-दुष्यन्त आदि पात्रों का प्रसंगतः उल्लेख किया है। (मा.मा., 2.7-8 13; 3.3), इससे प्रकट है कि भास, कालिदास का नाम और कृतित्व उस समय सभी को ज्ञात था।

शिक्षा का आरम्भ चूडाकर्म संस्कार (उ.रा.च., 2.3-4) के पश्चात् होता था। किन्तु वेदाध्ययन उपनयन संस्कार (वही, 2.34) के उपरान्त ही होता था। शिक्षक प्रखर बुद्धि एवं मन्दबुद्धि दोनों प्रकार के छात्रों में समदृष्टि रखकर विद्या का दान करता था। न तो उनके ज्ञान के ग्रहण में वह शक्ति का वर्धन करता था न उसका ह्रास ही करता था। छात्र अपनी सामर्थ्य के अनुरूप विद्या का ग्रहण करते थे (वही, 2.4)।

शिक्षक–शिक्षक 'गुरु' (म.च., 1.41-42; 2.34; 3.35, 39; उ.रा.च., 2.4) अथवा 'आचार्य' (म.च., 3.6) की महनीय उपाधि से सम्मानित थे। उन्हें देवतुल्य आदर प्राप्त था। यदि कोई मनुष्य अज्ञानी है, विपरीत एवं सन्दिग्ध ज्ञानयुक्त है, उसका रक्षक गुरु कहा गया है– *'तस्य गोप्ता गुरुः'* (वही, 3.35)। गुरु-चरणों की सेवा से निस्सन्दिग्ध ज्ञान की प्राप्ति होती है (वही, 3.36)। बालक को शास्त्र और शस्त्र का ज्ञान गुरु के निकट ही मिलता था (वही, 7.29)। गुरु शस्त्रास्त्र विद्या की शिक्षा ही नहीं देता था, बल्कि प्रिय और योग्य शिष्य को अस्त्रों का उपहार भी देता था। विश्वामित्र ने राम को रहस्यसहित जृम्भकास्त्र भेंट किये थे (वही, 1.41-42)। गुरुवचन पाप-पुण्य के विचार में ब्रह्मवाक्य के समान प्रमाण माने जाते थे (वही, 1.38)।

शिष्य–शिष्य (म.च., 4.20) अन्तेवासी (वही, 3.44-45; 5.1) की संज्ञा से भी जाना जाता था। समान गुरु होने पर दो शिष्य 'सातीर्थ्य' कहलाते थे (मा.मा., 2.8-9)। शिष्य गुरु के आश्रम में ही निवास करता था और रुरुमृग-चर्म

1. अर्थशास्त्र, 1.2.1

धारण करता था (म.च., 1.18)। कवि मेधावी शिष्य की तुलना पारदर्शक मणि से और मन्द शिष्य की तुलना अपारदर्शी मिट्टी से करता है (उ.रा.च., 2.4)। आश्रम में रहकर विद्यार्थी चारों विद्याओं का अध्ययन पूर्ण करता था (वही, 2.3-4)। विद्या का प्रकाश विद्यार्थी में अज्ञान के अन्धकार को दूर कर अनन्त आलोक और असीम शक्ति का संचार करता था *'ज्योतिर्मयमिवात्मानं मन्ये विद्याप्रकाशनात्'* (म.च., 1.48)। अध्ययन समाप्त होने पर स्नातक गोदान-संस्कार सम्पन्न कर विवाह करता था। यह संस्कार विद्यार्थी जीवन पूरा होने पर विवाह-सम्बन्ध से पूर्व किया जाता था।

मनु[1] के अनुसार ब्राह्मण का गोदान-संस्कार सोलहवें वर्ष में, क्षत्रिय का बाईसवें वर्ष में और वैश्य का चौबीसवें वर्ष में करणीय है। इस दृष्टि से 'द्विज' के अध्ययन-काल की अवधि भी सोलह, बाईस और चौबीस वर्ष तक थी।

शिक्षा का प्रसार व्यापक था। विद्याग्रहण के लिए विद्यार्थी देशदेशान्तर में निवास करते थे। (मा.मा., 1.10-11), जिनमें स्त्रियाँ भी सम्मिलित थीं (उ.रा.च., 2.3)। सह-शिक्षा प्रचलन में थी। आत्रेयी और कामन्दकी दोनों इसका उदाहरण हैं। देश-देशान्तर से तात्पर्य देश के ही भिन्न भागों से है।

भवभूति के नाटकों के इस परिशीलन से उनके सामाजिक-सांस्कृतिक ज्ञान की विशदता का परिचय प्राप्त होता है।

---

1. मनुस्मृति, 2.65

अध्याय 5

धर्म एवं दर्शन

धर्म मनुष्य के चार पुरुषार्थों (धर्म, अर्थ, काम, मोक्ष), चार वर्णों (ब्राह्मण, क्षत्रिय, वैश्य, शूद्र) और चार आश्रमों (ब्रह्मचर्य, गृहस्थ, वानप्रस्थ, संन्यास) के प्रयोजन को सिद्ध करता है। 'छान्दोग्य उपनिषद्'[1] धर्म के तीन स्कन्ध स्वीकार करता है *'त्रयो धर्मस्कन्धा'* जो ब्रह्मचारी, गृहस्थ और वानप्रस्थी के कर्तव्यों का निर्देश करते हैं। मानव का चरम पुरुषार्थ है असत्य से सत्य की ओर, अन्धकार से प्रकाश की ओर, मृत्यु से अमरत्व की ओर अग्रसर होना।[2] यजुर्वेद में परिपूर्ण जीवन और मोक्ष-सिद्धि के लिए ऋषि सौ वर्ष तक सकल इन्द्रियों की सामर्थ्य की और शतायु होने की प्रार्थना करता है।[3] भवभूति तत्त्वनिर्णय के लिए शास्त्र-श्रवण का, यज्ञादि अनुष्ठान एवं कूप-तड़ाग आदि के निर्माण के लिए धन का, सन्तान के लिए पत्नी का एवं तपस्या के लिए आयु का नित्य आदर स्वीकार करते हैं (मा.मा., 1.5)।

भवभूति श्रोत्रिय ब्राह्मण थे, इसलिए उन्होंने वैदिक यज्ञ-याग की प्रतिष्ठा पर अधिक बल दिया है, पर उनके अन्दर कवि का स्वातन्त्र्य था, धर्म की शास्त्रीयता थी, साम्प्रदायिक संकीर्णता का अभाव था, इसलिए उन्होंने अपनी रचनाओं में वैदिक एवं पौराणिक देवी-देवताओं का तथा भूतल पर विद्यमान दिव्यगुण-सम्पन्न सत्ताओं का एवं अन्य मानवोत्तर अस्तित्वों का वर्णन भी किया है और उनकी वन्दना भी की है।

देवगण

कवि ने देवों का दिवोकसः (म.च., 4.1-2; 6.24-25), सुमनस (वही, 6.63-64; 7.25), अमृतभुज (वही, 2.2), सुर (वही, 2.4), मरुत (वही, 4.18),

1. छान्दोग्य उपनिषद्, 2.23.1
2. बृहदारण्यक उपनिषद्, 1.3.28
3. यजुर्वेद, 36.24

अमर (वही, 5.32), त्रैविष्टपान (वही, 6.25) आदि पर्यायों से उल्लेख किया है। कवि की रचनाओं में जिन देवों का प्रसंग आया है, वे हैं—ब्रह्मा (वही, 1.11, 46; 6.10), इन्द्र (वही, 1.26-27 46; 4.1-2; उ.रा.च., 5.27), विष्णु (म.च., 5.10; उ.रा.च., 5.27), रुद्र (म.च., 2.24; 7.3), सूर्य (उ.रा.च., 4.10-11), अग्नि (म.च., 1.17, 46; उ.रा.च., 5.27), वरुण (म.च., 1.46), कुबेर (वही, 6.27-28), प्राचीनबर्हि (वही, 1.17, 46), वसु (वही, 7.26), शेष (वही), त्वष्टा (उ.रा.च., 6.3), मरुत् (म.च., 1.46; उ.रा.च., 5.27), काल (वही), स्कन्द (म.च., 2.28), हेरम्ब (वही, 2.38; मा.मा., 9.3), मदन (वही, 1.22, 35) और सात स्वायम्भू (म.च., 2.8)। देवियों में उषा (उ.रा.च., 4.10) एवं इन्द्रपत्नी शची (म.च., 4.35; 6.15) का नामोल्लेख हुआ है तथा पार्वती (वही, 2.28; 3.6) एव सरस्वती (उ.रा.च., 1.1,2) की वन्दना हुई है। राम की अभ्यर्थना कवि ब्रह्मज्ञानियों के परम तत्त्व *'इदं हि तत्त्वं परमार्थभाजाम्'* एवं साक्षात् पुराण पुरुष *'अयं हि साक्षात्पुरुषः पुराणः'* के रूप में करता है (म.च., 7.2)।

पृथ्वी पर यदा-कदा विचरण करनेवाले देव और देवियों में या मानवोत्तर सत्ताओं में गन्धर्व (म.च., 6.27-29), यक्ष (वही, 6.27-28), किन्नर (वही, 7.25), विद्याधर (उ.रा.च., 6.1-7), किन्नरी (म.च., 7.26) एवं विद्याधरी (उ.रा.च., 6.1-7) का प्रसंग मिलता है। गन्धर्व-स्त्रियाँ अप्सराएँ (म.च., 7.4-5) अथवा सुरांगनाएँ (वही, 7.5) कही गयी हैं।

पार्थिक सत्ताओं का देवत्व

भवभूति ने न केवल अपने नाटकीय प्रयोजन को सिद्ध करने के लिए, बल्कि मनुष्य और प्रकृति के बीच प्रगाढ़ सम्बन्ध-सूत्र को स्थापित करने के लिए पृथ्वी एवं नदियों में मानवत्व एवं देवत्व की प्रतिष्ठा की है। तमसा (उ.रा.च., 3.1-48), मुरला (वही, 3.1-5), नर्मदा (वही), गोदावरी (वही), सरयू (वही) आदि नदियों का कवि ने मानवीकरण किया है और उनमें प्रेम का अत्यन्त मृदु एवं तीव्र संवेदनशीलता का चरित्रीकरण किया है। गंगा एवं पृथ्वी में देवत्व की प्रतिष्ठा हुई है *'देवताभ्यां गंगामहीभ्याम्'* (उ.रा.च., 7.17)। गंगा रघुकुल की अधिष्ठात्री देवी कही गयी है 'रघुकुल देवता' (वही, 1.22-23)। इस प्रसंग में कवि गंगावतरण के पौराणिक आख्यान का उल्लेख करता है (वही, 1.23)। राम गंगा के लिए 'अम्ब' सम्बोधन करते हैं (वही, 1.23-24)।

गंगा सम्पूर्ण लोक को पवित्र करनेवाली कही गयी है *'पाप्मभ्यश्चपुनाति वर्धयति च श्रेयांसि...गङ्गेव...'* (उ.रा.च., 7.21)। गंगा का प्रभाव सब देवताओं से बढ़कर माना गया है *'सर्वदेवताभ्यः प्रकृष्टतममैश्वर्यं मन्दाकिन्याः'* (वही, 3.14-15)। पृथ्वी संसार का शरीर कही गयी है *'शरीरमसि संसारस्य'* (वही, 7.5-6)। वह

विश्वम्भरा (वही, 7.3-4) रूप से संसार का पालन करती है और वसुन्धरा (वही, 7.5-6) रूप से जगत् को धारण करती है।

कवि ने शूद्र मुनि शम्बूक (वही, 2.10-11) एवं दनु (म.च., 5.33-34) को मृत्यु-उपरान्त दिव्य-देह धारण करते दिखाया है। नाटकों में जृम्भकास्त्रों की वन्दना अस्त्रदेवता (वही, 1.49-50) के रूप में की गयी है। इन अस्त्रों का साक्षात्कार ऋषियों ने सहस्र वर्षों की तपस्या के फलस्वरूप किया था (वही, 1.15)।

असुर

नाटकों में देवताओं के साथ असुर सर्वत्र उल्लिखित हैं, जो देवों से द्वेष करने के कारण 'देवद्विष' कहे गये हैं (म.च., 5.39)। कवि राक्षसों की भयजन्य मुद्रा का उल्लेख करता है (वही, 5.29)। वह क्रूर कर्म को राक्षसी कर्म *'अत्याहितं...राक्षसकर्म'* (वही, 4.49), कठोर वाणी को आसुरी वाणी *'ऋषयो राक्षसीमाहुर्वाच- मुन्मत्तदृप्तयोः'* (उ.रा.च., 5.29) तथा दुष्ट प्रकृति को आसुरी प्रकृति *'प्रकृत्या...आसुरः'* (म.च., 3.12) कहता है। कपाल और हड्डियों के आभरण, रक्त पीत वर्ण (वही, 1.35), आरे जैसे दाँत (वही, 5.29) तथा भयावह आकार (वही, 1.35) वाले राक्षसों के कर्म भी भयानक कहे गये हैं। भवभूति के ग्रन्थों में रावण (वही, 7.34-35), तारक (वही, 2.28), जम्भ (वही, 4.18), महिष (वही, 5.38), वृत्र (वही, 4.18), लवण (उ.रा.च., 1.50), त्रिपुर (म.च., 2.24), पाक (वही, 1.29) तथा दनु (वही, 5.34) आदि राक्षस-असुरों का यथाप्रसंग उल्लेख हुआ है।

देवी-देवता

नाटकों में आये वैदिक एवं पौराणिक देवी-देवताओं तथा अन्य देवत्व-सम्पन्न प्राणियों का प्रसंग कवि की धार्मिक विचारधारा के स्पष्टीकरण के लिए उल्लेखनीय है।

ब्रह्मा—भवभूति की रचनाओं में जिन देवताओं को विशेष रूप से प्रस्तुत किया गया है, उनमें ब्रह्मा का उल्लेख महत्त्वपूर्ण है। ब्रह्मा को पद्मयोनि (म.च., 2.2), हिरण्यगर्भ (वही, 3.7), विधि (मा.मा., 1.35), विधाता (वही, 6.7), वेधा (वही, 9. 28-29), धातु (म.च., 5.57), प्रजापति (उ.रा.च., 1.9), स्वयम्भू (म.वी.च., 2.8) आदि विशेषणसूचक पर्यायों से जाना गया है। ब्रह्मा के सात मानसपुत्र *'सप्त स्वायम्भुवाः'* (वही)– मरीचि, अत्रि, पुलस्त्य, अंगिरा, पुलह, क्रतु तथा वसिष्ठ—जगत् के स्रष्टा *'विश्वसृजः'* (वही) और युग के आदि गुरु माने गये हैं (वही)। ब्रह्मा की आत्मकला के रूप में सरस्वती का उल्लेख हुआ है *'देवतां वाचममृतामात्मनः कलाम्'* (उ.रा.च., 1.1)। ब्रह्मा ने ही देवताओं के पराक्रम-सार से शिवधनुष का निर्माण किया

था (म.च., 2.2)। वह वेदों के रचयिता 'श्रुतिकवि' (वही, 6.15), जगत् के कर्ता हैं *'विश्वस्यधातृ'* (मा.मा., 1.21), जिनसे सदा कल्याण की कामना की जाती है *'विधाता भद्रं नो वितरतु'* (वही, 6.7)।

इन्द्र—ऋग्वेद में इन्द्र सर्वशिक्तमान् देव हैं, लेकिन पुराणों में इन्द्र का स्थान उतना महत्त्वपूर्ण नहीं रहा और यह नाम कई सन्दर्भ-कथाओं से जुड़ गया। कवि ने इन्द्र को अनेक पर्यायों से सम्बोधित किया है—पाकशासन (म.च., 1.29), मघवा (वही, 1.34), मघोना (वही, 5.44), वज्रलक्षण (वही, 5.31), शुक्र (वही, 1.30), अमरपति (वही, 5.32), दिक्पति (वही, 6.11), शच्यासहचर (वही, 6.15), वृद्धश्रवा (वही, 7.3), संक्रन्दन (वही, 5.39), मरुत्वान् (वही, 4.19) आदि। सर्व देवों के अधीश्वर इन्द्र ने वृत्र और जम्भ असुरों का संहार किया था (वही, 4.18)। भवभूति कहीं ऋग्वेद के इन्द्र का प्रसंग देते हैं जो वज्रलक्षण हैं, तो कहीं अहल्याजार (वही, 1.26-27) इन्द्र का उल्लेख करते हैं जिनका पुत्र बाली है (वही, 5.32,39)।

विष्णु—कवि ने इस देव का उल्लेख उत्तम पुरुष (वही, 7.20-21), पुराण पुरुष (वही, 7.2), नारायण (उ.रा.च., 6.5-6), महावराह (वही, 5.26-27) आदि पर्यायों से किया है। प्रलयकाल में योगनिद्रा से सर्व द्वारों को निरुद्ध करनेवाले नारायण के उदर में समस्त प्राणीजगत् विलीन हो जाता है (वही, 6.5-6) और युगान्त हो जाता है। वह उत्तम पुरुष, जिसके चरणों से मध्यम लोक अंकित है, विष्णु हैं *'उत्तमपुरुषपदलांछितोमध्यमलोकः'* (म.च., 7.20-21)। विष्णु के उस चरण को भवभूति ने गंगा ध्वजावाला चरण कहा है, जिसने आकाश को मापा था, *'विष्णोः चरणश्चारुगंगापताकः'* (वही, 5.10)।

रुद्र—भवभूति ने रुद्र और शिव का एकत्व स्वीकार किया है। ऋग्वेद में शिव का सामान्य नाम त्र्यम्बक रुद्र के लिए आया है। विष्णु पुराणों में एकादश रुद्रों का प्रसंग है (वही, 15.1), जिनमें विरूपाक्ष, सुरेश्वर, जयन्त, सावित्र, अपराजित, वैवस्वत, हर एवं त्र्यम्बक मुख्य हैं। विभिन्न पुराणें में रुद्रों के विभिन्न नाम हैं (पौराणिक एन्साइक्लोपीडिया)। भवभूति ने शिव की एक पदवी के रूप में रुद्र का नामोल्लेख किया है। कवि के वर्णन से यह सहज ही ज्ञात होता है कि लोक में शिव 'परमदेव' समझे जाते थे (म.च., 2.24)। वे त्र्यम्बक (वही, 1.27), शम्भु (वही, 1.52,53; 2.2), चन्द्रशेखर (वही, 1.54), परमेश्वर (मा.मा., 1.21), कालरुद्र (म.च., 2.24), भवानीपति (वही, 2.28), खण्डपरशु (वही, 2.33), पशुपति (वही, 7.-1), हर (वही, 5.54), अष्टमूर्ति (वही, 7.9), नीललोहित (उ.रा.च., 6.3), नीलकण्ठ (मा.मा., 5.22), शंकर (वही, 3.-1), भूतेश (वही, 1.1), शूलपाणि (वही, 1.2) आदि पर्यायों से उनका परिचय मिलता है। अष्टमूर्ति शिव (पृथ्वी, जल, अग्नि, मरुत्, अम्बर, यजमान, सूर्य, चन्द्र आदि आठ मूर्तियाँ) की प्रथम मूर्ति जलमयी (सागर सम्पन्ना) *'मूर्तिरम्भमयी प्रथमा'* (म.च., 7.9) कही गयी है। इससे यह अर्थ

भी ध्वनित होता है कि प्रलयकाल में जब शिव अथवा रुद्र की विलय-शक्ति का प्रभाव होता है तब पृथ्वी जलमग्न हो जाती है। कालिदास ने भी शिव के इन आठ रूपों को स्वीकार किया है (शाकुन्तलम् 1.1)। भवभूति के शब्दों में शिव करुणामय *'भूतकरुणासन्तानशान्तात्मनः'* (म.च., 2.28) होकर भी कल्पान्तकारी देवता हैं, जो प्रलय के समय कालरुद्र का रूप धारण करते हैं *'कल्पापायप्रणयि दधतः कालरुद्रानलत्वम्'* (वही, 2.24)। 'मालतीमाधव' के नान्दीपाठ में कवि शिव की स्तुति करता है कि स्वयं सिद्ध महादेव मधुमती और सिन्धु नाम की नदियों के संगम को पवित्र करते हैं और 'सुवर्णबिन्दु' के नाम से प्रसिद्ध हैं (वही, 9.3-4)। कवि आगे स्तुति करता है 'हे वरद देव, वेदों के निधान, रुचिरचन्द्रशेखर, मदनान्तक, आदि गुरु, आपकी जय हो' (वही, 9.4)। शिव का धनुष पिनाक है *'व्यापारितं किमु हरेण धनुः पिनाकम्'* (म.च., 5.54), इसलिए उन्हें पिनाकी भी कहते हैं।

सूर्य—विश्वदेवों में सूर्य का उल्लेख है। भवभूति के शब्दों में वह समस्त लोकों एवं द्वीपों के दीपक *'अशेषभुवनद्वीपदीपः'* (मा.मा., 1.2-3), विश्वमूर्ति (वही, 1.3) और जगत् के नाथ हैं (वही)। सूर्य को कवि ने अनेक पारम्परिक नामों से अभिहित किया है—जैसे, सविता (म.च., 4.30; उ.रा.च., 1.9; 3.3-4), सहस्रकिरण (म.च., 5.59-60), भास्कर (उ.रा.च., 4.5), रवि (म.च., 7.21-22), भास्वान् (वही, 6.8), विवस्वान् (वही, 6.53; 7.21), तपन (वही, 5.5), अर्क (वही, 7.3), विकर्तन (वही, 7.7-8), मार्तण्ड (उ.रा.च., 6.3) आदि। वह दीप्त तेज *'प्रेद्धधाम'*, ज्योति का आगार *'निधिर्ज्योतिषाम्'* (म.च., 4.30), तेज का निधान *'धाम्नां निधानम्'* (वही, 7.21) हैं, वह वेदों के सार *'त्रय्यासारः'* (वही), पापों के विनाशक *'सवितारमपहतपाप्मानं देवम्'* (उ.रा.च., 3.3-4) आदि छन्द के प्रयोक्ता (वही, 3.48) तथा रजस् आदि दोषों से रहित हैं *'परो रजसाम्'* (वही, 4.10-11)। कवि सूर्य की आराधना करता है—

> कल्याणानां त्वमसि महसां भाजनं विश्वमूर्ते!
> धुर्यां लक्ष्मीमिह मयि भृशं धेहि देव! प्रसीद।
> यद्यत्पापं प्रतिजहि जगन्नाथ! नम्रस्य तन्मे
> भद्रं-भद्रं वितर भगवन्भूयसे मङ्गलाय ॥
>
> —मा.मा., 1.3

अर्थात् हे विश्वमूर्ति सूर्यदेव! आप मंगलरूप तेजों के आधान हैं, मुझे सकल सौख्य प्रदान करनेवाली लक्ष्मी प्रदान करें! जो अनिष्टकर है, उसका निवारण करें, और जो कल्याणकारी है, उसका वितरण करें। यह श्लोक ऋग्वेद के प्रार्थना-मन्त्र *'ऊँ विश्वानि देव सवितुर्दुरितानि परासुव। यद्भद्रं तन्न आसुव'* से सादृश्य रखता है।

अग्नि—भवभूति की रचनाओं में अग्नि को हुताशन (म.च., 6.4), शिखि (उ.रा.च., 6.4), वह्नि (वही), वैश्वानर (म.च., 5.39-40), उषर्बुध (म.च., 6.4-5)

आदि पर्यायों से जाना गया है। आहुति वहन करने के कारण इसे हव्यवाह भी कहा गया है। (वही, 5.9)।

वरुण–ऋग्वेद के विश्वदेवों में वरुण हैं। भवभूति ने वरुण का उल्लेख मात्र किया है (वही, 1.46)। कालिदास [1] ने इन्हें जलेश्वर कहा है, जल का देवता। वैदिक युग के इस अत्यन्त शक्तिशाली देवता का महत्त्व पुराणों तथा अन्य ग्रन्थों में उत्तरोत्तर कम होता गया।

कुबेर–कुबेर सम्पदाओं के स्वामी हैं। भवभूति ने उन्हें, द्रविणेश (म.च., 1.46), निधानाधिपति (वही, 7.-1), राजराज (वही, 7.40-41) की संज्ञा दी है। कुबेर की नगरी अलका है, इसलिए इन्हें अलकेश्वर कहा गया है (वही, 6.27-28)। यह उत्तर दिशा के अधिपति देवता हैं, जिससे इस दिशा का नाम कौबेरी *'कौबेर्याः ककुभः'* पड़ा है (वही, 6.27-28)।

प्राचीनबर्हि–कवि ब्रह्मा, इन्द्र आदि देवताओं के साथ प्राचीनबर्हि (कोई पुराण प्रजापति) का उल्लेख करता है (वही, 1.46), जबकि कालिदास[2] ने इस देव को इन्द्र स्वीकार किया है।

वसु–वसु आठ कहे गये हैं (म.च., 7.3; मा.मा., 5.24)। ये गणदेवता हैं।

शेष–यह पौराणिक सर्प नागों का अधिराट् है 'फणीन्द्र' (म.च., 7.26)। इसके सिर पर भूमण्डल स्थिर कहा गया है (वही)।

त्वष्टा–त्वष्टा अथवा विश्वकर्मा देवताओं के शिल्पी हैं। कवि पुराणों की उस कथा की ओर संकेत करता है, जब त्वष्टा ने सूर्य को अपने शाणयन्त्र पर रखकर तराशा था, क्योंकि उनकी पुत्री संज्ञा को पति का तेज असह्य था। भवभूति के शब्दों में "क्या आज प्रलयंकर शंकर का, त्वष्टा के द्वारा सान पर चढ़ाये हुए सूर्य के किरण-स्फुलिंग के समान तीसरा नेत्र खुल गया है–जिससे यह दिगन्तव्यापी प्रकाश फैल रहा है" (उ.रा.च., 6.3)। त्वष्टा का पुत्र वृत्र 'त्वाष्ट्र' कहा गया है। (म.च., 4.18), जिसका संहारक इन्द्र है।

मरुत–यह देव वायु (वही, 5.31) एवं मातरिश्वा (वही, 5.31-32) पर्यायों से उल्लिखित है। पुराणों की कथा के अनुसार हनुमान के वीर्यप्रद पिता मातरिश्वा थे *'यस्य रेतोधा भगवान्मातरिश्वा'* (वही)।

काल–जिसका अन्य नाम कृतान्त (म.च., 5.56; मा.मा., 5.25) है और जो अन्तक होने के कारण अपने नाम के अनुरूप मृत्यु का देवता है, और विषम एवं दारुण है (वही)। इसका स्वरूप भयंकर है (उ.रा.च., 4.29)।

---

1. रघुवंश, 9.24; 17.81
2. वही, 4.28

स्कन्द—शिवपुत्र स्कन्द कुमार (मा.मा. 1.2) एवं षण्मुख (म.च., 1.33) पर्यायों से उल्लिखित हैं। इनका वाहन मयूर है (मा.मा., 1.2)। स्कन्द ने तारकासुर का वध करके लोक में शान्ति स्थापित की थी (म.च., 2.28)।

हेरम्ब—कवि गणदेवता हेरम्ब की विनायक के पर्याय से वन्दना करता है (मा. मा., 1.2)।

मदन—मदन जो कामदेव (वही, 1.16), मकरकेतन (वही, 1.21-22), मन्मथ (वही, 1.27; 2.4), कन्दर्प (वही, 1.18), स्मर (वही, 1.40), कुसुमायुध (वही, 2.-1), पंचबाण (वही, 3.14), चित्तजन्मा (वही, 1.21), रतिरमण (वही, 1.20-21) आदि नामों से अभिहित हैं, तत्कालीन भारत के लोकमान्य देवता होने चाहिए। नगर में कामदेव के उपवन (वही, 3.-1) तथा मन्दिर 'अनंगमन्दिर' (वही, 9.44-45) का उल्लेख मिलता है।

लोकपाल—लोकपाल (उ.रा.च., 7.19-20) आठ देवताओं का एक देववर्ग था, जिसमें इन्द्र, कुबेर और वरुण भी सम्मिलित थे। ये दिशाओं के रक्षक देव थे और लोक के किसी विशिष्ट कार्य के प्रति अपनी प्रसन्नता प्रकट करने के लिए पुष्पवृष्टि करते थे।

चामुण्डा—'अमरकोश' सप्त माताओं में ब्राह्मी, माहेश्वरी, कौमारी, वैष्णवी, वाराही, इन्द्राणी और चामुण्डा का उल्लेख करता है। कवि ने नगर के महाश्मशान प्रदेश में कराला नाम की चामुण्डा देवी का उल्लेख किया है (मा.मा. 1.16-17)। नाटक में कपालकुण्डला और अघोरघण्ट कापालिक आनन्दित नीलकण्ठ की सभा में प्रसिद्ध चामुण्डा के लास्यात्मक नृत्य का अभिनन्दन करते हैं (वही, 5.22, 23)। यह देवी लास्य एवं ताण्डव दो प्रकार के नृत्य करती है तथा गले में मुण्डमाल धारण करती है। इस देवी को प्रसन्न करने के लिए नरबलि भी दी जाती थी (वही, 5.4-5)। श्मशान में स्थित इस देवी का मन्दिर अनेक अनिष्टों का उद्गम-स्थल कहा गया है (वही, 5.21)।

सरस्वती—कवि ने 'उत्तररामचरित' के मंगलाचरण में *'देवतां वाचममृतामात्मनः कलाम्'* कहकर देवी सरस्वती की वाणी के रूप में अभ्यर्थना की है (वही, 1.1)। वह देवरूपिणी है, सनातन है। वह विद्या की जननी है (वही, 4.5), सूनृत वाणी कामनाओं को पूर्ण करती है, सौन्दर्य का सृजन करती है, कीर्ति प्रदायिनी है और शत्रुत्व का नाश करती है। यह वाणी निर्दोष, मृदु और कल्याण करनेवाली कामधेनु के सदृश है।

मानवोत्तर प्राणी

गन्धर्व—मानवोत्तर प्राणियों के रूप में गन्धर्व संगीतज्ञों के रूप में समादृत थे। इनका राजा चित्ररथ था, जिसे इन्द्र ने स्वयं अभिषिक्त किया था (म.च., 6.27-28)।

वर्णन से ऐसा प्रतीत होता है कि कुबेर के राज्य में ही कोई उपराज्य इन गन्धर्वों का था (वही, 6.27-29)। ये दिव्य गायक अपनी पत्नियों के साथ मेघों में घूमते हुए और फूलों की वृष्टि करते हुए अनेक ग्रन्थों में वर्णित हुए हैं।

यक्ष–रावण का वैमात्रेय भाई कुबेर (म.च., 7.1-2) यक्षों का राजा माना गया है। कालिदास ने तो 'मेघदूत' के उत्तर खण्ड में यक्षों के जीवन का एक समग्र चित्र उपस्थित किया है। सम्भवतः उस समय यक्ष-सम्प्रदाय बहुत विकसित था। यक्षों की बहुसंख्यक प्रतिमाएँ आज भी मथुरा-संग्रहालय में प्रदर्शित हैं।

किन्नर–भवभूति ने *'न मानुषो नापि पशुः'* के रूप में *'अश्वमुखं किन्नर-मिथुनमेतत्'* कहकर किन्नरों का परिचय दिया है (म.च., 7.24-25)। यक्ष, गन्धर्वों की भाँति ये भी कुबेर के अधीन थे (वही)। किन्नर गन्धर्वों की भाँति ही मानवोत्तर प्राणी हैं।

ये उच्चतर स्तर की सत्ताएँ हैं, जिनका शरीर मानव का एवं मुख अश्व का होता है अथवा मुख मानव का और शरीर अश्व का होता है। 'श्रीमद्भागवत पुराण'[1] के अनुसार अश्वमुखी किन्नर होते हैं और मानवमुखी किम्पुरुष। वस्तुतः किम्पुरुष किन्नरों की ही एक जाति है। भास्कर्य कला में मनुष्यमुखी किन्नरों के बहुत से नमूने मथुरा-संग्रहालय में संगृहीत हैं। गन्धर्वों की भाँति किन्नर भी किन्नरियों (म.च., 7.26) के साथ नृत्य-गान करते हुए दिखाये गये हैं (वही, 7.26-27)।

विद्याधर–दिव्यशक्तिसम्पन्न विद्याधर-विद्याधरी विमान पर आरूढ़ हो मर्त्यलोक की घटनाओं का निरीक्षण किया करते थे (उ.रा.च., 6.-1)। इनका शरीर प्रकाशमान होता था *'उज्ज्वलं विद्याधरमिथुनम्'* (वही)। हिमालय के ऊँचे शिखरों पर इनका निवास था।

अप्सरा–दिव्य सौन्दर्य-सम्पन्न अप्सराएँ नृत्य, गान-कला में पारंगत मानी जाती थीं (उ.रा.च., 4.23-24)। सुरलोक की रमणियों को अप्सरा कहकर सम्बोधित किया गया है। रावण ने इन्द्र को पराजित कर इन सुरांगनाओं को बन्दिनी बनाकर रखा हुआ था (म.च., 1.59; 7.5)। कोई विशेष अवसर या प्रयोजन होने पर अप्सराएँ पृथ्वीतल पर उतरती थीं (वही, 7.4-5)।

सप्तर्षि–भवभूति *'वन्द्या विश्वसृजो युगादिगुरवः स्वायम्भुवाः सप्त'* कहकर इन ऋषियों की अभ्यर्थना करते हैं (म.च., 2.8)। ये दिव्यर्षि (वही, 6.62-63) तथा सप्तर्षि (उ.रा.च., 7.19-20) कहे गये हैं, इनके नाम हैं मारीचि, अत्रि, अङ्गिरस, पुलस्त्य, पुलह, क्रतु एवं वसिष्ठ। इनका उल्लेख कवि देवताओं के साथ करता है (वही, 1.6-7; 7.17)।

---

1. भागवत पुराण, 7.20.13

संस्कार

हिन्दू धर्म में सोलह विशिष्ट संस्कारों का विधान है, जिनमें भवभूति चूडाकरण 'चौलकर्म' (उ.रा.च., 2.3-4), उपनयन (वही; म.च., 1.16), केशान्त (वही, 1.58-59; उ.रा.च., 1.17-18) संस्कारों का नामोल्लेख करते हैं। केशान्त को ही गोदान संस्कार कहा गया है। विद्यारम्भ (म.च., 2.3-4) एवं वेदारम्भ (वही) संस्कार का केवल परोक्ष संकेत मात्र है। कवि विवाह-संस्कार (म.च., मा.मा., उ.रा.च.) का अपेक्षाकृत विशद वर्णन करता है।[1]

चूडाकरण—यह संस्कार पिता द्वारा सम्पन्न होता था, पर उसके अनुपस्थित होने पर कोई अन्य भी यह संस्कार सम्पन्न करा सकता था। भवभूति के वर्णन से ज्ञात होता है कि लव का चूडाकरण वाल्मीकि ने सम्पन्न कराया था (उ.रा.च., 2.3-4)। मनु[2] के मत में समस्त द्विजातियों का चूडाकरण वेदों के नियमानुसार धर्मपूर्वक प्रथम अथवा तृतीय वर्ष में होना चाहिए। इस संस्कार में बालक के सिर पर एक शिखा छोड़ दी जाती थी, जैसाकि 'उत्तररामचरित' में लव की वेशभूषा से भी ज्ञात होता है (वही, 4.20)।

विद्यारम्भ—भवभूति इस संस्कार का स्पष्ट उल्लेख नहीं करते। इस संस्कार को चौलकर्म या मुण्डन के साथ ही सम्पन्न किया जाता था। 'उत्तररामचरित' में लव और कुश की शिक्षा का प्रसंग है जिसे वाल्मीकि ने उनके चौलकर्म के पश्चात् आरम्भ किया था। लव-कुश ने आन्वीक्षकी, वार्ता एवं दण्ड—इन तीनों विद्याओं का अध्ययन उपनयन के पूर्व सम्पन्न किया था तथा उपनयन के पश्चात् त्रयी विद्या का अध्ययन किया था (उ.रा.च., 2.3-4)। कौटिल्य[3] भी इस धारणा की पुष्टि करते हैं कि चौलकर्म के उपरान्त विद्यारम्भ करा देना चाहिए *'वृत्तचौल-कर्मा लिपिं संख्यानं चोपयुञ्जीत।'*

उपनयन—मनु[4] आठवें वर्ष में ब्राह्मण का, ग्यारहवें वर्ष में क्षत्रिय का एवं बारहवें वर्ष में वैश्य के उपनयन का विधान करते हैं। भवभूति भी ग्यारहवें वर्ष में क्षत्रिय बालक के उपनयन का उल्लेख करते हैं *'एकादशे वर्षे क्षात्रेण कल्पेनोपनीय'* (उ.रा.च., 2.3-4)। यह एक दीक्षा-संस्कार था, जिससे सम्पन्न व्यक्ति की गणना द्विजों में की जाती थी। यह मनुष्य का पुनर्जन्म था। उपनीत होने के पश्चात् विद्यार्थी वेदाध्ययन द्वारा अपने सर्वोच्च लक्ष्य आत्म-साक्षात्कार की प्राप्ति कर सकता था, या इस दिशा में अग्रसर हो सकता था। स्त्री-पुरुष समान रूप से ब्रह्मप्राप्ति के अधिकारी

---

1. देखिए, 'समाज एवं संस्कृति' अध्याय
2. मनुस्मृति, 2.35
3. अर्थशास्त्र, 1.5.7
4. मनुस्मृति, 2.36

हैं अतएव दोनों को ही उपनीत होने का अधिकार प्राप्त है। 'उत्तररामचरित' में आत्रेयी उपनीत बालक लव-कुश की सहपाठिनी है, इससे प्रकट है कि वह भी उपनयन-संस्कार-सम्पन्न थी (वही, 2.2, 3-4)।

वेदारम्भ—भवभूति के वर्णन से स्पष्ट है कि वेदों का अध्ययन उपनयन के उपरान्त आरम्भ किया जाता था (वही, 2.3-4)। 'व्यास-स्मृति'[1] में इस संस्कार का सर्वप्रथम उल्लेख किया गया है।

केशान्त—इस संस्कार में ब्रह्मचारी के श्मश्रुओं का पहली बार क्षौर किया जाता था। इसे गोदान भी कहते थे, कारण इस अवसर पर शिष्य आचार्य को गो-दान करता था। *'गवां दानं छेदनं वितरणं वा गोदानम्'* इस विश्लेषण से केशान्त संस्कार का गोदान नाम उचित ही था। भवभूति इसे गोदान ही कहते हैं, यह संस्कार विवाह के पूर्व किया जाता था (म.च., 1.58-59; उ.रा.च., 1.17-18)। मनु[2] के मत में ब्राह्मण का केशान्त सोहलवें वर्ष में, क्षत्रिय का बाईसवें वर्ष में तथा वैश्य का चौबीसवें वर्ष में सम्पन्न होना चाहिए।

धार्मिक कृत्य

भवभूति ने बहुत से धार्मिक कृत्यों का उल्लेख किया है, जिनमें यज्ञ, जप, तप, अनुष्ठान, अर्चना-स्तुति, मूर्तिपूजा, तीर्थ, प्रायश्चित्त एवं बलि आदि मुख्य हैं।

यज्ञ—भवभूति के नाटकों में अनिष्ट-शमन के लिए शान्तिहोम (म.च., 3.23) के अतिरिक्त वाजपेय (वही, 4.57) एवं अश्वमेध (उ.रा.च., 2.6-7, 28-29) का प्रसंग आया है। इनके अतिरिक्त कवि बारह वर्ष में समाप्त होनेवाले एक सत्र का उल्लेख करता है, जिसे ऋष्यशृंग मुनि ने सम्पन्न किया था (वही, 1.4-5)। अश्वमेध राजक्रतु (राजसूय) था, जिसका अनुष्ठान राजा करता था *'राज्ञा राजक्रतुरश्वमेधः प्रक्रान्तः'* (वही, 2.6-7)[3] मुनियों के आश्रम में घृत द्वारा यज्ञाग्नि प्रज्वलित रखी जाती थी। कुश बिछे रहते थे एवं सोमपात्र रखे रहते थे। यूप यज्ञ-भूमि की विशेषता था—इसे यज्ञयूप कहा गया है (म.च., 3.20-21; 4.31)। ब्राह्मण, क्षत्रिय, ऋषि-मुनि, राजा यज्ञ करते थे। यज्ञ करनेवाले को आत्तदीक्ष (वही, 1.3), दीक्षिष्यमाण (वही, 1.7-8), यजमान (वही, 1.15), एवं यक्ष्यमाण (वही) कहा जाता था। कवि वाजपेय यज्ञ में ब्राह्मणों को दिये गये छत्र, यज्ञ के पात्र एवं होमधेनुओं का उल्लेख करता है (वही, 4.57)। यज्ञ में पुरोहित को दी गयी दक्षिणा का प्रसंग देते हुए कवि परशुराम का उल्लेख करता है, जिन्होंने सद्वीपा पृथ्वी दक्षिणा के रूप

---

1. व्यास स्मृति, 1.14
2. मनुस्मृति, 2.65
3. देखिए, 'राज्य और राजनीति' अध्याय

में अगस्त्य मुनि को दी थी (वही, 2.19)।

तप—भवभूति ने जैत्रसूक्त साम तथा अनुवाक जप (वही, 3.23), पराक एवं सान्तपन आदि तपों का उल्लेख किया है (उ.रा.च., 4.3-4)। साम तथा अनुवाक जप विजय के लिए एवं अनिष्ट-शमन के लिए किये जाते थे। परशुराम से राम का विग्रह होने पर राम की विजय के लिए वामदेव मुनि ने अपने शिष्यों के साथ इन जपों को सम्पन्न किया था (म.च., 3.23)। क्रमशः बारह एवं दो दिन में समाप्त होनेवाले पराक एवं सान्तपन तप भीतर के सब तत्त्वों को शुष्क कर देते हैं, तब मनुष्य केवल प्राण-धारण करता है। जनक ने इन तपों का अनुष्ठान किया था *'पराकसान्तपनप्रभृतिभिस्तपोभिः शोषितान्तः शरीरधातोरवष्टम्भ एव'* (उ.रा.च., 4.3-4)।

अनुष्ठान—अनुष्ठान (म.च., 4.33; उ.रा.च., 1.18) तथा अनुसंधान (म.च., 7.28-29) धार्मिक कृत्यों की नियमितता एवं कृतसंकल्पता के सूचक हैं। कवि के शब्दों में 'विश्वामित्र के प्रातःसायं सम्पादनीय अग्निहोत्रादि कर्मों के अनुष्ठान की नित्यता ने उनके स्वातन्त्र्य का अपहरण कर लिया था' *'किं त्वनुष्ठाननित्यत्वं स्वातन्त्र्यमपकर्षति'* (म.च., 4.33)। अग्निहोत्रियों के लिए गृहस्थता अनेक विघ्नों से पूर्ण है (वही)। यज्ञादि धार्मिक कृत्यों का संकल्पपूर्वक सम्पादन अनुष्ठान है, इन कृत्यों को इष्ट कर्म (मा.मा., 1.5) भी कहते हैं।

अर्चना—कवि पत्र-पुष्पों के अर्पण द्वारा की गयी देवताओं की अर्चना का उल्लेख करता है। यह अर्चना अमंगल के विनाश के लिए, सौभाग्य की वृद्धि के लिए और कल्याण-सम्पत्ति के लिए सम्पन्न की जाती थी। सीता लव-कुश की दीर्घायु के लिए पुष्पों से सूर्यदेव की आराधना करती हैं। (उ.रा.च., 3.3-4)। 'मालतीमाधव' में चतुर्दशी के दिन अपने हाथों से तोड़े गये फूलों से शंकर भगवान की अर्चना का प्रसंग है (वही, 3.-1)। देवता की पूजा के लिए अंगराग, पुष्पमाला तथा अन्य सुगन्धित द्रव्यों का उल्लेख है (वही, 6.7-8)। अर्चना के साथ-साथ स्तुतियाँ भी की जाती थीं, जिनसे पाप रूप अमंगल का नाश और मंगल का विस्तार होता था।

भवभूति के समय में मूर्तिपूजा प्रचलन में थी। कवि ने शंकर, कामदेव और चामुण्डा के मन्दिरों का उल्लेख किया है। देवों की पूजा-अर्चना के अतिरिक्त बलि (मा.मा., 5.21-22, 24) द्वारा देवी को प्रसन्न करना उस समय के धार्मिक कृत्यों का प्रधान अंग था। अन्य जीवों के अतिरिक्त मनुष्य-बलि का उल्लेख भी है, इसमें बलि के लिए चुने गये मनुष्य को वध्यचिह्नों से युक्त कर दिया जाता था (वही)। तीर्थ-जल में स्नान तथा तीर्थस्थलों का दर्शन पुण्यकर्म समझा जाता था (उ.रा.च., 2.14; 6.11)। मनुष्य पाप-निवारण के लिए प्रायश्चित्त करते थे (म.च., 3.8) प्रायश्चित्त द्वारा मनुष्य दोष मुक्त हो जाता था। प्रायश्चित्त का विधान और निर्देश गुरु करता था (वही, 4.25)।

लोक-विश्वास

हर देश, हर समाज के अपने कुछ विश्वास होते हैं। धर्मसम्बन्धी, लोकसम्बन्धी इन विश्वासों को लोक-श्रद्धा या लोक-विश्वास का नाम दिया जाता है। शकुन-अपशकुन, विश्वास-अन्धविश्वास बहुत प्राचीन काल से मनुष्य से बँधे हुए हैं। भवभूति की रचनाओं में भी तत्कालीन समाज की तत्सम्बन्धी धारणाओं की झलक मिलती है। यह लोकविश्वास था कि स्त्रियों का वामाक्षिस्पन्दन शुभ होता था (मा.मा., 1.9), लेकिन पुरुषों की बायीं आँख का स्फुरण अमंगल का द्योतक था (म.च., 6.7)। भाग्य के विधान पर मनुष्य का गहरा विश्वास था। विधि की अनुकूलता *'अनुकूलस्य विधेः किलायं विलासः'* (वही, 6.9-10) अथवा प्रतिकूलता *'दुर्वारदैव-दुर्विलसित...'* (मा.मा., 3.12-13) के प्रभाव की मान्यता थी। भवितव्यता की सर्वशक्तिमत्ता को स्वीकार किया जाता था—

प्रायः शुभं च विदधात्यशुभं च जन्तोः
सर्वङ्कषा भगवती भवितव्यतैव ॥ मा.मा., 1.24 ॥

भवभूति ने भाग्य की अत्यन्त वास्तविक व्याख्या प्रस्तुत की है—

सुहृदिव प्रकटय्य सुखप्रदां, प्रथममेकरसामनुकूलताम्।
पुनरकाण्डविवर्तनदारुणः, परिशिनष्टि विधिर्मनसो रुजम् ॥

—उ.रा.च., 4.15

अर्थात् 'भाग्य ऐसे मित्र के समान है जो पहले प्रेमपूर्ण अनुकूलता को प्रकट करके बाद में मन में दारुण वेदना का सृजन करता है।'

मालती-माधव में यौगिक शक्तियों के द्वारा आकाशमार्ग से गमन (वही, 5.1-6; 9.1-7), प्रकट तथा अन्तर्धान (वही, 9.54) होने के प्रसंग मिलते हैं। गंगा के आशीर्वाद से सीता का अदृश्य रूप से रहना (उ.रा.च., 3.1-5) गंगा में लोक की अतिशय श्रद्धा को प्रकट करता है।

भवभूति के समय में अनेक पारम्परिक एवं पौराणिक कथाएँ प्रचलन में थीं। अहल्या पर इन्द्र की आसक्ति, अहल्या का प्रस्तर-मूर्ति हो जाना तथा राम के स्पर्श से पापमुक्त होना (म.च., 1.26-27), वराह अवतार (वही, 5.2; उ.रा.च., 5.26-27), क्षीरसागर से चन्द्र-कौस्तुभ की उत्पत्ति (म.च., 1.23), अयोनिजा सीता का यज्ञभूमि से उत्पन्न होना (वही, 1.14-15, 20, 28) आदि अनेक कथा-प्रसंगों का उल्लेख भवभूति के नाटकों में हुआ है। उड़नेवाले पर्वत (वही, 5.3), आकाश में विचरण करते देवता (वही, 6.27-63; उ.रा.च., 6.1-7), वार्तालाप करती हुई नदियाँ (वही, 3.1-5), दिव्य पुरुषों के रूप में दनु (म.च., 5.34) और शम्बूक (उ.रा.च., 2.11), श्मशान में शोर मचाते हुए भूत-प्रेत (मा.मा., 5.1-18) आदि ऐसे प्रसंग हैं, जिन्हें

हम भवभूति के समय में प्रचलित अथवा परम्परा से आये हुए लोक-विश्वासों की संज्ञा दे सकते हैं।

मन्वन्तर एवं प्रलय

मन्वन्तर एक विशेष कालावधि है, जिसकी समाप्ति के उपरान्त युगान्त (म.च., 5.23; 7.10), कल्पान्त अथवा कल्पावसान (वही, 6.52-53, 56) हो जाता है। सृष्टि के रचयिता ब्रह्मा हैं (मा.मा. 1.21)। प्रलय के बाद भी रहनेवाले ऋषि-मुनियों को कवि *'कल्पस्थितेः साक्षिणः'* (म.च., 7.13) कहकर समादृत करता है। भवभूति ने प्रलयकाल का आलंकारिक वर्णन किया है। लव और चन्द्रकेतु के आग्नेय, वारुण और वायव्य अस्त्रों के प्रयोग से प्रलयकालीन वातावरण उपस्थित हो जाता है। कवि ने इसका अत्यन्त काव्यात्मक चित्रण किया है—'प्रचण्ड वायु, मेघों का अन्धकार, विश्व-ग्रास के लिए खुला काल का कराल मुख, नारायण के उदर में समाया प्राणीजगत्' (उ.रा.च., 6.5-6)। जृम्भकास्त्रों के प्रयोग से भी वातावरण प्रलय का विकट रूप धारण कर लेता है (वही, 5.14)। कल्पान्त के समय सागर का जल अपनी मर्यादा त्याग देता है *'कल्पावसाननिर्मर्यादं पाथ इव पाथोनाथस्य'* (म.वी.च., 6.52-53)। अग्नि से विश्व भस्मीभूत होने लगता है (वही, 6.56) सप्तसागरों की लहरों के परस्पर टकराने से भीषण निर्घोष होने लगता है (वही, 1.26)। कल्पारम्भ ब्रह्मदिवस का प्रारम्भ और कल्पान्त ब्रह्मदिवस का अवसान होता है।

दर्शन

भवभूति की रचनाओं में प्राप्त दार्शनिक सत्य एवं सिद्धान्त कवि के समकालीन समाज की आध्यात्मिक विचारधारा को प्रकट करते हैं। भवभूति ने सांख्य, योग, न्याय, वेदान्त-दर्शन के तत्त्वों का विशेष रूप से उल्लेख किया है, पर इनमें भी उनकी प्रवृत्ति वेदान्त दर्शन के प्रति विशेष आग्रहशील है। अज्ञान के नाश से ज्ञान-ज्योति का आविर्भाव और वस्तुओं की प्रत्यक्षता की अनुभूति *'प्रादुर्भूतसहज-ज्योतिषोऽपरोक्षमिव मे वस्तु....प्रतिभाति'* (म.च., 5.34-35), परम तत्त्व की प्राप्ति से भवसागर से क्लान्त प्राणी का आनन्द-अनुभव (वही, 6.52) आदि ऐसे प्रसंग हैं जो सामान्य दार्शनिक हृदय की अभिव्यक्ति के उदाहरण होते हुए भी वेदान्त से विशेष सम्बन्धित हैं।

हर व्यक्ति मूलतः दार्शनिक होता है, विशेष रूप से कवि, जो अपने जीवन-दर्शन, विश्व-दर्शन, आत्म-परमात्म-दर्शन के अतिरिक्त कविता में अपने स्वतन्त्र सृजन-धर्म से जुड़ा होने के कारण एक विशेष वर्ण छटा के साथ अपने दार्शनिक सत्यों का प्रस्तुतीकरण करता है। इससे पहले कि हम कवि द्वारा प्रस्तुत

सांख्य, योग, न्याय, वेदान्त के विश्लेषण में जाएँ, दो शब्दों में कवि के मीमांसा-विषयक ज्ञान का उल्लेख करना उचित होगा। कवि तीनों नाटकों के आरम्भ में सूत्रधार द्वारा अपना परिचय *'पदवाक्यप्रमाणज्ञः'* कहकर देता है। 'पद' व्याकरण है, 'प्रमाण' तर्कशास्त्र है और 'वाक्य' कवि के मीमांसाविषयक ज्ञान को प्रकट करता है। 'उत्तररामचरित' में आया 'अर्थवाद' शब्द (वही, 1.39-40) स्तुति के सामान्य अर्थ में प्रयुक्त हुआ है फिर भी यह मीमांसा का पारिभाषिक शब्द है, जिसका अर्थ है पदार्थों के सच्चे गुणों का कथन।

सांख्य—

इदं हि तत्त्वं परमार्थभाजामयं हि साक्षात्पुरुषः पुराणः।
त्रिधा विभिन्ना प्रकृतिः किलैषा त्रातुं भुविं स्वेन सतोऽवतीर्णा॥

—म.च., 7.2

'ब्रह्मज्ञानियों का परम तत्त्व, साक्षात् पुराण पुरुष, सत्त्व-रज-तम—इन तीन गुणों में विभक्त प्रकृति, सत्पुरुषों के त्राण के लिए राम के रूप में अवतीर्ण हुए हैं'। भवभूति का यह श्लोक सांख्य-दर्शन के दो तत्त्व—पुरुष और प्रकृति—की ओर संकेत करता है। त्रिगुणात्मिका प्रकृति की साम्यावस्था प्रलय तथा विषमावस्था सृष्टि की प्रतीक है। सत्त्व, रज, तम—इन तीन गुणों के कारण यह विश्व सुख, दुःख, मोह की विभिन्न अवस्थाओं का अनुभव करता है। प्रियतम वस्तु की निकटता से प्राणी आनन्द-अमृत की अनुभूति करता है, पर उसका अलगाव उसे अंगार की तरह तप्त करता है (मा.मा., 1.20)। ये विपरीत भाव गुणजन्य ही हैं। पुरुष गुणातीत है। वह साक्षात् चैतन्य है, चैतन्य उसका गुण या अभिधान नहीं है। तब उसके अवतरण का कारण? कवि के शब्दों में 'त्रातुम्'—अर्थात् *'साधूनां परित्राणाय'*। यहाँ कवि त्रिगुणात्मिका प्रकृति और पुरुष का उल्लेख करके भी उस परम तत्त्व की ओर संकेत करता है, जिसे वेदान्त में परब्रह्म की संज्ञा दी गयी है।

योग—कवि का यह कथन *'तत्परिचिनुचित्तप्रसादनीश्चतस्रो मैत्र्यादिभावनाः। प्रत्यासीदति हि ते विशोका ज्योतिष्मती नाम योगवृत्तिः। तत्प्रसादजं ऋतम्भराभिधानं नामाबहिःसाधनोपधेयसर्वार्थसामर्थ्यमपविद्धविप्लवोपरागमूर्जस्वलमन्तर्ज्योतिषो दर्शनम्। यतः प्रज्ञानमभिसम्भवति तद्ध्याचरितव्यं ब्राह्मणेन। तरति येनापमृत्युं पाप्मानम्।* (म.च., 3.4-5) योग-दर्शन के महत्त्वपूर्ण निर्देशों की व्याख्या प्रस्तुत करता है।

भवभूति ने जिन चार मैत्र्यादि भावनाओं का उल्लेख किया है, पतंजलि ने उन्हें मैत्री, करुणा, प्रसन्नता, उपेक्षा आदि नाम दिये हैं *'मैत्रीकरुणामुदितोपेक्षाणां सुखदुःखपुण्यापुण्यविषयाणां भावनातः चित्तप्रसादनम्'*[1] (योगसूत्र, 1.33)—अर्थात् सुखी मनुष्यों में मैत्री भावना, दुखी मनुष्यों में दयाभावना, पुण्यात्मा पुरुषों में प्रसन्नता

1. योगसूत्र, 1.33

की भावना एवं पापियों में उपेक्षा भावना रखने से विकार नष्ट हो जाते हैं और चित्त प्रसन्न एवं निर्मल हो जाता है। मन की स्थिति के लिए कवि शोक को दूर करनेवाली ज्योतिष्मती योगवृत्ति का प्रसंग प्रस्तुत करता है। पतंजलि ने इसे *'विशोका वा ज्योतिष्मती'*[1] कहा है। अभ्यास करते-करते जब साधक शोकरहित ज्योतिर्मय स्थिति को प्राप्त करता है, तब वह संशयरहित हो जाता है और ऋतम्भरा प्रज्ञा को प्राप्त करता है *'ऋतम्भरा तत्र प्रज्ञा'*।[2] श्रुतप्रज्ञा और अनुमानप्रज्ञा से श्रेष्ठ है यह ऋतम्भरा प्रज्ञा, क्योंकि इसके द्वारा वस्तु के स्वरूप का यथार्थ और पूर्ण ज्ञान हो जाता है *'श्रुतानुमानप्रज्ञाभ्यामन्यविषया विशेषार्थत्वात्'*।[3] वैराग्य का उदय होता है और रागद्वेषमय संस्कार नष्ट हो जाते हैं। अन्तर्ज्योति के दर्शन होते हैं और साधक मोक्षस्थिति को प्राप्त कर लेता है।

'मालतीमाधव' में प्रसंग है कि 'प्रियतम की निरन्तर चिन्तना से तन्मय होकर चित्तवृत्ति सारूप्य को धारण करती है' (वही, 5.9-10)। योगदर्शन में इसे *'वृत्तिसारूप्यमितरत्र'*[4] कहा गया है। ये वृत्तियाँ पाँच होती हैं *'प्रमाणविपर्ययविकल्पनिद्रा-स्मृतयः ।'*[5] इनमें से कवि ने केवल स्मृति का उल्लेख किया है (मा.मा., 5.9-10) पतंजलि ने स्मृति वृत्ति की परिभाषा दी है *'अनुभूतविषयासम्प्रमोषः स्मृतिः ।'*[6] अर्थात् अनुभूतिविषयों का अपरिवर्तित स्मरण स्मृति है। इसे और भी स्पष्ट शब्दों में इस प्रकार कह सकते हैं–प्रमाण, विपर्यय, विकल्प और निद्रा द्वारा अनुभव में आए विषयों का किसी निमित्त को पाकर ठीक उसी रूप में स्फुरित हो जाना स्मृति है।

'मालतीमाधव' में योगिनी कपालकुण्डला एवं सौदामिनी के आकाश-मार्ग से गमन करने का प्रसंग आया है। योगदर्शन में पतंजलि का यह सूत्र *'कायाकाशयोः सम्बन्धसंयमाल्लघुतूलसमापत्तेश्चाकाशगमनम्'*[7],–अर्थात् काया और आकाश के सम्बन्ध का ज्ञान कर लेने पर योगी अपने शरीर और मन का रूपान्तर करके उन्हें रुई की तरह हलका कर लेता है और आकाशगमन में समर्थ हो जाता है, कवि के वर्णन का प्रमाण है। इसे 'लघिमा' शक्ति कहा गया है। भवभूति ने योगदर्शन सम्बन्धी कुछ अन्य तथ्यों का उल्लेख भी किया है, जैसे *'षडधिकदशनाडीचक्रमध्यस्थितात्मा'* (मा.मा., 5.1)–सोलह नाड़ियों से गुँथा यह चक्र नाभि में स्थित है, उसमें संयम करने

1. योगसूत्र, 1.36
2. वही, 1.48
3. वही, 1.49
4. वही, 1.4
5. वही, 1.6
6. वही, 1.11
7. वही, 3.43

से शरीर के व्यूह का ज्ञान हो जाता है *'नाभिचक्रे कायव्यूहज्ञानम्'*[1] भवभूति द्वारा प्रयुक्त सिद्धि (मा.मा., 5.1) शब्द का अर्थ अणिमा, लघिमा, महिमा, गरिमा, प्राप्ति, प्राकाम्य, वशित्व, ईशित्व आदि अष्ट सिद्धियों से है। कवि ने शक्तिनाथ शिव को सिद्धि का प्रदाता *'सिद्धिदः'* (वही) कहा है। *'हृत्पद्म'* (मा.मा., 5.2) हृदय-कमल है, उसमें संयम करने से वृत्तियों सहित चित्त का ज्ञान हो जाता है *'हृदये चित्तसंवित्'*[2]।

न्याय—भवभूति की रचनाओं में न्याय-दर्शन सम्बन्धी प्रसंगों का उल्लेख बहुत कम हुआ है। कवि का यह कथन *'कथं प्रत्यक्षानुमानाभ्यामुपलभ्यमानमेकमेव वस्तु विप्रकृष्टान्तरं सम्पद्यते'* (म.च., 6.57-58)—अर्थात् प्रत्यक्ष एवं अनुमान से जानी गयी एक ही वस्तु पर्याप्त अन्तर रखती है—प्रत्यक्ष प्रमा एवं अनुमिति प्रमा की ओर संकेत करता है। इन्द्रियों और विषयों के संयोग से उत्पन्न ज्ञान 'प्रत्यक्ष' तथा अनुमान से प्राप्त ज्ञान 'अनुमिति' कहलाता है। *'तदप्रतिसङ्ख्येयनिबन्धनं प्रमाणमामनन्ति'* (उ.रा.च., 5.16-17) यह वाक्य अतर्क्य प्रमाण की ओर संकेत करता है। न्याय दर्शन में यथार्थ अनुभव के साधन को प्रमाण कहा गया है *'प्रमीयते अनेनेति प्रमाणम्।'*[3] 'प्रमा' यथार्थ अनुभव है, जिसके द्वारा प्रमा प्राप्त हो, वह प्रमाण है। प्रत्यक्ष और अनुमान ज्ञान के अतिरिक्त एक स्थल पर कवि ने 'शब्द ब्रह्म' का उल्लेख किया है (उ.रा.च., 2.5-6), जो नैयायिकों के मत में यथार्थ ज्ञान का अन्तिम साधन है। आप्त पुरुष उपदेश शब्द कहा गया है *'आप्तोपदेशः शब्दः।'*[4] वेद प्रमाण हैं। जैन और बौद्धों को अपने शास्त्र, आगम प्रमाण हैं, क्योंकि 'शब्द' को वे भी प्रमाण मानते हैं।

वेदान्त—कवि ने वेदान्त-विद्या का उल्लेख निगमान्त विद्या कहकर किया है (उ.रा.च., 2.3)। श्रुति के चरम सिद्धान्त के अर्थ में वेदान्त शब्द का प्रयोग उपनिषदों में ही सर्वप्रथम उपलब्ध होता है— *'वेदान्ते परमं गुह्यं'*[5] भवभूति ने जिस नित्य, अनादि, अनन्त और स्वाधार में अवस्थित चैतन्य ज्योति परमात्मन् की उपासना की है—

> अथ स्वस्थाय देवाय नित्याय हतपाप्मने।
> त्यक्तक्रमविभागाय चैतन्यज्योतिषे नमः॥ म.च., 1.1 ॥

---

1. योगसूत्र, 3.30, पतंजलि
2. वही, 3.35
3. उद्धृत, भारतीय दर्शन, पृ. 247, बलदेव उपाध्याय
4. न्यायसूत्र, 1.1.6
5. श्वेताश्वरतर उपनिषद्, 6.22

उसी निर्विकल्प, निरुपाधि, निर्विकार सत्ता को वेदान्त में परब्रह्म कहा गया है। इसकी ज्योति अक्षर है *'अक्षरं ज्योतिः'* (उ.रा.च., 4.10-11) तथा यह रज आदि गुणों से रहित है *'देवः परो रजसाम्'* (वही), *'परो रजांसि'* (वही, 7.1-2)। इसी ब्रह्म के साक्षात्कार के लिए ऋषि-मुनि साधना-रत रहते हैं। इसकी अनुभूति उनकी ब्रह्मानन्द अवस्था है (म.च., 7.31)। यह शाश्वत पद है (उ.रा.च., 2.21-22)।

कवि ने जीवलोक (वही, 4.17) तथा अन्धकार में डूबी हुई आत्मा का उल्लेख किया है (मा.मा., 9.20)। प्राणी इस जीवलोक की निरन्तर परिवर्तनशीलता की अनुभूति करता है *'जीवलोकपरिवर्तनमनुभवामि'* (वही, 7.1-2)। दुःखमय और भयंकर इस लोक को कवि 'नरक' की संज्ञा देता है *'घोरेऽस्मिन्...जीवलोकनरके'* (उ.रा.च., 4.17)। सृष्टि पंचभौतिकी अर्थात् पंच तत्त्वों से निर्मित कही गयी है *'एवं किलेयं पाञ्चभौतिकी सृष्टिः'* (म.च., 6.59-60)। तमप्रधान, विक्षेप शक्ति से युक्त, अज्ञानोपहित चैतन्य से सूक्ष्म तन्मात्रारूप आकाश की उत्पत्ति हुई, आकाश से वायु की, वायु से अग्नि, अग्नि से जल और जल से पृथ्वी की उत्पत्ति हुई। इन पंचतत्त्वों से बने प्राणियों का लय भी पंचतत्त्वों में हो जाता है *'पञ्चतां गताः'* (वही, 6.60)।

भवभूति ने वेदान्त-दर्शन के 'विकार' (उ.रा.च., 1.35; 3.36,47; 4.6; मा.मा., 1.31,35-36) एवं 'विवर्त' (उ.रा.च., 2.5-6; 3.40; 6.5-6; मा.मा., 1.40, 41) इन दोनों शब्दों का प्रयोग दार्शनिक रूप में किया है। उत्तररामचरित का यह श्लोक—

> विद्याकल्पेन मरुता मेघानां भूयसामपि।
> ब्रह्मणीव विवर्तानां क्वापि प्रविलयः कृतः॥ 6.6 ॥

अर्थात् वायु ने मेघों के समूहों का लय उसी प्रकार कर दिया है, जिस प्रकार तत्त्वज्ञान नाम-रूपात्मक विवर्तों का लय ब्रह्म में कर देता है—वेदान्त के विवर्त मत का निर्देशन करता है। वेदान्त में जगत् को माया का 'विकार' तथा ब्रह्म का 'विवर्त' कहा गया है। एक अन्य श्लोक—

> एको रसः करुण एव निमित्तभेदा—
> द्भिन्नः पृथक्पृथगिवाश्रयते विवर्तान्।
> आवर्तबुदबुद्तरङ्गमयान्विकारा—
> नम्भो यथा, सलिलमेव हि तत्समस्तम्॥
>
> —उ.रा.च., 3.47

विवर्त एवं विकार इन दोनों शब्दों को सारगर्भित रूप से प्रस्तुत करता है।

भवभूति के *'नामापि राम गृणताममृतत्वाय कल्पताम्'* (म.च., 7.15)—'हे राम, जो आपका नाम-स्मरण करे, वह अमृत-पद प्राप्त करे'—वाक्य में भक्तियोग के अत्यन्त महत्त्वपूर्ण अंग 'नाम-जप' का सार निहित है।

बौद्धधर्म—'मालतीमाधव' के अध्ययन से कवि के सम-सामयिक बौद्ध और तान्त्रिक समाज की स्थिति का ज्ञान होता है। उस समय मध्य भारत में बौद्ध धर्म के साथ ही साथ जैन धर्म का प्रभाव भी था। राजा स्वयं इन धर्मों का आदर करते थे और इनके भिक्षुओं एवं मन्दिरों को दान देते थे। यशोवर्मन के उत्तराधिकारी आमराज ने तो जैनधर्म स्वीकार भी कर लिया था। कश्मीर के राजा ललितादित्य ने अनेक मन्दिरों के साथ-साथ विहारों और चैत्यों का निर्माण कर उनमें बुद्ध की विशाल प्रतिमाओं की स्थापना की थी।

600 ई. से 1200 ई. के बीच का समय वैदिक धर्म के पुनरुत्थान का काल है। एक ओर उद्योगकर, कुमारिल भट्ट, शंकराचार्य, वाचस्पति मिश्र, उदयनाचार्य, रामानुज आदि दार्शनिकों ने वैदिक धर्म और अनुष्ठान की पुनः प्रतिष्ठा की, दूसरी ओर भवभूति, माघ, श्रीहर्ष आदि कवियों ने अपनी रचनात्मक शक्ति से वेद-उपनिषदों के ज्ञान और दर्शन को जन-जीवन में प्रवर्तित किया। कुमारिल भट्ट ने वैदिक वाक्यों की संगति द्वारा मीमांसा-वार्तिक की रचना की। शंकराचार्य ने श्रुति और उपनिषदों के प्रमाण से अद्वैतवाद की स्थापना की। दार्शनिक वाचस्पति मिश्र ने वेद की सम्यक् आलोचना और विविध दर्शन-ग्रन्थों द्वारा बौद्ध मत की असारता प्रतिपादित की। उदयनाचार्य ने वेद को प्रामाण्य कहकर ईश्वर का अस्तित्व स्थापित किया। 'नैषधचरित' के रचयिता श्रीहर्ष ने कलि के मुख से बौद्ध-मत कहलाकर पुनः उसका खण्डन किया और वैदिक मत की श्रेष्ठता प्रतिपादित की। पर भवभूति ने जिस प्रणाली से वैदिक धर्म की पुनःप्रतिष्ठा का रचनात्मक अध्यवसाय किया, वह अभूतपूर्व है। उन्होंने बौद्धधर्म में दीक्षित पात्रों की रचना की और वैदिक धर्म के प्रति उनका आग्रह एवं समादर प्रकट किया।

'मालतीमाधव' की एक मुख्य पात्री है कामन्दकी। उसके चरित्र से ऐसा आभास मिलता है कि उस समय का समाज बौद्धधर्म के ह्रास के प्रति सजग हो गया था। बौद्धग्रन्थों में प्रव्रज्या के जिन नियमों का उल्लेख है, कामन्दकी के जीवन में वे सारी कठोरताएँ नहीं हैं। वह कोमलहृदया एक मानवी ही विशेष है जो चीर-चीवर धर्म के विरुद्ध प्रतिज्ञा करती है कि प्राण देकर भी मैं मालती और माधव का विवाह सम्पन्न कराऊँगी (4.5)। तब मकरन्द का यह कथन (4.6)—"यह दया और स्नेह है जो संसार से विरत आपके चित्त को द्रवित कर रहा है, इसीलिए आप प्रव्रज्या के नियमों के विरुद्ध यत्न कर रही हैं"—धर्म में नियमों की शिथिलता को प्रकट करता है। इतना ही नहीं, कामन्दकी के शब्दों (6.18) में प्रेम और पति-पत्नी के सम्बन्ध की जो प्रतीति भवभूति ने प्रस्तुत की है, वह बौद्धधर्म के अनुरूप न होकर वैदिक धर्म में प्रतिष्ठित गृहस्थ-धर्म का आदर्श प्रस्तुत करती है।

कामन्दकी के कार्यों से सहज अनुमेय है कि भवभूति इस पात्र के द्वारा वैदिक धर्म के अभ्युदय को प्रतिष्ठित करना चाहते थे। बौद्ध-परिव्राजिका होने पर भी

कामन्दकी मालती को सौभाग्य-वृद्धि के निमित्त चतुर्दशी के दिन शंकर की पूजार्थ फूल-चयन के लिए उद्यान में भेजती है (मा.मा., 3.-1)। कामन्दकी का यह वचन *'इतरेतरानुरागो हि विवाहकर्मणि परार्ध्यं मङ्गलम्। गीतश्चायमर्थोऽङ्गिरसा यस्यां मनश्चक्षुषोनिर्बन्धस्तस्यामृद्धिरिति'* (2.2-3) इस बात का प्रतीक है कि उस समय बौद्ध लोग प्राचीन वैदिक आचार-संहिता का अध्ययन करते थे। यह भवभूति की अपनी उदारता थी या उस समय का दृष्टिकोण कि वैदिक-बौद्धधर्म के अनुयायियों में द्वेष दिखाई नहीं पड़ता। कामन्दकी एवं सौदामिनी आदि बौद्ध महिलाओं ने ब्राह्मण भूरिवसु एवं देवरात के साथ विद्याध्ययन किया था।

तान्त्रिक दृष्टिकोण—सौदामिनी के चरित्र से यह ज्ञात होता है कि उस समय लोग बौद्ध-सम्प्रदाय छोड़कर अघोरी, शैव या तान्त्रिक श्रेणी में प्रविष्ट होने लगे थे। कामन्दकी की शिष्या सौदामिनी पहले बौद्ध थी, किन्तु बाद में तपस्या, तन्त्र, मन्त्र, योग, अभियोग आदि के अनुष्ठान से उसने अनेक सिद्धियाँ प्राप्त की थीं। प्रणत शिष्या सौदामिनी के प्रति कामन्दकी का यह वचन—*'वन्द्या त्वमेव जगतः स्पृहणीय-सिद्धिरेवंविधैर्विलसितैरतिबोधिसत्त्वैः'* (10.21) इस तथ्य का परिचायक है।

भवभूति के समय का तान्त्रिक समाज अघोरघण्ट, कपालकुण्डला और सौदामिनी के चरित्र में विशेष रूप से प्रकट हुआ है। पद्मावती नगरी के श्मशान में बने कराला नामक चामुण्डा के मन्दिर में प्रधान गुरु मुण्डधारी अघोरघण्ट, भीषण वेशधारिणी उसकी शिष्या कपालकुण्डला तथा अलौकिक सिद्धियों से युक्त सौदामिनी तान्त्रिक समाज का प्रतिनिधित्व करते हैं। अघोरघण्ट और कपालकुण्डला चामुण्डा के समक्ष बलि देने के लिए मालती को चुनते हैं और उस पर बलिदान का चिह्न अंकित कर दिया जाता है। मालती का रुदन सुनकर माधव का यह कथन—

> करालायतनाच्चयमुच्चरत्करुण ध्वनिः।
> विभाव्यते ननु स्थानमनिष्टानां तदीदृशाम्॥ 5.21 ॥

कि 'यह मन्दिर इस तरह के अनिष्टों का स्थान है' उस समय प्रचलित नर-बलि आदि अघोर कार्यों की सूचना देता है।

गुरुचर्या, तपस्या, तन्त्र, मन्त्र, योग और अभियोग के अनुष्ठान से सिद्धियों को प्राप्त करना (मा.मा., 9.53) जिस सम्प्रदाय का उद्देश्य था, तथा जिस सम्प्रदाय की आराध्या देवी चामुण्डा थी—भवभूति के समय में उस सम्प्रदाय का क्या नाम था, निश्चित रूप से नहीं कहा जा सकता। कुछ लोग इसे अघोरपन्थी तथा कुछ लोग तान्त्रिक कहते हैं। वस्तुतः अघोरी भी तान्त्रिक सम्प्रदाय में माने जाते हैं। नर-बलि देना और नर-कपाल को धारण करना जिस सम्प्रदाय का प्रमुख अंग था, उसके गुरु अघोरघण्ट के वध द्वारा भवभूति ने इस सम्प्रदाय के प्रति अपनी भर्त्सना व्यक्त की है।

भवभूति ने अपने नाटकों की रचना वैदिक धर्म की प्रतिष्ठा के लिए की। इस विषय में शरच्चन्द्र शास्त्री[1] का कथन है–"भवभूति ने बौद्ध और तान्त्रिक-धर्म से जन-समाज का चित्त हटाने के लिए ही अपने तीनों नाटकों की रचना की। इसका प्रमाण उनके 'काव्य-त्रय' में प्राप्त समाज-चित्रों से भलीभाँति मिलता है। उन्होंने वैदिक समाज के चित्र को इतना पवित्र और महत् प्रस्तुत किया है कि मनुष्य की चित्तवृत्ति स्वयं ही उस ओर प्रेरित होने लगती है। उन्होंने 'मालतीमाधव' में तान्त्रिकों के कार्यों की भीषण नीति-भ्रष्टता और हिंसात्मकता का ऐसा वर्णन किया है कि जिसमें कुछ भी विचार-शक्ति है, वह इस तरह के धर्म को ग्रहण तो क्या करेगा, बल्कि यदि वह उस धर्म में होगा तो तत्काल उससे अलग हो जाएगा।"

भवभूति की कृतियों में धर्म के विविध विश्लेषण और दार्शनिक अध्ययन से तत्कालीन धार्मिक, दार्शनिक प्रवृत्तियों की झलक तो मिलती ही है, साथ ही भारत की परम्परागत विचारधारा तथा भवभूति के धार्मिक-दार्शनिक चिन्तन एवं उनकी तत्सम्बन्धी अवधारणा का परिचय भी प्राप्त होता है।

---

1. उद्धृत, 'भवभूति', सतीशचन्द्र विद्याभूषण, हिन्दी अनुवाद, पृ. 23

खण्ड : तीन

भवभूति का कृतित्व

अध्याय 6

भवभूति के नाटक

भवभूति को जिन नाट्य-कृतियों से जाना जाता है—वे हैं—'महावीरचरित', 'मालतीमाधव' एवं 'उत्तररामचरित'।

नाटकों का रचना-क्रम : भवभूति के नाटकों के पौर्वापर्य सम्बन्ध के विषय में तीन दृष्टिकोण इस प्रकार हैं—

1. कीथ[1], काले[2] एवं अन्य विद्वानों द्वारा स्वीकृत रचनाक्रम—'मालतीमाधव', 'महावीरचरित' एवं 'उत्तररामचरित'।

2. शारदारंजन[3] राय द्वारा स्वीकृत रचना-क्रम—'महावीरचरित', 'उत्तररामचरित' एवं 'मालतीमाधव'।

3. भाण्डारकर, बालवालकर, टोडरमल, करमरकर आदि विद्वानों द्वारा स्वीकृत रचना-क्रम—'महावीरचरित', 'मालतीमाधव' एवं 'उत्तररामचरित'।

प्रथम दृष्टिकोण के पक्ष में काले का कथन है कि गुण और दोषों का स्वाभाविक सम्मिश्रण होने के कारण 'मालतीमाधव' ही कवि की पहली रचना है। अपने इस मत की पुष्टि में वे एक अन्य तर्क यह प्रस्तुत करते हैं कि 'मालतीमाधव' की प्रस्तावना में कवि ने न केवल अपने कुल-शील का बल्कि विद्वत्ता का भी विशद परिचय दिया है जो क्रमशः 'महावीरचरित' एवं उत्तररामचरित में न्यूनतर हो गया है। यह अधिक स्वाभाविक है कि कवि प्रथम रचना में अपना विस्तृत परिचय प्रस्तुत करे। इसके अतिरिक्त 'महावीरचरित' के *'वश्यवाचः कवेः काव्यम्'* (1.4) शब्दों से स्पष्ट संकेत मिलता है कि यह नाटक कवि की द्वितीय रचना थी। इस नाटक की प्रस्तावना में कवि ने स्वयं को 'मालतीमाधव' की अपेक्षा अधिक विश्वास से व्यक्त किया है। 'मालतीमाधव' को प्रथम रचना स्वीकार कर लेने से 'महावीरचरित' एवं

---

1. संस्कृत ड्रामा, पृ. 187 ('मालतीमाधव' सम्भावित प्रथम रचना)
2. मा.मा., इण्ट्रो., पृ. 8-10
3. उ.रा.च., इण्ट्रो., पृ. 12-20

'उत्तररामचरित' के कथा-क्रम में कोई व्यवधान नहीं रहता है। 'मालतीमाधव' को प्रथम रचना मानने में एक तर्क यह भी है कि इसका प्रधान रस शृंगार है, जिसे 'रसराज' की संज्ञा प्राप्त है। एक नया कवि अपनी रचना का आरम्भ सर्वप्रथम इसी रस में करना चाहेगा। कालिदास के तीनों नाटक शृंगार-रस प्रधान हैं, इस प्रभाव को भी भवभूति ने ग्रहण किया होगा। 'मालतीमाधव', 'महावीरचरित' एवं 'उत्तररामचरित' का रस-क्रम—शृंगार-वीर-करुण—अधिक सुसंगत प्रतीत होता है, इसलिए 'मालतीमाधव' ही कवि की प्रथम रचना मान्य होनी चाहिए।

काले द्वारा 'मालतीमाधव' को प्रथम रचना स्वीकार करना स्वयं उन्हीं के द्वारा प्रस्तुत तर्कों के आधार पर प्रामाण्य प्रतीत नहीं होता। किसी रचना के गुण-दोष के कारण उसका पौर्वापर्य सम्बन्ध निश्चित नहीं किया जा सकता। 'उत्तररामचरित' में भवभूति का उत्कर्ष और वैशिष्ट्य दिखाई देता है, फिर भी उसमें गुण-दोषों का मिश्रण है। किसी रचना के दोष उसके प्रथम होने का प्रमाण नहीं हैं।

इसके अतिरिक्त 'मालतीमाधव' की प्रस्तावना का *'ये नाम केचिदिह'* श्लोक (1.6) आलोचकों के प्रति कवि का असन्तोष व्यक्त करता है। कोई भी कवि अपनी प्रथम रचना में इस प्रकार की प्रतिक्रिया व्यक्त नहीं करता। इस प्रतिक्रिया से स्पष्ट प्रतीत होता है कि दर्शकों एवं आलोचकों द्वारा कवि की किसी पूर्व रचना का स्वागत नहीं किया गया। इसलिए आलोचकों को प्रत्युत्तर देने के लिए कवि ने 'मालतीमाधव' प्रकरण की रचना की, जिसमें शृंगार आदि रसों का गहन प्रयोग किया, कामप्रयोग के विधान से नायक में अनेक रसों का आलम्बन प्रकट किया, विस्मयोत्पादक कथा और वचन की विदग्धता द्वारा इसे विशिष्टता प्रदान की (1.4)।

'मालतीमाधव' को प्रथम रचना मानने की पुष्टि में अन्य तर्क भी कमज़ोर प्रतीत होते हैं। जहाँ तक 'महावीरचरित' एवं 'उत्तररामचरित' के कथा-क्रम की निर्बाधता का प्रश्न है तो 'मालतीमाधव' को प्रथम न मानकर अन्तिम रचना मान लेने से भी समस्या हल हो जाती है। रस के आधार पर भी 'मालतीमाधव' को प्रथम रचना प्रमाणित नहीं किया जा सकता। जब वीररस प्रधान 'महावीरचरित' को सफलता नहीं मिली, तब कवि ने शृंगाररस को अपनी दूसरी रचना का माध्यम बनाया। इसके अलावा 'महावीरचरित' और 'उत्तररामचरित' के बीच एक मनोवैज्ञानिक अन्तराय है। मंच पर 'महावीरचरित' की विफलता कवि को एक नये नायक और नये कथानक के चयन की प्रेरणा देती है और इस प्रकार दूसरी कृति के रूप में 'मालतीमाधव' का जन्म होता है।

शारदारंजन राय 'मालतीमाधव' को अन्तिम तथा 'महावीरचरित' को प्रथम रचना स्वीकार करते हैं। राय के मतानुसार *'भक्तस्य तत्र समरंसत मेऽपि वाचः'* (म.च., 1.7) में भवभूति का 'समरंसत' शब्द विचारणीय है, जो भूतकाल में प्रयुक्त होने के कारण यह प्रकट करता है कि कथानक कवि ने पहले ही रच लिया था।

इससे यह भी संकेत मिलता है कि 'उत्तररामचरित' की रचना 'महावीरचरित' से पहले हुई थी लेकिन उसका मंचन 'महावीरचरित' के बाद हुआ था। राय के मत में भाण्डारकर आदि ने 'उत्तररामचरित' को अन्तिम रचना इसलिए स्वीकार किया, क्योंकि उसमें कवि की बौद्धिक चेतना का उत्कर्ष अधिक है। किन्तु यह मत अविश्वसनीय है, क्योंकि जब कवि की बौद्धिक चेतना पूर्ण रूप से प्रकाशित होती है तब वह रचना प्रारम्भ करता है, न कि समाप्त करता है। प्रज्ञा की परिणति से आयु की परिणति का अभिप्राय सम्भाव्य नहीं। अब प्रश्न उठता है कि 'परिणतप्रज्ञ' (उ.रा.च., 7.21) शब्द वाल्मीकि के लिए प्रयुक्त हुआ है अथवा भवभूति के लिए। यदि 'परिणतप्रज्ञ' भवभूति के लिए आया है तब 'शब्दब्रह्मविद' (वही) भी भवभूति के लिए ही प्रयुक्त होना चाहिए, किन्तु 'उत्तररामचरित' के नान्दी श्लोक (1.1) में कवि का पूर्वकवियों को नमन यह प्रमाणित करता है कि भवभूति स्वयं 'शब्दब्रह्मविद' तथा 'परिणतप्रज्ञ' नहीं थे, और ये विशेषण कवि ने वाल्मीकि के लिए प्रयुक्त किये हैं। इस दृष्टि से, भाण्डारकर आदि विद्वानों का 'उत्तररामचरित' को परिणतप्रज्ञ भवभूति की सर्वश्रेष्ठ कृति स्वीकार करना उपयुक्त नहीं है। अपनी मान्यता की पुष्टि में एक अन्य तर्क प्रस्तुत करते हुए राय का कहना है कि भाषा और शैली की दृष्टि से भी 'मालतीमाधव' उत्तम है। यदि कुछ लोग 'उत्तररामचरित' को सर्वश्रेष्ठ रचना स्वीकार करते हैं, तब भी उसे अन्तिम नहीं माना जा सकता, क्योंकि यह आवश्यक नहीं कि बाद की रचना होने के कारण वह अधिक प्रौढ़ एवं सुन्दर हो। इस दृष्टि से भी यदि देखें तो 'उत्तररामचरित' में कुछ ऐसी त्रुटियाँ हैं, जो 'मालतीमाधव' में नहीं हैं। 'उत्तररामचरित' की प्रस्तावना में सूत्रधार अपने कार्य का उल्लेख करके *'एषोऽस्मि कार्यवशादायोध्यकस्तदानींतनश्च संवृत्तः'* (1.2-3) अपने आयोध्यक बन जाने की सूचना देता है। राय का कथन है कि 'संवृत्तः' के पश्चात् *'(परिक्रम्य निष्क्रान्तः) इति प्रस्तावना'* का उल्लेख करके कवि को *'ततः प्रविशति कश्चिदायोध्यकः। (समन्तादवलोक्य) भो भो'* आदि लिखना चाहिए। भवभूति ने 'उत्तररामचरित' के इस दोष का परिहार 'मालतीमाधव' में किया है।

राय एक अन्य तर्क प्रस्तुत करते हुए कहते हैं कि प्रायः नाटककार नाटक की प्रस्तावना में दर्शकों के प्रति अपना समादर प्रकट करता है जैसा कि कवि ने 'महावीरचरित' के इस श्लोक में किया है–

वश्यवाचः कवेः काव्यं सा च रामाश्रया कथा।
लब्धश्च वाक्यनिस्यन्दनिष्पेषनिकषो जनः ॥ 1.4 ॥

किन्तु 'उत्तररामचरित' का यह श्लोक–

सर्वथा व्यवहर्तव्यं कुतो ह्यवचनीयता।
यथा स्त्रीणां तथा वाचां साधुत्वे दुर्जनो जनः॥ 1.5 ॥

कवि की निराशापूर्ण एवं तटस्थ मनोवृत्ति तथा 'मालतीमाधव' का *'ये नाम केचिदिह'* (1.6) श्लोक आक्रोशपूर्ण स्थिति का अभिव्यक्तिकरण है। इन तीनों वक्तव्यों और तन्निहित मानसिक प्रतिक्रिया से भी क्रम 'महावीरचरित', 'उत्तररामचरित', 'मालतीमाधव' मान्य प्रतीत होता है।

शारदारंजन राय के उपर्युक्त तर्क 'समरंसत', 'परिणतप्रज्ञ', 'शब्दब्रह्मविद्' आदि शब्दों की निजी व्याख्या पर आधारित हैं। यदि हम भवभूति के आत्माभिमानी स्वभाव पर ध्यान दें तो यह स्वाभाविक लगता है कि कवि ने 'परिणतप्रज्ञ' आदि शब्दों का प्रयोग स्वयं के लिए किया है। राय का यह दृष्टिकोण कि 'मालतीमाधव' 'उत्तररामचरित' से अधिक श्रेष्ठ है, क्योंकि उसमें कवि ने 'उत्तररामचरित' की भूलों का सुधार किया है तथा 'महावीरचरित' में वह दर्शकों के प्रति आदरपूर्ण, 'उत्तररामचरित' में उदासीन तथा 'मालतीमाधव' में आक्रोशपूर्ण है, तीन कारणों से संगत नहीं जान पड़ता। सर्वप्रथम 'उत्तररामचरित' की श्रेष्ठता सर्वमान्य है। *'उत्तरे रामचरिते भवभूतिर्विशिष्यते'* इस अभिनन्दन वाक्य को दर्शकों, समालोचकों एवं विद्वानों ने एकमत हो स्वीकार किया है। दूसरा कारण है 'मालतीमाधव' की शैली का 'महावीरचरित' से साम्य। 'मालतीमाधव' में कवि ने 'उत्तररामचरित' की नहीं, अपितु 'महावीरचरित' की भूलों का सुधार किया है जिसमें नारीपात्रों का अन्तर्भाव, शृंगाररस की प्रमुखता तथा नवीन कथानक की रचना आदि विशेषताएँ हैं। तीसरे, 'मालतीमाधव' में कवि के आक्रोश का कारण 'महावीरचरित' की असफलता है, किन्तु 'मालतीमाधव' की भी असफलता उसमें उदासीन वृत्ति को सजग करती है। केवल 'महावीरचरित' की असफलता अथवा अलोकप्रियता से वह अपने दर्शकों-आलोचकों के प्रति उदासीन नहीं हो सकता था। कवि अपने सर्वथा नवीन प्रयोग 'मालतीमाधव' के द्वारा विज्ञों को एक बार पुनः विचार करने का अवसर देता है, पर जब यहाँ भी उसे साधुवाद नहीं मिलता, तब वह *'कुतो ह्यवचनीयता'* (उ.रा.च., 1.5) का निरपेक्ष भाव स्वीकार कर लेता है। अतः क्रम की दृष्टि से 'महावीरचरित' प्रथम एवं 'उत्तररामचरित' कवि की अन्तिम रचना है।

तीसरा रचना-क्रम 'महावीरचरित', 'मालतीमाधव' एवं 'उत्तररामचरित' है। इसके समर्थन में भाण्डारकर[1] का तर्क है कि 'महावीरचरित' भवभूति की प्रथम रचना इसलिए मान्य है, क्योंकि उसमें भाषा एवं मानव-मन की वह अभिव्यक्ति नहीं मिलती जो अन्य नाटकों में है। उनके मत में 'मालतीमाधव' दूसरी एवं 'उत्तररामचरित' अन्तिम रचना होनी चाहिए। 'उत्तररामचरित' के 'भरतवाक्य' में *'शब्दब्रह्मविदः कवेः परिणतप्रज्ञस्य वाणीमिमाम्'* कथन से यह स्पष्ट है कि कवि की काव्यकला के उत्कर्ष ने उस समय शिखर का स्पर्श कर लिया था। विद्वानों का

1. मालतीमाधव, भूमिका, पृ. 10

परम्परागत यह कथन *'उत्तरे रामचरिते भवभूतिर्विशिष्यते'* भी इसी निष्कर्ष के सन्निकट ठहरता है। साथ ही 'महावीरचरित' में किसी पूर्व रचना का संकेत भी नहीं मिलता। *'अपूर्वत्वात् प्रबन्धस्य'* (म.च., 1.7-8) कथन इसका प्रमाण है। 'मालतीमाधव' में कवि ने जो दृष्टिकोण अपनाया है, उससे भी यह प्रतीत होता है कि यह भवभूति की प्रथम रचना नहीं है।

टोडरमल[1] भी भाण्डारकर के उक्त मत से सहमत हैं। इस मत की पुष्टि में उन्होंने कुछ और तर्क भी प्रस्तुत किये हैं जो 'महावीरचरित', 'मालतीमाधव', 'उत्तररामचरित' के रचना-क्रम को बल प्रदान करते हैं। 'मालतीमाधव' में कवि के ये शब्द *'अपूर्ववस्तुप्रयोगेण'* (1.3-4) इस बात का संकेत करते हैं कि कवि 'महावीरचरित' के पश्चात् रामायण के अतिरिक्त कुछ नया और विलक्षण देना चाहता है—नयी कथावस्तु, नया नायक, नया रस आदि। इसके अतिरिक्त, यह 'उत्तररामचरित' के परवर्ती होने का स्पष्ट प्रमाण है, क्योंकि उसमें कवि ने अपने बारे में और अपने परिवार के बारे में सबसे कम जानकारी दी है। करमरकर[2] ने भी इस तथ्य को स्वीकार किया है। अपने तर्क में उनका कहना है कि प्रायः कवि अपनी प्रथम रचना में अपना विस्तृत ब्यौरा प्रस्तुत करता है ताकि दर्शक एवं पाठकगण उससे भलीभाँति परिचित हो सकें। करमरकर[3] इस विषय में आगे कहते हैं कि 'उत्तररामचरित' में सम्पूर्ण वातावरण में एक गरिमा है। इस नाटक में कवि का भाषा पर अधिक नियन्त्रण है और वचनों में प्रौढ़ता है। पात्रों की बातचीत में सर्वत्र एक गरिमापूर्ण नियन्त्रण है। सीता-परित्याग के प्रसंग में जनक का क्रोध स्वाभाविक है फिर भी वे *'कोऽयमग्निर्नामास्मत्प्रसूतिशोधने'*...कहकर स्वयं को नियन्त्रित कर लेते हैं।

'महावीरचरित' में यह नियन्त्रण सबसे कम है। परशुराम के प्रति जनक के पुरोहित शतानन्द का क्रोध अपवचनों का रूप धारण कर लेता है (3.18-19)। 'मालतीमाधव' में क्रोध का स्वर अधिक नियन्त्रित दिखाई देता है। 'उत्तररामचरित' में यह नियन्त्रण स्वाभाविक और उदात्त है।

'महावीरचरित' में कवि न तो 'रामायण' के कथानक के प्रति न्याय कर पाया है और न अपने द्वारा प्रस्तुत परिवर्तनों को ही ठीक से निभा पाया है। उसकी अपरिपक्वता एक नये कवि की अपरिपक्वता है जो कथा, भाव, रस हर दृष्टि से क्रमशः 'मालतीमाधव' और 'उत्तररामचरित' में परिपाक ग्रहण करती है। वय की दृष्टि से भी ऐसा प्रतीत होता है कि 'महावीरचरित' में भवभूति नवयुवा कवि हैं,

1. महावीरचरित, इण्ट्रो., पृ. 30-31
2. भवभूति, पृ. 81-84
3. वही, पृ. 85-86

'मालतीमाधव' में युवा कवि हैं और 'उत्तररामचरित' में वे एक प्रौढ़ कवि हैं।

एस.वी. दीक्षित[1] की यह सम्भावना कि 'महावीरचरित' के पश्चात् कवि ने 'उत्तररामचरित' की रचना की किन्तु उसे 'मालतीमाधव' के अभिनय के पश्चात् प्रकाशित-अभिनीत किया, उचित नहीं है। 'महावीरचरित' के पश्चात् 'मालतीमाधव' की रचना हुई, इसका विचार राय के मत के उत्तर पक्ष में हो चुका है। इस विषय में इतना ही कहना पर्याप्त होगा कि 'उत्तररामचरित' में कवि का 'परिणतप्रज्ञ' रूप अभिव्यक्त हुआ है। जिस कवि को ज्ञात है कि इस रचना में उसकी कला का सर्वोत्कृष्ट रूप व्यक्त हुआ है, वह उसके प्रकाशन को स्थगित नहीं करेगा।

इन सब तथ्यपूर्ण तर्कों के आधार पर भवभूति के नाटकों का रचना-क्रम 'महावीरचरित', 'मालतीमाधव', 'उत्तररामचरित' स्वीकार्य होना चाहिए।

कथानक, स्रोत एवं मौलिकता

कथानक—एक पाश्चात्य विद्वान् का कथन है कि "संस्कृत नाटककार कथानक की घटनाओं के विन्यास में एवं पात्र के चरित्र-चित्रण में पर्याप्त कौशल प्रकट करते हैं, पर उनमें नावीन्य एवं मौलिकता का उर्वरण नहीं है, क्योंकि वे सभी अपने नाटकों का कथानक पौराणिक इतिहास या महाकाव्य-कथाओं से ग्रहण करते हैं।"[2] यदि यह स्वीकार कर लिया जाए कि "साहित्य की श्रेष्ठता का सबसे बड़ा गुण उसकी मौलिकता है"[3] तो संस्कृत में बहुत कम कवि इस कसौटी पर पूरे उतर सकते हैं।

पर सम्भवतः नावीन्य एवं मौलिकता की यह परिभाषा सम्पूर्ण नहीं है। कथा में नावीन्य के बोध को प्रस्तुत करना, उसे मौलिक दृष्टि एवं दृष्टिकोण के साथ नयी अभिव्यंजना देना कवित्व एवं मौलिकता का अधिक व्यापक अर्थग्रहण है।

भारतीय शास्त्रकारों का अभिमत है कि नाटक का कथानक प्रसिद्ध होना चाहिए जिसमें कवि नेता एवं रस के अनुरूप परिवर्तन कर सकता है—

इत्याद्यशेषमिह वस्तुविभेदजातं
रामायणादि परिभाव्य बृहत्कथाञ्च।
आसूत्रयेत्तदनु नेतृरसानुगुण्या–
च्चित्रां कथामुचितचारुवचःप्रपञ्चः॥[4]

1. भवभूति, हिज़ लाइफ ऐण्ड लिटरेचर
2. ए. मैक्डोनल, एच.एस.एल., पृ. 349
3. डॉ. जॉन्सन, उद्धृत एच.एस.एल., कृष्णमाचारी, पृ. 675-685
4. धनंजय, द.रू., 1.68

इसके अलावा यदि कहीं कोई ऐसा इतिवृत्त है जो नायक एवं रस के विरुद्ध प्रतीत होता है तो रचनाकार को उसे छोड़ने या परिवर्तन के पुनर्विन्यास द्वारा प्रस्तुत करने का अधिकार है–

यस्यादनुचितं वस्तु नायकस्य रसस्य वा।
विरुद्धं तत्परित्याज्यमन्यथा वा प्रकल्पयेत्॥[1]

इसी दृष्टि को सामने रख हम भवभूति के नाटकों के कथानक का विचार करेंगे।

महावीरचरित

कथानक : नाटक के पहले अंक में कवि नान्दी-पाठ के उपरान्त सूत्रधार के द्वारा नाटक एवं स्वयं का विस्तृत परिचय देकर कालप्रियनाथ की यात्रा में समागतों का अनुरंजन करने के लिए नाटक प्रारम्भ करने का आदेश देता है। दृश्य खुलता है और राजा कुशध्वज सीता एवं उर्मिला के साथ विश्वामित्र के यज्ञ में सम्मिलित होने के लिए उनकी आश्रम-भूमि में प्रवेश करते हैं। विश्वामित्र के साथ राम और लक्ष्मण हैं, जिन्हें वे यज्ञ को निर्विघ्न सम्पन्न करने के लिए अयोध्या से ले आये हैं। सीता-राम एवं उर्मिला-लक्ष्मण का परस्पर दर्शन उनके भावी मिलन की ओर इंगित करता है। राम द्वारा अहल्या-उद्धार का प्रसंग प्रस्तुत किया जाता है। उसी समय रावण का सर्वमाय नाम का पुरोहित रावण के लिए सीता की याचना का प्रस्ताव लेकर आता है। कुशध्वज एवं विश्वामित्र का उसके प्रति उपेक्षा-भाव तथा राम का ताड़का-वध रावण के प्रस्ताव की परोक्ष अस्वीकृति हैं। विश्वामित्र ताड़का-वध से प्रसन्न होकर राम-लक्ष्मण को दिव्य जृम्भकास्त्र प्रदान करते हैं। शिवधनुष का आह्वान किया जाता है। राम धनुष तोड़ते हैं और सीता-स्वयंवर समाप्त होता है। इस अंक के अन्त में भवभूति आगे के कथा-वृत्त का संकेत देते हैं। राम-लक्ष्मण यज्ञ के प्रतिबन्धक सुबाहु और मारीच का हनन करने के लिए जाते हैं। सर्वमाय भी रावण-मन्त्री माल्यवान् से समस्त घटनाओं का विवरण देने के लिए प्रस्थान करता है।

दूसरे अंक के विष्कम्भक में रावण के अमात्य माल्यवान् एवं शूर्पणखा के बीच राजनीतिक समस्याओं पर विचार होता है। माल्यवान् एक ओर राम की शक्ति और महानता की प्रशंसा करता है–

उत्पत्त्यैव हि राघवः किमपि तद्रूपो जगत्यद्भुतं,
मर्त्यत्वेन किमत्र यस्य चरितं देवासुरैर्गीयते ॥ 2.6 ॥

---

1. विश्वनाथ, सा.द., 6.50

तो साथ ही रावण की शक्ति पर अभिमान (2.8)। शूर्पणखा जनक की राजसभा में होनेवाले विवाहोत्सव की सूचना देती है। माल्यवान् परशुराम को राम के विरुद्ध उत्तेजित करना चाहता है। उसे पूर्ण आशा है कि परशुराम राम का दमन कर देंगे। विष्कम्भक समाप्त होता है और क्रोध से उद्दीप्त परशुराम के आने की सूचना मिलती है। धीर-वीर राम अत्यन्त नम्रता के साथ परशुराम से मिलते हैं। जनक और शतानन्द इसी दृश्य में प्रवेश करते हैं। राम को कंकणमोचन विधि के लिए अन्तःपुर में बुला लिया जाता है। वसिष्ठ एवं विश्वामित्र जनक, शतानन्द तथा परशुराम को दशरथ के निकट बुला लेते हैं। इस प्रकार राम एवं परशुराम के बीच का सम्भावित संघर्ष कुछ देर के लिए स्थगित हो जाता है।

तीसरे अंक में वसिष्ठ, विश्वामित्र एवं शतानन्द परशुराम से शान्ति धारण कर आतिथ्य ग्रहण करने की प्रार्थना करते हैं किन्तु परशुराम अपनी गुरुभक्ति (3.6) एवं मानरक्षा (3.9) की हठ नहीं त्यागते। वे राम का वध करके गुरु-तिरस्कार का प्रतिशोध लेना चाहते हैं। परशुराम के मुख से ऐसी अमांगलिक बातें सुनकर शतानन्द की क्रोधाग्नि भभक उठती है (3.17)। शतानन्द शाप द्वारा परशुराम का दमन करना चाहते हैं किन्तु गृहागत बन्धु के प्रति सदृश व्यवहार का हवाला देकर रोक दिये जाते हैं। जनक एवं दशरथ से भी परशुराम की वाक्कलह होती है। तभी राम रंगमंच पर प्रवेश करते हैं और सबको परशुराम पर अपनी विजय का आश्वासन देते हैं। परशुराम राम के इस आत्मविश्वास का परिहास करते हैं।

चौथे अंक के मिश्रविष्कम्भक में परशुराम पर राम की विजय की सूचना मिलती है। शूर्पणखा एवं मन्त्री माल्यवान् राजनीतिक वाद-विवाद कर रहे हैं। षड्यन्त्र-रचना और दाँवपेंच के साथ मिश्रविष्कम्भक समाप्त होता है। दृश्य खुलता है। वसिष्ठ, विश्वामित्र, दशरथ, जनक, विजेता राम एवं परशुराम का सुखद मिलन हो रहा है। सामान्य सौजन्य के पश्चात् परशुराम राम को यज्ञ-विध्वंसक राक्षसों के हनन के लिए अपना धनुष देकर विदा लेते हैं। शूर्पणखा मन्थरा में प्रविष्ट होकर राम को कैकेयी का सन्देश अर्पित करती है। युधाजित् एवं भरत दशरथ से राम के राज्याभिषेक के लिए प्रार्थना करते हैं, किन्तु राम प्रार्थी बनकर कैकेयी का सन्देश निवेदन करते हैं और वनगमन के इस सुयोग को स्वीकार करते हैं। रंगमंच पर करुण दृश्य का प्रादुर्भाव कर राम सीता एवं लक्ष्मण के साथ वन के लिए प्रस्थान करते हैं।

पाँचवें अंक के शुद्ध विष्कम्भक में सम्पाति और जटायु के वार्तालाप से ज्ञात होता है कि शूर्पणखा के अनुचित व्यवहार पर लक्ष्मण ने उसे विरूप कर दिया है तथा राम ने खर-दूषण आदि सहित सहस्रों राक्षसों का वध कर दिया है। विष्कम्भक के अन्त में जटायु सीता-हरण का चित्र प्रस्तुत करते हैं। दृश्य में राम-लक्ष्मण आते हैं। राम सीता-विरह और जटायु की मृत्यु से व्यथित वन-वन भटक रहे हैं। लक्ष्मण

दनुकबन्ध का वध करके तापसी श्रमणा की रक्षा करते हैं, जो विभीषण की ओर से राम के लिए मैत्री का सन्देश लायी है, क्योंकि धर्मरक्षक राम ही भाग्यहीनों की एकमात्र शरण हैं (5.30)। श्रमणा सीता के उत्तरीय की सूचना भी देती है, जिसे सुग्रीव, विभीषण, हनुमान ने पाया था। दिव्यपुरुष के रूप में दनु राम को वाली की राम-वध प्रतिज्ञा की सूचना देता है जो उसने रावण से मैत्रीवश की है। राम वाली का वध करते हैं। मृत्यु के समय वाली राम और सुग्रीव को मैत्रीबद्ध करता है तथा प्राण देकर भी मित्र का हित करना इस मैत्रीधर्म का वचन लेता है। वह वानरों को राम का सहयोग करने के लिए आदेश देता है।

छठे अंक के मिश्र विष्कम्भक में मन्त्री माल्यवान् अत्यन्त चिन्तित है। वह राजाओं की मदान्धता और मन्त्रीत्व की कष्टप्रद स्थिति का वर्णन करता है। त्रिजटा माल्यवान् को हनुमान द्वारा लंका-दहन की सूचना देती है। दृश्य में रावण अपने सर्वतोभद्र प्रासाद के ऊपरी कक्ष से अशोकवाटिका की ओर देखकर सीता के सौन्दर्य का स्मरण कर रहा है। मन्दोदरी रावण को समझाती है। सेनापति प्रहस्त राम के आक्रमण की सूचना देता है। अंगद दूत के रूप में रावण को सीता लौटाने का सन्देश देते हैं। रावण गर्वोक्तियों से उनका तिरस्कार करता है और युद्ध के लिए प्रस्थान करता है। इसके पश्चात् युद्ध का विस्तृत वर्णन है। मेघनाद, कुम्भकर्ण तथा अन्त में रावण का वध होता है। सीता का उद्धार होता है।

सातवें अंक के मिश्रविष्कम्भक में रावण-वध से व्यथित लंका तथा उसे सान्त्वना देती अलका नारी-रूप में प्रवेश करती हैं। अलका रावण की दुष्ट बुद्धि एवं राम के दिव्य स्वरूप का वर्णन करती है। इसके पश्चात् सीता की अग्नि-साक्षी एवं विभीषण के राज्याभिषेक की सूचना मिलती है। मुख्य दृश्य में राम, सीता, लक्ष्मण पुष्पक विमान द्वारा अयोध्या लौट रहे हैं, सुग्रीव एवं विभीषण भी साथ हैं। कवि लंका से अयोध्या के मार्ग में ओनवाले वन-पर्वतों, सागर-सरिताओं का सुन्दर वर्णन करता है। राम-भरत मिलन होता है। वसिष्ठ, विश्वामित्र आदि प्रमुख ऋषि राम का राज्याभिषेक करते हैं। भरतवाक्य के साथ नाटक समाप्त होता है।

स्रोत एवं मौलिकता : 'महावीरचरित' की कथावस्तु का स्रोत निःसंशय ही वाल्मीकि की 'रामायण' है। नाटक की प्रस्तावना में इसका उल्लेख अत्यन्त स्पष्ट रूप से किया गया है– *'सा च रामाश्रया कथा'* (1.4)। वाल्मीकि द्वारा वर्णित राम के जीवन और चरित्र के प्रति कवि का विशेष आग्रह इस श्लोक में प्रकट है–

प्राचेतसो मुनिवृषा प्रथमः कवीनां
यत् पावनं रघुपतेः प्रणिनाय वृत्तम्।
भक्तस्य तत्र समरंसत मेऽपि वाच-
स्तत् सुप्रसन्नमनसः कृतिनो भजन्ताम् ॥ 1.7 ॥

भवभूति ने न केवल कथा एवं घटनाओं को बल्कि कुछ श्लोकों को भी 'रामायण' से ग्रहण किया है। इस नाटक का यह श्लोक—

यामोषधिमिवायुष्मन् विचिनोषि वने वने।
सा सीता मम च प्राणा रावणेनोभयं हृतम् ॥ 5.24 ॥

'रामायण' में इस प्रकार है—

यामोषधिमिवायुष्मन्नन्वेष्यसि वने वने।
सा देवी मम च प्राणा रावणेनोभयं हृतम् ॥[1]

इसी नाटक का *'दनुर्नाम श्रियः पुत्रः शापाद्राक्षसतां गतः'* (5.34) श्लोक-चरण 'रामायण' में इस प्रकार है—

दनुर्नाम दितेः पुत्रः शापाद्राक्षसतां गतः।
आख्यातस्तेन सुग्रीवः समर्थो वानराधिपः ॥[2]

राम का आरम्भिक जीवन घटनाओं से आपूर्ण है। कथ्य की संकुलता को नाटक में पूर्ण अन्विति एवं स्पष्टता के साथ प्रस्तुत करना एक कठिन काम था। मुख्य कथानक में समय, स्थान और सन्दर्भ के कुछ परिवर्तनों का समावेश कर कवि ने राम के धीर-वीर-उदात्त चरित्र को उत्कर्ष देने का प्रयास किया है। महाकाव्य-कथा को नाटकीय प्रारूप देने के लिए कवि द्वारा प्रस्तुत किये गये परिवर्तन न केवल कथानक में दृश्य-काव्यगत विलक्षणताओं की रक्षा करते हैं बल्कि लोक-पूजित नायक के चरित्र के कुछ दोषों का परिहार भी करते हैं। कवि की मौलिकता 'रामायण' के पात्रों के चरित्र की एक भिन्न किन्तु अधिक मनोनुकूल व्याख्या प्रस्तुत करती है। इन परिवर्तनों का संक्षिप्त विवरण इस प्रकार है—

'रामायण' में सीता-स्वयंवर विदेह-नगरी में सम्पन्न होता है किन्तु भवभूति विश्वामित्र के आश्रम-स्थल में सीता-राम एवं उर्मिला-लक्ष्मण का प्रथम मिलन दिखाकर धनुर्भंग एवं सीता-स्वयंवर की संयोजना करते हैं। नाटकीय दृष्टि से यह अधिक हृदयग्राही प्रतीत होता है। सीता एवं उर्मिला के समक्ष ताड़का-वध तथा सुबाहु, मारीच राक्षसों के हनन की घटना उनके हृदय में राम, लक्ष्मण के प्रति निहित प्रीति को अधिक प्रगाढ़ बनाती है। कवि ने इस स्थल पर एक अन्य परिवर्तन किया है—रावण का स्वयंवर में स्वयं सम्मिलित न होकर पुरोहित सर्वमाय द्वारा सीता के कर-ग्रहण का प्रस्ताव करना। यह घटना रावण के दर्प को व्यक्त करती है। सर्वमाय भवभूति का एक ऐसा सृजन है—एक ऐसा पात्र, जो राम, लक्ष्मण द्वारा अनेक राक्षसों

1. अरण्य.का., 67.15
2. कि.का., 4.15

के वध का साक्षी बनता है। उसके समक्ष सीता, राम के विवाह की घटना आकार ग्रहण करती है। रघुकुल-कुमारों को जृम्भाकास्त्रों की प्राप्ति होती है। रावण के प्रस्ताव की अवज्ञा, सीता-विवाह एवं राक्षसों का हनन ऐसी घटनाएँ हैं, जो सर्वमाय के द्वारा रावण तक पहुँचती हैं और राम-रावण-युद्ध के बीज को विस्तार देती हैं।

इस नाटक का विशिष्ट पात्र माल्यवान् भवभूति की नवीन खोज है। रावण का यह अमात्य भवभूति का एक ऐसा पात्र है जो नाटक की अनेक घटनाओं का सूत्रधार है। इस पात्र के माध्यम से कवि ने एक ऐसे दुरभिसन्धिपूर्ण मस्तिष्क की रचना की है जो अपने राजा एवं राष्ट्र-हित के लिए सदा राजनीति के दाँवपेंचों के बारे में, घटनाओं एवं उनके परिणामों के बारे में चिन्तन करते हुए क्रियाशील रहता है। *'बीजं यस्य विदेहराजतनया...'* (6.1) श्लोक में वर्णित समस्त घटनाओं के मूल में माल्यवान् का मस्तिष्क है। दूसरे अंक में शिवधनु-भंग का कारण रख यह मन्त्री परमशैव परशुराम को राम के विरुद्ध उत्तेजित करता है और घटना अधिक स्वाभाविक रूप ग्रहण कर लेती है। महेन्द्रपर्वत से परशुराम के निष्प्रयोजन आगमन को इस नाटक में एक गम्भीर उद्देश्य की संगति मिल जाती है। भवभूति ने परशुराम के उपाख्यान को अत्यन्त विस्तार से प्रस्तुत किया है। तीन अंकों (2.16-50; 3.1-48; 4.12-38) तक फैला यह आख्यान महावीर नायक राम के वीर चरित्र को अनेक सूक्ष्म अवान्तर भेदों के साथ उत्कर्षता प्रदान करता है। परशुराम के प्रति जनक, शतानन्द, दशरथ, विश्वामित्र आदि के रोषपूर्ण तेजस्वी वचन भवभूति द्वारा प्रस्तुत इस पूरे घटनाचक्र को अधिक जीवन्त बनाते हैं। 'रामायण'[1] में परशुराम-प्रसंग को संक्षेप में प्रस्तुत किया गया है और वहाँ वीर-रस की वह उत्कटता भी नहीं है।

नाटक के चौथे अंक में कवि एक अन्य परिवर्तन करता है। जब परशुराम की पराजय से माल्यवान् की योजना विफल हो जाती है तब रावण का यह मन्त्री शूर्पणखा को मन्थरा के शरीर में प्रविष्ट होने का आदेश दे मिथिला भेजता है और कैकेयी के दो वरदानों के रूप में नवपरिणीत राम का सीता एवं लक्ष्मण सहित वनवास आकार ग्रहण करता है। कैकेयी-प्रसंग में यह परिवर्तन प्रस्तुत करके भवभूति ने कैकेयी के चरित्र से उस कालिमा को धोने का प्रयत्न किया है, जो रघुकुल की इस महीयसी रानी के लिए एक अपरिमार्जनीय पाप-कृत्य थी। 'भरत को राज्य, राम को वनवास'—इस दुश्चक्र में कैकेयी को पूरी तरह अनुपस्थित दिखाकर भवभूति ने स्त्रीजाति के प्रति अपना समादर प्रकट किया है। किन्तु विदेहनगरी में ही राम के राज्याभिषेक का प्रस्ताव और वनगमन स्थान-काल और कार्य की दृष्टि से संगत प्रतीत नहीं होता, पर इससे घटनाओं को तीव्र गति अवश्य मिलती है।

वाली-वध राम के चरित्र पर एक बहुत बड़ा आक्षेप है। कवि ने इसका परिहार

1. बा.का., 75-76

बड़े सुन्दर ढंग से किया है। मन्त्री माल्यवान् वाली को रावण की मैत्री की शपथ देकर राम-वध के लिए प्रेरित करता है। एक ओर कवि मैत्रीधर्म का पालन करनेवाले वाली के चरित्र का उत्कर्ष दिखाता है, दूसरी ओर राम को भी वाली के अकारण वध से मुक्त करता है। 'रामायण' में वर्णित वाली, सुग्रीव के युद्ध की घटना को कवि एक राजनीतिज्ञ की कुशलता से हटा देता है और इस प्रकार एक नीतिशास्त्री की भाँति दो भाइयों के बीच विरोध का परिहार करता है। मृत्यु के समय वाली सुग्रीव को राम को अर्पित करता है। दृश्य में संवेद्य प्रभाव संचारी हो उठता है।

मूल कथानक में भवभूति द्वारा किये गये परिवर्तन सुविचारित और सुनिश्चित हैं और 'स्रोत' की काव्यात्मक शैली को नाट्यात्मक प्रारूपता में ढालकर किये गये हैं। नाटक में वीर-रस की संसिद्धि एवं पूर्णता के लिए तथा लोकोत्तर नायक राम के चरित्र में 'अवचनीयता' प्रमाणित करने के लिए इन परिवर्तनों का कलात्मक महत्त्व है और ये नाटक के कथ्य को गति एवं सम्प्रेषणीयता प्रदान करते हैं।

मालतीमाधव

कथानक—पहले अंक में प्रस्तावना के पश्चात् मिश्र विष्कम्भक में बौद्ध भिक्षुणी कामन्दकी एवं शिष्या अवलोकिता की बातचीत से यह सूचना मिलती है कि पद्मावती एवं विदर्भ के अमात्य भूरिवसु एवं देवरात ने अपने विद्यार्थी जीवन में सहपाठिनी कामन्दकी के समक्ष अपनी भावी सन्तति को विवाह-सूत्र में बाँधने की प्रतिज्ञा की थी। अब भूरिवसु के मालती नाम की कन्या है और देवरात के माधव नाम का पुत्र। देवरात ने माधव को न्यायविद्या के अध्ययन के लिए पद्मावती भेजा है तथा भूरिवसु को उनकी प्रतिज्ञा का स्मरण भी कराया है। भूरिवसु को मालती-माधव का विवाह स्वीकार है, किन्तु राजा अपने नर्मसचिव नन्दन से मालती का विवाह करने के इच्छुक हैं। भूरिवसु राजा की इच्छा का प्रत्यक्ष विरोध नहीं कर पाते और श्लिष्ट शब्दों में राजा के प्रस्ताव पर अपनी स्वीकृति देते हैं। बौद्ध संन्यासिनी कामन्दकी मालती-माधव के गुप्त विवाह के लिए प्रयत्नशील होती है तथा मदयन्तिका एवं मकरन्द के विवाह का आयोजन भी करती है। मालती अपने भवन के गवाक्षों से नित्य माधव को देखती है और प्रेमसूत्र में बँध जाती है। मालती माधव का एक चित्र अंकित करती है। कामन्दकी उसे मालती की दासी मन्दारिका के द्वारा माधव तक पहुँचाने का प्रयत्न करती है। मालती की यह दासी माधव के सेवक कलहंस की प्रेमिका है।

मुख्य दृश्य खुलता है। माधव और मकरन्द एकान्त वार्ता में लीन हैं। माधव मदनोद्यान की सारी कथा मकरन्द को सुनाता है कि कैसे वह अवलोकिता की प्रेरणा से उपवन में गया था, वहाँ उसने मालती को देखा और प्रथम दर्शन में ही प्रणयसूत्र में बँध गया और कैसे उसकी गूँथी हुई बकुलमाला को लवंगिका ने मालती के लिए

माँग लिया। इन दोनों मित्रों की बातचीत के बीच कलहंस प्रवेश करता है और मालती द्वारा अंकित चित्र को दिखाता है। माधव अपने चित्र के निकट मालती का चित्र आँकता है और यह प्रणय-लेख लिखता है–

> जगति जयिनस्ते ते भावा नवेन्दुकलादयः
> प्रकृतिमधुराः सन्त्येवान्ये मनो मदयन्ति ये।
> मम तु यदियं याता लोके विलोचनचन्द्रिका
> नयनविषयं जन्मन्येकः स एव महोत्सवः ॥ 1.37 ॥

मन्दारिका वह चित्र लेकर मालती के पास जाती है। माधव एवं मकरन्द भी जाते हैं।

दूसरे अंक के प्रवेशक में दो दासियों की बातचीत से सूचना मिलती है कि लवंगिका के मदनोद्यान से लौटने पर मालती उसे एकान्त वार्ता के लिए भवन के ऊपरी भाग में ले गयी है। यह भी ज्ञात होता है कि भूरिवसु ने राजा से कह दिया है कि अपनी कन्या पर महाराज का पूरा अधिकार है। मुख्य दृश्य में लवंगिका मालती से बकुलमाला-प्रसंग की पूरी कथा कहती है और माला मालती को देती है। अनन्तर वह चित्र भी दिखाती है जिसमें माधव ने मालती का चित्र अंकित किया है और प्रणय-लेख लिखा है। इसी समय कामन्दकी प्रवेश करती है और मालती-माधव के प्रेम के प्रति आश्चर्य एवं नन्दन के साथ मालती के विवाह के राजा के निश्चय के प्रति निराशा प्रकट करती है। कामन्दकी नन्दन की अपात्रता (2.8) तथा माधव के वंश, रूप, गुण का प्रकाशन करती है (3.10)। वह वासवदत्ता एवं शकुन्तला का उदाहरण देकर मालती को गुप्त विवाह के लिए प्रेरित करती है।

तीसरे अंक के प्रवेशक में बुद्धरक्षिता एवं अवलोकिता की बातचीत से यह पता लगता है कि कामन्दकी ने शिवमन्दिर के निकट मदनोद्यान में मालती-माधव के मिलन का आयोजन किया है तथा बुद्धरक्षिता मदयन्तिका के हृदय में मकरन्द के प्रति प्रेम जाग्रत करने में सफल हुई है। मुख्य दृश्य मदनोद्यान में खुलता है। मालती और लवंगिका आकर कामन्दकी से मिलती हैं। लवंगिका एवं कामन्दकी मालती एवं माधव की प्रेमाकुल अवस्था का चित्रण करती हैं। माधव परोक्ष रहकर इस वार्ता को सुनता है। इसी समय नेपथ्य में घोषणा होती है कि एक बाघ बन्धन तोड़कर भाग निकला है और प्राणियों की हिंसा कर रहा है। मकरन्द मदयन्तिका की प्राणरक्षा करने के लिए बाघ पर टूट पड़ता है और उसे मारकर स्वयं भी आहत हो मूर्छित हो जाता है। माधव मकरन्द को संज्ञाहीन देखकर अत्यन्त कातर हो जाता है।

चौथे अंक में मूर्छित मकरन्द एवं माधव दिखाई पड़ते हैं। मदयन्तिका मकरन्द को और मालती माधव को वस्त्रांचल की हवा से चैतन्य में लाती हैं। मालती एवं

नन्दन के विवाह की चर्चा होती है। मालती, माधव का मुख मलिन हो जाता है, नन्दन की बहन मदयन्तिका हर्ष प्रकट करती है। कामन्दकी भूरिवसु के इस कथन 'कन्यादान में राजा प्रमाण हैं' का अनौचित्य प्रदर्शित करती है *'कन्यकाप्रदाने च नृपतयः प्रमाणमिति नैवंविधो धर्माचारसमयः'* (4.4-5)। अनन्तर माधव और मकरन्द के अतिरिक्त सब प्रस्थान करते हैं। माधव मालती को प्राप्त करने के लिए (देवता को प्रीतिकारक) नरमांस-विक्रय का निश्चय करता है। दोनों मित्र वरदा और सिन्धु नदी के संगम में स्नानोपरान्त नगरी में प्रवेश करने का विचार कर प्रस्थान करते हैं।

पाँचवें अंक के विष्कम्भक में कापालिक अघोरघण्ट की शिष्या कपालकुण्डला श्मशान में स्थित कराला देवी के मन्दिर की ओर आती दिखाई देती है। कपालकुण्डला अघोरघण्ट की आज्ञा से चामुण्डा देवी को बलि-अर्पित करने के लिए एक श्रेष्ठ नारी की खोज में है। वह माधव को नरमांस-विक्रय करते देखती है। मुख्य दृश्य में माधव भूत-पिशाचों को लक्ष्य कर नरमांस बेच रहा है। कवि श्मशान का भयानक वर्णन करता है। माधव श्मशान की नदी की ओर अग्रसर होता है कि उसे किसी नारी का क्रन्दन सुनाई पड़ता है। वह मन्दिर की ओर उन्मुख होता है तथा वध्य-चिह्नों से युक्त मालती के ऊपर शस्त्र-प्रहार होते देख अघोरघण्ट को धिक्कारता है। इसी समय मालती की खोज में नियुक्त रक्षकगण कामन्दकी की आज्ञा से चामुण्डा देवी का मन्दिर घेर लेते हैं।

छठे अंक के विष्कम्भक में कपालकुण्डला अपने गुरु अघोरघण्ट के हत्यारे माधव से प्रतिशोध लेने की प्रतिज्ञा करती है। नेपथ्य से सूचना मिलती है कि नन्दन के साथ मालती का विवाह हो रहा है और वह सुहाग-मंगल के लिए नगरदेवता के मन्दिर की ओर अग्रसर हो रही है। मुख्य दृश्य में मालती, लवंगिका एवं कामन्दकी मन्दिर में प्रवेश करते हैं, जहाँ कामन्दकी की आज्ञा से माधव एवं मकरन्द स्तम्भ के पीछे छिपे हुए हैं। कामन्दकी लवंगिका को राजा द्वारा भेजे गये वधू-अलंकरणों से मालती की सज्जा करने का आदेश देती है। मालती वधू-वेश धारण करने से इनकार करती है और लवंगिका के समक्ष माधव के अन्तिम दर्शन की अभिलाषा प्रकट करती है ताकि वह सुख से प्राण-त्याग कर सके। मालती लवंगिका के पैरों पर गिर पड़ती है। इसी समय लवंगिका के संकेत से माधव उसका स्थान ग्रहण करता है। मालती उसे लवंगिका जान आलिंगन करती है और बकुलमाला पहना देती है। इसी क्षण वह माधव को देख विस्मय एवं लज्जा प्रकट करती है। मकरन्द मालती का वधू-वेश धारण कर आता है। मालती और माधव कामन्दकी के पास जाते हैं जहाँ उनके गुप्त विवाह के समस्त उपकरण सजे हैं।

सातवें अंक के प्रवेशक में बुद्धरक्षिता सूचना देती है कि मालती का माधव से तथा नन्दन का मालती-वेशधारी मकरन्द से विवाह सम्पन्न हो गया। नन्दन

मधुरात्रि में नववधू के पास जाता है, पर तिरस्कृत होता है। वह स्वयं भी *'न मे साम्प्रतं त्वया कौमारबन्धक्या प्रयोजनम्'* (7. 1) कहकर भवन से चला गया। मुख्य दृश्य में मकरन्द के साथ लवंगिका प्रवेश करती है। उधर मदयन्तिका अपने भाई नन्दन के अपमान के कारण मालती की भर्त्सना करने के लिए बुद्धरक्षिता के साथ आती है। लवंगिका, बुद्धरक्षिता आदि की बातचीत से मालती की निर्दोषता सिद्ध होती है। मालती और माधव के प्रेम से परिचित होते हुए भी मदयन्तिका मालती को नन्दन के प्रति सद्व्यवहार करने का परामर्श देती है। लवंगिका के आग्रह पर मदयन्तिका मकरन्द के प्रति अपना प्रेम स्वीकार करती है। मालती-वेशधारी मकरन्द अवगुण्ठन हटा मदयन्तिका को आलिंगन से कृतार्थ करता है। मदयन्तिका विस्मित हो जाती है। सब मालती-माधव के पास जाने के लिए प्रस्थान करते हैं।

आठवें अंक के प्रवेशक में अवलोकिता उपवन में बैठे हुए मालती, माधव के पास जाने की सूचना देती है। मुख्य दृश्य में मालती, माधव एवं अवलोकिता चन्द्रालोक से स्निग्ध उपवन में बैठे दिखाई देते हैं। माधव नवपरिणीता मालती के प्रति मधुर प्रेमवचन बोलता है। इसी समय भयभीत कलहंसक, बुद्धरक्षिता, लवंगिका और मदयन्तिका प्रवेश करते हैं। सूचना मिलती है कि मकरन्द को नगररक्षकों ने रोक लिया है। माधव कलहंसक के साथ मकरन्द की सहायता के लिए प्रस्थान करता है। मालती बुद्धरक्षिता एवं अवलोकिता को समाचार के साथ कामन्दकी के पास भेजती है। वह लवंगिका के माध्यम से माधव से भी सावधानी से कार्य करने का निवेदन करती है। मालती आतुरता से सबकी प्रतीक्षा कर रही है कि कपालकुण्डला मालती का बलात् अपहरण कर लेती है। लवंगिका तथा मदयन्तिका प्रवेश करती हैं। विवाह में राजा की सहमति एवं लड़ाई में विजय पाकर माधव और मकरन्द भी आते हैं। सब मालती को ढूँढ़ते हैं तथा कामन्दकी के निकट उसकी उपस्थिति को सम्भावित जान प्रस्थान करते हैं।

नौवें अंक के शुद्धविष्कम्भक में कामन्दकी की पूर्व शिष्या सौदामिनी श्रीपर्वत से पद्मावती नगरी की ओर आकाशमार्ग से आती है। वह पद्मावती का सुन्दर वर्णन करती है। मुख्य दृश्य में मालती के विरह से व्याकुल माधव प्रकृति के उपकरणों को लक्ष्य कर मालती का पता पूछता है तथा मेघ को सन्देशवाहक बनाता है। माधव बार-बार मूर्छित होता है। मकरन्द अपने मित्र के जीवन के प्रति आशंकित है तथा दुखी हो आत्महत्या करना चाहता है। सौदामिनी उसे रोकती है तथा बकुलमाला दिखाकर माधव एवं मकरन्द को आश्वस्त करती है। वह आक्षेपिणी सिद्धि का विस्तार कर माधव को लेकर निकल जाती है। मकरन्द इस घटना की सूचना देने के लिए कामन्दकी के निकट प्रस्थान करता है।

दसवें अंक में मालती के विनाश से कामन्दकी, मदयन्तिका एवं लवंगिका आत्महनन का निश्चय करती हैं। भूरिवसु भी चितारोहण द्वारा जीवन का अन्त कर

देना चाहते हैं। इसी समय माधव मालती के साथ आता है और सौदामिनी के द्वारा अपनी रक्षा की सूचना देता है। सौदामिनी भूरिवसु को आत्महत्या का निषेध कर विवाह की सहमति के साथ रंगमंच पर प्रवेश करती है। राजा विवाह-स्वीकृति का लेख सौदामिनी को देते हैं। सब सौदामिनी के प्रति अपनी कृतज्ञता प्रकट करते हैं। कामन्दकी और सौदामिनी भूरिवसु और देवरात की सन्तति-विवाह-सम्बन्धी प्रतिज्ञा का प्रकाशन करती हैं। सुखद मिलन एवं भरतवाक्य के साथ प्रकरण समाप्त होता है।

स्रोत एवं मौलिकता–'मालतीमाधव' की प्रस्तावना में भवभूति के *'अपूर्ववस्तुप्रयोगेण'* (1.3-4) तथा 'चित्रा कथा'(1.4) आदि शब्दों से यह आभास मिलता है कि कवि के इस प्रकरण का कथानक पूर्णतया नवीन एवं मौलिक है। भारतीय नाट्यकला-ग्रन्थों में प्रकरण की कथा मौलिक अर्थात् कवि की अपनी कल्पना का सृजन होनी चाहिए।[1] संस्कृत के प्रायः सभी नाटकों का स्रोत रामायण एवं महाभारत हैं। महाभारत में तो इस बात की घोषणा तक मिलती है कि पृथ्वी पर ऐसी कोई कथा नहीं है जिसका आधार महाभारत में न हो– *'अनाश्रित्येदमाख्यानं कथा भुवि न विद्यते।'*[2] इन दो ग्रन्थों के अतिरिक्त गुणाढ्य का पैशाची ग्रन्थ 'बृहत्कथा' एक विशाल कथासागर है। क्षेमेन्द्र एवं सोमदेव द्वारा प्रस्तुत इस ग्रन्थ के संस्कृत पाठ 'बृहत्कथामंजरी' और 'कथासरित्सागर' भी संस्कृत कवियों के उपजीव्य ग्रन्थ रहे हैं। प्रकरण में कथानक मौलिक हो और सामान्य जन-जीवन से जुड़ा हुआ हो– *'प्रकरणे वृत्तमुत्पाद्यं लोकसंश्रयम्'*[3] –इस नियम के अन्तर्गत भवभूति ने भी 'मालतीमाधव' में मौलिक होने का प्रयत्न किया है और लौकिक जीवन को कथा का आधार बनाया है। भवभूति के इस प्रकरण में राजा का उल्लेख प्रसंगवश ही है, अन्यथा कथा दो ब्राह्मण-परिवारों से जुड़ी हुई है। इस प्रकरण में कथा की मौलिकता इतनी ही है कि भवभूति ने किसी एक ग्रन्थ को अपना स्रोत नहीं बनाया है, बल्कि कई ग्रन्थों से विचारों का आहरण कर उन्हें अपनी मौलिकता में ढालकर अद्भुत संयोजन के साथ प्रस्तुत किया है।

यह निर्विवाद है कि 'मालतीमाधव' का मुख्य स्रोत 'बृहत्कथा' तथा इस ग्रन्थ के संस्कृत रूपान्तर 'बृहत्कथामंजरी'[4] और 'कथासरित्सागर'[5] हैं।

'कथासरित्सागर' के 13वें लम्बक में कथा इस प्रकार है–शोभावती नगरी में

---

1. सा.द., 6.224; ना.शा., 20.49
2. म.भा., आदि प., 2.37
3. द.रू., 3.39
4. बृहत्., 12.9-88
5. कथा., 13.1

एक ब्राह्मण दम्पती यशस्कर और मेखला रहते थे। इनका एक पुत्र था, 'कथासरित्सागर' में उसके नाम का उल्लेख नहीं है, पर 'बृहत्कथामंजरी' में उसे सद्भाव कहा गया है। सद्भाव गुरु के समीप अध्ययन करता था, वहीं एक क्षत्रिय युवक विजयसेन से उसकी मित्रता हो जाती है। विजयसेन की बहन मदिरावती से उसे प्रेम हो जाता है। एक दिन मदिरावती मालती पुष्पों की माला बनाकर अपनी सखि के द्वारा सद्भाव के पास भेजती है। वह उसे धारण करता है। मदिरावती का पिता उसका विवाह एक क्षत्रिय युवक के साथ निश्चित कर देता है। सद्भाव आत्महत्या करने का प्रयत्न करता है पर एक दूसरे ब्राह्मण युवक कुमारक ('बृहत्कथामंजरी' में दिया गया नाम) के द्वारा बचा लिया जाता है। कुमारक भी एक निराश प्रेमी है। वह सद्भाव को अपनी प्रेमकथा सुनाते हुए कहता है कि वह एक अज्ञातनामा लड़की से प्रेम करता है जिसे उसने फूल चुनते हुए शंखपुर नगर में देखा था। वह लड़की अपनी सखियों के साथ घर लौट रही थी कि किसी हस्ति के द्वारा आक्रान्त हुई। कुमारक ने वीरतापूर्वक उसकी रक्षा की।

ये दोनों प्रेमी अपनी प्रेमकथा में लीन थे कि मदिरावती विवाह से पूर्व देवाराधन के लिए कामदेव के मन्दिर में आती है। वह अपनी सखियों को बाहर छोड़ आयी है। मदिरावती अपने प्रेम की सौगन्ध लेकर आत्महत्या का प्रयत्न करती है कि दोनों ब्राह्मण युवक प्रकट होकर उसकी रक्षा करते हैं और कुमारक के सुझाव को मानकर सद्भाव मदिरावती को लेकर दूसरे द्वार से निकल जाता है। कुमारक अवगुण्ठन द्वारा मदिरावती का वधू-वेश एवं अलंकरण धारण करता है और विवाह-उत्सव के लिए घर चला जाता है। सौभाग्य से उसकी प्रेमिका मदिरावती की सखि है जो वधू को विदा देने आती है लेकिन वधू-वेश में अपने प्रेमी को देखकर आश्चर्यचकित हो जाती है। ये दोनों भी निकट द्वार से भागकर गुप्त विवाह कर लेते हैं।

सोमदेव द्वारा प्रस्तुत इस कथा में 'मालतीमाधव' की घटनाओं का स्रोत स्पष्ट है। 'कथासरित्सागर'[1] में ही अन्यत्र एक दुष्ट साधु की कथा है जो देवी दुर्गा को राजकन्या की बलि देने के लिए प्रस्तुत है किन्तु कथानायक उस साधु का वध कर राजपुत्री की रक्षा करता है। इसमें श्मशान का वर्णन भी है। इसी ग्रन्थ में एक मनुष्य द्वारा प्रेतों को अपना मांस अर्पण करने का वर्णन है।[2] वस्तुतः अनेक ग्रन्थों में देवी को बलि देने तथा भूत-प्रेतों को नरमांस अर्पित करने का प्रसंग मिलता है। 'मालतीमाधव' में भवभूति ने इन घटनाओं का उपयोग अत्यन्त कुशलता से किया है। कवि ने 'कथासरित्सागर' से कथा-तत्त्व ग्रहण करके उसे काव्यगत सौन्दर्य एवं

---

1. कथा., 3.18
2. वही, 5.25

नाटक में चमत्कृति के प्रभाव के साथ प्रस्तुत किया है। कवि ने परम्परागत हस्ति के स्थान पर व्याघ्र के आक्रमण का उल्लेख किया है। मालती की सखि मदयन्तिका को राजा के प्रिय पात्र नन्दन की बहन के रूप में प्रस्तुत करके कवि ने कथानक को कलात्मक सुदृढ़ता प्रदान की है।

भवभूति ने कथा में कामन्दकी एवं सौदामिनी तथा अवलोकिता का चित्रण कामशास्त्र के आधार पर किया है। 'दशकुमारचरित' में दण्डिन् ने भी बौद्धभिक्षुणी को एक विशेष पात्र के रूप में प्रस्तुत किया है पर भवभूति की कामन्दकी वात्स्यायन के 'कामसूत्र' के आधार से कार्यों की योजना बनाती है। प्रकरण के परिचय में कवि ने इसका संकेत भी किया है–*'आयोजित कामसूत्रम्'* (1.4)। कामन्दकी स्वयं स्वीकार करती है कि वह *'निसृष्टार्थ दूती'* (1.16-17) का कार्य कर रही है। इस दूती को अन्य वर में द्वेष *'वरेऽन्यस्मिन्द्वेषः'* (2.13) का निरूपण करनेवाली कहकर कवि ने 'कामसूत्र' का उद्धरण प्रस्तुत किया है। कामन्दकी शकुन्तला, उर्वशी एवं वासवदत्ता के उल्लेख द्वारा मालती को गुप्त विवाह के लिए प्रेरित करती है। अन्य वक्तव्यों से भी यह स्पष्ट हो जाता है कि भवभूति ने 'मालतीमाधव' में 'कामसूत्र' का विपुल उपयोग किया है।

इस प्रकरण का नौवाँ अंक 'विक्रमोर्वशी' एवं 'मेघदूत' से अत्यन्त प्रभावित जान पड़ता है। विक्षिप्तावस्था में वनों में भटकते हुए तथा पशु-पक्षियों से उर्वशी का पता पूछते हुए पुरुरवा की भावस्थिति के अनुरूप ही कवि ने माधव की मनोदशा का चित्रण किया है। माधव द्वारा मेघ को दूत बनाकर मालती के पास भेजना कालिदास के 'मेघदूत' से प्रभावित प्रसंग है।

भवभूति पर गुणाढ्य, भास, कालिदास का प्रभाव एवं इनके ग्रन्थों से गृहीत कथा-तत्त्व के बाद भी 'मालतीमाधव' में कथानक की रचनात्मक मौलिकता उसे 'अपूर्वप्रकरण' एवं 'अपूर्ववस्तुप्रयोग' का गौरव प्रदान करती है। नवीनता का बोध सर्वत्र बना रहता है। भवभूति ने यत्र-तत्र बिखरी हुई घटनाओं का संयोजन इतने सूत्रबद्ध रूप से किया है और उन्हें इतनी रचनात्मक कुशलता के साथ पिरोया है कि वे सर्वथा कवि का अपना सृजन जान पड़ती हैं। घटना कोई भी क्यों न हो, कहीं से भी क्यों न ली गयी हो, पर जब कवि अपनी नितान्त मौलिक कवित्व शक्ति से उसका स्पर्श और गठन करता है तब वह उसकी अपनी रचना होती है। भवभूति ने भी 'मालतीमाधव' में कथा तत्त्व को इसी मौलिकता के साथ बुना है।

हमारे इस निष्कर्ष से अलग कुछ विद्वानों का मत है कि कवि घटनाओं का निर्वाह स्थान-काल और प्रसंग की संगति के अनुरूप नहीं कर पाया है। इस विषय में डॉ. भाण्डारकर का वक्तव्य इस प्रकार है "'मालतीमाधव' में निहित कवि की संकल्पना की मौलिकता के बावजूद घटनाओं के संयोजन और 'निर्वहण' में वह कौशल दिखाई नहीं देता, जैसा कि 'मृच्छकटिक' और यहाँ तक कि 'मुद्राराक्षस' के

रचनाकारों ने प्रकट किया है। श्मशान के दृश्य में बाद की घटनाएँ भद्दे जोड़ की तरह दिखाई देती हैं, वे समग्रता का हिस्सा नहीं जान पड़तीं। कपालकुण्डला का निरूपण मालती के अपहरण के लिए किया गया, वह भी केवल इसलिए कि कवि को एक अवसर मिल सके और वह विरह में एक मनुष्य की मनोदशा चित्रित करने की अपनी शक्ति का परिचय दे सके; और इस घटना का आविर्भाव न तो किसी भी रूप में सुसंगति के लिए है और न यह पूर्व कथा से स्वाभाविक रूप से उद्भूत होती प्रतीत होती है।"[1] पर कपालकुण्डला एक अत्यन्त महत्त्वपूर्ण कारण से कथानक में भाग लेती है। माधव ने उसके गुरु अघोरघण्ट का वध किया है, मालती के अपहरण द्वारा वह माधव से प्रतिशोध लेना चाहती है और इसी बहाने सौदामिनी जैसे एक पात्र का परिचय मिलता है जिसका प्रसंग प्रकरण के प्रथम अंक में दिया गया है (1.9-10)। पर प्रकरण का अन्त सौदामिनी के आगमन और माधव एवं मकरन्द के प्रति राजा की प्रसन्नता के साथ आठवें अंक की समाप्ति पर हो सकता था। इसके पश्चात् नौवें और दसवें अंक में कथा के विस्तार की कोई आवश्यकता नहीं थी, यह एक बिन्दु है जहाँ हम मिराशी[2] और करमरकर[3] के साथ सहमत हो सकते हैं।

उत्तररामचरित

कथानक–पहले अंक में नान्दी के अन्त में नाटक के विषय एवं नाटककार का संक्षिप्त परिचय दिया जाता है। राम-राज्याभिषेक का उत्सव समाप्त हो जाने की सूचना मिलती है। अतिथि विदा हो गये हैं तथा परिवार के वृद्ध जन जामाता ऋष्यशृंग के द्वादश वर्षीय यज्ञ में सम्मिलित होने के लिए गये हैं। सीता-सम्बन्धी लोकापवाद की सूचना मिलती है क्योंकि समाज स्त्री के सत्य में सदा दोषदर्शी होता है– *'यथा स्त्रीणां तथा वाचां साधुत्वे दुर्जनो जनः'* (1.5)। राक्षस-गृह में निवास और अग्नि-परीक्षा में अविश्वास इस अपवाद का कारण है (1.6)। राम इस अपवाद से अपरिचित हैं। वे जनक के प्रस्थान से दुखित सीता की सान्त्वना के लिए अन्तःपुर में जाते हैं। राम सीता को आश्वस्त करते हैं। इसी समय ऋष्यशृंग आश्रम से मुनि अष्टावक्र आते हैं और राम को वसिष्ठ, अरुन्धती, ऋष्यशृंग का सन्देश देते हैं–"सीता की गर्भावस्था में हर इच्छा पूरी की जाए" तथा "प्रजा का भी समुचित पालन किया जाए" (1.10-11, 11)। राम वचन देते हैं कि "लोक का आराधन करने के लिए वे स्नेह, दया, सुख एवं जानकी का भी परित्याग कर सकते हैं" (1.12)।

---

1. मालतीमाधव, भूमिका, पृ. 11-12
2. भवभूति, पृ. 202
3. वही, पृ. 39-40

तत्पश्चात् भित्ति-चित्रावली देखने के लिए राम-सीता उद्यत होते हैं। इस चित्रवीथि का आयोजन लक्ष्मण ने सीता के मन-बहलाव के लिए किया है। चित्र सीता की अग्निशुद्धि तक हैं और क्रमबद्ध हैं। वनवास से पहले के चित्रों को देखकर राम, सीता प्रसन्न होते हैं पर विगत वियोग को अभिव्यक्त करनेवाले दृश्य उन्हें कातर बना देते हैं। वह दुःख राम के अन्तःकरण को अब भी व्यथित कर जाता है (2.30) और सीता को दुबारा लौट आया-सा जान पड़ता है, वे स्वयं को राम से अलग देखने लगती हैं– *'आर्यपुत्रशून्यमिवात्मानं पश्यामि'* (1.30-31)। नाटक में इस चित्रवीथि का प्रदर्शन सीता-त्याग की पृष्ठभूमि है। सीता भागीरथी के पावन जल में स्नान करने की इच्छा प्रकट करती हैं। राम लक्ष्मण को रथ तैयार करने की आज्ञा देते हैं। अनन्तर चित्रदर्शन से श्रान्त सीता राम के वक्ष पर अंगों को ढाल निद्रामग्न हो जाती हैं। इसी समय राम का अन्तरंग गुप्तचर दुर्मुख प्रवेश करता है और सीता-विषयक लोकापवाद का निवेदन करता है। प्रेम के उत्कर्ष के लिए कर्तव्य को प्राथमिकता दी जाती है। राम सीता-त्याग का कठोर निश्चय करते हैं। सीता को गंगा-तट पर छोड़ने का दायित्व लक्ष्मण को सौंपा जाता है। राम की शोकाकुल मनःस्थिति के परिवर्तन के लिए कवि लवणासुर का प्रसंग उपस्थित करता है। लवण-वध के लिए शत्रुघ्न को भेजा जाता है। लक्ष्मण के निवेदन से सीता रथ पर आरूढ़ हो वन की ओर प्रस्थान करती हैं।

दूसरे अंक के शुद्ध-विष्कम्भक में वाल्मीकि आश्रम से आयी आत्रेयी एवं वनदेवता वासन्ती के वार्तालाप से ज्ञात होता है कि वाल्मीकि-आश्रम में कुश एवं लव नाम के दो कुशाग्रबुद्धि बालक विद्याध्ययन कर रहे हैं, इसलिए अन्य सामान्य विद्यार्थी विद्यार्जन में कठिनाई अनुभव कर रहे हैं। साथ ही वाल्मीकि को छन्द प्रकाशित हो गया है और वे ब्रह्मा की आज्ञा से राम का जीवनचरित्र लिख रहे हैं। आत्रेयी सीता-त्याग, अश्वमेध-यज्ञ में सीता की हिरण्यमयी मूर्ति की प्रतिष्ठा एवं शम्बूक-वध के लिए राम का दण्डक-वन में पुनरागमन सूचित करती है। मुख्य दृश्य में राम सदय भाव से शम्बूक का वध करते हैं। शम्बूक दिव्य पुरुष के रूप में प्रकट होकर राम की स्तुति करता है और उन्हें जनस्थान का परिचय देता है। राम पूर्व परिचित स्थलों को देख सीता की स्मृति से विकल हो जाते हैं। वन एवं सरिताओं के रूप में परिवर्तन हो गया है किन्तु पर्वतों की यथावत् स्थिति *'यह वही स्थल है'* उनकी इस प्रत्यभिज्ञा को दृढ़ करती है (2.27)। वन का एकाकीपन राम को व्यथित कर देता है क्योंकि सीता को मधुगन्धों से युक्त वनों में राम के साथ रहना अत्यन्त प्रिय था *'त्वया सह निवत्स्यामि वनेषु मधुगन्धिषु'* (2.18)। राम पंचवटी जाने का विचार करते हैं, किन्तु लोपामुद्रा का आग्रहपूर्ण निमन्त्रण पाकर अगस्त्य-आश्रम के लिए प्रस्थान करते हैं।

तीसरे अंक के विष्कम्भक में तमसा एवं मुरला नदियों के वार्तालाप से ज्ञात

होता है कि राम पुनः वन में आये हैं। राम के लिए गंगा एवं लोपामुद्रा चिन्तित हैं। लोपामुद्रा मुरला द्वारा गोदावरी के पास यह सन्देश भेजती हैं "राम की प्रत्येक मूर्च्छा में शीतल, मन्द समीर से उन्हें चेतन करना" (3.2)। तमसा सूचित करती है कि गंगा ने सीता को अदृश्य रहकर पृथ्वी पर आने की शक्ति प्रदान की है क्योंकि सीता का स्पर्श राम के लिए परम आश्वासन होगा। मुख्य दृश्य में वासन्ती सीतादेवी से पालित हस्तिशावक के परित्राण के लिए पुकार उठती है। राम प्रवेश करते हैं। उनके शब्दों से सीता उसी प्रकार उत्कण्ठित हो जाती है जैसे मेघगर्जन से मयूरी (3.8)। वनदेवता वासन्ती और राम उन स्थानों को देखते हैं जो सीता से जुड़े हुए हैं। वासन्ती सीता-त्याग के लिए राम को उपालम्भ देती है। राम लोकानुरंजन के लिए किये गये अपने इस दुष्कर कार्य की अनिवार्यता प्रकट करते हैं। सीता-वियोग से राम का हृदय विदीर्ण होने लगता है, देह-बन्ध शिथिल होने लगते हैं। पर सीता का संजीवन-स्पर्श उन्हें बार-बार चेतन कर देता है। राम वासन्ती से सीता की स्वर्णमयी मूर्ति की प्रतिष्ठा की बात कहते हैं, सीता के हृदय से त्यागरूपी दुःख का शल्य निकल जाता है *'उत्खातितमिदानीं मे परित्यागशल्यमार्यपुत्रेण'* (3.45-46)।

चौथे अंक के मिश्रविष्कम्भक में दण्डायन एवं सौधातकि दो विद्यार्थी बालक वाल्मीकि-आश्रम की परिसर-भूमि में वार्ता कर रहे हैं। ज्ञात होता है कि आश्रम में वसिष्ठ, अरुन्धती, कौसल्या आदि माताएँ तथा जनक का आगमन हुआ है। सीता-त्याग से शोकाकुल जनक वृक्ष की छाया में बैठे हैं और वसिष्ठ की आज्ञा से कौसल्या अरुन्धती के साथ जनक से मिलने के लिए आ रही हैं। मुख्य दृश्य में कौसल्या सीता-परित्याग की घटना के कारण जनक से मिलने में बहुत कठिनाई का अनुभव करती हैं और बार-बार अचेतन हो जाती हैं। जनक उनकी दुरवस्था के प्रति दुःख प्रकट करते हैं। इसी समय सब जन बटुकों के बीच लव को देखते हैं। लव का श्याम-स्निग्ध रूप उन्हें राम के शैशव का स्मरण कराता है और वे अत्यन्त उत्सुकता से लव को पास बुलाते हैं। वार्ता से पता लगता है कि लव के अग्रज कुश 'रामायण' के कुछ हस्तलिखित भागों को वाल्मीकि की आज्ञा से भरत मुनि के आश्रम ले जानेवाले तपस्वियों की रक्षार्थ धनुष-बाण लेकर गये हैं। लव अपने वंशानुक्रम एवं 'रामायण' के सीता-त्याग से परवर्ती भाग में अपना अज्ञान प्रकट करते हैं, क्योंकि उस भाग को कवि ने प्रकाशित नहीं किया। इसी समय लव अन्य बटुकों के कहने से अश्वमेध-यज्ञ के अश्व को देखने के कुतूहल से प्रस्थान करते हैं तथा अश्वरक्षकों के दर्पपूर्ण वचनों से उद्दीप्त हो अश्व-हरण करते हैं। लव अश्वमेध के सेनापति चन्द्रकेतु को युद्ध की चेतावनी देते हैं।

पाँचवें अंक में सुमन्त्र के साथ चन्द्रकेतु युद्धस्थल पर प्रवेश करते हैं। वहाँ अनेक सैनिकों का एकाकी लव से युद्ध हो रहा है। चन्द्रकेतु यह युद्ध रोककर अपने साथ युद्ध करने के लिए लव का आह्वान करते हैं। लव चन्द्रकेतु की ओर उन्मुख

होते हैं किन्तु सेनानी उन पर पीछे से आक्रमण कर देते हैं। लव क्रुद्ध होकर सैनिकों पर जृम्भकास्त्र का प्रयोग करते हैं। यह घटना सुमन्त्र को विस्मित कर देती है और वे लव को सीता-पुत्र मानने के लिए आशंसित हो उठते हैं। चन्द्रकेतु लव से अन्य रथ पर आरूढ़ होने का निवेदन करते हैं किन्तु लव अनभ्यस्त होने का कारण देकर अस्वीकार कर देते हैं। *'न रथिनः पादचारमभियुंजन्ति'* (5.20-21) ऐसा विचार कर चन्द्रकेतु भी रथ से नीचे आ जाते हैं। दोनों कुमारों में वीरता एवं आक्षेपपूर्ण वचनों का विनिमय होता है। अनन्तर वाक्कलह से क्रोधोद्दीप्त दोनों वीर युद्ध के उपयुक्त भूमि के लिए प्रस्थान करते हैं।

छठे अंक के मिश्र-विष्कम्भक में विद्याधर-दम्पती लव एवं चन्द्रकेतु के बीच चल रहे युद्ध की सूचना देते हैं। युद्ध दिव्यास्त्रों के प्रयोग से भीषण रूप धारण कर लेता है। दृश्य-स्थल पर राम विमान द्वारा प्रवेश करते हैं। चन्द्रकेतु उन्हें प्रणाम करते हैं तथा लव भी राम के सौम्य-दर्शन से शान्त हो जाते हैं। मुख्य दृश्य में राम लव के परिचय और वीरता से प्रभावित होते हैं तथा उनमें अपने निष्कारण प्रेम की अनुभूति करते हैं। राम को ज्ञात हुआ है कि जृम्भकास्त्र लव एवं उनके अग्रज कुश को जन्मसिद्ध हैं। इसी समय भरत-आश्रम से कुश का आगमन होता है। कुश और लव की मुखाकृति में राम को अपना और सीता का सादृश्य दिखाई देता है। राम का हृदय आशंकित है कि ये उनके अपने पुत्र हैं। कुश और लव 'रामायण' के कुछ श्लोक (6.31, 32, 36) राम को सुनाते हैं, सुनकर राम विचलित हो जाते हैं। अनन्तर जनक, वसिष्ठ, अरुन्धती एवं माताओं के आगमन की सूचना मिलती है। राम उनके दर्शनार्थ प्रस्थान करते हैं।

सातवें अंक का आरम्भ एक नाटक से होता है, जिसे वाल्मीकि ने लिखा है, जो भरतमुनि द्वारा आयोजित एवं अप्सराओं द्वारा अभिनीत है। राम, लक्ष्मण, लव-कुश, चन्द्रकेतु, समस्त पौरजानपद उसके प्रेक्षकगण हैं। प्रस्तावना में भीषण वन में परित्यक्त, प्रसववेदना से पीड़ित सीता गंगा में अपने को विसर्जित कर देती हैं। नाटक में प्रस्तुत इस दृश्य को सत्य जान राम शोकाकुल हो जाते हैं। तब गंगा और पृथ्वी लव और कुश दो नवजात शिशुओं को गोद में लेकर सीता के साथ प्रवेश करती हैं। सीता पृथ्वी में समा जाने की प्रार्थना करती हैं किन्तु गंगा और पृथ्वी सन्तान के प्रति कर्तव्य की प्रेरणा देकर सीता को आश्वस्त करती हैं। सीता-त्याग की घटना से माता होने के कारण पृथ्वी के मन में रोष है (7.5), किन्तु गंगा राम की निर्दोषता प्रकट कर उन्हें आश्वस्त करती हैं (7.6)। इस बीच कुश एवं लव को जृम्भकास्त्रप्राप्ति की सूचना मिलती है। कुश-लव को विद्यार्जन के लिए वाल्मीकि के पास छोड़ दिया जाता है, सीता लोकान्तर-गमन करती हैं। सीता के इस अन्त से राम मूर्छित हो जाते हैं कि वाल्मीकि द्वारा एक आश्चर्य प्रस्तुत किया जाता है। सीता गंगा की लहरों से पृथ्वी एवं गंगा के साथ प्रकट होती हैं। ये दोनों सीता के संसर्ग

से अपनी पवित्रता के उत्कर्ष को प्रकट करती हैं *'आवयोरपि यत्संगात्पवित्रत्वं प्रकृष्यते'* (7.8) और उन्हें अरुन्धती को सौंपती हैं। अरुन्धती पौरजानपदों से सीता की स्वीकृति की अनुमति चाहती हैं। वे अपनी भूल पर पश्चात्ताप कर प्रणाम द्वारा सीता की स्वीकृति का अनुमोदन करते हैं। राम से सीता एवं कुश-लव का मिलन होता है। इसी बीच लवणासुर पर विजय प्राप्त कर शत्रुघ्न के आने की सूचना मिलती है। भरतवाक्य के साथ नाटक समाप्त होता है।

स्रोत एवं मौलिकता—'उत्तररामचरित' राम के उत्तर जीवन की कथा है। भवभूति के इस नाटक का प्रमुख स्रोत 'रामायण' है तथा कुछ घटनाओं एवं प्रसंगों को उन्होंने पद्मपुराण के पातालखण्ड से लिया है। बालवालकर[1] के मत में भवभूति के समय में 'रामायण' की कथा के दो रूपों की सम्भावना की जा सकती है—प्रथम, राम-सीता का सुखद पुनर्मिलन; दूसरे, सीता के धरती में समा जाने के उपरान्त राम का स्वर्गारोहण। भवभूति के 'उत्तररामचरित' की चौथे, पाँचवें एवं छठे अंक की घटनाओं में पद्मपुराण का सादृश्य है।

'रामायण' में सीता-त्याग की घटना के समय वसिष्ठ, अरुन्धती एवं राजमाताएँ अयोध्या में ही हैं जबकि नाटक में यह सूचना मिलती है कि वे जामाता ऋष्यशृंग के एक यज्ञ में सम्मिलित होने के लिए गये हुए हैं (1.3)। भवभूति ने यह परिवर्तन कर राम को अपने निर्णय में अकेला छोड़ दिया है। ऋष्यशृंग के आश्रम से सन्देशवाहक के रूप में अष्टावक्र का आगमन और उनके द्वारा दिये गये दो सन्देश—

1. इदं च *भगवत्याऽरुन्धत्या देवीभिः शान्तया च भूयो भूयः सन्दिष्टम्—'यः कश्चिद्गर्भदोहदो भवत्यस्याः सोऽवश्यमचिरान्मानयितव्यः'* इति (1.10-11)।

2. *जामातृयज्ञेन वयं निरुद्धास्त्वं बाल एवासि नवं च राज्यम्।*
युक्तः प्रजानामनुरञ्जने स्यास्तस्माद्यशो यत्परमं धनं वः॥ 1.11

एक में सीता की दोहद-पूर्ति, दूसरे में राम को प्रजारंजन का आदेश—एक ऐसे वातावरण की संरचना करते हैं, जो राम के सीता-त्याग के कठोर निर्णय के लिए पृष्ठभूमि का काम करता है। भवभूति ने सीता-सम्बन्धी लोकापवाद को राम तक पहुँचानेवाले चर का नाम भी दुर्मुख रखा है, जो अधिक सार्थक है जबकि 'रामायण' में इसका नाम भद्र है।

'रामायण' में शम्बूक जनस्थान में तपस्या नहीं करता। भवभूति ने शम्बूक-वध के निमित्त राम का जनस्थान में आगमन दिखाकर राम और सीता के पूर्वपरिचित स्थलों की स्मृति को पुनर्जीवित किया है। इस घटना द्वारा सीता के प्रति राम के

1. उ.रा.च., इण्ट्रो.

प्रेम की प्रगाढ़ता, विरहाकुलता, पश्चात्ताप और करुणा की अभिव्यक्ति को विशद विस्तार मिला है।

'उत्तररामचरित' के छठे कुमारप्रत्यभिज्ञान अंक में भी घटनाएँ 'रामायण' से भिन्न रूप ग्रहण करती हैं। 'रामायण' में वाल्मीकि कुश और लव को राम के अश्वमेध-यज्ञ में रामायण सुनाने के लिए भेजते हैं। राम कुश और लव को पहचान लेते हैं। 'उत्तररामचरित' में बालकों की इस पहचान को अत्यन्त सुन्दर, मनोवैज्ञानिक एवं काव्यात्मक रूप दिया गया है। क्रमशः अनेक प्रमाणों के आधार पर यह पहचान दृढ़ होती है। राम कुश और लव के प्रति अपार प्रेम और आनन्द का अनुभव करते हैं (6.21, 22)।

मूल स्रोत 'रामायण' से 'उत्तररामचरित' की सबसे बड़ी भिन्नता है—उसकी सीता-राम के मिलन द्वारा सुखान्त परिणति। 'रामायण' में वाल्मीकि सीता को लेकर राम की राजसभा में आते हैं। राम सीता से पवित्रता की शपथ माँगते हैं। तब सीता शपथ लेती हैं और पृथ्वीमाता से शरण देने की प्रार्थना करती हैं।[1] सीता के लिए पृथ्वी के गर्भ से एक दिव्यासन प्रकट होता है और वे उस पर आसीन हो पृथ्वी में समा जाती हैं।[2] भवभूति ने सीता-राम का पुनर्मिलन दिखाकर एक ओर नाट्यकला के नियमों के अनुसार सुखद परिणति का निर्वाह किया है, दूसरे, आदर्श प्रेम के मार्ग में आनेवाली अनेक बाधाओं के अतिक्रमण और सत्य की विजय का दिग्दर्शन प्रस्तुत किया है।

इसके अतिरिक्त वासन्ती से राम की भेंट, दण्डकवन में राम से छायारूपिणी सीता का मिलन-बोध, आत्रेयी-तमसा-मुरला आदि पात्रों की रचना, पृथ्वी एवं गंगा से रक्षित सीता का पाताल में निवास, जनक-वसिष्ठ-अरुन्धती के साथ राजमाताओं की वाल्मीकि-आश्रम में उपस्थिति आदि अनेक छोटी-छोटी मौलिक घटनाओं के समावेश द्वारा भवभूति ने 'उत्तररामचरित' के कथानक को रंगमंच एवं सम्प्रेषणीयता की दृष्टि से प्रौढ़ता प्रदान की है।

अब हम 'उत्तररामचरित' के कथानक के दूसरे महत्त्वपूर्ण स्रोत 'पद्मपुराण' का विचार-विमर्श करेंगे। इस पुराण के पातालखण्ड के प्रथम 68 अध्याय राम के राज्याभिषेक एवं अश्वमेध-यज्ञ के बाद के जीवन को प्रस्तुत करते हैं। इस खण्ड के पाँचवें अध्याय में धोबी के कथन के परिणामस्वरूप सीता-त्याग की घटना रूप लेती है। 12वें अध्याय में शत्रुघ्न की दिग्विजय का वर्णन है। 54वें अध्याय में लव का यज्ञाश्व-हरण है। युद्ध में लव विजयी होते हैं किन्तु बाद में बन्दी बना लिये

---

1. यथैतत्सत्यमुक्तं मे वेद्मि रामात्परं न च।
   तथा मे माधवी देवी विवरं दातुमर्हति॥ उत्तर.का., 97.16
2. वही, 97.17-20

जाते हैं। कुश युद्ध में सबको परास्त कर सेनानायकों को बन्दी बना लेते हैं। सीता बन्दियों को मुक्त कर अश्व को भी छोड़ देती हैं। यज्ञ समाप्त होता है। जब राम को दो बालकों के इस वीरतापूर्ण कार्य का ज्ञान होता है, तब वे यज्ञ में आये हुए वाल्मीकि से समस्त घटनाक्रम जान सत्य से परिचित होते हैं। सीता को बुलाया जाता है। इसी समय कुश-लव रामायण का गान करते हैं। राम वाल्मीकि आदि के समक्ष सीता को स्वीकार करते हैं। इस पुराण में पृथ्वी देवी का कोई प्रसंग नहीं है।

'पद्मपुराण' एवं 'उत्तररामचरित' में कई स्थलों पर कथा-भेद है। पुराण में अश्वमेध यज्ञ का सेनानायक भरत-पुत्र पुष्कल है, जबकि नाटक में लक्ष्मण-पुत्र चन्द्रकेतु। पुराण में लव की आयु 16 वर्ष दिखाई गयी है, किन्तु 'उत्तररामचरित' में वे 12 वर्ष के हैं। 'पद्मपुराण' में यह स्पष्ट उल्लेख है कि वाल्मीकि ने कुश-लव को स्वयं धनुर्वेद एवं युद्ध की शिक्षा दी थी, किन्तु 'उत्तररामचरित' का यह संवाद—

सुमन्त्रः —कुतः पुनरस्य जृम्भकाणामागमः स्यात्।

चन्द्रकेतुः —भगवतः प्राचेतसादिति मन्यामहे।

सुमन्त्रः —वत्स नैतदेवमस्त्रेषु विशेषतो जृम्भकेषु। 5.14-15

प्रकट करता है कि कुश-लव ने वाल्मीकि से अस्त्रविद्या नहीं ली थी। पुराण में राम का आगमन युद्ध-क्षेत्र में नहीं होता। कुमारों से उनका परिचय अयोध्या में होता है तथा सीता को भी अन्य कोई साक्षी नहीं देनी पड़ती, जबकि 'उत्तररामचरित' में अरुन्धती पौरजानपदों से सीता को ग्रहण करने की पुनः स्वीकृति लेती हैं।

'उत्तररामचरित' के कुमारप्रत्यभिज्ञान अंक में कालिदास के 'अभिज्ञानशाकुन्तल' के सातवें अंक का प्रभाव प्रतीत होता है। भवभूति द्वारा वर्णित यह प्रसंग राम के हृदय का विश्लेषण प्रस्तुत करता है और कवि की नितान्त मौलिक वर्णन-शैली का परिचायक है।

अध्याय 7

कला के प्रतिमान

काव्य के भेद—काव्य के दो भेद हैं—श्रव्य काव्य एवं दृश्य काव्य। दृश्य काव्य नेत्र का विषय तथा रूप से आरोपित होने के कारण रूपक कहा गया है।[1] धनंजय ने नाटक की परिभाषा देते हुए कहा है कि अवस्था की अनुकृति ही नाट्य है।[2] भरत के मत में नाना भावों से सम्पन्न, विभिन्न अवस्थाओं से युक्त नाटक में लोकवृत्त का अनुकरण रहता है।[3] वस्तुतः नाटक में तीनों लोकों के भावों का अनुकीर्तन रहता है।[4] इस विशाल विश्व-फलक पर जो अनेक भावों और द्वन्द्वों की क्रीड़ा है, उन सबका चित्रण नाटक में रहता है[5], इसलिए भरतमुनि का यह कथन—'कोई भी ज्ञान, शिल्प, विद्या एवं कला तथा योग एवं कर्म ऐसा नहीं है जो इस नाट्य में न हो'—

न तत् ज्ञानं न तच्छिल्पं न सा विद्या न सा कला।
न स योगो न तत्कर्म नाट्येऽस्मिन् यन्न दृश्यते॥[6]

सर्वथा उचित है। कालिदास ने भी नाटक को भिन्न रुचिवाले मनुष्यों के लिए एक सामान्य मनोरंजन का साधन कहा है—*'नाट्यं भिन्नरुचेर्जनस्य बहुधाप्येकं समाराधनम्।'*

भवभूति ने अपनी अभिव्यक्ति के लिए काव्य की श्रव्य विधा को न चुनकर दृश्य विधा का चयन किया है। इसका कारण न केवल नाट्य एवं काव्यशास्त्रियों द्वारा प्रस्थापित नाटक का सर्वांगीण स्वरूप है, बल्कि वह सामयिक और सामाजिक

---

1. दृश्यश्रव्यत्वभेदेन पुनः काव्यं द्विधा मतम्।
   दृश्यं तत्राभिनेयं तद्रूपारोपात्तु रूपकम् ॥ सा.द., 6.1
2. अवस्थानुकृतिर्नाट्यम्। द.रू., 1.7
3. नानाभावोपसम्पन्नं नानावस्थान्तरात्मकम्।
   लोकवृत्तानुकरणं नाट्यमेतन्मया कृतम् ॥ ना.शा., 1.112
4. त्रैलोक्यस्यास्य सर्वस्य नाट्यं भावानुकीर्तनम् ॥ वही, 1.107
5. वही 1.119
6. वही 1.116

प्रयोजन भी है जो इस सर्वग्राही सशक्त माध्यम के द्वारा लोकधर्म की प्रतिष्ठा करने में सक्षम है।

गद्य-खण्डों के साथ गीति-पदों का सम्मिश्रण संस्कृत-नाटकों की विशिष्टता है। गद्य-खण्ड प्रायः स्थूल-तथ्यों का वर्णन करते हैं ताकि दर्शक कथा-भाग से अवगत हो सकें, जबकि मानव-हृदय के सूक्ष्मतम भावों की अभिव्यक्ति छन्दोबद्ध पदों में होती है। गद्य की समतल भूमि के मध्य से उद्भूत हुआ छन्दमय पद नाटक को अधिक प्रभावशाली बनाता है। कीथ[1] के शब्दों में "गीति-पद, पहली दृष्टि में बड़े 'अनाटकीय' लगते हैं पर तब उनका औचित्य पूरी तरह प्रमाणित हो जाता है जब हम देखते हैं कि वे कितने प्रभावशाली रूप से दर्शकों के हृदय में सम्यक् भाव-संवेदन को जाग्रत कर देते हैं।" "भारतीय नाटक की मौलिक विशेषता उसका काव्यमय परिधान है।"[2] काव्यमय नाटक के लिए एक पाश्चात्य आलोचक का यह कथन कि "यह नाटक का सर्वसुन्दर रूप है—ए ड्रामा इन इट्स वेरी हाएस्ट फॉर्म"[3] पूर्ण सत्य है।

रूप-विधान प्रमुख रूपक के दस भेद हैं—नाटक, प्रकरण, भाण, व्यायोग, समवकार, डिम, ईहामृग, अंक, वीथि एवं प्रहसन।[4] इनमें 'नाटक' एवं 'प्रकरण' मुख्य हैं।

विश्वनाथ[5] ने नाटक की परिभाषा एवं स्वरूप का निश्चय करते हुए कहा है कि नाटक का कथानक प्रसिद्ध होना चाहिए। इसमें पाँच सन्धियाँ होनी चाहिए, धैर्य आदि गुणों का समावेश तथा सुख-दुःख का समुद्भव होना चाहिए। अंक-विधान पाँच से दस के बीच हो सकता है। नाटक का नायक प्रख्यात वंश में उत्पन्न, राजर्षि, धीरोदात्त प्रतापवान् हो। वह देवता हो सकता है या दिव्यगुणसम्पन्न मानव हो सकता है। नाटक का प्रमुख रस शृंगार अथवा वीर होना चाहिए। अन्य रसों का संयोजन अंग रूप में तथा अद्भुत रस का प्रयोग 'निर्वहण-सन्धि' में किया जाना चाहिए।

प्रकरण का कथावृत्त लौकिक एवं कवि-कल्पित होना चाहिए। प्रमुख रस शृंगार होना चाहिए तथा नायक विप्र, वणिक अथवा मन्त्री होना चाहिए। नायिका कुलीन अथवा वेश्या हो सकती है। इसमें प्रायः दस अंकों की योजना होती है।[6]

भवभूति की कृतियों में 'महावीरचरित' एवं 'उत्तररामचरित' नाटक हैं। इनका कथानक प्रसिद्ध है और 'रामायण' इनकी कथा का स्रोत है। दोनों नाटकों के नायक

---

1. ए.बी.कीथ, 'द संस्कृत ड्रामा', पृ. 279
2. एन्साइक्लोपीडिया ब्रिटेनिका, वाल्यू. 8, पृ. 484
3. 'ह्वाट अबाउट शेक्सपियर', डेविड हार्डमैन, पृ. 26
4. साहित्यदर्पण, 6.4
5. वही, 6.7-11
6. वही, 6.224-226

राम में धीरोदात्त नायक के सभी गुण विद्यमान हैं। 'महावीरचरित' का मुख्य रस वीर है तथा 'निर्वहण सन्धि' में अद्भुत-रस की संयोजना है। 'उत्तररामचरित' में मुख्य रस करुण है तथा अद्भुत-रस का बहुल विधान है। दोनों नाटकों में सात अंक हैं तथा पाँच अर्थप्रकृति, पाँच कार्यावस्था एवं पाँच सन्धियों का प्रयोग है।

'मालतीमाधव' प्रकरण है। इसका कथावृत्त लौकिक है। मुख्य रस शृंगार है। नायक मन्त्री-पुत्र है और नायिका कुलीन है। इसमें दस अंक हैं।

नाटक के नाम के बारे में विश्वनाथ का कथन है कि नाम नाटक में निहित अर्थ का प्रकाशक होना चाहिए— *'नाटकस्य गर्भितार्थप्रकाशकम्।'* [1] जैसे 'महावीरचरित' शीर्षक से राम के वीर चरित्र का प्रकाशन होता है और 'उत्तररामचरित' राम के उत्तर जीवन से जुड़ी घटनाओं का निरूपण करता है। प्रकरण का नाम नायक-नायिका के नाम से जुड़ा हो सकता है।[2] 'मालतीमाधव' इसी तथ्य का निदर्शन है।

नाट्य-नियमों के अन्तर्गत नाटक का आरम्भ मंगलाचरण से होना चाहिए। इस मंगलाचरण को 'नान्दी' संज्ञा दी गयी है।

नान्दी—विश्वनाथ[3] के मत में आशीर्वाद की कामना से युक्त देव, द्विज, नृप आदि का स्तवन-गान नान्दी है। नान्दी में आठ या बारह पद होने चाहिए तथा इसमें शंख, चन्द्र, अब्ज, कोक, कैरव आदि शुभसूचक शब्दों का प्रयोग होना चाहिए।

भरत[4] ने नान्दी को आशीर्वचनयुक्त एक ऐसा मंगलगान कहा है जो देव, द्विज, नृप के अनुग्रह और दर्शकों एवं अभिनेताओं के कल्याण के लिए होता है।

वस्तुतः नान्दी पूर्वरंग का ही एक भाग है। 'पूर्वरंग' नाटक की वह तैयारी है जो पर्दा खुलने से पूर्व की जाती है और जो दर्शकों के लिए नहीं होती। एकमात्र नान्दी ही पूर्वरंग का वह अन्तिम भाग है जिसे नाटक के आरम्भ में दर्शकों के समक्ष प्रस्तुत किया जाता है।

नान्दी में आठ या बारह पद होते हैं। "अभिनवगुप्त के मत में नान्दी में पद का माप शब्दों पर या इसमें आये वाक्यांश पर निर्भर नहीं करता, बल्कि संगीत की मूर्च्छना अर्थात् उसके आरोह-अवरोह पर निर्भर करता है, इसलिए इसे समय की ताल

---

1. साहित्यदर्पण, 6.142
2. वही, 6.143
3. आशीर्वचनसंयुक्ता नित्यं यस्मात् प्रयुज्यते।
   देवद्विजनृपादीनां तस्मान्नान्दीति संज्ञिता ॥
   मङ्गल्यशङ्खचन्द्राब्जकोककैरव शंसिनी।
   पदैर्युक्ता द्वादशभिरष्टभिर्वा पदैरुत ॥ सा.द., 6.24-25
4. आशीर्वचनसंयुक्ता नित्यं यस्मात्प्रयुज्यते।
   देवद्विजनृपादीनां तस्मान्नान्दीति संज्ञिता ॥ ना.शा., 5.24

के अनुसार मापा जाना चाहिए।"[1]

"भरत इस विषय में मौन हैं पर 'नाट्यप्रदीप' में तत्सम्बन्धी भिन्न विचारों को प्रस्तुत करते हुए ग्रन्थकार का कथन है—

श्लोकपादपदं केचित्, सुब्तिङन्तमथापरे।
परेऽवान्तरवाक्यैकस्वरूपं पदमूचिरे॥

—कुछ कहते हैं कि श्लोक का चतुर्थांश एक चरण है, कुछ कहते हैं कि संज्ञा अथवा क्रिया प्रत्यय में अन्त होनेवाला कोई व्याकरणमूलक शब्द चरण का निर्माण करता है, जबकि कुछ का मानना है कि श्लोक में आये भिन्न वाक्यांश नान्दी के चरणों का निर्माण करते हैं।"[2]

नान्दी दो प्रकार की मानी गयी है—सरल या संकेतात्मक। सरल नान्दी को शुद्धा कहा गया है और संकेतात्मक नान्दी को 'पत्रावली' का पारिभाषिक नाम दिया गया है। शुद्धा नान्दी संकेतात्मक भी हो सकती है।

'महावीरचरित' का यह नान्दी श्लोक—

अथ स्वस्थाय देवाय नित्याय हतपाप्मने।
त्यक्तक्रमविभागाय चैतन्यज्योतिषे नमः ॥ 1.1 ॥

सरल और शुद्धा नान्दी है क्योंकि इसमें देव-नमन है, पर साथ ही यह संकेतात्मक भी है क्योंकि इसमें नाटक के विषय को भी सूचित किया गया है। यहाँ 'देवाय' शब्द नायक राम के लिए भी प्रयुक्त हुआ है और 'हतपाप्मने' द्वारा वालि एवं रावण के विनाश की सूचना दी गयी है। नाटक का प्रमुख रस वीर है, यह संकेत भी मिल जाता है। इस नान्दी में आठ पद हैं।

'मालतीमाधव' (1.1-2) के दो नान्दी-श्लोकों में आठ चरण हैं। इनमें गणेश के शिर-कम्पन और शिव की जटाओं से शुभ की कामना की गयी है। शिव-स्तवन को कथानक के संकेत रूप में ग्रहण किया जा सकता है। जटा-जूटधारी शिव की धीर-प्रशान्त मूर्ति नाटक के नायक की धीरप्रशान्तता का प्रतीक है। शिव की जटाओं के प्रति भक्तिभाव कामन्दकी आदि भिन्न पात्रों के प्रति निर्भरता का सूचक है।

'उत्तररामचरित' का यह नान्दी श्लोक—

इदं कविभ्यः पूर्वेभ्यो नमोवाकं प्रशास्महे।
विन्देम देवतां वाचममृतामात्मनः कलाम् ॥ 1.1 ॥

बारह पद युक्त है। इसमें पूर्व कवियों—वाल्मीकि, व्यास, भास, कालिदास—के प्रति

---

1. एस.एन.शास्त्री, 'द लॉज़ ऐण्ड प्रैक्टिस ऑफ़ संस्कृत ड्रामा,' पृ. 33
2. वही, पृ. 32

नमन है पर आशीर्वाद की कामना नहीं की गयी है। यह नान्दी शुद्धा है और संकेतात्मक भी। 'आत्मनः कलाम्' द्वारा राम और सीता का संकेत दिया गया है तथा 'विन्देम' शब्द सातवें अंक में सीता-प्राप्ति की घटना को सूचित करता है।

नान्दी पाठ के विषय में नाटकों में दो शैलियाँ दिखाई देती हैं। कुछ नाटकों में *'नान्धन्ते ततः प्रविशति सूत्रधारः'* के बाद मंगल-श्लोक दिया रहता है जैसाकि भास के नाटकों में; किन्तु कुछ नाटकों में नान्दी का मंगल-श्लोक प्रस्तुत करने के बाद *'नान्धन्ते सूत्रधारः'* की संयोजना की जाती है। भवभूति के तीनों नाटकों में दूसरी शैली का अनुसरण है।

प्रस्तावना—नान्दी के पश्चात् प्रस्तावना का संयोजन किया जाता है। नाट्य नियम के अनुसार इसमें सूत्रधार नटी, विदूषक अथवा पारिपार्श्वक के साथ बातचीत करता है और नाटक के वस्तु, बीज, मुख एवं पात्र का परिचय देता है।[1] सूत्रधार भारतीवृत्ति का आश्रय लेकर नाटक का, कवि के कुल-गोत्र आदि का, समय और स्थान का परिचय प्रस्तुत करता है।[2] भारती वृत्ति में संस्कृत का प्रयोग होता है और यह पुरुष पात्रों के अधीन होती है—*'भारती संस्कृतप्रायो वाग्व्यापारो नराश्रयः।'*[3] भारतीवृत्ति के चार उपभेद होते हैं—प्ररोचना, वीथी, प्रहसन एवं आमुख।[4] इन चारों भेदों में 'प्ररोचना' वह है जो कवि की प्रशंसा द्वारा दर्शकों को नाटक के कथ्य के प्रति आकर्षित करती है—

'उन्मुखीकारः प्रशंसातः प्ररोचना।'[5]

भवभूति के नाटकों की प्रस्तावना में प्ररोचना का ही प्रयोग हुआ है। तीनों नाटकों में कवि का प्रशंसात्मक परिचय दिया गया है (म.च., 1.4-5,5,6,7; मा.मा., 1.4-6,7,8; उ.रा.च., 1.1-2,2) और नाटक के वैशिष्ट्य का कथन है (म.च., 1.2,3,6; मा.मा., 1.4,7)। नाटक के मंचन के स्थान (कालप्रियनाथस्य यात्रायाम्) और समय (मा.मा., 1.2-3, उ.रा.च., 1.7) की सूचना भी दी गयी है।

प्रस्तावना उद्घात्यक, कथोद्घात, प्रयोगातिशय, प्रवर्त्तक और अवलगित भेद से पाँच प्रकार की होती है।[6] भवभूति के नाटकों की प्रस्तावना में 'प्रयोगातिशय' भेद का प्रयोग हुआ है। इसमें सूत्रधार मंच पर पात्र के आगमन की सीधी सूचना देता

---

1. सा.द., 6.31-32
2. वही, 6.28-29
3. वही, 6.29
4. वही, 6.30
5. वही
6. वही, 6.32

है—'पात्रप्रवेशः'[1]. भवभूति के तीनों नाटकों में पात्र-प्रवेश की सूचना द्वारा 'प्रस्तावना' का अन्त होता है। भवभूति ने नाटकों की 'प्रस्तावना' में नाट्यकला सम्बन्धी अपने अभिमत को भी प्रकट किया है।

भरतवाक्य—जिस प्रकार नाटक मंगलाचरण अथवा 'नान्दी' से आरम्भ होता है, वैसे ही इसका अन्त 'भरतवाक्य' के साथ किया जाता है—यह नाट्यशास्त्र का नियम है। इस मांगलिक श्लोक को 'प्रशस्ति' भी कहा जाता है—*'प्रशस्तिः शुभशंसनम्'*।[2]

'महावीरचरित' के 'भरतवाक्य' में राम विश्वामित्र से प्रार्थना करते हैं कि "राजा निरालस्य होकर पृथ्वी का पालन करें, मेघ समय पर जल बरसाएँ, देश में प्रचुर धान्य हो, प्रसादगुण-सम्पन्न कविता में कवियों की रुचि हो और विद्वत्जन दूसरों की कृतियों में आनन्द प्राप्त करें" (7.42)।

'मालतीमाधव' के 'भरतवाक्य' में माधव कामन्दकी से सर्वजगत् के कल्याण की और राजाओं के धर्मस्थित रहकर पृथ्वी-पालन की प्रार्थना करता है (10।25)।

'उत्तररामचरित' के 'भरतवाक्य' में राम वाल्मीकि से प्रार्थना करते हैं कि कवि द्वारा प्रस्तुत यह लोकमंगलकारिणी रामकथा सबका पापशमन करे और प्राज्ञजन इसका विचार कर प्रसन्न हों (7.21)।

कथावस्तु के अंग—नाटक का कथानक दो भागों में विभक्त रहता है—आधिकारिक एवं प्रासंगिक।[3] नायक की लक्ष्य-प्राप्ति पर आधारित कथा आधिकारिक होती है तथा जिस कथा का प्रयोग आधिकारिक कथा के उपकरण रूप में किया जाता है, वह प्रासंगिक होती है।[4] इस प्रकार प्रासंगिक कथा के अन्तर्गत चल रही घटनाएँ मुख्य कथा के उत्कर्ष में सहायक होती हैं।

कथावस्तु का विभाजन अंकों में किया जाता है।[5] अंक के सामान्य नियम हैं कि उसमें कथा का एक भाग समाप्त हो जाना चाहिए, नायक की उपस्थिति रहनी चाहिए तथा रस की अभिव्यंजना होनी चाहिए। एक अंक में एक दिन का वृत्त, एक स्थान का दृश्य तथा अन्त में सब पात्रों का निष्क्रमण हो जाना चाहिए।[6] भवभूति के नाटकों में अंक-सम्बन्धी इन नियमों का पालन हुआ है किन्तु 'उत्तररामचरित' के पहले अंक में नायिका का शयन तथा चौथे एवं पाँचवें अंक में नायक की

---

1. साहित्य दर्पण, 6.36
2. दशरूपक, 1.54
3. इतिवृत्तं द्विधा चैव बुधस्तु परिकल्पयेत्।
   आधिकारिकमेकं तु प्रासङ्गिकमथापरम्॥ ना.शा., 19.2
4. साहित्यदर्पण, 6.42-43
5. वही, 6.8
6. वही, 6.12-19

अनुपस्थिति नाट्य-नियमों के विपरीत है। नियमतः दो अंकों के बीच केवल एक वर्ष का अन्तराय होना चाहिए, किन्तु जिन नाटकों की रचना महाकाव्यों के आधार पर हुई है तथा जिनमें समय का अन्तराय अधिक है, उनमें समय की सूचना अर्थोपक्षेपकों द्वारा दी जाती है। नाट्य नियमों के अनुसार जो कुछ नीरस एवं अनुचित है या विस्तृत है—नायक का पतन, मृत्यु, युद्ध, हत्या, विवाह, खानपान, शयन, स्नान आदि—उसे कथानक की सूच्यश्रेणी में रखा जाता है तथा जो मधुर, उदात्त एवं रस-भावपूर्ण है, वह कथानक के दृश्य-श्रव्य माध्यम से प्रकट किया जाता है।[1]

कथावस्तु के सूच्य अंगों को **अर्थोपक्षेपक** कहा जाता है। ये पाँच होते हैं—विष्कम्भक, प्रवेशक, चूलिका, अंकास्य एवं अंकावतार।

विष्कम्भक—यह वृत्त में विद्यमान कथांशों का निदर्शक होता है।[2] संस्कृत-भाषी मध्यम कोटि के पात्रों द्वारा प्रयोजित विष्कम्भक शुद्ध कहा जाता है।[3] निम्न एवं मध्यम पात्रों द्वारा प्रयुक्त विष्कम्भक संकीर्ण अथवा मिश्र कहलाता है।[4] इनमें स्थान, काल आदि की सूचना देकर कथा-सूत्र को जोड़ा जाता है।

भवभूति के तीनों नाटकों में शुद्ध एवं मिश्रविष्कम्भक की योजना मिलती है। 'महावीरचरित' के पाँचवें अंक, 'मालतीमाधव' के पाँच, छह एवं नौवें अंक तथा 'उत्तररामचरित' के दूसरे-तीसरे अंक के प्रारम्भ में शुद्धविष्कम्भक की योजना की गयी है; तथा 'महावीरचरित' के दो, चार, छह एवं सातवें अंक, 'मालतीमाधव' के पहले अंक तथा 'उत्तररामचरित' के चौथे एवं छठे अंक के आरम्भ में मिश्रविष्कम्भक का आयोजन है। 'महावीरचरित' के पाँचवें अंक के शुद्धविष्कम्भक में सम्पाति एवं जटायु द्वारा राम एवं लक्ष्मण के वीर-कार्यों से जुड़ी कुछ भूतकालिक घटनाओं की सूचना दी जाती है। इसमें रावण द्वारा सीता-अपहरण की घटना को भी सूचित किया जाता है। 'उत्तररामचरित' के दूसरे अंक के शुद्धविष्कम्भक में सीता-त्याग के अनन्तर बारह वर्ष के बीच घटी घटनाओं का उल्लेख है। आत्रेयी एवं वासन्ती के वार्तालाप से वाल्मीकि द्वारा जृम्भकास्त्र-सिद्ध लव-कुश का पालन, शिक्षण, रामायण की रचना, राम का अश्वमेध-यज्ञ-अनुष्ठान, लक्ष्मण-पुत्र चन्द्रकेतु का चतुरंगिणी सेना के साथ गमन तथा राम का शम्बूक-वध के लिए दण्डकवन में पुनरागमन आदि प्रसंगों की सूचना मिलती है। इसी नाटक के चौथे अंक का मिश्रविष्कम्भक विनोद एवं स्वाभाविकता की दृष्टि से अत्यन्त सुन्दर है। तीसरे अंक में करुण-रस की

---

1. दशरूपक, 1.56-57; सा.द., 6.8
2. वही, 1.59
3. वही, 1.59,60
4. वही, 1.60; सा.द., 6.55-56

द्रवणशीलता दर्शकों को निमग्न कर देती है। उसके पश्चात् मृदुल हास्य से पूर्ण इस विष्कम्भक की योजना नाट्य एवं रंगमंचीय दृष्टि से अत्यन्त उत्तम है। छठे अंक का मिश्रविष्कम्भक नाट्यकला के नियम के अन्तर्गत लव एवं चन्द्रकेतु के बीच हुए युद्ध के प्रदर्शन का परिहार विद्याधर एवं विद्याधरी के वार्तालाप द्वारा करता है। वे रंगमंच पर आकर इन दोनों कुमारों के बीच हुए युद्ध का वर्णन करते हैं और अन्त में *'कल्याणमस्तु सुतसंगमनेन राज्ञः'* (6.7) कथन द्वारा राम के लव-कुश से मिलन का भावी संकेत देते हैं।

प्रवेशक–यह अर्थोपक्षेपक का दूसरा अंग है। अनुदात्त वाणी बोलनेवाले नीच पात्रों से युक्त प्रवेशक शेष अर्थों का सूचक होता है। इसकी योजना नाटक के प्रथम अंक में नहीं की जाती। यह दो अंकों के बीच स्थित होता है।[1] भवभूति के नाटकों में प्रवेशक की योजना केवल 'मालतीमाधव' में–दो, तीन, सात एवं आठवें अंक के आरम्भ में हुई है।

चूलिका–यह कथावस्तु का तीसरा सूच्य अंग है। इसमें यवनिका के पीछे रहकर कार्य की सूचना दी जाती है।[2] भवभूति ने अपने तीनों नाटकों में इस अर्थोपक्षेपक का प्रयोग किया है। 'महावीरचरित' के चौथे अंक में नेपथ्य से परशुराम पर राम की विजय की सूचना दी जाती है–

(नेपथ्ये)

भो भो वैमानिकाः! प्रवर्त्यन्तां मङ्गलानि।
कृशाश्वान्तेवासी जयति...दिनकरकुलेन्दुर्विजयते ॥ 4.1 ॥

सातवें अंक में सीता की अग्नि-परीक्षा की सूचना (7.3) भी चूलिका द्वारा दी जाती है। 'मालतीमाधव' के तीसरे अंक में व्याघ्र के आक्रमण (3.15-16) एवं छठे अंक में मालती के साथ नन्दन के विवाह को (6.2) यवनिका के पीछे से सूचित किया जाता है। 'उत्तररामचरित' के दूसरे अंक में वासन्ती नेपथ्य से तपस्वियों का स्वागत करती सुनाई पड़ती है (2.-1)। पाँचवें अंक में–

(नेपथ्ये)

भोः भोः सैनिका जातं जातमवलम्बनमस्माकम् (5.1)

के पश्चात् चन्द्रकेतु के आगमन की सूचना को (5.1) चूलिका द्वारा प्रस्तुत किया गया है।

अंकावतार–इस अर्थोपक्षेपक की परिभाषा देते हुए विश्वनाथ[3] का कथन है

---

1. दशरूपक, 1.61; सा.द., 6.57
2. द.रू., 1.61
3. सा.द., 6.58,59

कि जिस अंक के अन्त में उसी अंक के पात्रों द्वारा आगे के अंक की सूचना मिलती है, तथा वे ही पात्र आगामी अंक में भी दिखाई देते हैं, वहाँ अंकावतार होता है। भवभूति ने इसकी योजना केवल 'मालतीमाधव' में की है। तीसरे अंक के अन्त में मकरन्द पर व्याघ्र के आक्रमण की घटना से माधव का मूर्छित होना तथा कामन्दकी से सचेत किये जाना। इसके पश्चात् कामन्दकी का सबको मकरन्द के पास चलने के लिए कहना—*'तदेहि यावत्। पश्यामः'* तथा चौथे अंक के आरम्भ में इन सब पात्रों का रंगमंच पर होना—*'ततः प्रविशतो मदयन्तिकालवङ्गिकाभ्यामवलम्बितौ प्रमुग्धौ माधवमकरन्दौ सम्भ्रान्ता कामन्दकी मालती बुद्धरक्षिता च'* अंकावतार संज्ञक अंग है। इसके द्वारा तीसरे अंक का घटनाक्रम चौथे अंक में अविच्छिन्न बना रहता है।

अंकास्य अथवा अंकमुख—इसके अन्तर्गत एक अंक में अन्य सब अंकों की सूचना रहती है तथा बीज एवं अर्थ संक्षेप में सूचित रहते हैं।[1] 'मालतीमाधव' के पहले अंक में कामन्दकी एवं अवलोकिता के वार्तालाप (1.8-16) से प्रकरण के पूरे कथानक का विहंगम परिचय प्राप्त होता है। धनंजय के शब्दों में "अंक के अन्त में आनेवाले पात्रों के द्वारा पूर्व अंक से असम्बद्ध अग्रिम अंक के अर्थ की सूचना देने के कारण इसे अंकास्य कहा जाता है।"[2] भवभूति ने इसकी योजना 'महावीरचरित' में ही की है। पहले अंक के अन्त में सर्वमाय का यह कथन *'...कार्यपर्यन्तं माल्यवत्युपवेदये'* (1.61) दूसरे अंक के आरम्भ में माल्यवान् की उपस्थिति का संकेत करता है। दूसरे अंक के अन्त में सुमन्त्र का राम एवं जमदग्नि को यह सन्देश देना *'भगवन्तौ वशिष्ठविश्वामित्रौ भवतः सभार्गवानाह्वयतः।'* कि पूज्य वसिष्ठ और विश्वामित्र परशुरामसहित आपको बुला रहे हैं। तब उनका पूछना *'क्व भगवन्तौ?'* वे कहाँ हैं? *'महाराज दशरथस्यान्तिके'* महाराज दशरथ के पास। और सबका वहीं जाना और अंक की समाप्ति हो जाने पर अगले अंक में बैठे हुए वसिष्ठ, विश्वामित्र और परशुराम का दिखाई देना अंकास्य का सूचक है। यहाँ पूर्व अंक के अन्त में प्रविष्ट होनेवाले पात्र सुमन्त्र के द्वारा अगले अंक के आरम्भ में होनेवाले अर्थ की सूचना दी गयी है जो पहले अंक से भिन्न है।

गर्भांक—उपर्युक्त पाँच अर्थोपक्षेपकों के अलावा एक अन्य सूच्य अंग भी है, जो कथावस्तु की सूचना का सशक्त माध्यम है। यह गर्भांक है। एक अंक के भीतर दूसरे अंक की नियोजना को गर्भांक कहते हैं। इसकी अपनी प्रस्तावना होती है, यह बीजयुक्त होता है तथा फलवान भी।[3] भवभूति ने 'उत्तररामचरित' के सातवें अंक

---

1. सा.द., 6.59-60
2. द.रू., 1.62
3. सा.द., 6.20

में गर्भांक की योजना की है। इसकी कथा वाल्मीकि ने लिखी है, यह भरत द्वारा आयोजित तथा अप्सराओं द्वारा अभिनीत है। राम, लक्ष्मण, पौरजानपद आदि इसके प्रमुख दर्शक हैं। इस नाटक में पृथ्वी एवं भागीरथी द्वारा सीता की पवित्रता की घोषणा की जाती है (7.8) और नाटक की सुखद परिणति को सम्भव बनाया जाता है। भवभूति ने गर्भांक की योजना द्वारा निर्वहण सन्धि में अद्भुत-रस का सुन्दर निर्वाह किया है।

पताकास्थानक–जो विषय सोचा जा रहा है, आगन्तुक भाव के द्वारा उससे भिन्न अर्थ का संकेतक पताकास्थानक होता है।[1] धनंजय के शब्दों में "तुल्य संविधान या तुल्य विशेषण के द्वारा प्रकरण के अनुकूल अन्योक्तिमय भावी अर्थ की सूचना देनेवाला वृत्त पताकास्थानक है।[2] पताकास्थानक प्रकरण के अनुकूल भावी अर्थों की सूचना देता है, लेकिन इस सूचना में अन्योक्ति रहती है। पताकास्थानक का एक प्रकार वह है जिसमें कहे गये शब्दों के अन्दर एक से अधिक अर्थों का सहसा प्राकट्य रहा करता है।[3] इस पताकास्थानक का उदाहरण 'मालतीमाधव' के पहले अंक में लवंगिका के इन शब्दों में मिलता है–*'महाभाग सुश्लिष्टगुणतया रमणीय...कण्ठावलम्बनमहार्घताम्'* (1.32-33)। ये शब्द एक ओर बकुल पुष्पमाला की विशेषताओं का वर्णन करते हैं, दूसरी ओर ये मालती के माधव-विषयक प्रेम की सूचना भी देते हैं। यहाँ शब्द एक से अधिक अर्थ को प्रकट कर रहे हैं। पताकास्थानक के एक अन्य प्रकार में नानाबन्धसमाश्रय से प्रस्तुत एक श्लेष अर्थ प्रस्तुत विषय के अनुरूप एक सुझाव प्रकट करता है।[4] 'मालतीमाधव' के दूसरे अंक में इस पताकास्थानक के प्रयोग को देखा जा सकता है। लवंगिका मालती की माधव के प्रति स्वीकृति के विषय में सोच रही है–

> *लवङ्गिका–अत्रेदानीं क उपायः।*
> *प्रतिहारी–एषा भगवती कामन्दकी।* (2.2-3)

प्रतिहारी के शब्द लवंगिका के सोच के उत्तर के रूप में प्रकट हुए हैं।

इसी पताकास्थानक का प्रयोग 'उत्तररामचरित' के पहले अंक में हुआ है। राम सोयी हुई सीता के प्रति अपने उद्‌गार व्यक्त कर रहे हैं–"यह गेह में लक्ष्मी है, आँखों के लिए अमृतवर्ति है, इसका स्पर्श शरीर के लिए चन्दन-लेप है। इसका क्या प्रिय नहीं है, केवल विरह परम असह्य है" (1.38)।

---

1. साहित्यदर्पण, 6.45
2. द.रू., 1.14
3. सा.द., 6.46
4. सा.द., 6.47

जब राम कहते हैं–

'किमस्या न प्रेयो यदि परमसह्यस्तु विरहः।'

तब प्रतिहारी प्रवेश कर कहता है–

'देव उपस्थितः।'

इसमें अर्थ निहित है–*'असह्यस्तु विरहः उपस्थितः।'*

पताकास्थानक के विषय में एस.एन. शास्त्री[1] का कहना है–"यह नाटकीय कथावस्तु का अलंकार है और इसका प्रयोग बहुशः होना चाहिए। जिन नाटकों को पताकास्थानक से नहीं सजाया गया है, उन्हें पूर्ण नहीं माना जा सकता।" वस्तुतः पताकास्थानक ही वह स्थल है जहाँ बाह्य विषय के परिचय *'आगन्तुकभावेन'* से किसी ऐसी घटना का संकेत मिलता है, जो या तो आरम्भ हो चुकी है या होनेवाली है–जैसे कि 'उत्तररामचरित' में सीता-परित्याग की घटना।

सूच्य कथावस्तु में अर्थोपक्षेपकों एवं अन्य सूचक संकेतों का अध्ययन करने के उपरान्त दृश्य-श्रव्य कथावस्तु की कुछ विशिष्टताओं को जान लेना आवश्यक होगा। कथावस्तु में प्रायः वे ही कथन रहते हैं जो सर्वश्राव्य हों। इन्हें 'प्रकाश कथन' कहते हैं–*'सर्वश्राव्यं प्रकाशं स्यात्'* तथा जो अश्राव्य कथन होते हैं उन्हें *स्वगतम्* कहा जाता है–*'अश्राव्यं स्वगतं मतम्।'*[2] *अपवारितम्* नियतश्राव्य विश्वसनीय वार्ता होती है, जिसे एक पात्र ही सुनता है। इसमें दूसरे के रहस्य को छिपाकर प्रकाशित किया जाता है–*'तद् भवेदपवारितम्। रहस्यं तु यदन्यस्य परावृत्य प्रकाश्यते।'*[3] *जनान्तिकम्* में दो या तीन पात्रों की रहस्य-मन्त्रणा होती है–*'अन्योन्यामन्त्रणं यत्स्याज्जनान्ते तज्जनान्तिकम्।'*[4] 'आकाशे' अथवा *आकाशभाषित* एक ऐसा एकालाप है जिसमें पात्र *'किं ब्रवीषि'* कहकर बिना पात्र के ही कुछ बोलता है, और न कही हुई बात को सुनता है।[5] इसमें वह कथन भी होता है, जो किसी ऐसे पात्र को सम्बोधित कर कहा जाता है, जो मंच पर उपस्थित नहीं है, जैसे 'मालतीमाधव' में–

'बुद्धरक्षिता–(परिक्रम्य आकाशे) अवलोकिते, अपि जानासि क्व भगवती।' (3.-1)

---

1. द लॉज़ ऐण्ड प्रैक्टिस ऑफ़ संस्कृत ड्रामा, पृ. 78
2. द.रू., 1.64
3. वही, 1.66
4. वही
5. किं ब्रवीष्येवमित्यादि विना पात्रं ब्रवीति यत्।
   श्रुत्वेवानुक्तमप्येकस्तत् स्यादाकाशभाषितम्॥ द.रू., 1.67

भवभूति के नाटकों में इन दृश्य-श्रव्य अंगों के कुछ उदाहरण इस प्रकार हैं–

स्वगत :

'रामः–(स्वगतम्) अचिरात्समूलकाषं कषितेषु राक्षसेष्वेवं स्यात्।'

–म.च., 4.34-35

'माधवः–(स्वगतम्) अहो अभिष्वङ्गः। तत्किं निषेधयामि सुहृदम्।'

–मा.मा., 1.31-32

'लक्ष्मणः–(विहस्य। स्वगतम्) अये मध्यमाम्बावृत्तमन्तरितमार्येण।'

–उ.रा.च., 1.21-22

स्वगत प्रकाश :

'वासन्ती–(स्वगतम्) कष्टमभ्यापन्नो देवः। तदन्यतः क्षिपामि तावत्। (प्रकाशम्) चिरपरिचितानिदानीं जनस्थानभागानवलोकनेन मानयति देवः।'

–उ.रा.च., 3.36-37

अपवारित :

'सीता–(सस्नेहानुरागं निर्वर्ण्य अपवार्य च) शरीरनिर्माणसदृशः नन्वस्यानुभावः।"

–म.च., 1.26-27

'कामन्दकी–(अपवार्य) साधु सम्प्रति मया तटस्थयैव मालतीं प्रति निसृष्टार्थदूतीवृत्तस्य लघूकृतो भारः।' –मा.मा., 2.12-13

'अरुन्धती–*(अपवार्य सहर्षवाष्पम्) इदं नाम तद्भागीरथी-निवेदित-रहस्यकर्णामृतम्।'* उ.रा.च, 4.18-19

जनान्तिक :

'लक्ष्मणः–(जनान्तिकम्) आश्चर्यमियमद्भुतसूतिरार्या।' म.च., 1.20-21

'मालती–(सानन्दं जनान्तिकम्) सखि श्रुतं त्वया।' मा.मा., 2.11-12

***कर्णे:**–माल्यवान्–तस्यास्त्वया शरीरमाविश्य एवमेवं च कर्त्तव्यम् (इति कर्णे कथयति)।*

–म.च., 4.1-2

'दुर्मुखः–शृणोतु देवः। (कर्णे) एवमिव इति।' उ.रा.च., 1.39-40

अभिनय-प्रकार

शास्त्रों[1] में नाट्य-अंग 'अभिनय' के चार प्रकार माने गये हैं–आंगिक, वाचिक, आहार्य एवं सात्त्विक। चेष्टाओं द्वारा प्रस्तुत अभिनय को 'आंगिक' कहते

1. ना.शा., 6.23 आङ्गिको वाचिकश्चैव ह्याहार्यः सात्त्विकस्तथा।
चत्वारोऽभिनया ह्येते विज्ञेया नाट्यसंश्रयाः॥
सा.द., 6.2 भवेदभिनयोऽवस्थानुकारः स चतुर्विधः।
आङ्गिको वाचिकश्चैवमाहार्यः सात्त्विकस्तथा॥

हैं, शब्द द्वारा प्रस्तुत अभिनय 'वाचिक' है, 'आहार्य' में वेशभूषा से विषय प्रकाशित होता है तथा 'सात्त्विक' अभिनय में भावों की अभिव्यक्ति रहती है। भवभूति के नाटकों में 'आंगिक' एवं 'सात्त्विक' अभिनय-प्रकारों का बाहुल्य है और 'आहार्य' को भी विरलता से प्रस्तुत किया गया है। वाचिक अभिनय अनुपस्थित है।

आंगिक (अभिनय-संकेत)—इस अभिनय को शारीरिक चेष्टाओं द्वारा प्रस्तुत किया जाता है। प्रस्तुत हैं कुछ उदाहरण—

'विश्वामित्रः – रामं चिबुके स्पृशन्' म.च., 1.36-37
'भरतः – शिरस्यारोप्य' वही, 4.53-54
'वाली – तं हस्ते गृहीत्वा' वही, 5.58-59
'रामसुग्रीवौ – अन्योन्यहस्तग्राहम्' वही, 5.60
'बुद्धरक्षिता – मदयन्तिकामुखमुन्नमय्य' मा.मा., 7.2-3
"सीता ससम्भ्रममुपसृत्य हृदि ललाटे च स्पृशति" उ.रा.च., 3.39-40

आहार्य : इसमें वेशभूषा एवं अलंकरण से पात्र एवं उसके कार्य की प्रतीति होती है। 'महावीरचरित' में *'चूडाचुम्बितकङ्कपत्रमभितस्तूणीद्वयं पृष्ठतो...दण्डोऽपरः पैप्पलः'* (1.18) राम-लक्ष्मण की वेशभूषा के वर्णन से उनका क्षत्रिय ब्रह्मचारी होना सूचित होता है। 'मालतीमाधव' में बौद्ध भिक्षुणी कामन्दकी एवं अवलोकिता का वेश-वर्णन मिलता है—*'रक्तपट्टिकानेपथ्ये कामन्दक्यवलोकिते प्रविशतः'* (1.8-9)। 'उत्तररामचरित' में तापसी को देखकर ज्ञात होता है कि वह यात्री के वेश में है—*'ततः प्रविशत्यध्वगवेषा तापसी'* (2.-1)।

सात्त्विक—भवभूति ने सात्त्विक अभिनय-संकेतों का प्रयोग अपनी रचनाओं में सर्वत्र किया है। सक्रोधम्, सास्रम्, सावेगम्, सचिन्तम्, सौत्सुक्यम्, सोल्लासम्, सलज्जम्, साक्षेपम्, सवितर्कम्, सभयम्, सविस्मयम्, सस्नेहम् आदि भाव-संकेतों को सर्वत्र लक्ष्य किया जा सकता है।

कथावस्तु के तत्त्व

कथातत्त्वों के अन्तर्गत कथावस्तु का विकास सन्निहित है। यह विकास कार्यावस्थाओं एवं अर्थप्रकृतियों के द्वारा होता है।

कार्यावस्था : ये पाँच होती हैं—प्रारम्भ, प्रयत्न, प्राप्त्याशा, नियताप्ति एवं फलागम अथवा फलयोग।[1] प्रारम्भ में फल-प्राप्ति की इच्छा, प्रयत्न में लक्ष्य के लिए

---

1. प्रारम्भश्च प्रयत्नश्च तथा प्राप्तेश्च सम्भवः।
नियता च फलप्राप्तिः फलयोगश्च पञ्चमः॥ ना.शा., 19.8
अवस्थाः पञ्चकार्यस्य प्रारब्धस्य फलार्थिभिः।
आरम्भयत्नप्राप्त्याशानियताप्ति फलागमाः॥ द.रू., 1.19

प्रयत्न, प्राप्त्याशा में फलप्राप्ति की सम्भावना, नियताप्ति में निश्चय तथा फलागम में लक्ष्य की प्राप्ति हो जाती है।

'महावीरचरित' के पहले अंक में राम-सीता का विश्वामित्र-आश्रम में प्रथम दर्शन, धनुर्भंग, स्वयंवर तथा रावण के प्रस्ताव की उपेक्षा कार्य का प्रारम्भ है। ताड़का, सुबाहु, मारीच आदि का वध, परशुराम की पराजय, सीता-लक्ष्मण के साथ राम का वनगमन, खरदूषण-सहित चौदह सहस्र राक्षसों का विनाश कार्य की प्रयत्न नामक अवस्था है। सीता-हरण के पश्चात् श्रमणा द्वारा राम के लिए विभीषण की मैत्री का सन्देश, सुग्रीव-हनुमान द्वारा सीता का अभिज्ञान प्राप्त होने की सूचना तथा वाली का वध आदि घटनाएँ रावण के विनाश एवं सीता-प्राप्ति की आशा उत्पन्न करती हैं, अतएव यहाँ प्राप्त्याशा कार्यावस्था है। छठे अंक में कुम्भकर्ण एवं मेघनाद सहित रावण का वध नियताप्ति का सूचक है तथा सातवें अंक में सीता से मिलन, अयोध्या-राज्य की प्राप्ति फलागम के अन्तर्गत है।

'मालतीमाधव' में नायक-नायिका का प्रथम दर्शन तथा उनके हृदय में मिलन की आकांक्षा का जन्म प्रारम्भ है। माधव का कार्य-सिद्धि के लिए नरमांस-विक्रय करना प्रयत्न है। छठे अंक में मालती-माधव का गुप्त विवाह होता है, तथा कामन्दकी के कार्यों से उन्हें मिलन की आशा हो जाती है। इस प्राप्त्याशा के तुरन्त बाद ही कपालकुण्डला की दुर्भावना लक्ष्य-प्राप्ति में बाधा बन जाती है। मालती का हरण हो जाता है। माधव का जीवन संशयग्रस्त हो जाता है, किन्तु सौदामिनी द्वारा मालती की सुरक्षा की सूचना से मिलन निश्चित हो जाता है। यह नियताप्ति अवस्था तब और भी पूर्ण हो जाती है, जब राजा मालती-माधव के विवाह की स्वीकृति प्रदान करते हैं। दोनों के मिलन से फलागम कार्यावस्था सम्पन्न होती है।

'उत्तररामचरित' के पहले अंक में चित्रदर्शन के समय सीता का वनवीथियों का स्मरण, चित्रों को देखकर सीता एवं राम को विरह के पुनरावर्तन की अनुभूति, सीता की पुनः वनविहार की अभिलाषा सीता-त्याग की भूमिका है। सीता की रक्षा करने के लिए राम का पृथ्वी एवं गंगा से निवेदन सातवें अंक में उनके मिलन-रूपी लक्ष्य-प्राप्ति की प्रथम अवस्था प्रारम्भ है। दूसरे अंक में शम्बूक-वध के लिए राम का पुनः दण्डक-वन में आगमन, तीसरे अंक में छाया सीता से मिलन की अनुभूति होना, सीता के हृदय से त्याग का कीलक निकल जाना, अश्वमेध-यज्ञ के प्रसंग से लव-कुश से परिचय, उनके सीता-पुत्र होने की सम्भावना सीता-प्राप्ति की आशा है। सातवें अंक में गर्भांक के बाद अरुन्धती का पौरजानपदों को सम्बोधित कर सीता के स्वीकार में उनकी अनुमति प्राप्त करना मिलन के निश्चय के कारण कार्य की नियताप्ति अवस्था है। अरुन्धती के राम के प्रति ये वचन–

नियोजय यथाधर्मं प्रियां त्वं धर्मचारिणीम्।
हिरण्मय्याः प्रतिकृतेः पुण्यां प्रकृतिमध्वरे ॥ 7.19 ॥

राम-सीता मिलन को सूचित करते हैं। लव-कुश की प्राप्ति होती है तथा लवणासुर का वध कर मधुरेश्वर शत्रुघ्न का आगमन होता है। इस प्रकार समस्त मंगल एकत्रित हो जाते हैं–*'सानुषङ्गाणि कल्याणानि'* (7.19-20)। यह फलागम कार्यावस्था है।

अर्थप्रकृति–कार्यावस्था की भाँति ही अर्थप्रकृति भी पाँच होती हैं–बीज, बिन्दु, पताका, प्रकरी तथा कार्य।[1] पाँच कार्यावस्थाओं के समानान्तर चलती ये अर्थप्रकृतियाँ नाटक में कथावस्तु का संघटन करती हैं। इन्हें फल का हेतु कहा गया है–*प्रयोजनसिद्धिहेतवः*। इनमें पताका एवं प्रकरी अर्थप्रकृतियाँ प्रासंगिक कथा का निर्माण करती हैं।[2]

भवभूति के तीनों नाटकों में आधिकारिक एवं प्रासंगिक कथा-विभाग को लक्ष्य किया जा सकता है।

'महावीरचरित' में आधिकारिक कथा के अन्तर्गत सीता से राम का विवाह, परशुराम, वाली एवं रावण पर राम की विजय एवं अयोध्या में उनका राज्याभिषेक प्रमुख घटनाएँ हैं। इसमें सुग्रीव एवं विभीषण का सहयोग प्रासंगिक कथा के अन्तर्गत है। ये दोनों पताका अर्थप्रकृति के नायक हैं। श्रमणा एवं वाली की घटना प्रकरी के अन्तर्गत है।

'मालतीमाधव' में मुख्य कथा मालती-माधव के प्रेम एवं विवाह से जुड़ी है। मकरन्द एवं मदयन्तिका का प्रेम एवं विवाह प्रासंगिक कथा का भाग है और पताका अर्थप्रकृति के अन्तर्गत आता है।

'उत्तररामचरित' में राम-सीता का चित्रदर्शन, सीता-त्याग, पंचवटी में पुनः दर्शन-मिलन, लव एवं चन्द्रकेतु के युद्ध-प्रसंग में राम का लव-कुश-दर्शन तथा गर्भांक में अन्य घटनाओं का विवरण तथा मिलन आधिकारिक कथा के अंग हैं। आत्रेयी, वासन्ती, लव, कुश, चन्द्रकेतु से जुड़ी घटनाएँ प्रासंगिक कथा का भाग हैं तथा पताका, प्रकरी का अंग हैं।

'महावीरचरित' में विश्वामित्र के ये वचन–

रक्षोघ्नानि च मङ्गलानि सुदिने कल्प्यानि दारक्रिया
वैदेह्या च रघूद्वहस्य कुशलैर्दीक्षाप्रवेशश्च नः।
आस्थाप्यानि च तानि तानि जगतीक्षेमाय रामात्मनो
दैत्यारेश्चरितादद्भुतान्यथ खलु व्यग्राः प्रमोदामहे ॥ 1.13 ॥

---

1. बीजबिन्दुपताकाश्च प्रकरी कार्यमेव च।
अर्थप्रकृतयः पञ्च ज्ञात्वा योज्या यथाविधिः ॥ ना.शा., 19.21; सा.द., 6.64-65
2. प्रासङ्गिकं परार्थस्य स्वार्थो यस्य प्रसङ्गतः।
सानुबन्धं पताकाख्यं प्रकरीति प्रदेशभाक् ॥ द.रू., 1.13

राम-सीता-विवाह तथा राम के आश्चर्यजनक भावी कार्यों की बीज रूप में सूचना देते हैं, अतः यहाँ बीज नामक अर्थप्रकृति है। परशुराम-विजय-पर्यन्त घटनाएँ बिन्दु में आती हैं। इस अर्थप्रकृति में कथानक तथा नायक के कार्य जल में तेल के बिन्दु के सदृश फैल जाते हैं। कार्य अर्थप्रकृति में नायक का लक्ष्य सिद्ध हो जाता है—जैसे रावण-वध, सीता की प्राप्ति, राज्याभिषेक आदि।

'मालतीमाधव' में कामन्दकी का यह प्रश्न—

'अपि नाम कल्याणिनोर्भूरिवसुदेवरातापत्ययोरनयोर्मालतीमाधवयोरभिमतं पाणिग्रहमङ्गलं स्यात्' (1.8-9) कि 'मालती-माधव का मंगलपरिणय होगा क्या' तथा 'वामाक्षिस्पन्दन' से शुभ-सूचना कथावस्तु का बीज है। मालती-माधव का प्रेम भी 'बीज' अर्थप्रकृति का भाग है। कामन्दकी का उर्वशी एवं शकुन्तला के उपाख्यानों से मालती के भावों को उभारना तथा मालती, माधव का परस्पर परिचय 'बिन्दु' है। अनेक विघ्न-बाधाओं के बाद मालती-माधव का मिलन 'कार्य' अर्थप्रकृति का अंग है।

'उत्तररामचरित' में वसिष्ठ का राम के प्रति यह सन्देश—

> जामातृयज्ञेन वयं निरुद्धास्त्वं बाल एवासि नवं च राज्यम्।
> युक्तः प्रजानामनुरञ्जने स्यास्तस्माद्यशो यत्परमं धनं वः ॥ 1.11 ॥

तथा राम का यह उत्तर—

> स्नेहं दयां च सौख्यं च यदि वा जानकीमपि।
> आराधनाय लोकस्य मुञ्चतो नास्ति मे व्यथा ॥ 1.12 ॥

नाटक का बीज है। दण्डक-वन में छाया सीता से राम का मिलन और लव-कुश के प्रत्यभिज्ञान तक की घटनाएँ बिन्दु की तरह फैलती चली जाती हैं। पुनर्मिलन नाटक की कार्य नामक अर्थप्रकृति की घटना है।

कथानक का एक अत्यन्त प्रमुख तत्त्व और भी है, जिसे सन्धि कहते हैं।

सन्धि—पाँच कार्यावस्था एवं पाँच अर्थप्रकृति की क्रमिक सम्बन्ध-योजना के कारण नाटकीय कथावस्तु के जो पाँच भाग हुआ करते हैं, उन्हें पंच सन्धि कहते हैं। इन्हें मुख, प्रतिमुख, गर्भ, अवमर्श एवं निर्वहण सन्धि कहा जाता है।[1] भवभूति के नाटकों की कथावस्तु में इन पाँच सन्धियों का विश्लेषण पाँच कार्यावस्थाओं एवं पाँच अर्थप्रकृतियों को और अधिक स्पष्टता प्रदान करेगा।

---

1. यथासंख्यमवस्थाभिराभिर्योगात्तु पञ्चभिः।
   पञ्चधैवेतिवृत्तस्य भागाः स्युः पञ्चसन्धयः ॥
   अन्तरैकार्थसम्बन्धः सन्धिरेकान्वये सति ॥
   मुखं प्रतिमुखं गर्भो विमर्श उपसंहृतिः। सा.द., 6.74-75

मुखसन्धि—नाटक का वह भाग मुखसन्धि का निर्देश करता है जहाँ 'बीज' की उत्पत्ति हो और वह 'प्रारम्भ' से समायुक्त हो तथा जहाँ अनेक अर्थों एवं रसों की उद्भावना हो।[1] बीज आरम्भ में अल्पमात्र ही निर्दिष्ट रहता है और कार्य के अनुसार अनेक प्रकार से विस्तृत होता चला जाता है।[2] आरम्भ नायक की अथवा उसी के लिए कार्य कर रहे किसी अन्य व्यक्ति की फलागम के लिए उत्सुकता है।[3]

'महावीरचरित' में विश्वामित्र के साथ राम-लक्ष्मण का सिद्धाश्रम में आगमन, विश्वामित्र का उन्हें दिव्यास्त्र प्रदान करना और उनके कल्याण का आयोजन करना बीज है। यह बीज सीता के प्रति राम के आकर्षण रूपी प्रारम्भ से समायुक्त होकर मुखसन्धि का निर्माण करता है। इसमें राक्षसों का हनन, सर्वमाय की उपेक्षित स्थिति आदि अनेक विषय प्रकट हो रहे हैं तथा वीर, अद्भुत के साथ शृंगार रस भी अस्फुट रूप से विषयीभूत हो रहा है।

'मालतीमाधव' में देवरात एवं भूरिवसु की अपनी सन्तान की विवाह-सम्बन्धी प्रतिज्ञा, कामन्दकी का इस विषय में चिन्तित होना बीज है--माधव एवं मालती का प्रेम भी इस बीज के साथ प्रारम्भ रूप में समायुक्त है। बीज एवं प्रारम्भ का संयोजन मुखसन्धि का निर्माण कर रहा है। इसमें अनेक विषय घटनाओं के रूप में लक्षित हो रहे हैं जैसे राजा का नन्दन के साथ मालती का विवाह निश्चित करना। मालती द्वारा माधव का चित्रांकन, बकुलमाला प्रसंग, माधव का अपने चित्र के निकट मालती का चित्र अंकित करना आदि।

'उत्तररामचरित' के प्रथम अंक की घटनाओं में बीज एवं प्रारम्भ का निदर्शन है तथा शृंगार-रस से जुड़े अनेक भावों एवं विषयों का चित्रण है—नाटक का यह भाग मुखसन्धि का क्षेत्र है। इसकी प्रमुख घटनाएँ हैं—माताओं का अरुन्धती एवं वसिष्ठ के साथ जामाता ऋष्यशृंग के द्वादशवर्षीय यज्ञ में सम्मिलित होने के लिए जाना, वहाँ से अष्टावक्र का सन्देशवाहक के रूप में आगमन, चित्र-दर्शन तथा दुर्मुख द्वारा सीता-विषयक लोक-अपवाद की सूचना एवं राम का सीता-त्याग का निर्णय।

प्रतिमुख सन्धि—इस सन्धि में 'मुख-सन्धि' में अन्तर्निवेशित बीज का विकास रहता है। यह उद्घाटन अथवा विकास लक्ष्य एवं अलक्ष्य जैसा रहता है।[4]

---

1. यत्र बीजसमुत्पत्तिर्नानार्थरससम्भवा।
प्रारम्भेण समायुक्ता तन्मुखं परिकीर्तितम्॥ सा.द., 6.76
2. अल्पमात्रं समुत्सृष्टं बहुधा यत्प्रसर्पति।
फलावसानं यच्चैव बीजं तदभिधीयते॥ ना.शा., 19.22
3. औत्सुक्यमात्रबन्धस्तु यद्बीजस्य निबध्यते।
महतः फलयोगस्य स खल्वारम्भ इष्यते॥ वही, 19.9
4. फलप्रधानोपायस्य मुखसन्धिनिवेशिनः।
लक्ष्यालक्ष्य इवोद्भेदो यत्र प्रतिमुखञ्च तत्॥ सा.द., 6.77

इसमें 'प्रयत्न' कार्यावस्था एवं 'बिन्दु' अर्थप्रकृति का संयोजन रहता है। प्रयत्न में फलप्राप्ति के लिए त्वरायुक्त व्यापार (क्रिया) रहता है[1] तथा बिन्दु में दूसरी कथा से अन्तराय उपस्थित होने पर उसे अविच्छिन्न कर देने का कारण निहित रहता है।[2]

'महावीरचरित' में माल्यवान् एवं शूर्पणखा की बातचीत से मुख्य कथा में अन्तराय उपस्थित हो जाता है किन्तु परशुराम के आगमन से धनुर्भंग एवं विवाह की घटना पुनः जुड़ जाती है तथा विश्वामित्र द्वारा जृम्भकास्त्र देना तथा क्षत्रियों का हित-साधन करना त्वरायुक्त व्यापार की सृष्टि करता है। 'महावीरचरित' में मुखसन्धि से सम्बन्धित घटनाएँ हैं—चारों कुमारों का विवाह, परशुराम का आगमन और क्रोध, जनक, शतानन्द, विश्वामित्र, वसिष्ठ एवं दशरथ का परशुराम से शान्ति-आग्रह तथा राम एवं परशुराम का युद्ध के लिए प्रस्थान।

'मालतीमाधव' में भूरिवसु ने मालती के विवाह के निर्णय में राजा की प्रभुता स्वीकार की है—*'प्रभवति निजस्य कन्यकाजनस्य महाराज'* इस सूचना तथा प्रेम एवं विवाह के विषय में मालती की स्वच्छन्द निर्णय लेने में पराङ्मुखता—

....

मम तु दयितः श्लाघ्यस्तातो जनन्यमलान्वया
कुलममलिनं न त्वेवायं जनो न च जीवितम् ॥ 2.2 ॥

से बीज अलक्षित हो जाता है, किन्तु कामन्दकी का उर्वशी, शकुन्तला आदि के उदाहरण से मालती को गुप्त विवाह के लिए प्रेरित करना, मालती-माधव का परस्पर दर्शन एवं प्रेम की आकुलता से बीज लक्षित होता है। मालती को देखने के लिए माधव की उत्कण्ठा बिन्दु है, इससे मालती और नन्दन के प्रसंग से टूटी हुई कथा पुनः जुड़ जाती है। कामन्दकी का यह वक्तव्य—

....

तत्सर्वथा संगमनाय यत्नः
प्राणव्ययेनापि मया विधेयः ॥ 4.5 ॥

कि 'मालती-माधव के मिलन के लिए मैं हर प्रयत्न करूँगी तथा प्राण देकर भी इसे सम्पादित करूँगी'—'प्रयत्न' नामक कार्यावस्था है। दो से चार अंकों तक बिन्दु एवं प्रयत्न से युक्त प्रतिमुख सन्धि का कथा-भाग है। इसकी प्रमुख घटनाएँ हैं—मालती एवं कामन्दकी की बातचीत, लवंगिका द्वारा मालती की अवस्था का वर्णन, व्याघ्र का आक्रमण, माधव की मूर्च्छा और मालती के शब्दों से चेतना-लाभ, राजा का

---

1. प्रयत्नस्तु फलवाप्तौ व्यापारोऽतित्वरान्वितः। सा.द., 6.72
2. अवान्तरार्थविच्छेदे बिन्द्वविच्छेदकारणम्। वही, 6.67
प्रयोजनानां विच्छेदे यदविच्छेदकारणम्।
यावत्समाप्तिर्बन्धस्य स बिन्दुरिति संज्ञितः ॥ ना.शा., 21.22

मालती और नन्दन के विवाह का निर्णय, कामन्दकी द्वारा भूरिवसु के *'प्रभवति निजस्य कन्यकाजनस्य महाराज'* शब्दों की व्याख्या आदि।

'उत्तररामचरित' में नेपथ्य की *'अब्रह्मण्यमब्रह्मण्यम्'* (1.49-50) की ध्वनि से कथा एक भिन्न भाव एवं रस में प्रवेश करती है। सीता के वनगमन से बीज अलक्षित हो जाता है, किन्तु लव-कुश का वाल्मीकि-आश्रम में विद्याध्ययन और जृम्भकास्त्रों की प्राप्ति, राम का पुनः दण्डक-वन में आगमन, यज्ञ में सीता की स्वर्णमूर्ति की प्रतिष्ठा तथा राम के ये वचन–

पश्यामि च जनस्थानं भूतपूर्वखरालयम्।
प्रत्यक्षानिव वृत्तान्तान्पूर्वाननुभवामि च ॥ 2.17 ॥

मुख्य कथा-सूत्र को जोड़ देते हैं। बीज लक्षित हो जाता है। राम सीता को स्मरण करते हैं–"प्रियारामा हि वैदेह्यासीत्। एतानि तानि नाम कान्ताराणि...

न किंचिदपि कुर्वाणः सौख्यैर्दुःखान्यपोहति।
तत्तस्य किमपि द्रव्यं यो हि यस्य प्रियो जनः ॥" 2.19 ॥

और सीता के लिए उनकी उत्कण्ठा 'प्रयत्न' की अभिव्यंजना करती है। दूसरे अंक तक फैले कथानक को समाहित करनेवाली प्रतिमुख सन्धि की प्रमुख घटनाएँ हैं–लवणासुर के वध के लिए शत्रुघ्न को भेजना, सीता का वनगमन, वाल्मीकि-आश्रम में लव-कुश का विद्या-लाभ, राम का शम्बूक-वध के लिए पुनः वन में आगमन।

गर्भसन्धि–इस सन्धि में बीज दृष्ट और नष्ट रहता है प्राप्त और अप्राप्त, किन्तु पुनः उसका अन्वेषण किया जाता है।[1] इसमें 'पताका' और 'प्राप्त्याशा' मिश्रित रहती हैं। 'पताका' एक ऐसा कथावृत्त है जो प्रासंगिक होता है तथा मुख्य कथावृत्त में सहायक होता है। इसकी व्याप्ति काफी दूर तक होती है।[2] 'प्राप्त्याशा' में उपाय एवं अपाय की शंका के बीच प्राप्ति की सम्भावना की जाती है।[3]

'महावीरचरित' के चौथे एवं पाँचवें अंक में इस सन्धि का कथा-भाग है। परशुराम पर राम की विजय 'प्राप्ति' है। राम-वनवास से बीज अप्राप्त एवं नष्ट हो गया प्रतीत होता है। उसका पुनः अन्वेषण किया जाता है। सुग्रीव एवं विभीषण

---

1. गर्भस्तु दृष्टनष्टस्य बीजस्यान्वेषणं मुहुः। द.रू., 1.36
उद्भेदस्तस्य बीजस्य प्राप्तिरप्राप्तिरेव वा।
पुनश्चान्वेषणं यत्र स गर्भ इति संज्ञितः ॥ ना.शा., 21.39
2. यद्वृत्तं हि परार्थं स्यात् प्रधानस्योपकारकम्।
प्रधानवच्च कल्प्येत सा पताकेति संज्ञिता ॥ वही, 21.23
व्यापि प्रासङ्गिकं वृत्तं पताकेत्यभिधीयते॥ सा.द., 6.67
3. उपायापायशङ्काभ्यां प्राप्त्याशा प्राप्तिसम्भवः ॥ वही, 6.72

की कथा प्रासंगिक होने के कारण 'पताका' का निर्माण करती है। राक्षस विघ्न-रूप अपाय हैं। जटायु द्वारा खर-दूषण एवं अन्य राक्षसों के वध की सूचना—

चतुर्दश सहस्राणि चतुर्दश च राक्षसाः।
त्रयश्च दूषणखरत्रिमूर्धानो मृधे हताः ॥ 5.13 ॥

तथा सम्पाति का यह कथन—

'आश्चर्यम्। अथवा नाश्चर्यमेतद्दाशरथौ।' 5.13-14

रावण पर राम की विजय-रूप सफलता का संकेत हैं। यहाँ 'प्राप्त्याशा' नाम की कार्यावस्था है। इस नाटक में 'पताका' एवं 'प्राप्त्याशा' युक्त गर्भसन्धि की मुख्य घटनाएँ हैं—परशुराम का राम को अपना धनुष अर्पण कर वापस जाना, मन्थरा-वेश में शूर्पणखा का आगमन, और कैकेयी के दो वरदानों का प्रसंग। राम का वनगमन, सीता-हरण, सुग्रीव एवं विभीषण से मित्रता।

'मालतीमाधव' के पाँचवें अंक में कपालकुण्डला द्वारा मालती का अपहरण बीज को नष्ट कर देता है, किन्तु अघोरघण्ट की मृत्यु से पुनः उसकी प्राप्ति की आशा होने लगती है। छठे अंक में मालती-माधव के विवाह से 'प्राप्त्याशा' दृढ़ हो जाती है। मकरन्द का मालती का वधू-वेश धारण करना कथा का 'पताका' भाग है। इस सन्धि की प्रमुख घटनाएँ हैं—माधव का नरमांस-विक्रय, अघोरघण्ट की मृत्यु, मालती-वेश में मकरन्द का नन्दन से विवाह, मालती-माधव का गुप्त-विवाह, मकरन्द का मदयन्तिका के साथ पलायन।

'उत्तररामचरित' के तीसरे अंक में गर्भसन्धि का कथा-भाग है। राम और सीता का मिलन प्राप्ति है पर राम का सीता को न देख पाना अप्राप्ति है। सीता भी राम का दर्शन-श्रवण करती हैं पर प्रत्यक्ष रूप में उनसे न तो बात कर पाती हैं न अपने सदेह होने का प्रमाण प्रस्तुत कर पाती हैं। तीसरे अंक के आरम्भ में तमसा एवं मुरला का वार्तालाप मुख्य कथा के विकास में सहायक होकर 'पताका' का निर्माण करता है। राम के हृदय में यह शंका है कि सीता की कोमल काया को निश्चय ही वन्य जन्तुओं ने नष्ट कर दिया होगा—*'मृदुबालमृणालकल्पा क्रव्याद्भिरङ्गलतिका नियतं विलुप्ता'* (3.28)—पर सीता का जीवित होना 'प्राप्त्याशा' का सूचक है। पंचवटी में छाया सीता से राम का मिलन, वासन्ती से वार्तालाप और राम की हृदयगत भावनाओं की अभिव्यंजना गर्भसन्धि की प्रमुख घटनाएँ हैं।

विमर्श सन्धि—इस सन्धि में पूर्व-विकसित बीज के आगामी विकास में शाप आदि के कारण एक अन्तराय आ जाता है।[1] पर इस सन्धि के कथा-भाग का अन्त

1. यत्र मुख्यफलोपाय उद्भिन्नो गर्भतोऽधिकः।
   शापाद्यैः सान्तरायश्च स विमर्श इति स्मृतः ॥ सा.द., 6.79-80

समस्त विघ्नों के समाप्त हो जाने पर लक्ष्य-प्राप्ति की सम्भावना के साथ होता है। इस सन्धि में 'नियताप्ति' एवं 'प्रकरी' का संयोजन होता है। नियताप्ति में विघ्नों के दूर हो जाने के कारण लक्ष्य-प्राप्ति निश्चित प्रतीत होती है।[1] 'प्रकरी' वह घटना है जो प्रकृति में 'पताका' के समान होकर भी कम समय लेती है, प्रदेशस्थ होती है तथा कम महत्त्वपूर्ण होती है। इसका कोई स्वकीय फल नहीं होता, यह पूरी तरह नायक के लिए होती है।[2]

'महावीरचरित' का छठा अंक विमर्श सन्धि का कथा-भाग है। वाली की मृत्यु के पश्चात् दुस्तीर्ण समुद्र पर सेतु-बन्ध कर लिया जाता है। मन्दोदरी का सर्वतोभद्र प्रासाद जाकर रावण को लंका पर राम के आक्रमण की सूचना देना 'प्रकरी' के अन्तर्गत है। वाली पर राम की विजय से रावण पर राम की विजय निश्चित हो जाती है, अतः यहाँ 'नियताप्ति' कार्यावस्था है। राम-रावण युद्ध तथा मेघनाद, कुम्भकर्ण आदि राक्षसों-सहित रावण की मृत्यु इस सन्धि की मुख्य घटनाएँ हैं।

'मालतीमाधव' का आठवाँ, नौवाँ अंक विमर्श-सन्धि का निर्माण करते हैं। मालती-माधव का विवाह होता है पर कपालकुण्डला मालती का अपहरण कर विघ्न उपस्थित कर देती है। किन्तु बकुलमाला के साथ सौदामिनी का आगमन और मालती के सकुशल होने की सूचना से माधव एवं मालती का मिलन निश्चित हो जाता है। यहाँ 'नियताप्ति' कार्यावस्था है। मकरन्द का नगर-रक्षकों के साथ संघर्ष तथा राजा का मालती-माधव एवं मकरन्द-मदयन्तिका के विवाह की स्वीकृति देना कथा का 'प्रकरी' भाग है। मालती का अपहरण, मालती के चिह्न बकुलमाला के साथ सौदामिनी का आगमन, विवाह के लिए राजा की स्वीकृति तथा उक्त दोनों अंकों की अन्य घटनाएँ विमर्श-सन्धि का अंग हैं।

'उत्तररामचरित' के चौथे, पाँचवें एवं छठे अंक में विमर्श सन्धि का विस्तार है। लव में राम एवं सीता के सादृश्य से बीज विकसित अवस्था में दिखाई देता है। पर अश्वमेध यज्ञ और चन्द्रकेतु के साथ युद्ध के प्रसंग से एक अन्तराय आ जाता है। पर यह अन्तराय तब दूर हो जाता है जब राम लव एवं कुश से मिलते हैं और उनमें रघुकुल-कुमारों के चिह्नों का दर्शन करते हैं– *'भूयिष्ठां च रघुकुलकुमारच्छायामनयोः पश्यामि'* (6.24-25)। इतना ही नहीं, वे उनमें सीता के सादृश्य का अनुभव करते हैं (6.26, 27)। जृम्भकास्त्रों की प्राप्ति उनके सीता-पुत्र होने को पुष्ट करती है और राम एवं सीता का पुनर्मिलन निश्चित हो जाता है। यहाँ 'नियताप्ति' कार्यावस्था है। जनक एवं कौसल्या का साक्षात्कार, चन्द्रकेतु एवं लव का युद्ध, राम का लव-कुश

---

1. अपायाभावतः प्राप्तिर्नियताप्तिस्तु निश्चिता॥ सा.द., 6.73
2. प्रासङ्गिकं प्रदेशस्थं चरितं प्रकरी मता।
   प्रकरी नायकस्य स्यान्न स्वकीयं फलान्तरम्॥ वही, 6.68-69

से मिलन 'प्रकरी' अर्थप्रकृति का अंग हैं। 'नियताप्ति' एवं 'प्रकरी' मिलकर विमर्श सन्धि का निर्माण करते हैं।

निर्वहण सन्धि—इस सन्धि में कथावस्तु में इधर-उधर बिखरे हुए बीज युक्त मुखादि अर्थ अन्तिम प्रयोजन के लिए एकत्रित कर दिये जाते हैं।[1] इसमें 'कार्य' अर्थप्रकृति एवं 'फलागम' कार्यावस्था का सायुज्य रहता है। 'कार्य' कथा एवं उसके प्रयोजन का हेतु है।[2] 'फलागम' इष्ट फल की समग्र प्राप्ति है।[3]

'महावीरचरित' में विश्वामित्र के इस कथन में—

विश्वामित्रः—वत्स रामभद्र!
निर्व्यूढं गुरुशासनं गुरुतरं धर्मोऽपि संरक्षितो
रक्षः संहरणाच्चिकित्सितमनोरोगा त्रिलोकी कृता।
सिद्धार्थाश्च सुराः सहानुजसुहृद्दारेण राज्यं पुन-
र्लब्धं किं करणीयमेतदधिकं श्रेयस्तदप्युच्यताम् ॥ 7.41 ॥

नाटक की समस्त घटनाओं को एकत्रित कर दिया जाता है। 'कार्य' और 'फलागम' दोनों का योग यहाँ स्पष्ट लक्षित हो रहा है अतः निर्वहण सन्धि है। इस सन्धि की प्रमुख घटनाएँ हैं—अग्नि-परीक्षा के पश्चात् राम द्वारा सीता की स्वीकृति, विभीषण का राज्याभिषेक, राम, लक्ष्मण, सीता का अयोध्या-आगमन एवं राम का राज्याभिषेक।

'मालतीमाधव' के दसवें अंक में मालती-माधव एवं मकरन्द-मदयन्तिका का विवाह 'कार्य' है। भूरिवसु एवं देवरात की सन्तति के विवाह-सम्बन्धी प्रतिज्ञा का, राजा की स्वीकृति से, पूर्ण होना 'फलागम' है। इन दोनों का सम्मिश्रण निर्वहण सन्धि की संरचना करता है। इस सन्धि की प्रमुख घटनाएँ हैं—मालती के विनाश से भूरिवसु द्वारा आत्महत्या का प्रयत्न, सौदामिनी का मालती की सुरक्षा की सूचना देकर भूरिवसु को आत्महत्या से रोकना, मालती-माधव एवं मकरन्द-मदयन्तिका के विवाह के विषय में राजा का स्वीकृति-पत्र प्रस्तुत करना तथा माधव के समस्त मनोरथों का पूर्ण होना *'साम्प्रतं निरवशेषं पूरिताः श्रीमाधवस्य मनोरथाः'* (10.23-24)।

'उत्तररामचरित' का अन्तिम अंक निर्वहण-सन्धि का कथा-भाग है। अद्भुत-रस से पूर्ण गर्भांक के पश्चात्, अरुन्धती का सीता की स्वीकृति को लेकर पौरजानपदों

---

1. बीजवन्तो मुखाद्यर्था विप्रकीर्णा यथायथम्।
एकार्थ्यमुपनीयन्ते यत्र निर्वहणं हि तत् ॥ द.रू., 1.48-49; सा.द., 6.80-81; ना.शा., 21.41
2. यदाधिकारिकं वस्तु सम्यक् प्राज्ञैः प्रयुज्यते।
तदर्थो यः समारम्भस्तत्कार्यं समुदाहृतम् ॥ ना.शा., 19.25
3. अभिप्रेतं समग्रं च प्रतिरूपं क्रियाफलम्।
इतिवृत्ते भवेद्यस्मिन् फलयोगः प्रकीर्तितः ॥ वही, 19.12

से प्रश्न, लोकस्वीकृति के पश्चात् सीता का ग्रहण तथा लव-कुश की प्राप्ति, शत्रुघ्न का लवणासुर-वध के पश्चात् आगमन 'कार्य' एवं फलागम की मिश्रित स्थिति है। 'सानुषंगाणि कल्याणानि' (7.19-20) 'अभिप्रेत समग्र फल-प्राप्ति' का सूचक है।

इन पंच सन्धियों के अनेक उपांग हैं। भवभूति ने अपने नाटकों में उनका सम्यक् प्रयोग किया है और कथावस्तु के विकास में सहयोगी इन सभी तत्त्वों का सूक्ष्म और सटीक प्रस्तुतीकरण किया है।

अन्विति-त्रय

अरस्तु का अन्विति-त्रय (स्थान, काल, कार्यगत) का सिद्धान्त संस्कृत नाटकों में विशेष माननीय नहीं रहा। कार्यान्विति का ध्यान अवश्य रखा जाता है, किन्तु घटनाओं का एक ही स्थान पर घटित होना आवश्यक नहीं है और काल में भी अन्तराय हो सकता है।

'महावीरचरित' नाटक के कथानक का समय लगभग पन्द्रह वर्ष है तथा 'उत्तररामचरित' के पहले और दूसरे अंक के बीच ही बारह वर्ष का दीर्घ अन्तराय है। किन्तु तब भी यह दर्शकों की कल्पना को आघात नहीं पहुँचाता। इस विषय में यह उल्लेख कि 'घटनाएँ समय एवं स्थान की भिन्नता के कारण पृथक् हो जाती हैं, किन्तु इससे नाटक की सम्भावनाओं पर तथा कथा की रंजकता में कोई बाधा नहीं होती'[1] संस्कृत नाटकों के सर्वथा उपयुक्त है।

'नाट्यशास्त्र' में एक अंक का समय एक दिन उल्लिखित है[2] तथा नियमतः सम्पूर्ण नाटक की कथावधि एक वर्ष कही गयी है।[3] किन्तु कालिदास तथा भवभूति जैसे स्वायत्त नाटककारों ने इस परम्परा का पालन नहीं किया है। वस्तुतः स्थान, काल की अन्विति में व्यवधान उपस्थित होने पर अर्थोपक्षेपकों द्वारा उसका संयोजन अधिक सुन्दर प्रतीत होता है। संस्कृत नाटकों की इस विशेषता से दर्शकों की कल्पना को भी प्रसार मिल जाता है।

कार्यान्विति की समुचित व्यंजना नाटक के उत्कर्ष के लिए आवश्यक है। जिन नाटककारों ने स्थान, काल की तथाकथित अन्विति की उपेक्षा की, उन्होंने भी कार्य की अन्विति का ध्यान रखा है। 'महावीरचरित' में भवभूति ने 'रामायण' के कथानक को नाटकीय रूप देने के लिए घटनाओं के स्थान और काल में अनेक परिवर्तन किये हैं किन्तु कार्यान्विति की उपेक्षा नहीं की। तीनों नाटकों में प्रासंगिक कथा-प्रसंगों का आयोजन मुख्य कथा के कार्य की सिद्धि में सहायक प्रदर्शित किया है।

---

1. संस्कृत स्पेसिमन्स, वाल्यू. 1, पृ. 383
2. ना.शा., 20.24
3. वही, 20.29

सुकथांकर[1] के शब्दों में 'यदि नाटक के विषय में इस सिद्धान्त का कठोरता से पालन किया जाए कि इसमें केवल उतना ही प्रदर्शित किया जा सकता है, रंगमंच के लिए आवश्यक समय के अन्दर जितना ज़रूरी हो, तब न तो किसी विष्कम्भक के लिए कोई अवकाश रहेगा, न दर्शकों की कल्पना के लिए।'

भवभूति ने अपने नाटकों के कार्य-संयोजन में स्थान, काल की नमनीयता को विशेष स्थान दिया है, उनके विषय में नियमगत कठोरता को नहीं और इससे कथा को विकास मिला है, घटनाओं की नाटकीयता में सौन्दर्य की वृद्धि हुई है।

चरित्र-चित्रण

कथावस्तु की भाँति नाटक का अन्य अनिवार्य तत्त्व नेता अथवा नायक है जो स्वयं के द्वारा निर्णीत लक्ष्य की ओर नाटक की सम्पूर्ण घटनाओं का नेतृत्व करता है।[2] नेता के महत्त्व के प्रसंग में विद्यानाथ का कथन है कि नाटक में वर्णित नायक के गुणों पर ही रचना की उत्कृष्टता निर्भर करती है।[3] पाश्चात्य विद्वान् विल्सन के मत में हिन्दू रंगमंच का सबसे व्यापक तत्त्व है प्रेम। नायक के गुणों को भी उद्दीपक मनोभावों एवं संवेदनों के सन्दर्भ में परिभाषित किया गया है।[4]

नाट्यशास्त्र के नियमों के अनुसार नाटक का नायक प्रख्यात होना चाहिए। वह राजा अथवा दिव्य व्यक्तित्व हो सकता है।[5] अन्य ग्रन्थों में भी प्रख्यातवंशी, राजर्षि, धीरोदात्त, प्रतापी, दिव्य, दिव्यादिव्य गुणवान व्यक्ति नाटक का नायक कहा गया है।[6] नायक की ही भाँति नायिका, जो नाटक की प्रमुख पात्री होती है, गुणों की उदात्तता में नायक के सदृश मानी गयी है।[7]

चरित्र अथवा पात्र के सम्पूर्ण मनोवैज्ञानिक तत्त्वों का विश्लेषण नाटककार की वास्तविक विशेषता है। भवभूति ने अपने पात्रों के हृदयगत भावों को बड़ी बारीकी से तराशा है। पूर्व स्मृतियों से आकीर्ण है राम और सीता का हृदय। उनका हर संवेदन दण्डक-वन में पुनः आकार ग्रहण करता है और वे दृश्य एवं अदृश्यता के बीच अपने अतीत में सरकते चले जाते हैं। राम के हृदय की कोमलता एवं कठोरता,

---

1. 'ए पीप इन टु भवभूति'ज़ उत्तररामचरित', पृ. 31
2. ए.बी.कीथ, संस्कृत ड्रामा, पृ. 305
3. प्रबन्धानां प्रबन्धृणामपि कीर्त्तिप्रतिष्ठयोः।
   मूलं विषयभूतस्य नेतुर्गुणनिरूपणम्॥ प्रतापरुद्रयशोभूषण, 1।7
4. सलेक्ट स्पेसिमन्स, वाल्यू. 1, पृ. 12
5. ना.शा., 20।10
6. प्रख्यातवंशो राजर्षिर्धीरोदात्तः प्रतापवान्।
   दिव्योऽथ दिव्यादिव्यो वा गुणवान्नायको मतः॥ सा.द., 6।9
7. 'तद्गुणा' द.रू., 2.15

सीता में उनके प्रेम की अनन्यता एवं सीता-त्याग में अडिग निर्णयशीलता एक ही लेखनी के चमत्कार हैं।

भवभूति ने अपने नाटकों में मानव-चरित्र के हर कोण को अंकित किया है। भवभूति के हर पात्र की विशेषता है उसके द्वारा एक विशिष्ट व्यक्तिसत्ता का प्रस्तुतीकरण। महत्ता एवं औदार्य के आदर्श राम और सीता, मुग्धा प्रेमिका मालती एवं धीरशान्त माधव, धीरोद्धत परशुराम एवं रावण, राजनीतिज्ञ मन्त्री माल्यवान्, वीर वाली, मित्र सुग्रीव एवं मकरन्द, कल्याणकारी विश्वामित्र एवं वसिष्ठ, स्वाभिमानी राजर्षि जनक, दाक्षिण्यमयी पृथ्वी एवं गंगा, मृदुमना कौसल्या, परोपकारिणी अरुन्धती एवं कामन्दकी, वीर बालक लव-कुश एवं चन्द्रकेतु, स्वामीभक्त कर्तव्यनिष्ठ कञ्चुकी एवं दुर्मुख, अनुगामी लक्ष्मण, स्नेहिनी वासन्ती एवं लवंगिका, भक्त तपस्वी शम्बूक, विद्यार्थी बालक दाण्डायन एवं सौधातकि, रघुकुल की मर्यादा के जानकार सुमन्त्र, धृष्ट तान्त्रिक एवं वाममार्गी अघोरघण्ट एवं कपालकुण्डला भवभूति के ऐसे पात्र हैं, जिनका चरित्र मानव-जगत् के अनेक रूपों का प्रतिनिधित्व करता है।

राम—'महावीरचरित' एवं 'उत्तररामचरित' के धीरोदात्त नायक राम में नाटक के नायक के सभी गुण वर्तमान हैं—

शोभा विलासो माधुर्यं गाम्भीर्यं स्थैर्यतेजसी।
ललितौदार्यमित्यष्टौ सात्त्विकाः पौरुषा गुणाः ॥[1]

धीरोदात्त नायक का अनिन्द्य रूप प्रस्तुत करने के लिए कवि ने राम के चरित्र में 'रामायण' के राम की मानवोचित दुर्बलताओं का परिहार कर उन्हें एक ऐसा विराट मन प्रदान किया है जो दूसरों के दोषों के प्रति पराङ्मुख है, कर्तव्य के प्रति सजग, लेकिन व्यक्तिगत सम्बन्ध की भावभूमि पर अत्यन्त प्रभावित और संवेदनशील है।

'दशरूपक'[2] में वर्णित धीरोदात्त नायक की विशाल अन्तःकरणसम्पन्न गम्भीरता, क्षमाशीलता, स्थिरता, निरहंकारता तथा दृढ़प्रतिज्ञता एवं 'साहित्यदर्पण'[3] में प्रस्तुत आत्मश्लाघारहित, महासत्त्वयुक्त, विनय से गर्व को आच्छन्न रखनेवाले नायक के सभी गुण राम के चरित्र में प्राप्त हैं।

'महावीरचरित' के प्रथम अंक में राम के हृदय में सीता के लिए आकर्षण, आग्रह और प्रेम का उदय होता है, किन्तु पग-पग पर शास्त्रों के वचनों का विचारक

---

1. द.रू., 2.10
2. महासत्त्वोऽतिगम्भीरः क्षमावानविकत्थनः।
   स्थिरो निगूढाहङ्कारो धीरोदात्तो दृढव्रतः ॥ 2.5
3. अविकत्थनः क्षमावानतिगम्भीरो महासत्त्वः।
   स्थेयान्निगूढमानो धीरोदात्तो दृढव्रतः कथितः ॥ 3.32

उनका मन तब प्रभावित नहीं होता जब रावण का पुरोहित अपने स्वामी के लिए कुशध्वज एवं विश्वामित्र से सीता के कर-दान का प्रस्ताव करता है, क्योंकि सामान्यतः कन्या की याचना कोई भी कर सकता है–

साधारण्यान्निरातङ्कः कन्यामन्योऽपि याचते।
किं पुनर्जगतां जेता प्रपौत्रः परमेष्ठिनः॥ 1.31

राम रावण की अपराजेय वीरता– *'विश्वविजयो वीरस्तु कस्तादृशः'*–एवं गुणों की प्रशंसा करते हैं (1.33)। धर्मद्वेषी रावण उनका शत्रु अवश्य है, ईर्ष्या का पात्र नहीं। धीरोदात्त राम की नैतिकता तब स्पृहणीय है, जब वे ताड़का-वध में संकोच करते हैं किन्तु वेद-वाक्य के समान गुरु-वचनों को पाप-पुण्य में प्रमाण मानकर (1.38) विश्व-कल्याण की दृष्टि से उसका वध करते हैं।

राम में वीरोचित विनम्रता है, अहंकार नहीं। परशुराम से राम का संघर्ष होता है। जामदग्नि परशुराम राम-वध की प्रतिज्ञा लेकर आते हैं, किन्तु धीर-वीर राम पूज्य शत्रु के गुणों की बारम्बार प्रशंसा करते हैं। राम को देखकर परशुराम के मुख से भी प्रशंसापूर्ण उद्गार फूट पड़ते हैं *'कोऽप्येष वीरशिशुकाकृतिरप्रमेयमाहात्म्यसार-समुदायमयः पदार्थः'* (2.39)।

सप्तभुवन को अभय दान देनेवाला, लक्ष्मी एवं सत्त्व गुण से ज्वलित तेज, धर्म-मान-विजय और पराक्रम से पूर्ण राम का शरीर (2.40) ऐसा प्रतीत होता है, जैसे सकल भुवन की रक्षार्थ कायधारी अस्त्रवेद हो, ब्रह्माण्ड की रक्षा के लिए क्षात्रधर्म मूर्तिमान् हुआ हो, सामर्थ्यों का समूह हो, गुणों का आगार हो अथवा जगत् की पुण्यराशि ही आविर्भूत होकर स्थित हो– *'आविर्भूय स्थित इव जगत्पुण्यनिर्माणराशिः'* (2.41)।

परशुराम को पराजित कर देने के कारण राम के हृदय में गहरा संकोच है। उस समय विश्वामित्र का यह कथन–

वीरश्रिया च विजयेन च रोचमानो
मान्ये मुनावनतश्च गुणोन्नतश्च।
लज्जां वहन् भृगुपतौ हृतवीर्य्यदर्पे
शिष्यो गुराविव कृतप्रथमापचारः॥ 4.20

अर्थात् 'वीर-श्री एवं विजय से शोभित, मान्य मुनि के प्रति आदर से नत तथा गुणों से उन्नत राम के हृदय में वैसी ही लज्जा है जैसी गुरु के साथ पहली बार अभद्रता करने पर शिष्य के हृदय में होती है'–राम के वीर-उदात्त चरित्र की सुन्दर अभिव्यक्ति है। राम परशुराम से बार-बार क्षमा-याचना करते हैं क्योंकि उन्होंने गुरुतुल्य परशुराम के प्रति अविनीत आचरण किया है– *'दैवात् कृतस्त्वयि मया विनयापराधस्तत्त्वं प्रसीद भगवन्नयमञ्जलिस्ते'* (4.21)।

राम को राज्याभिषेक के मंगल अवसर पर वनवास की आज्ञा मिलती है। ब्रह्मद्वेषी राक्षसों के विनाश के लिए राम इस अवसर को वरदान जान स्वीकार करते हैं। प्रवास की वेला में उनका मृदुल भ्रातृ हृदय भरत से मिलने के लिए आकुल हो जाता है। भरत को भेंटे बिना वे कैसे जाएँ और विछोह से दुखी भरत को देखें भी कैसे–

अपरिष्वज्य भरतं नास्ति मे गच्छतो धृतिः।
अस्मत्प्रवासदुःखार्त्तं नत्वेनं द्रष्टुमुत्सहे॥ 4.44

वन में सीता-हरण होता है। राम का हृदय दुःख और ग्लानि से भर उठता है। स्वायत्त सत्ता-विहीन राम ऐसे अवसर पर भी रावण की मैत्री के लिए राम-वध की प्रतिज्ञा करनेवाले वाली के चरित्र की प्रशंसा करते हैं, क्योंकि उसने मित्र के कार्य में तटस्थता का अवलम्बन नहीं किया (5.36)।

अब आते हैं 'उत्तररामचरित' के राम। प्रेम और कर्तव्य के समन्वय की सुन्दर साकार मूर्ति। सीता के प्रति उनका प्रेम अनन्य है, पवित्र और अगाध और अप्रतिम। उनकी हर भावभंगिमा और अभिव्यक्ति स्नेह-रस से आपूर्ण है। सीता उनके लिए एक ऐसा श्रेयस् और सुख हैं जो बड़े सौभाग्य से प्राप्त होता है (1.39)। सीता का परित्याग उनका एक ऐसा कृत्य है जो गहरा दुःख और पश्चात्ताप बनकर छाया की तरह उनके साथ रहता है। वे लोकाराधन को अपना परम कर्तव्य मानकर–*'सतां केनापि कार्येण लोकस्याराधनं परम्'* (1.41) इस दारुण कर्म को करते हैं क्योंकि रघुवंशी राजाओं की उज्ज्वल गाथा को, उनके शुभ्र यश को वे अपने कारण मलिन नहीं करना चाहते (1.42)। प्रजानुरंजन और कुलकीर्ति की तुला पर वे अपना परम सौख्य अर्पित कर देते हैं।

सीता-त्याग राम के जीवन पर एक प्रश्न है, इसका विश्लेषण कवि की दृष्टि से आवश्यक है। सुकथांकर[1] के शब्दों में 'भवभूति ने निस्सन्दिग्ध रूप से सीता-त्याग के अनौचित्य का अनुभव किया था जो अन्य हर प्रकार से आदर्श राजा राम के चरित्र का एक गम्भीर दोष है। इसीलिए भवभूति राम को ऐसी विषम परिस्थितियों से आक्रान्त कर देते हैं कि अपनी सती पत्नी के त्याग का कार्य उनके अन्याय्य चरित्र के दोष का बहुत दूर तक परिहार कर देता है।'

राम का आदर्श भूपतित्व, उनकी लोकाराधन के लिए की जानेवाली प्रतिज्ञा (1.12), रघुकुल की कीर्ति और सीता-विषयक लोकापवाद (1.6)–ये कारण राम को सीता-त्याग की दिशा में प्रवृत्त करते हैं। चित्रदर्शन से सीता की पुनः वनवीथियों में विहार करने की अभिलाषा इस त्याग की भूमिका रचती है।

---

1. 'ए पीप इन टु उत्तररामचरित', पृ. 25

'रामायण' के राम के दोषों का परिहार करने के लिए भवभूति सीता-त्याग के कारणों का एक ऐसा चक्रव्यूह रचते हैं, जिसका भेदन सीता-त्याग द्वारा ही हो सकता है। फिर भी कवि ने नाटक में न्याय—'पोएटिक जस्टिस'—की रक्षा के लिए अन्त में सीता का राम से पुनर्मिलन और लोक में सती-शिरोमणि के रूप में सीता की प्रतिष्ठा की है। 'उत्तररामचरित' के सातवें अंक में कवि का न्याय आहत न होकर पूर्णता से प्रकाशित होता है।

इस नाटक के तीसरे अंक में राम की विशद करुणा समस्त आक्षेपों को निरस्त कर देती है। यहाँ कवि एक बार पुनः सीता-त्याग के कारण का उल्लेख करता है। वासन्ती राम से प्रश्न करती है—*'तत्किमिदमकार्यमनुष्ठितं देवेन।'* राम उत्तर देते हैं—*'लोको न मृष्यतीति।' 'कस्य हेतोः।' 'स एव जानाति किमपि'* (3.26-27)। राम सीता की पवित्रता में लोक के अविश्वास का उल्लेख भी मुख से नहीं करते हैं।

वन में राम का पुनरागमन सीता-त्याग के प्रश्न को एक अत्यन्त निजी दुःख-गाथा की तरह विश्लेषित करता है। अपने समस्त राजकीय कर्तव्यों और सलंग्नताओं के साथ राम अपने हृदय के अरण्य में निस्संग और अकेले हैं। सीता के प्रति राम का समर्पण भाव-संवेदनों की अगाधता में बड़े सूक्ष्म विस्तार से प्रकट होता है। धैर्य और सहिष्णुता की सारी प्राचीरें ढह जाती हैं। अपने जीवन की विडम्बना को लक्ष्य कर वे कहते हैं—'बारह वर्ष बीत गये, जब यह जगत् देवी सीता से शून्य हो गया था। उनका नाम भी मानो नष्ट हो गया है, फिर भी क्या राम जीवित नहीं हैं।'

देव्या शून्यस्य जगतो द्वादशः परिवत्सरः।
प्रनष्टमिव नामापि न च रामो न जीवति॥ 3.33

राम अपने कृत्य की कठोरता से पूर्ण परिचित हैं *'अतिबीभत्सकर्मा नृशंसोऽस्मि संवृत्तः'* (1.44-45)। वे चाण्डाल (1.46), दुरात्मा (1.48), पापी (वही), दारुण (1.49) आदि अपशब्दों से अपना तिरस्कार करते हैं। वासन्ती भी उन पर प्रहार करती है कि जिस यश के लिए तुमने सीता का परित्याग किया, उससे अधिक अपयशकर और क्या हो सकता है—*'अयि कठोर! यशः किल ते प्रियं किमयशो ननु घोरमतः परम्'* (3.27) पर जल्दी ही वह राम की निगूढ वेदना से द्रवित हो जाती है। वनदेवता के रूप में पूरा वनप्रदेश राम के दुःख का सहचर हो जाता है। प्रगाढ़ दुःख के भीतर भी राम अपने कर्तव्य के प्रति सजग हैं। कोई भी चेतावनी, कोई भी पुकार उन्हें तत्क्षण क्षात्रगुण से मण्डित राजा के रूप में खड़ा कर देती है।

सर्वांगीण अनन्य प्रेम और कठोर कर्तव्यनिष्ठा—राम के चरित्र में इन दोनों को अलग नहीं किया जा सकता—मानो ये एक ही प्रकाश की दो पराकाष्ठाएँ हैं, केवल वर्ण-छायाओं के अन्तर से जो अपनी एक अलग परिभाषा प्रस्तुत करती हैं।

राम की मृदुता और कठोरता को दो अलग आयाम देने में शब्द जैसे अपनी सीमा ग्रहण करने लगते हैं। वासन्ती के शब्दों में बस इतना ही कहा जा सकता है—

वज्रादपि कठोराणि मृदूनि कुसुमादपि।
लोकोत्तराणां चेतांसि को नु विज्ञातुमर्हति ॥ 2.7 ॥

राम के द्वारा यज्ञ में 'हिरण्यमयी सीताप्रतिकृति' की प्रतिष्ठा सीता की ही भाँति भावज्ञ जनों के हृदय से भी सीता-परित्याग की ग्लानि का कीलक निकाल देती है।

प्रकृष्ट धर्म की सुन्दर मूर्ति—*'प्रकृष्टस्येव धर्मस्य प्रसादो मूर्तिसुन्दरः'* (6.10) —राम के सौम्य—*'सौम्यसुन्दरश्री'* (1.15-16) दर्शन से विरोध शान्त हो जाता है और प्रेम-रसघन का विस्तार होता है—*'विरोधो विश्रान्तः प्रसरति रसो निर्वृतिघनः'* (7.11)।

'उत्तररामचरित' के प्रथम-अंक से ही राम में धीरोदात्त नायक के गुणों का आकलन किया जा सकता है। चित्रदर्शन के समय परशुराम का प्रसंग आने पर वे झट से टोक देते हैं—*'अयि वत्स बहुतरं द्रष्टव्यं। अन्यतो दर्शय'* (1.18-19)। इसी प्रकार कैकेयी के प्रसंग को वे शीघ्रता से बदल देते हैं—*'अये मध्यमाम्बावृत्तमन्तरितमार्येण'* (1.21-22)। सीता भी राम की इस विनम्रता पर मोहित हैं—*'सुष्ठु शोभसे आर्यपुत्र एतेन विनयमाहात्म्येन'* (1.18-19)।

'लोकाराधन' राम के जीवन का केवल कठोर कर्तव्य या कोरा आदर्श मात्र नहीं था, बल्कि वहाँ भी उनका हृदय उनके प्रेम की ही भाँति परम वात्सल्य और आदरभाव से आपूर्ण था। सीता-त्याग जैसे दारुण कृत्य के प्रेरक नगरनिवासियों के लिए दुर्मुख द्वारा प्रयुक्त 'दुर्जन' शब्द राम सहन नहीं करते हैं और तुरन्त उसका प्रतिकार करते हैं—*'शान्तं पापम्। कथं दुर्जनाः पौरजानपदाः'* (1.43-44)।

दुःख के अथाह सागर में डूबा राम का हृदय क्षण भर के लिए भी प्रजारक्षण एवं प्रजारंजन के कर्तव्य से विमुख नहीं होता। तपस्वियों की रक्षा हेतु लवणासुर-वध के लिए शत्रुघ्न को भेजना तथा अकाल मृत्युग्रस्त ब्राह्मण-पुत्र के जीवन के लिए शूद्रमुनि शम्बूक की खोज में स्वयं दण्डकारण्य आना कर्तव्य के प्रति उनकी सजगता को सूचित करते हैं। शम्बूक शूद्र है पर तपस्वी है—उसे दण्डित करना राम को इष्ट नहीं है, पर यहाँ भी कर्तव्य की कठोरता बीच में आ खड़ी होती है। वे अपनी कठोरता को कोसते हुए उस पर प्रहार करते हैं। *'रे हस्तदक्षिण...करुणाकुतस्ते'* (2.10) शब्दों में स्वयं के प्रति उनकी घोर भर्त्सना प्रकट होती है। पर वे अपने इस कृत्य की क्षति-पूर्ति के रूप में शम्बूक को आनन्द, प्रमोद, पुण्य सम्पदाओं से पूर्ण 'वैराज' नाम का लोक प्रदान करते हैं—*'वैराजा नाम ते लोकास्तैजसाः सन्तु ते शिवाः'* (2.12)। यहाँ वे अपनी मानवोत्तर सामर्थ्य प्रकट करते हैं।

पिता के रूप में राम के व्यक्तित्व में स्नेह और वात्सल्य के पारावार को अनुभव किया जा सकता है। वे प्रथम बार लव-कुश को देखते हैं और उनका अन्तःकरण उनमें सीता की छवि देखकर द्रवणशील हो उठता है। लव का आलिंगन उन्हें आनन्दित कर देता है– *'नन्दयति तव स्पर्शः'* (6.13)। कुश की आवाज़ से ही वे रोमांचित हो उठते हैं– *'बद्धपुलकं करोति माम्'* (6.17)। एक ओर राम को देखकर कुश सोचते हैं– *'अहो प्रासादिकं रूपमनुभावश्च पावनः'* (6.20), दूसरी ओर राम कुश के स्पर्श से ऐसा अनुभव करते हैं मानो उनकी देह का सार ही कुश के रूप में प्रादुर्भूत होकर स्थित है– *'अङ्गादङ्गात्सृत इव निजः स्नेहजो देहसारः प्रादुर्भूय स्थित इव...'* (6.22)।

भवभूति ने राम को सर्वोत्कृष्ट मानवीय गुणों से मण्डित किया है, पर उनका यह अंकन राम के दिव्य रूप को विस्मृत नहीं करता। 'महावीरचरित' के सातवें अंक में अलका का यह कथन–

इदं हि तत्त्वं परमार्थभाजामयं हि साक्षात् पुरुषः पुराणः।
त्रिधा विभिन्ना प्रकृतिः किलैषा त्रातुं भुवि स्वेन सतोऽवतीर्णा॥
—म.च., 7.2

राम के पुरुषोत्तम रूप की अभ्यर्थना है। गुणों के आगार, पुण्यों के परिणाम राम की यह अलौकिकता वसिष्ठ को परमानन्द प्रदान करती है–

क्षमायाः स क्षेत्रं गुणमणिगणानामपि खनिः
प्रपन्नानां मूर्त्तः सुकृतपरिपाको जनिमताम्।
कृपारामो रामो बहिरिह दृशोपास्यत इति
प्रमोदाद्वै तस्याप्युपरि परिवर्त्तामह इमे॥ —वही, 7.33

सीता—राम के अनुरूप गुणों से सम्पन्न हैं सीता। नायिका का लक्षण करते हुए 'साहित्यदर्पण' में कथन है कि 'नायिका भी नायक के सामान्य गुणों 'त्यागी कृती' आदि से युक्त होती है।'[1] विनय, सरलता आदि गुणों से युक्त, गृहकर्म में तत्पर, पतिव्रता स्त्री स्वीया नायिका कहलाती है।[2]

'महावीरचरित' के आरम्भ में सीता में एक कन्या की मुग्धता है। विश्वामित्र के आश्रम में राम का दर्शन करते ही वे उनके आकर्षण में बँध जाती हैं। अहल्या के उद्धार की घटना से सौम्यदर्शन राम के प्रभाव से परिचित होकर वे प्रेम से उन्हें देखती हैं और छिपाकर ये वचन कहती हैं *'शरीरनिर्माणसदृशः नन्वस्यानुभावः'* (1.26-27)। ताड़का-वध के समय राम के प्रति सीता की भीरुता इन शब्दों में प्रकट

---

1. नायकसामान्यगुणैर्भवति यथासम्भवैर्युक्ता॥ सा.द., 3.56
2. विनयार्जवादियुक्ता गृहकर्मपरा पतिव्रता स्वीया। वही, 3.57

होती है *'अहो परागत एव। हा धिक् हा धिक्! उत्पातवातालिरिव हताशा महानुभावं अभिद्रवति'* (1.38-39)। उनके कातर भाव को उस समय भी लक्ष्य किया जा सकता है जब शिवधनु राम के समक्ष लाया जाता है– *'साम्प्रतं संशयिताऽस्मि'* (1.53.)। क्रुद्ध परशुराम का आगमन भी उन्हें भयभीत कर देता है और वे राम को इस संघर्ष से रोकने का प्रयत्न करती हैं... *'परित्रायस्व मां। प्रियसाहसिकं प्रसीद'* (2.26-27)। वे राम की विजय के लिए 'संग्रामश्री' से प्रार्थना करती हैं *'भगवति संग्रामश्रीरेष ते अञ्जलिः'* (2.42-43)। राम के वनगमन के समय सीता राम की सहगामिनी होने के लिए अपने भाग्य की सराहना करती हैं– *'दिष्ट्यानुमोदितास्म्यार्येण'* (4.52-53)। भवभूति ने सीता को पतिव्रताओं में श्रेष्ठ अंकित किया है, देवगण भी जिनकी अभ्यर्थना करते हैं–

वस्वर्करुद्रसहितः स्वयमेष साक्षाद्
वृद्धश्रवाः समभिनन्दति साधु साध्वीम्।
अग्निप्रवेशपरिनिर्गमशुद्धभावां
सीतां रघूत्तम भवत्स्थितिमाद्रियस्व ॥ 7.3

सीता पवित्रों में पवित्र हैं, पतिव्रताओं की ज्योति हैं– *'पतिव्रतामयं ज्योतिः'* (7.4)।

इन सब अभिनन्दनों के बावजूद 'महावीरचरित' में सीता के चरित्र का विकास नहीं हुआ है। नायिका होने पर भी वे किसी महत्त्वपूर्ण भूमिका का निर्वाह नहीं करती हैं। रंगमंच पर भी उनकी उपस्थिति अल्पकालिक रहती है।

'उत्तररामचरित' में सीता 'तद्‌गुणानुरूप' चित्रित हुई हैं। वे कोमल, परिहासप्रिय, भयविह्वल एवं राममयजीवित हैं। अष्टावक्र मुनि के आगमन पर *'भगवन् नमस्ते। अपिकुशलं सजामातृकस्य गुरुजनस्यार्यायाश्च शान्तायाः'* (1.8-9) सीता का सम्मानपूर्ण मधुर भाषण है। लोकाराधन के लिए स्वयं के त्याग की राम की प्रतिज्ञा को सुनकर भी सीता व्यथित नहीं होतीं, बल्कि इसके लिए राम का अभिनन्दन करती हैं– *'अत एव राघवकुलधुरन्धर आर्यपुत्रः'* (1.12-13)। राम की छाया में सीता आत्मचिन्ता-शून्य हैं। उनका अस्तित्व ही राममय है। चित्रदर्शन के समय भी वे राम के चित्रों में खोयी हैं– *'जृम्भकास्त्रा उपस्तुवन्ति इव आर्यपुत्रम्'* (1.14-15), *'अहो दलन्नवनीलोत्पल-श्यामलस्निग्धमसृण...आर्यपुत्र आलिखितः'* (1.15-16)। अपने विरह में रोते हुए राम की छवि देखकर सीता के नयनों में अश्रु भर आते हैं– *'अयि देव रघुकुलानन्द एवं मम कारणात्क्लान्त आसीः'* (1.28-29)। यहाँ कवि ने 'रघुकुल + आनन्द' एवं 'क्लान्त' इन दो शब्दों के द्वारा स्थिति का वैषम्य उपस्थित किया है। सीता 'मम कारणात्' कहकर स्वयं को दोषी मानती हैं। तीसरे अंक में राम सीता की पूर्वस्मृतियों से भरे जनस्थान को देख बार-बार मूर्छित हो जाते हैं। राम की इस दशा और अचेतनता का कारण स्वयं को जान सीता 'मन्दभागिनी' कहकर अपना तिरस्कार

करती हैं– *'मां मन्दभागिनीं व्याहृत्यामीलितनेत्रनीलोत्पलो मूर्च्छित एव' (3.9-10), 'मामेव मन्दभागिनीमुद्दिश्य...'* (3.12-13), 'एवमपि मन्दभागिन्यहं या पुनरायासकारिणी आर्यपुत्रस्य' (3.35-36) आदि। सीता को चिन्ता है कि सकलजीवलोकमंगल राम किसी दारुण दशा को प्राप्त न हों (3.38-39)।

राम के प्रति वासन्ती के उपालम्भपूर्ण वचनों से आहत हो सीता कहती हैं– *'किं त्वमेवंवादिनी भवसि। प्रियाहिः खलु सर्वस्यार्यपुत्रो विशेषतो मम प्रियसख्याः'* (3.25-26), *'सखि वासन्ति! त्वमेव दारुणा कठोरा च यैवमार्यपुत्रं प्रलपन्तं प्रलापयसि'* (3.27-28)।

सीता में सहज सरल स्नेह है। *'आर्यपुत्र युष्माभिरपि तत्र गन्तव्यम्'* (1.33-34), *'तस्मै कोपिष्यामि यदि तं प्रेक्षमाणाऽऽत्मनः प्रभविष्यामि'* (1.51-52) जैसे उदाहरण सीता की सरलता को प्रकट करते हैं। राम भी सीता की वत्सल प्रकृति से पूर्ण परिचित हैं– *'न खलु वत्सलया सीतादेव्याभ्युपपन्नोऽस्मि'* (3.12-13)। वे सर्व अवस्थाओं में अद्वैत इस प्रेम की प्राप्ति को परम सौभाग्य मानते हैं (1.39)।

सीता में सर्वत्र क्षमाशीलता और प्रेम की उदारता के दर्शन होते हैं। पर एक परित्यक्ता पत्नी के अभिमान की झलक उनके मूलभूत चरित्र को एक कोण प्रदान करती है। शम्बूक-वध के लिए राम का वन में पुनरागमन जान सीता का यह कथन *'दिष्ट्या अपरिहीनराजधर्मः खलु स राजा'* (3.7-8) राम की अभ्यर्थना तो करता है पर इसमें 'राजा' और 'राजधर्म' शब्द सीता-त्याग की घटना के कारणशब्द भी हैं। *राम द्वारा 'प्रिये जानकि'* (3.12-13) सम्बोधन पर सीता की इस प्रत्युक्ति में– *'आर्यपुत्र असदृशं खल्वेतद्वचनमस्य वृत्तान्तस्य'* (3.12-13) मानो बारह वर्ष का विरह और पाताल का जीवन बोल उठता है। फिर भी वे राम के प्रति कठोर नहीं हो सकतीं, क्योंकि वे राम का हृदय जानती हैं और राम उनका हृदय– *'...किमिति ...आर्यपुत्रस्योपरि निरनुक्रोशा भविष्यामि। अहमेतस्य हृदयं जानामि ममाप्येषः'* (3.12-13)। राम को जाने के लिए उद्यत जान सीता आकुल हो उठती हैं– *'भगवति तमसे कथं गच्छत्येवार्यपुत्रः'* (3.45-46)। यहाँ 'कथं' तथा 'एव' शब्द सीता के मर्म की सारी व्यथा के अभिव्यंजक हैं। सीता के लिए राम का यह अप्रत्याशित दर्शन अपूर्व पुण्यजन्य है। वे विदा-वेला में राम को नमन करती हैं– *'नमो नमोऽपूर्व-पुण्यजनित-दर्शनाभ्यामार्यपुत्रचरणकमलाभ्याम्'* (3.46-47)।

भवभूति ने सीता के मातृहृदय का साक्षात्कार बड़ी सूक्ष्मता के साथ किया है। पंचवटी में पुष्प-चयन के लिए आयी सीता तब व्यथित हो उठती हैं जब वे पुत्र रूप में पाले हुए हस्तिशावक पर, जो अब तरुण हो गया है, किसी गजराज के आक्रमण की सूचना पाती हैं। वे पुकार उठती हैं– *'आर्यपुत्र परित्रायस्व परित्रायस्व मम पुत्रकम्'* (3.6-7)। गजशावक के वृत्तान्त से जाग्रत उनका मातृहृदय कुश-लव के प्रति संवेदनशील हो उठता है– *'भगवति तमसे अयं तावदीदृशो जातः। तौ पुनर्न जानामि*

कुशलवावेतावता कालेन कीदृशौ संवृत्ताविति' (3.16-17)। सन्तान-स्मरण से उनके स्तनों से दूध बहने लगता है और वे उन बालकों के पिता के सान्निध्य से क्षण भर के लिए स्वयं को संसारिणी अनुभव करने लगती हैं *'भगवति तमसे एतेनापत्यसंस्मरणेनोच्छ्वसितप्रस्नुतस्तनी तयोश्च पितुः सन्निधानेन क्षणमात्रं संसारिण्यस्मि संवृत्ता'* (3.16-17)। सीता की मातृभावना पशु-पक्षियों (3.18,19,20) एवं वन-वृक्षों को भी (वही) व्याप्त करती है।

भवभूति के अभिव्यक्ति-जगत् में सीता केवल नायिका नहीं, कवि की कवितामयी सृष्टि हैं। द्विजेन्द्रलाल राय[1] ने भवभूति की सीता को इस रूप में अंकित किया है–"भवभूति की सीता एक परिकल्पना है, उमड़ी हुई नदी नहीं, स्वच्छ सरोवर है। उसने आदि से अन्त तक केवल प्यार किया है। निर्वासन-शल्य भी उसके अटल प्रेम को बिद्ध न कर सका। किन्तु उस प्रेम ने कोई कार्य नहीं किया। वह प्रेम ज्योत्स्ना की तरह गतिहीन है, सूरजमुखी की तरह परमुखापेक्षी है, विरह की तरह करुण है और हँसी की तरह सुन्दर है।...भवभूति की सीता जैसे किसी हेमन्तऋतु के उज्ज्वल प्रभात का शेफालि-सुरभित स्वप्न है।"

परशुराम–'महावीरचरित' में परशुराम ब्राह्म एवं क्षात्र-तेज का समन्वित रूप हैं। राम के शब्दों में परशुराम असीम तप, तेज-पराक्रम से युक्त हैं (2.30)। कीथ[2] ने 'परशुराम को उद्धतनायक की संज्ञा दी है जो अभिमान और मात्सर्य से युक्त है, हठधर्मी, अस्थिर और आत्मश्लाघावान् है।' जमदग्नि के पुत्र, महादेव के शिष्य, सप्तसमुद्रवेष्टित पृथ्वी के निर्व्याज दाता परशुराम को राम लोकोत्तर पुरुष मानते हैं (2.36)। पुण्यशाली होकर भी भीषण कर्म करनेवाले, व्रतों के निधान, सुन्दर एवं भयंकर आकृति को धारण करनेवाले परशुराम अथर्ववेद की भाँति अमित तेजसम्पन्न कहे गये हैं (2.24)। जामदग्नि ने जिन भगवान शिव से धर्म, अध्यात्म तथा धनुर्वेद की शिक्षा पायी, राम ने उनका धनुर्भंग किया, परशुराम की गुरुभक्ति पर यह बहुत बड़ा आक्षेप है। वसिष्ठ, विश्वामित्र, शतानन्द आदि उनकी प्रज्चलित क्रोधाग्नि को शान्त करना चाहते हैं, किन्तु परशुराम गुरु के अपमन्ता का विनाश किये बिना आचार्य को मुख दिखाने में लज्जा का अनुभव करते हैं–*'शत्रुमूलमनुत्खाय न पुनर्द्रष्टुमुत्सहे त्र्यम्बकं...'* (3.6)। उन्हें मानरक्षा मोक्ष से भी अधिक प्रिय है–*'विमुक्तेरपि मानरक्षणं प्रियं निसर्गेण...'* (3.9)।

महाभिमानी परशुराम तपस्या और ज्ञान में अपने को अनन्य मानते हैं–*'न तु स्पर्द्धायामधिकः समश्च तपसा ज्ञानेन चान्योऽस्ति मे'* (3.37), किन्तु राम से पराजित होने पर अपने विनम्र उद्‌गार प्रकट करने में भी संकोच नहीं करते। उनका

1. कालिदास और भवभूति, हिन्दी अनुवाद, पृ. 77
2. संस्कृत ड्रामा, पृ. 306

यह कथन—'राम परम उपकारी हैं, क्योंकि जिस दर्पव्याधि ने हमारे चैतन्य का हरण कर ब्राह्मण-जाति की पवित्रता, वंश-गौरव तथा श्लाघ्य आचरण को नष्ट कर दिया था, उसका राम ने विनाश किया है (4.22)' उनकी उदारता का परिचायक है। ऋषियों एवं राजाओं के समक्ष वे राम की विजय की घोषणा कर यह स्वीकार करते हैं कि प्रचण्ड न होते हुए भी राम का कठोर शासन आज जामदग्नि पर भी लागू हो रहा है (4.24)।

भवभूति ने परशुराम की गुरुभक्ति, क्षत्रियों के प्रति तिरस्कार-भावना एवं ब्रह्मतेज का सुन्दर चित्र आँका है। परशुराम की प्रकृति ही द्विविध नहीं है, आकृति भी उभयविध शोभा धारण करती है। जटा, वल्कल एवं मृगचर्म, कुठार, तरकस और बाणयुक्त उनका रूप ब्राह्मणोचित शान्ति एवं क्षत्रियोचित उग्रता से समन्वित है (2.26)।

माल्यवान्—'महावीरचरित' में रावण का अमात्य माल्यवान् दूरदर्शी राजनीतिज्ञ है। वह राम-रावण-शत्रुता से जन्म लेनेवाली अनेक घटनाओं का पूर्वचिन्तन करता है तथा अपने स्वामी के हित-चिन्तन और शत्रु के विनाश के लिए अनेक कार्यक्रम बनाता है (2.1-15)। परशुराम को उत्तेजित करना, शूर्पणखा के छद्मरूप को माध्यम बनाकर राम के वनवास का आयोजन करना, वाली को रामवध के लिए प्रेरित करना उसकी ऐसी ही कुछ योजनाएँ हैं। अन्ततः रावण का मिथ्याभिमान, कुम्भकर्ण का आलस्य, खरदूषण का स्वार्थी दृष्टिकोण, विभीषण का शत्रु से मिल जाना आदि चिन्ताएँ माल्यवान् को घेर लेती हैं। वह राम के पराक्रम और उनकी प्रभुता का, सीता के सतीत्व-तेज का ज्ञाता है पर फिर भी उसकी स्वामीभक्ति उसे सदा रावण के कल्याण के लिए सक्रिय रखती है पर सबका असहयोग और कार्यों की विफलता देखकर उसे मन्त्री-पद ही कष्टप्रद प्रतीत होता है—*'साचिव्यं नाम महते सन्तापाय'* (6.2-3), क्योंकि विपरीत होने पर भी मन्त्री भाग्य के प्रतिकार का चिन्तन करते रहते हैं और राजा स्वेच्छारिता में लगे रहते हैं (6.3)।

माल्यवान् भवभूति का एक मौलिक पात्र है जो इस नाटक में महत्त्वपूर्ण भूमिका का निर्वाह करता है।

चन्द्रकेतु—'उत्तररामचरित' में प्रस्तुत लक्ष्मणपुत्र चन्द्रकेतु अश्वमेध-यज्ञ की चतुरंगिणी सेना का नायक है। भवभूति ने 'रामायण' से भिन्न इस रूप में इस पात्र का चयन आगामी युद्ध में समवयस्क बालकों लव-कुश से होनेवाले संघर्ष को ध्यान में रखकर किया है। चन्द्रकेतु में वीरता और विनय का सामंजस्य है। उसमें ओज, धैर्य, उदारता, निश्छलता, सौजन्य जैसे गुण हैं। वह स्पर्धारहित मन से अपने प्रतिद्वन्द्वी की वीरता की प्रशंसा करता है (5.2,3)। जब वह एकाकी लव को अपनी चतुरंगिणी सेना से युद्ध करते देखता है तो उसका हृदय लव के प्रति आश्चर्यमिश्रित प्रशंसा (5.11) और अपनी सेना के प्रति ग्लानि से भर उठता है (5.12)।

चन्द्रकेतु को क्षत्रिय-धर्म एवं युद्ध-धर्म का पूर्ण ज्ञान है—*'न रथिनः पादचारमभियुंजन्ति'* यह कथन इसका प्रमाण है। रघुकुल एवं राम के प्रति उसमें अगाध श्रद्धा है, उनके प्रति कोई भी आक्षेपपूर्ण वचन उसे सह्य नहीं (5.33)। चन्द्रकेतु सर्वथा ईर्ष्यारहित मन का निर्दोष बालक है। राम के आगमन पर उसका उनसे यह आग्रह—*'तद्विज्ञापयामि मामिवाविशेषेण स्निग्धेन चक्षुषा पश्यत्वमुं वीरमनरालसाहसं तातः'* (6.8-9) अर्थात् 'मेरे सदृश ही आप वीर लव को भी स्नेह दृष्टि से देखें' उसकी सरलता और सहज स्नेही प्रकृति को प्रकट करता है। युद्ध में जृम्भकास्त्र-प्रयोग करने के कारण लव की श्रेष्ठता सिद्ध हो चुकी है, तब भी चन्द्रकेतु प्रसन्न मन से उसे अपना मित्र स्वीकार करता है *'कुशलमत्यद्भुतक्रियस्य प्रियदर्शनस्य लवस्य लाभाभ्युदयेन'* (6.8-9)। वह सचमुच ही इक्ष्वाकु-कुल के योग्य है *'सत्यमैक्ष्वाकः खल्वसि'* (5.8-9)।

लव-कुश—'उत्तररामचरित' के ये दोनों पात्र धीर-वीर पराक्रमी हैं। वीर्य के साथ ही विनम्रता और सौजन्य से वे पूर्ण हैं। उदार और निश्छल क्षत्रिय ब्रह्मचारी बालक लव आकृति और प्रकृति में अपने माता-पिता के समान है (4.22)। गुरुजनों के समीप संकोच और विनयपूर्वक जाकर प्रणाम करना (4.21-22) तथा अन्य सभी बालकों के आग्रह और अश्व को देखने की आतुरता के कारण गुरुजनों से *'आर्याः पश्यत पश्यत। एभिर्नीतोऽस्मि'* (4.26-27) कहकर भाग जाना उसके बचपन और विनयाचार को प्रकट करता है। पाँचवे अंक में लव का ओजस्वी सम्भाषण है (5.29,30,31,35)। उसमें दर्प एवं सौजन्य का सुन्दर समन्वित रूप है *'दर्पसौजन्ययोर्यथोचितम्...'* (5.28-29)। लव एक अभिमानी योद्धा है जो पराक्रम में बिना युद्ध के किसी की सर्वोपरिता स्वीकार नहीं करता और न भयभीत होता है (4.28) वह यज्ञ-अश्व का हरण करता है और रघुकुल की विशाल सेना के साथ एकाकी युद्ध करता है। राम के प्रति लव विनीत और आदरयुक्त व्यवहार करता है और उन्हें प्रणाम करना नहीं भूलता *'तात प्राचेतसान्तेवासी लवोऽभिवादयते'* (6.12-13)।

कुश लव का ज्येष्ठ भाई है। भरतमुनि के आश्रम जानेवाले तपस्वियों की रक्षा के लिए वाल्मीकि धनुर्धारी कुश को भेजते हैं। युद्ध का समाचार सुनकर कुश का क्षात्रतेज उद्दीप्त हो उठता है। वह धनुष को टंकारते हुए अत्यन्त रोषपूर्ण मुद्रा में मंच पर प्रवेश करता है। उसकी दृप्त वाणी *'दत्तेन्द्राभयदक्षिणै...'* (6.18) को सुनकर राम का यह कथन *'अस्मिन्क्षत्रियपोतके पौरुषातिरेकः'* (6.18-19) कुश के व्यक्तित्व के अनुरूप है। राम उसे मूर्तिमान् वीररस एवं साक्षात् दर्प स्वीकार करते हैं—*'वीरो रसः किमयमेत्युत दर्प एव'* (6.19)।

लव और कुश के पराक्रमी व्यक्तित्व के अतिरिक्त उनके सरल बालपन का वह प्रसंग अति रमणीय है जब वे 'रामायण' से राम-सीता के मधुर प्रेमासक्त प्रसंगों

को बालसुलभ सरल तटस्थता के साथ सुनाते हैं (6.31,32,36)। उनका यह सारल्य देखकर राम भी कह उठते हैं *'अति हि नाम मुग्धः शिशुजनः विशेषतस्त्वरण्यचरः'* (6.36-37)।

'महावीरचरित' एवं 'उत्तररामचरित' के अन्य पात्रों में लक्ष्मण के चरित की विशेषता है–राम का अनुसरण, आज्ञापालन एवं प्रकर्ष भक्तिभाव। 'महावीरचरित' का प्रतिनायक रावण मिथ्याभिमानी, मदान्ध और विलासी राजा है, जो परनारी के सौन्दर्य का चिन्तन करता है (6.9), राष्ट्र पर आनेवाली विपत्ति का नहीं। वह शत्रु की शक्ति का उपहास करता है (6.13-14) और अपने बल का बखान (6.15)। कीथ[1] ने इसे धीरोद्धत नायक की संज्ञा दी है।

विश्वामित्र 'महावीरचरित' में एक महत्त्वपूर्ण भूमिका का निर्वाह करते हैं। वे ऐसी अनेक घटनाओं के सूत्रधार हैं जिनसे राम का चरित्र महनीयता प्राप्त करता है। राम ताड़का एवं अन्य राक्षसों का वध उनके निर्देशन में करते हैं। विश्वामित्र राम को दिव्य जृम्भकास्त्र प्रदान करते हैं (1.42-47)। राम उनके आदेश से शिव का धनुभंग कर सीता का वरण करते हैं (1.52-53)। विश्वामित्र क्रुद्ध परशुराम को शान्त करने का हर सम्भव प्रयत्न करते हैं (3.13), पर जब वे हर मर्यादा का उल्लंघन करते हैं तब उन्हें शाप देने और दण्डित करने के लिए तत्पर हो जाते हैं (3.43)। दशरथ, वशिष्ठ भी रघुकुल-हितकारी कुशिकनन्दन विश्वामित्र की अभ्यर्थना करते हैं (4.14,15)। नाटक के अन्त में सर्व मंगलों के पूर्ण होने पर वे राम से पूछते हैं– *'किं करणीयमेतदधिकं श्रेयस्तदप्युच्यताम्'* (7.41) और राम की भरतवाक्य-अभ्यर्थना के उत्तर में 'एवमस्तु' द्वारा उन्हें आशीर्वाद प्रदान करते हैं।

वसिष्ठ रघुकुल के कुलगुरु एवं पुरोहित हैं। कवि उन्हें जगत् के सनातन गुरु कहकर समादृत करता है *'जगत्सनातनगुरु...'* (3.39)। 'महावीरचरित' में वसिष्ठ को प्रशान्त प्रकृति-सम्पन्न अंकित किया गया है। परशुराम के दुर्वचनों का प्रत्युत्तर भी वे क्रोध से नहीं देते, बल्कि शतानन्द जब परशुराम को शाप देने के लिए अंजलि में जल-ग्रहण करते हैं तब वसिष्ठ उनका निषेध करते हैं और परशुराम की शान्ति के लिए यज्ञानुष्ठान करने का परामर्श देते हैं।

'महावीरचरित' के ही एक पात्र शतानन्द जनक के पुरोहित हैं। जो इस वंश की रक्षा में सदा सन्नद्ध हैं तथा कोई भी अमंगल यदि घटित होता है तो उसमें अपने तप की क्षीणता को कारण समझते हैं (3.17)। विश्वामित्र उनकी इन शब्दों में प्रशंसा करते हैं 'जिसके आप जैसे विद्वान् ब्राह्मण राष्ट्र-रक्षक पुरोहित हैं, वह राज्य न तो कष्ट को प्राप्त होता है, न भ्रष्ट होता है और न जीर्णता को प्राप्त करता है'–

1. संस्कृत ड्रामा, पृ. 308

न तस्य राज्यं व्यथते न भ्रश्यति न जीर्यति।
त्वं विद्वान् ब्राह्मणो यस्य राष्ट्रगोपः पुरोहितः ॥ 3.18 ॥

'महावीरचरित' में जनक का चरित्र एक राजर्षि-तुल्य है। राम उन्हें सीता का *'ब्रह्मवादी नृपः पिता'* (1.21) कहकर अपना आदर प्रकट करते हैं। परशुराम भी *'स एष राजा जनको मनीषी'* (2.43) कहकर उनकी विद्वत्ता को स्वीकार करते हैं। वे न केवल मनीषी बल्कि वीर भी हैं और परशुराम के कठोर वचनों का उत्तर अपनी प्रत्यंचा से देना चाहते हैं (3.25,27)। जनक राम के वनवास के प्रति अपना दुःख एवं रोष प्रकट करते हैं और कैकेयी के इस आचरण की 'राक्षसकर्म' (4.50) कहकर निन्दा करते हैं।

'उत्तररामचरित' में जनक का रंगमंच पर आगमन सर्वथा भिन्न परिस्थितियों में होता है। सीता-वनवास को बारह वर्ष व्यतीत हो चुके हैं। अब वे एक भग्नहृदय पिता हैं जो अपना अधिकांश समय तपश्चर्या में व्यतीत करते हैं (4.3-4)। वे रोना चाहते हैं पर खुलकर रो भी नहीं सकते (वही)। वे सीता पर कलंक का आरोपण करनेवाली अयोध्या की प्रजा को दुरात्मा तथा राम के परित्याग रूप इस कार्य को अविवेचित मानते हैं—*'अहो निर्दयता दुरात्मनां पौराणाम्। अहो रामस्य राज्ञः क्षिप्रकारिता'* (4.23-24)।

'उत्तररामचरित' में वाल्मीकि एक ऐसे पात्र हैं जो रंगमंच पर प्रकट न होकर समस्त कार्यों का संचालन करते हैं। राम और सीता के प्रति उनका प्रेम अक्षुण्ण है। लव और कुश का धात्रीकर्म से पालन-पोषण करनेवाले (2.3-4) वाल्मीकि उन्हें राजपुत्रोचित सब प्रकार की शिक्षा देते हैं। सातवें अंक में राम से सीता एवं लव-कुश का पुनर्मिलन उन्हीं के प्रयत्नों का फल है। प्रथम छन्दप्रयोक्ता आदिकवि वाल्मीकि (2.5-6) का प्रभाव नाटक में सर्वत्र व्याप्त है।

दस अंकों के प्रकरण 'मालतीमाधव' में माधव धीरप्रशान्त नायक है तथा मालती कुलजा नायिका है। 'साहित्यदर्पण' में इस विषय में स्पष्ट कथन है कि प्रकरण में नायक ब्राह्मण, मन्त्री अथवा वैश्य होता है। वह विघ्नपूर्ण धर्म, अर्थ और काम में तत्पर धीरप्रशान्त होता है[1] तथा नायिका कुलजा, वेश्या तथा कहीं दोनों होती हैं।[2] माधव एवं मालती के अतिरिक्त इस प्रकरण के अन्य प्रमुख पात्र हैं मकरन्द एवं मदयन्तिका तथा समस्त कार्यकलापों की मुख्य संचालिका कामन्दकी। लवंगिका, बुद्धरक्षिता, कलहंस एवं सौदामिनी का चरित्र आनुषंगिक रूप से चित्रित हुआ है।

---

1. ...नायकस्तु विप्रोऽमात्योऽथवा वणिक्।
   सापायधर्मकामार्थपरो धीरप्रशान्तकः ॥ सा.द., 6.225
2. नायिका कुलजा क्वापि, वेश्या क्वापि, द्वयं क्वचित् ॥ वही, 6.226

माधव–धीरप्रशान्त नायक के सामान्य गुणों से युक्त माधव इस प्रकरण का नायक है, जो युवा, उदार, शिष्ट, मृदुभाषी, साहसी, सुन्दर और निर्भीक होने के कारण नित उसे झरोखे से देखती हुई मालती का प्रेमपात्र बन जाता है। जगद्धर[1] ने अपनी टीका में भरत के नाट्यशास्त्र का उदाहरण देते हुए माधव को अमात्यपुत्र होने के कारण धीरोदात्त नायक स्वीकार किया है। किन्तु अर्वाचीन साहित्यशास्त्रियों ने प्रकरण का नायक धीरप्रशान्त निश्चित किया है जो सामान्य गुणों से युक्त होता है। माधव ऐसे ही सामान्य गुणों से युक्त धीरशान्त नायक है। उसमें गुणों की वह उदात्तता नहीं जो उसे धीरोदात्त नायक राम एवं दुष्यन्त के समकक्ष रख सके।

माधव पहली दृष्टि से ही मालती में अनुरक्त है। मालती में उसके प्रेम की प्रगाढ़ता उसके चरित्र की सर्वोपरि विशेषता है। उसका प्रेम कहीं मांसल है (6.11) तो कहीं इतना आन्तरिक हो उठता है कि उसे ऐसा प्रतीत होता है कि वह प्रिया उसके साथ एकरूप हो गयी है (5.10)। माधव एक मदान्ध प्रेमी है जो प्रिया-प्राप्ति के लिए श्मशान में नरमांस-विक्रय का हीन कर्म भी करता है। मालती के लापता हो जाने पर वह प्रकृति को सम्बोधित कर प्रिया की खोज-ख़बर पाने का भावुक प्रयत्न करता है। अघोरघण्ट का वध (5.31,34) और नगररक्षकों के साथ संघर्षरत मित्र मकरन्द की तत्परता के साथ सहायता पूरे प्रकरण में ये दो कार्य ऐसे हैं जो माधव के रोमानी व्यक्तित्व को प्रखरता प्रदान करते हैं।

मालती–'मालतीमाधव' प्रकरण की नायिका मालती कुलीन कन्या है। उसमें आचरण की पवित्रता, भाव की प्रगाढ़ता, वंश की मर्यादा एवं स्वभाव की उच्चता है। मालती सुदर्शन सुरूप माधव के प्रति प्रथम दर्शन में ही अनुरक्त हो जाती है और वह सामान्य प्रेमिकाओं की भाँति कामाग्नि के उत्कट दाह से विह्वल अवस्था में पहुँच जाती है–*'अवस्थामापन्ना मदनदहनोद्दाहविधुरा'* (2.3)। अपूर्व सुन्दरी मालती का सौन्दर्य प्रथम दर्शन में ही माधव का हृदय जीत लेता है और वह उसे रूप की निधि एवं रमणीयता की देवी मानता है (1.22)। मालती स्वभाव से ही अत्यन्त गम्भीर है–*'अत्युदारप्रकृतिर्मालती'* (1.16-17) और विनय से विनम्र है–*'विनयनम्रा'* (3.1)। अनुरागिनी मालती को चन्द्रमा रात में जलाता है और कामदेव पीड़ित करता है फिर भी वह माता-पिता एवं कुल की उज्ज्वलता को अधिक महत्त्व देती है, अपने जीवन और माधव के प्रेम को नहीं (2.2)। वह गुप्त रीति से किये जानेवाले प्रेमविवाह को साहस का अतिक्रमण मानती है और ऐसे विचार रखनेवाली सखि का तिरस्कार करते हुए कहती है–*'दमितमालतीजीविते साहसोपन्यासिनि अपेहि'* (2.1-2)। भाव-संयमन मालती के चरित्र की विशेषता है। विवाहोपरान्त भी वह उतनी ही नम्र, संकोची एवं मर्यादित बनी रहती है।

---

1. 'मालतीमाधव', पृ. 20

मकरन्द–'मालतीमाधव' में प्रासंगिक कथा-नायक, माधव का बालमित्र मकरन्द वीर, साहसी युवक एवं स्नेही मित्र है। वह माधव का हित-साधन करने के लिए मालती का छद्म वधू-वेश धारण कर नन्दन के साथ विवाह का नाटक करने का दुस्साहस करता है। माधव के प्रति उसके प्रेम की प्रगाढ़ता दर्शनीय है। उसके बिना उसे जीवन भार और संसार जीर्णारण्य लगता है (9.37)। मकरन्द में साहस की अतिशयता है। वह अपरिचित मदयन्तिका के जीवन की रक्षा के लिए अपने प्राणों को संकट में डालकर व्याघ्र से जूझ पड़ता है (3.18) और अकेला ही नगररक्षकों से युद्ध करता है (8.6-7)। माधव अपने मित्र की वीरता से परिचित है इसलिए बहुत लोगों के साथ मकरन्द के संघर्षरूप इस कार्य को सामान्य मानता है–*'एकाकिनोऽपि बहुभिरभियोग इति यत्किंचिदेतद्वयस्यस्य'* (वही)। मकरन्द माधव की तुलना में अधिक वीर और साहसी है तथा परिस्थितियों के अनुरूप आचरण करने और निर्णय लेने में सक्षम है।

मदयन्तिका–प्रकरण में मालती की सखि मदयन्तिका एक ऐसा चरित्र है जिसका चित्रण मालती से बहुत भिन्नता के साथ हुआ है। मदयन्तिका साहसी है। वह मालती की भाँति कुल की मर्यादा के प्रति विशेष सजग नहीं है और न उतनी लजीली ही है। वह मकरन्द से प्रेम करती है और उसके साथ भाग जाने में उसे कोई दुविधा नहीं होती। वह अवसर देखकर बर्ताव करती है। 'मालती माधव से प्रेम करती है', यह जानते हुए भी वह अपने भाई नन्दन के साथ मालती के विवाह के प्रस्ताव का प्रसन्नता से अभिनन्दन करती है। इतना ही नहीं उसे पति-परायणा पत्नी होने की सम्मति भी देती है (7.-1) मालती में सारल्य अधिक है, मदयन्तिका में चातुर्य। मदयन्तिका अत्यन्त व्यवहारकुशल एवं अवसर के अनुरूप ममत्वहीन होने में सक्षम प्रतीत होती है।

कामन्दकी–'मालतीमाधव' में बौद्ध भिक्षुणी कामन्दकी प्रकरण के समस्त कार्यों की सूत्रधार है। बालमित्र भूरिवसु एवं देवरात के प्रति हार्दिक स्नेह से प्रेरित होकर वह उनकी सन्तान मालती एवं माधव के हित-साधन के लिए 'चीर-चीवर-विरुद्ध' (1.8-9) अपनी पूरी शक्ति लगा देती है और परिव्रज्या-धर्म के विपरीत उनके विवाह-सम्बन्ध को सम्पन्न करने का प्रयत्न करती है। कामन्दकी में तपस्या की रुक्षता नहीं है, प्रेम और वात्सल्य की मृदुता है। मालती में वह अपनी सन्तति के आनन्द का अनुभव करती है–'मालती मालतीति मोदते भगवती कामन्दकी' (1.33-34)। मालती के प्रति कामन्दकी के वात्सल्य की पराकाष्ठा उस समय दिखाई देती है, जब मालती का दूसरी बार अपहरण होने पर वह आत्महनन का निश्चय करती है।

मातृसुलभ कोमलता के अतिरिक्त कामन्दकी का मस्तिष्क मालती-माधव के विवाह को लेकर जो पूर्वयोजनाएँ बनाता है, उनकी सफलता उसकी दूरदर्शिता एवं

कुशाग्रता को प्रकट करता है। उसमें सहज ज्ञान *'सहजश्च बोधः'* है, प्रगल्भता एवं गुणों से सम्पन्न वाणी है *'प्रागल्भ्यमभ्यस्तगुणा च वाणी'*, समय के अनुरूप कार्य करने की प्रतिभा है, *'कालानुरोधः'* आदि गुण हैं जो कार्यों में मनोरथ को पूर्ण करनेवाले हैं–*'एते गुणाः कामदुधाः क्रियासु'* (3.11)।

कामन्दकी अपनी शिष्या अवलोकिता के सहयोग से माधव के रूप-गुणों का सजीव वर्णन कर मालती के हृदय में उसके प्रति आकांक्षा जाग्रत करती है, गुप्त मिलन का आयोजन करती है, प्राचीन प्रेम-कथाओं का वर्णन करती है और इस प्रकार मालती को गुप्त विवाह के लिए सहमत करती है। वह मालती के हृदय में नन्दन की कुरूपता और अयोग्यता का वर्णन कर उसके प्रति घृणा उत्पन्न करती है। कामन्दकी मालती और माधव को सदा उत्साहित करती है और प्राण देकर भी उनके समागम का विश्वास दिलाती है। जब कपालकुण्डला मालती का अपहरण कर लेती है तब वह इसमें अघोरघण्ट का हाथ जानकर करालादेवी का मन्दिर घेर लेने का आदेश देती है। नन्दन के साथ मालती का विवाह होगा, यह सूचना मालती एवं माधव को वज्रपात प्रतीत होती है किन्तु कामन्दकी *'प्रभवति निजकन्यकाजनस्य महाराज इति'* (2.0-1) भूरिवसु के इन वचनों का सारगर्भित अर्थ समझकर अपने प्रयत्नों द्वारा गुप्त विवाह की आयोजना तो करती ही है, मकरन्द को मालती का वधू-वेश धारण करके नन्दन से विवाह करने का आदेश भी देती है। वह निसृष्टार्थ दूती के सब कार्य सम्पन्न करती है (2.12-13)। उसका हर कार्य सुविवेचित एवं सफल परिणामवाला है।

अन्तिम चार अंकों में कामन्दकी के कार्यकलाप उसकी शिष्या सौदामिनी द्वारा विशेष रूप से सम्पन्न होते हैं। वह कपालकुण्डला से मालती की रक्षा करती है एवं मकरन्द को आत्मघात से विरत कर माधव को भी निरुद्विग्न करती है। सौदामिनी के इन कार्यों में संलग्न होने का कारण है भूरिवसु एवं देवरात की वह प्रतिज्ञा (1.10-11) जो उन्होंने कामन्दकी एवं सौदामिनी के समक्ष की थी तथा कामन्दकी का शिष्यत्व। सौदामिनी अद्भुत शक्तिसम्पन्न है–*'सेदानीं सौदामिनी समासादिताश्चर्यमन्त्रसिद्धिप्रभाव...'* (1.16-17)। सौदामिनी योग से प्राप्त अपनी सिद्धियों का समुचित प्रयोग करती है। मालती, माधव का पुनर्मिलन उसी के प्रयत्नों का परिणाम है।

अघोरघण्ट एवं कपालकुण्डला दुष्ट तान्त्रिक एवं वाममार्गी समाज का प्रतिनिधित्व करते हैं।

रस-सिद्धि

नाटक के तीन प्रमुख तत्त्वों–वस्तु, नेता, रस–में एक रस है। वस्तु और नेता के रूपात्मक माध्यम से भावात्मक सृष्टि कर प्रेक्षकों के हृदय में रसानुभूति का

निष्पादन करना नाट्य का उद्देश्य होता है। भरत ने रस को अत्यन्त महत्त्वपूर्ण स्थान दिया है। उनके शब्दों में रस के बिना किसी अर्थ का प्रवर्तन नहीं होता है– *'न हि रसादृते कश्चिदप्यर्थः प्रवर्तते।'*[1] टीकाकार अभिनवगुप्त ने तो रस को ही नाट्य स्वीकार कर लिया है– *'तेन रस एव नाट्यम्।'*[2]

धनंजय[3] ने नाट्य के दश भेदों को रसाश्रित माना है। वस्तुतः रससमुदाय ही नाट्य है। विश्वनाथ ग्रन्थ का आरम्भ ही *'वाक्यं रसात्मकं काव्यम्'*[4] से करते हैं और इस प्रकार कविता को एक अमर परिभाषा प्रदान करते हैं। काव्य में निहित अन्य सारी विशेषताएँ–गुण एवं अलंकार आदि–रस के उत्कर्ष के लिए ही होती हैं।[5]

रस के तीन मूलभूत तत्त्व हैं–विभाव, अनुभाव एवं व्यभिचारिभाव। इन तीनों के संयोग से रस-सृष्टि होती है। ये तीनों भाव रति, हास, शोक, क्रोध, उत्साह, भय, जुगुप्सा एवं विस्मय आदि आठ स्थायी भावों को उद्‌बुद्ध कर क्रमशः शृंगार, हास्य, करुण, रौद्र, वीर, भयानक, बीभत्स एवं अद्‌भुत–इन आठ रसों की सृष्टि करते हैं।[6] इन्हें नाट्य रस कहा गया है।[7] शान्त को नौवें रस के रूप में स्वीकार किया गया है।[8]

भाव के बिना रस की स्थिति नहीं है– *'न भावहीनोऽस्ति रसः'*[9] और भवभूति भाव-मर्मज्ञ कवि थे। भवभूति ने अपने नाटकों 'महावीरचरित', 'मालतीमाधव' एवं 'उत्तररामचरित' में क्रमशः वीर, शृंगार एवं करुणरस की अभिव्यंजना की है। ये इन नाटकों के अंगी रस हैं। रौद्र, बीभत्स, भयानक, हास्य, अद्‌भुत और शान्त रसों का

---

1. ना.शा., 6.33
2. ना.शा., अभिनवभारती टीका, 6.15-16
3. अवस्थानुकृतिर्नाट्यं रूपं दृश्यतयोच्यते।
   रूपकं तत्समारोपात् दशधैव रसाश्रयम्॥ द.रू., 1.7
4. सा.द., 1.1
5. उत्कर्षहेतवः प्रोक्ता गुणालङ्कारारीतयः॥ वही, 1.3
6. ना.शा., 6.16,17,18
7. नाट्ये रसाः स्मृताः॥ ना.शा., 6.16
   काव्यप्रकाश, 4.29
8. ना.शा., अभिनवभारती टीका, 6.84-85
   काव्यप्रकाश, 4.35
9. उत्तमप्रकृतिवीरः उत्साहस्थायिभावकः।
   आलम्बन विभावास्तु विजेतव्यादयो मताः।
   विजेतव्यादिचेष्टाद्यास्तस्योद्दीपनरूपिणः।
   अनुभावास्तु तत्र स्युः सहायान्वेषणादयः।
   सञ्चारिणस्तु धृतिमतिगर्वस्मृतितर्करोमाञ्चाः। सा.द., 3.232-234

चित्रण अंग रूप में हुआ है। अंग रूप में प्रयुक्त ये रस अंगी रस की निष्पत्ति में सहायक हुए हैं।

वीर रस–'महावीरचरित' का प्रमुख रस वीर है। इस रस का स्थायी भाव उत्साह है, प्रतिपक्षी आदि आलम्बन विभाव हैं। प्रतिपक्षियों की चेष्टाएँ उद्दीपन हैं। सहायक कारणों का अन्वेषण अनुभाव है। धृति, मति, गर्व, स्मृति, तर्क, रोमांच आदि संचारी भाव हैं।[1]

भवभूति ने नाटक के आरम्भ में यह घोषणा की है कि अप्राकृत पात्रों में स्थित वीररस आधार के अनुरूप अनेक सूक्ष्म भेदों के साथ अभिव्यक्त किया गया है–

अप्राकृतेषु पात्रेषु यत्र वीरः स्थितो रसः।
भेदैः सूक्ष्मैरभिव्यक्तैः प्रत्याधारं विभज्यते ॥ 1.3 ॥

भवभूति ने वीर एवं अद्‌भुत रस के प्रति अपनी प्रियता स्वीकार की है। उनका स्पष्ट उल्लेख है–

तेनेदमुद्धृतजगन्त्रयमन्युमूल–
मस्तोकवीरगुरुसाहसमद्‌भुतञ्च।
वीराद्‌भुतप्रियतया रघुनन्दनस्य
धर्म्मद्रुहो दमयितुश्चरितं निबद्धम् ॥ 1.6 ॥

कि वीर और अद्‌भुत रस प्रिय होने के कारण उन्होंने राम के महान् वीर और साहसपूर्ण तथा अद्‌भुत चरित्र को निबद्ध किया है।

'महावीरचरित' में अप्राकृत पात्र हैं–राम, परशुराम, वाली एवं रावण। सबमें वीररस स्थित है किन्तु वह आधार के अनुरूप भिन्नता ग्रहण करके अभिव्यक्त हुआ है। राम नायक हैं, उत्तम-प्रकृति वीर हैं। परशुराम, वाली एवं रावण विजेतव्य होने के कारण आलम्बन-विभाव हैं। इनके द्वारा किये गये कृत्य उद्दीपन हैं जैसे परशुराम के उद्धत वचन–*'सज्वालः परशुर्भवत्वशिथिलस्त्वत्कण्ठपीठातिथिः'* (2.33); वाली द्वारा राम को धनुष-ग्रहण करने की चुनौती–*'...पाणौ धनुर्जृम्भताम्"* (5.49); रावण द्वारा सीता-हरण (5.17) आदि। प्रतिपक्षी के दमन के लिए राम द्वारा अन्वेषित सहायक उपाय अनुभाव हैं–जैसे परशुराम पर विजय के लिए राम के वचन (3.45); वाली को युद्ध के लिए ललकारना तथा राम का धनुःप्रयोग (5.50,53); एवं रावण के साथ युद्ध करते हुए अनेक शस्त्रास्त्रों का प्रयोग (6.31-56) आदि। नाटक में धृति, मति, गर्व, स्मृति के द्वारा संचारी भावों को सर्वत्र देखा जा सकता है।

वीर रस दानवीर, धर्मवीर, युद्धवीर, दयावीर भेद से चार प्रकार का है।[1] 'महावीरचरित' के नायक राम धर्मवीर भी हैं और युद्धवीर भी। परशुराम दानवीर

1. सा.द., 3.234

हैं–*'त्यागः सप्तसमुद्रमुद्रितमहीनिर्व्याजदानावधिः'* (2.36)।

राम के द्वारा शिवधनु-भंग के पश्चात् परशुराम का आगमन होता है। दूसरे, तीसरे, चौथे अंक में यह एक घटना अनेक पात्रों के आधार से भिन्न भावों की अभिव्यंजक हो जाती है। जनक, शतानन्द, दशरथ, वसिष्ठ एवं विश्वामित्र–सभी में क्रोध उदित होता है और इन अंकों में आलम्बन बनकर खड़े परशुराम को अपना लक्ष्य बनाता है। इन सब पात्रों के आधार से भवभूति ने वीररस को अनेक अवान्तर सूक्ष्म भेदों में अभिव्यक्त किया है। परशुराम के ये वचन *'धर्मे ब्रह्मणि कार्मुके च भगवानीशो हि मे शासिता'* (3.37) एक सामान्य मानव-मन में भी उत्साह का निदर्शन प्रस्तुत करते हैं।

'उत्तररामचरित' में वीर रस की अभिव्यंजना अंग रूप में हुई है। पाँचवें अंक में चन्द्रकेतु और लव की उत्साहपूर्ण उत्तेजक उक्तियाँ हृदय में वीर रस का संचार करती हैं।

वीर बालक कुश के प्रति राम का यह उद्गार–

दृष्टिस्तृणीकृतजगत्त्रयसत्त्वसारा
धीरोद्धता नमयतीव गतिर्धरित्रीम्।
कौमारकेऽपि गिरिवद्गुरुतां दधानो
वीरो रसः किमयमेत्युत दर्प एव ॥ 6.19 ॥

'यह साक्षात् वीर रस आ रहा है, या मूर्तिमान् दर्प ही'–व्यक्तित्व में निहित वीर रस का प्रभाव प्रकट करता है। न केवल कर्म में, बल्कि यहाँ अंग-विन्यास, चाल और ठवन में कवि ने वीर रस के सौन्दर्य को प्रकट किया है।

शृंगार रस–'मालतीमाधव' प्रकरण का प्रमुख रस शृंगार है जो सम्भोग एवं विप्रलम्भ दोनों रूपों में अभिव्यक्त हुआ है। प्रकरण में मुख्य रस के रूप में शृंगार को ही स्वीकार किया गया है– *'भवेत्प्रकरणे...शृङ्गारोऽङ्गी'*।[1] शृंगार धर्म, अर्थ, काम के आश्रय से त्रिविध होता है[2]–धर्मशृंगार, अर्थशृंगार, कामशृंगार। 'मालतीमाधव' में कामशृंगार की योजना की गयी है। शृंगार का स्थायी भाव रति है। विश्वनाथ ने किसी प्रिय वस्तु के प्रति हृदय की उत्कट उन्मुखता या प्रेमार्द्रता को रति की संज्ञा दी है।[3] रति एक हृदय का दूसरे हृदय के प्रति रागात्मक आकर्षण है। इसमें आनन्द, अनुराग, रमण, आकांक्षा, आसक्ति, रतिक्रीड़ा आदि समाविष्ट रहते हैं।

शृंगार रस के भावात्मक सौन्दर्य एवं महत्त्व को सभी आचार्यों ने स्वीकार

---

1. सा.द., 6.252
2. वही, 6.258
3. वही, 3.176

किया है और इसे 'रसराज' की संज्ञा प्रदान की है। भरत ने रसराज के रूप में इसका कथन नहीं किया, पर उन्होंने इसे जो महत्त्व दिया है, वह अद्भुत और अपूर्व है। उनके शब्दों में "इस लोक में जो कुछ भी पवित्र और दर्शनीय है, वह शृंगार से अनुमित है।"[1] शृंगार उत्तम युवक एवं युवती में स्त्री-पुरुष भावमूलक होता है।[2]

'मालतीमाधव' की प्रस्तावना में कवि का यह स्पष्ट उल्लेख है कि उनकी इस कृति में रसों का गहन प्रयोग है *'भूम्ना रसानां गहनाः प्रयोगाः'*, नायक आदि की मनोहर चेष्टाएँ हैं *'सौहार्दहृद्यानि विचेष्टितानि'* तथा कामसूत्र के आयोजन से नायक में वीर, अद्भुत रसों के आलम्बन को प्रकट किया गया है *'औद्धत्यमायोजितकामसूत्रम्'* (1.4)। यह शृंगार रस का स्थायी भाव रति है, जिसकी प्रगाढ़ता के लिए कवि ने कामशास्त्र का आधार ग्रहण किया है।

इस प्रकरण में मालती, माधव आलम्बन-विभाव हैं। मदनोद्यान, मलयपवन, चन्द्र, चन्द्रिका आदि उद्दीपन विभाव हैं। अश्रु, स्वेद, कम्प, रोमांच आदि अनुभाव हैं। शंका, असूया, दैन्य, चिन्ता, आवेग आदि व्यभिचारी भाव हैं। मालती और माधव के हृदय का परस्पर-प्रेम (रति) स्थायीभाव है। विभाव, अनुभाव, व्यभिचारी भावों का जब स्थायीभाव से संयोग होता है, तब रस की निष्पत्ति होती है।[3]

'मालतीमाधव' में नायक और नायिका के मिलन में अनेक बाधाएँ उपस्थित होती हैं—इसलिए कवि ने विप्रलम्भ शृंगार का आश्रय ही अधिक लिया है। पर यह विप्रलम्भ अथवा वियोग रिक्त नहीं है, इसमें प्रिय की रूप-छवि और स्मृति की पूर्णता है। भवभूति ने एक स्थल पर शृंगार की मिलन-अनुभूति एवं विरह-स्थिति को एक साथ अंकित किया है। उनका यह कथन "प्रिय का जो हृदय प्रिया के समीप रहने से आश्चर्य से निश्चल, अन्य भाव-रहित, अमृत में निमग्न के समान आनन्द से स्तब्ध हो गया था, अब वह प्रिया के समीप न रहने से प्रदीप्त अंगार-स्पर्श से मानो व्यथित हो रहा है" (1.20) शृंगार-भाव-स्थिति का सुन्दर चित्रण है। इस प्रकरण के आठवें अंक में सम्भोग-शृंगार से जुड़े नायिका के प्रति नायक के कथन रस के इस रूप को परिपुष्ट करते हैं (8.2,3,4, आदि)।

'उत्तररामचरित' में शृंगार रस की योजना अंग रूप में हुई है। नायक और नायिका के रूप में राम और सीता के बीच का प्रेम आत्मिक प्रेम के सौन्दर्य और शाश्वतता के शिखरों का स्पर्श करता है। भवभूति की नायिका 'गेहे लक्ष्मी' (1.38) है। उसके वचन 'कर्णामृतानि' (3.11) हैं, उसका स्पर्श *'संजीवनोषधिरस'* (3.11) तथा *'स्नेहार्द्रशीतल'* (3.14)। उसका आलिंगन *'सुखमिति वा दुःखमिति वा'* की

---

1. यत्किञ्चिल्लोके शुचि मेध्यमुज्ज्वलं दर्शनीयं वा तच्छृङ्गारेणानुमीयते। ना.शा., 6.45-46
2. स च स्त्रीपुरुषहेतुकः; उत्तमयुवप्रकृतिः। वही
3. विभावानुभावव्यभिचारिसंयोगाद्रसनिष्पत्तिः। ना.शा., 6.31-32

द्विविध भाव-स्थितियों का सृजन करता है–

> विनिश्चेतुं शक्यो न सुखमिति वा दुःखमिति वा
> प्रमोहो निद्रा वा किमु विषविसर्पः किमु मदः।
> तव स्पर्शे स्पर्शे मम हि परिमूढेन्द्रियगणो
> विकारश्चैतन्यं भ्रमयति च सम्मीलयति च ॥ 1.35 ॥

उसका सब कुछ प्रिय है, केवल विरह ही असह्य है *'किमस्या न प्रेयो यदि परमसह्यस्तु विरहः'* (1.38)। सीता और राम के बीच का वह समय, जब प्रहरों के बीतने का ज्ञान नहीं रहता था, और ऐसे ही रात बीत जाती थी– *'अविदितगतयामा रात्रिरेव व्यरंसीत्'* (1.27) प्रेम के उत्कट, उदात्त आनन्दमय रूप की निष्पत्ति है।

करुण रस–'उत्तररामचरित' का प्रमुख रस करुण है। इष्टनाश और अनिष्ट की प्राप्ति करुण रस की रचना करते हैं। इसका स्थायी भाव शोक है और शोच्य व्यक्ति आलम्बन है। नष्ट व्यक्ति के गुणों का स्मरण, उससे जुड़े हुए पदार्थ उद्दीपन हैं। दैवनिन्दा, धरती पर गिरना, रुदन-अश्रु आदि अनुभाव हैं। निर्वेद, मोह, विषाद, जड़ता, उन्माद, चिन्ता आदि व्यभिचारिभाव हैं।[1]

'उत्तररामचरित' में सीता-त्याग इष्टनाश के कारण करुण रस की पृष्ठभूमि है। शोच्या सीता आलम्बन है। सीता से सम्बन्धित शोक स्थायीभाव है। राम का दण्डकारण्य आना, सीता से जुड़े वृक्ष-पर्वत-नदियों को देखना, सीता की सखि वासन्ती से मिलना, लव-कुश का दर्शन और उनमें सीता के सादृश्य की अनुभूति उद्दीपन हैं। बार-बार मूर्छित होना, रुदन, अश्रु अनुभाव हैं। ग्लानि, पश्चात्ताप, उत्कण्ठा व्यभिचारिभाव हैं। विभाव, अनुभाव और व्यभिचारिभावों का स्थायी भाव से संयोजन करुण रस की सृष्टि का कारण है।

इससे पहले कि हम भवभूति के इस नाटक में विस्तृत करुण रस का विचार करें, करुण एवं करुण विप्रलम्भ के अन्तर को जान लेना आवश्यक होगा। करुण विप्रलम्भ में प्रिय पात्र का लोकान्तर-गमन हो जाता है, लेकिन (किसी पारलौकिक चमत्कार द्वारा) पुनः मिलन की आशा बनी रहती है।[2] करुण रस में इष्टनाश प्रमुख है और उसमें पुनर्मिलन की कोई आशा नहीं रहती, जबकि भरत के अनुसार करुण-विप्रलम्भ में प्रिय-मिलन की उत्कण्ठा, चिन्ता बनी रहती है और इसमें पुनर्मिलन की आशा रहती है।[3] इन दोनों का मुख्य अन्तर है–एक में आशा का

---

1. सा.द., 3.222-225
2. सा.द., 3.209
3. ना.शा., 6.45-47

अभाव, दूसरे में आशा की स्थिति। इन दोनों के अन्तर को स्पष्ट करते हुए विश्वनाथ का कथन है कि करुण का स्थायीभाव शोक है और करुण-विप्रलम्भ का स्थायी भाव रति है, जो मिलन का हेतु है।[1]

भवभूति ने 'महावीरचरित' में वीर एवं 'मालतीमाधव' में शृंगार रस को प्रमुख रूप में स्वीकार करके परम्परा का निर्वाह किया है किन्तु 'उत्तररामचरित' में करुण रस के प्राधान्य ने भवभूति को एक नये प्रतिष्ठाता के रूप में समादरणीय बनाया है। नाटक की सुखद परिणति शास्त्रसम्मत है। भवभूति ने अन्त तक कारुण्य-धारा के प्रवाह को अक्षुण्ण रखकर गर्भांक की सृष्टि करके अद्‍भुत-रस के उत्कर्ष से राम-सीता के पुनर्मिलन की सुखद परिणति के अन्दर अपने नाटक का समापन किया है। गर्भांक की प्रस्तावना में सूत्रधार का यह कथन– *'करुणाद्‍भुतरसं च किंचिदुपनिबद्धम्'* (7.1-2) यह स्पष्ट करता है कि अब जो दिखाया जाएगा, वह केवल करुण नहीं है, अपितु अब उसकी अभिव्यंजना अद्‍भुत रस के साथ हो रही है।

'उत्तररामचरित' का मूलभाव शोक है और वियोग निरवधि है। राम के नेत्रों में अश्रु देखकर लव उसका कारण जानना चाहते हैं–तब कुश का यह उत्तर–

> बिना सीतादेव्या किमिव न हि दुःखं रघुपतेः
> प्रियानाशे कृत्स्नं किल जगदरण्यं हि भवति।
> स च स्नेहस्तावानयमपि वियोगो निरवधिः
> किमेवं त्वं पृच्छस्यनधिगतरामायण इव ॥ 6.30 ॥

करुण रस के इष्टनाश और निरवधि-वियोग को प्रकट करता है, करुण-विप्रलम्भ की मिलन-आशा को नहीं।

'उत्तररामचरित' में करुण रस का उन्मेष बड़ी गम्भीरता से व्यक्त हुआ है। उसका अतिरेक पाषाण को रुला देता है और वज्र का हृदय विदीर्ण कर देता है– *'अपि ग्रावा रोदित्यपि दलति वज्रस्य हृदयम्'* (1.28)। राम का सीता-त्याग एक ऐसी घटना है जो राम को निरन्तर आत्म-प्रताड़ित करती रहती है। वे अपने को नृशंस *'अतिबीभत्सकर्मा नृशंसोऽस्मि संवृत्तः'* (1.44-45) और पातकी *'तत्किमस्पर्शनीयः पातकी देवीं दूषयामि'* (1.45-46) समझते हैं। उन्हें लगता है कि उन्होंने गृहपक्षिणी को मृत्यु को सौंप दिया है *'छद्मना परिददामि मृत्यवे, शौनिके गृहशकुन्तिकामिव'* (1.45)। उनके लिए अब जगत् जीर्णारण्य है *'शून्यमधुना जीर्णारण्यं जगत्'* शरीर कष्टप्राय है *'कष्टप्रायं शरीरम्'* और जीवन का प्रयोजन नष्ट हो गया है *'अद्यावसितं जीवितप्रयोजनम्'* (1.46-47)।

---

1. शोकस्थायितया भिन्नो विप्रलम्भादयं रसः।
   विप्रलम्भे रतिः स्थायी पुनः सम्भोगहेतुकः ॥ सा.द., 3.226

करुण रस में स्थित शोक का विभाव, अनुभाव, उद्दीपन, संचारी भावों के साथ सम्मिश्रण होता है और वह तीव्र विषरस और फूटे हुए फोड़े का रूप धारण कर लेता है—

चिराद्वेगारम्भी प्रसृत इव तीव्रो विषरसः
कुतश्चित्संवेगात्प्रचल इव शल्यस्य शकलः।
व्रणो रूढग्रन्थिः स्फुटित इव हन्मर्मणि पुन-
र्घनीभूतः शोको विकलयति मां नूतन इव ॥ 2.26 ॥

राम के हृदय में यह शोक स्थायी हो गया है। इस निरवधि शोक को उन्हें चुपचाप सहन करना है *'तूष्णीं सह्यो निरवधिरयं त्वप्रतिविधः'* (3.44)।

राम स्मरण करते हैं—बारह वर्ष बीत गये हैं जब यह जगत् सीता से शून्य हो गया था। उनका नाम भी नष्ट हो गया, फिर भी क्या यह राम जीवित नहीं है—

देव्या शून्यस्य जगतो द्वादशः परिवत्सरः।
प्रणष्टमिव नामापि न च रामो न जीवति ॥ 3.33 ॥

छाया सीता के स्पर्श से क्षण-भर के लिए राम सोचते हैं *'पुनः प्राप्ता जानकी'* (3.39-40), पर जल्दी ही समझ जाते हैं कि यह उनकी भ्रान्ति है *'अपि खलु स्वप्न एष स्यात्। न चास्मि सुप्तः। कुतो रामस्य निद्रा।...अनेकवारपरिकल्पनानिर्मितो विप्रलम्भः पुनः पुनरनुबध्नाति माम्'* (3.42-43)।

सीता में भी यह शोक असह रूप धारण कर प्रकट हुआ है। वह करुणस्य मूर्ति हैं और साक्षात् विरह-व्यथा हैं—

करुणस्य मूर्तिरथवा शरीरिणी।
विरहव्यथेव वनमेति जानकी ॥ 3.4 ॥

'उत्तररामचरित' में न केवल राम और सीता में बल्कि जनक, कौसल्या, भागीरथी, पृथ्वी आदि में भी सीता-त्यागजनित शोक की अभिव्यंजना हुई है।

भवभूति ने करुण रस की विशिष्टता को *'एको रसः करुण एव'* कहकर प्रकट किया है—

एको रसः करुण एव निमित्तभेदा-
द्भिन्नः पृथक्पृथगिवाश्रयते विवर्तान्।
आवर्तबुद्बुदतरङ्गमयान्विकारा-
नम्भो यथा सलिलमेव हि तत्समस्तम् ॥ 3.47 ॥

जैसे एक ही जल भँवर, बुलबुले, लहर आदि का रूप धारण करता है, वैसे ही एक करुण रस निमित्त-भेद से भिन्न रूपों में प्रकट होता है।

करुण रस की प्रधानता 'उत्तररामचरित' में स्वीकार्य है क्योंकि यह इस नाटक

का केन्द्रबिन्दु है, पर इसे नवरसों में प्रधान स्वीकार नहीं किया जा सकता। दीक्षित[1] ने भवभूति के इस श्लोक की व्याख्या तीन रूपों में की है–

1. राम के जीवन की हर घटना में दुःख का प्रतिबिम्ब पाना *'एको रसः करुण एव'* का परिचायक है।

2. 'उत्तररामचरित' में करुण रस प्रमुख है, अन्य रस इसी रस की विकृतियाँ हैं।

3. सीता, राम, वासन्ती आदि पात्रों का करुण रस एक है जो विभिन्न रूप लेकर प्रकट हुआ है।

'उत्तररामचरित' में करुण रस के परिपाक एवं उत्कर्ष के लिए ही अन्य रसों की योजना हुई है। पहले अंक में श्रृंगार का चित्रण, जिसमें सीता एवं राम की भावस्थिति शारीरिक सन्निकटता में प्रकट हुई हैं– *'अस्याः स्पर्शो वपुषि बहुलश्चन्दनरसः'* (1.38)–दुर्मुख के आने से दुर्भाग्य और शोक में परिणत हो जाती है। प्रथम अंक में श्रृंगार के सौन्दर्य-चित्रों की अद्वितीयता निकटस्थ करुण रस की उत्कटता में सहायक होती है।

राम सीता द्वारा पालित हस्तिशावक (3.6,15), पोषित मयूर (3.18,19) एवं सिंचित कदम्ब (3.20) को देखते हैं। सीता की स्मृति मर्मान्तक हो उठती है और इन श्लोकों में अभिव्यक्त वात्सल्य का प्रवाह करुण रस के उद्रेक को और भी दुस्सह एवं व्यापक बना देता है।

सीता की छायामूर्ति राम का स्पर्श करती है–राम को लगता है कि उन्होंने सीता के कोमल कर को पुनः प्राप्त कर लिया है–*'मया लब्धः पाणिर्ललित-लवलीकन्दलनिभः'* (3.40)–इस सुखद अनुभूति और इसके प्रशान्त भाव के पीछे छुपा है कारुण्य का भयावह नाद–क्योंकि अगले ही क्षण राम सीता-विनाश रूप वास्तविकता की स्थिति में लौट आएँगे।

चौथे अंक के मिश्रविष्कम्भक में हास्य रस के संवादों की परिणति भी अन्ततः कौसल्या एवं जनक के शोक में हो जाती है। पाँचवें अंक में लव और चन्द्रकेतु के माध्यम से प्रकट वीर रस के परोक्ष में भी करुण रस की छाया है। यह एक ऐसा चित्र है जिसमें दो भाई एक-दूसरे से अनजान रहकर युद्ध जैसे कृत्य में संलग्न होते हैं।

छठे अंक में कुश एवं लव राम के समक्ष 'रामायण' के तीन श्लोकों का पाठ करते हैं–

प्रकृत्यैव प्रिया सीता रामस्यासीन्महात्मनः।
प्रियभावः स तु तया स्वगुणैरेव वर्धितः॥

1. एस.वी.दीक्षित, भवभूति, हिज़ लाइफ़ ऐण्ड लिटरेचर, पृ. 57

तथैव रामः सीतायाः प्राणेभ्योऽपि प्रियोऽभवत्।
हृदयं त्वेव जानाति प्रीतियोगं परस्परम्॥
त्वदर्थमिव विन्यस्तः शिलापट्टोऽयमग्रतः।
यस्यायमभितः पुष्पैः प्रवृष्ट इव केसरः॥ 6.31,32,36॥

इन श्लोकों में राम एवं सीता के प्रगाढ़ प्रेम का चित्रण है। राम का शोक द्विगुणित हो जाता है।

वस्तुतः राम का सम्पूर्ण जीवन ही दुःख की अनुभूति के लिए है 'दुःखसंवेदनाय' (1.47)। मानव-जीवन भी दुःख के इस स्थायी भाव से संचालित है। इसलिए इसकी व्यापकता को ध्यान में रखकर भवभूति ने इसे *'एको रसः करुण एव'* का दार्शनिक महत्त्व प्रदान किया है।

'महावीरचरित' में भी राम के वनगमन के समय करुण रस की अभिव्यंजना हुई है। दशरथ की शोकाकुल अवस्था का यह चित्रण करुण रस का सुन्दर दृष्टान्त है—

दशरथ (उच्छ्वस्य)—वत्स रामभद्र! न गन्तव्यम् न गन्तव्यम्।

प्राणाः पतन्ति परितस्तमसावृतोऽस्मि
मर्म्मच्छिदो मम रुजः प्रसरन्त्यपूर्वाः।
अक्ष्णोर्मुखेन्दुमुपधेहि, गिरं च देहि
हा पुत्र! मय्यकरुणः सहसैव मा भूः॥ 4.56॥

'मालतीमाधव' में कपालकुण्डला द्वारा मालती का अपहरण किये जाने पर माधव का शोक (8.13) करुण रस की सृष्टि करता है।

भवभूति के करुण-रस से प्रभावित होकर गोवर्धनाचार्य ने इस प्रशस्ति-श्लोक की रचना की—

भवभूतेः सम्बन्धाद्भूधरभूरेव भारती भाति।
एतत्कृतकारुण्ये किमन्यथा रोदिति ग्रावा॥[1]

रौद्र रस—इस रस का स्थायी भाव क्रोध है। भवभूति ने 'महावीरचरित' में वीररस के साथ रौद्र रस का वर्णन बड़ी विदग्धता के साथ किया है। दूसरे, तीसरे अंक में शिवधनुर्भंग से क्षुभित परशुराम के क्रोधभरे वचन रौद्र रस की सुन्दर अभिव्यंजना हैं। जनक के प्रति परशुराम का यह कथन—

"याज्ञवल्क्य के अनुरोध से जिसे हमने अभय-दान दिया, ऐसा मिथ्याभिमानी जराजीर्ण यह क्षत्रिय, क्षत्रियों के दर्शन मात्र से अग्नि-स्फुलिंग रूप अट्टहास करनेवाले हमारे इस कुठार को देखकर भी प्रलाप कर रहा है" (3.28) रौद्र-रस की अभिव्यंजना

1. आर्यासप्तशती, 1.33

है। अपने गुरु भगवान शंकर के धनुर्भंग से क्रुद्ध हुए परशुराम का अन्तःपुर में प्रवेश– *'हा प्रविशति क्रुद्धो मुनिर्भार्गवः'* (2.20) दर्शकों के हृदय में भी भय का संचार करता है।

वीर एवं रौद्र रस में एक ऐसा मित्र-सम्बन्ध लक्षित होता है जो अनेक बार इन्हें युगपत् प्रकट कर देता है। इस नाटक (म.च.) का परशुराम-प्रसंग उत्साह एवं क्रोध, वीरता एवं रुद्रता का अनुपम उदाहरण है।

'मालतीमाधव' के पाँचवें अंक में रौद्र रस अभिव्यक्त हुआ है। *'पततु शिरस्यकाण्डयमदण्ड इवैष भुजः'* (5.31) रौद्र रस का सुन्दर उदाहरण है।

'उत्तररामचरित' के पाँचवें अंक में रौद्र रस अभिव्यक्त हुआ है। सेना के सामूहिक आक्रमण से लव का क्रोध उद्दीप्त हो उठता है। उनका यह रोषपूर्ण वचन *'...प्रचण्डक्रोधार्चिर्निचयकवलत्वं व्रजतु मे'* (5.9) रौद्र रस की सुन्दर अभिव्यंजना है।

भवभूति ने 'महावीरचरित' (1.35,39; 5.33; 6.34), 'मालतीमाधव' (5.14,16,17,18) एवं 'उत्तररामचरित' (2.10,16; 5.3) अपने तीनों नाटकों में बीभत्स रस का चित्रण किया है।

इस रस का स्थायीभाव जुगुप्सा है। 'मालतीमाधव' के श्मशान-दृश्य हृदय में जुगुप्सा का संचार करते हैं। बीभत्स का ऐसा चित्रण सम्पूर्ण संस्कृत-साहित्य में दुर्लभ है। श्मशान में एक दरिद्र पिशाच का वर्णन करते हुए कवि कहता है–"जिसके स्नायु, अन्त्र, नेत्र और दाँत स्पष्ट दिखाई दे रहे हैं, जो शव के चर्म को काट-काटकर कन्धे, जंघा आदि का मांस खा रहा है तथा शिर की अस्थि में विद्यमान मांस को भी खोद-खोदकर खा रहा है" (5.16) बीभत्स का जुगुप्साकारी चित्र प्रस्तुत करता है।

अग्नि के संयोग से जिन शवों से खून एवं चर्बी बह रही है, प्रेत उन्हें चिता में से निकालकर और उनके जंघा आदि स्थान फाड़कर रक्तमज्जा पी रहे हैं (5.17), पिशाचांगनाएँ भी नरकपाल-रूप पानपात्रों से मज्जारूप मदिरा को पी रही हैं (5.18)।

भवभूति के इन वर्णनों में दुर्गन्धपूर्ण मांस, रक्त, चर्बी आदि आलम्बन स्थायी भाव जुगुप्सा के पोषक हैं।

भयानक रस–इसका स्थायी भाव भय है। 'महावीरचरित' के दूसरे अंक में दुष्प्रेक्ष्य परशुराम का आगमन (2.22-23) सीता एवं सखियों को भय-कम्पित कर देता है। छठे अंक में राम-रावण का युद्ध दर्शकों के हृदय में भय का संचार करता है। 'मालतीमाधव' का श्मशान-चित्रण (अंक 5) भी भयजनक है।

'उत्तररामचरित' के दण्डकारण्य-वर्णन में इस रस की सुन्दर अभिव्यक्ति मिलती है। शम्बूक द्वारा वन का यह वर्णन–"इस वन के सीमान्त प्रदेशों में कहीं पूर्ण निस्तब्धता का साम्राज्य है और कहीं हिंस्र जन्तुओं का गर्जन है। कहीं स्वेच्छापूर्वक सोये हुए सर्पों की फुंकारों से आग प्रदीप्त हो रही है, कहीं गड्ढों में पड़ा थोड़ा पानी झलमला रहा है। और कहीं प्यास से व्याकुल गिरगिट अजगर का पसीना

पीकर अपनी प्यास बुझा रहे हैं" (2.16) भयानक रस का पूर्ण उदाहरण है।

हास्य रस—भवभूति के नाटकों में विदूषक के अभाव के कारण[1] प्रायः यह आक्षेप किया जाता है कि भवभूति में हास्य रस का अभाव है। पर भवभूति ने भी हास्य रस का प्रयोग किया है और उनके ये चित्रण हास्य के अभिजात एवं उदात्त रूप को प्रकट करते हैं।

'महावीरचरित' के पहले अंक में सीता की कर-याचना लेकर आये हुए रावण-दूत सर्वमाय की स्थिति (1.28-62), तीसरे अंक में परशुराम और शतानन्द की वाक्कलह (3.18-20), पराजित परशुराम के लिए वसिष्ठ-विश्वामित्र की यह उक्ति *'एतद्धि शिक्षितं वत्सेन'* (4.31-32) हास्य के उदाहरण हैं। 'मालतीमाधव' में मकरन्द का मालती-वेश धारण कर नन्दन को उपहास का पात्र बना देना (6.18-19; 7.-2) दर्शकों के लिए अत्यन्त मनोरंजक है। 'उत्तररामचरित' में अष्टावक्र (आठ स्थानों पर टेढ़ा) का रंगमंच पर आना (1.8-9) दर्शकों को निश्चय ही हँसा देगा। सीता के ये वचन *'वयस्य इयमपरा का'* (1.18-19) तथा तमसा का यह कथन *'एवमात्मा स्तूयते'* (3.45-46) हास-परिहास के सुन्दर उदाहरण हैं। चौथे अंक में सौधातकि और दाण्डायन के शास्त्रीय विनोद तथा गुरुजनों पर ली गयी चुटकियाँ (4.1-2) दर्शकों में हास की लहर दौड़ा देने में सक्षम हैं। अश्वमेध-यज्ञ के घोड़े का बटुकों द्वारा वर्णन (4.26) हास्य-रस का उत्तम उदाहरण है। तथा छठे अंक में राम के सम्मुख कुश-लव द्वारा प्रस्तुत 'रामायण' के श्लोक (6.31,32,36) कोमल हास्य के जनक हैं।

अद्भुत रस—भवभूति के तीनों नाटकों में अद्भुत रस की सृष्टि हुई है। 'महावीरचरित' में दिव्य जृम्भकास्त्रों का प्राकट्य (1.43) एवं राम का धनुर्भंग (1.54) विस्मय का सृजन करता है। 'मालतीमाधव' में *'आश्चर्यमाश्चर्यम्। व्यतिकर इव भीम...'* (10.8) कथन द्वारा सौदामिनी के प्रकट होने का वर्णन अद्भुत रस का उदाहरण है। 'उत्तररामचरित' में लव द्वारा दिव्यास्त्रों का प्रयोग (5.13,14) विस्मयमूलक अद्भुत रस की सृष्टि करता है। इस नाटक के सातवें अंक में इस रस का समायोजन नाटक को शास्त्र-सम्मित सुखद परिणति प्रदान करता है। वाल्मीकि को *'एष ते काव्यार्थः'* (7.16-17) की चुनौती देकर नाटक में नाटक का आयोजन किया जाता है। भवभूति ने इस आयोजन को *'वाल्मीकिनाभ्यनुज्ञातं पवित्रमाश्चर्यम्'* (7.16-17) की संज्ञा दी है।

देवी भागीरथी एवं पृथ्वी के साथ सीता का गंगा की लहरों से प्रकट होना—

मन्थादिव क्षुभ्यति गाङ्गमम्भो
व्याप्तं च देवर्षिभिरन्तरिक्षम्।

---

1. देखिए, खण्ड 1 में 'भवभूति का व्यक्तित्व' शीर्षक

आश्चर्यमार्या सह देवताभ्यां
गङ्गामहीभ्यां सलिलादुदेति ॥ 7.17 ॥

अद्‌भुत-रस की सृष्टि करता है। भवभूति ने निर्वहण सन्धि में अद्‌भुत रस की रचना द्वारा दुःखान्त ख्यातवृत्त को सुखान्त में परिणत किया है।

शान्त रस—'महावीरचरित' में लंका से अयोध्या की विमान-यात्रा में कवि हिमालय के उन पवित्र शिखरों का वर्णन करता है जो कर्पूर की तरह स्वच्छ हैं तथा जहाँ तत्त्वज्ञानी ब्रह्मविदों के सौम्य (शान्त) तेज विकीर्ण हो रहे हैं (7.27)।

'उत्तररामचरित' में कवि ने शान्ति के आगार उन अरण्यों और पर्वतों का उल्लेख किया है जहाँ संसार के मर्मच्छेदी भावों का परित्याग कर मनीषी निवास करते हैं (1.8-9)।

इसी नाटक में राम का तपोवनों का वर्णन हृदय के निर्वेद को शान्ति में परिणत कर देता है—

एतानि तानि गिरिनिर्झरिणीतटेषु
वैखानसाश्रिततरूणि तपोवनानि।
येष्वातिथेयपरमा यमिनो भजन्ते
नीवारमुष्टिपचना गृहिणो गृहाणि ॥ 1.25 ॥

पर्वत-निर्झरों के तट पर वानप्रस्थियों से सेवित वृक्षोंवाले ये तपोवन हैं, जहाँ अतिथि-सत्कार-परायण, कुछ मुट्ठी नीवार अन्न पकाकर जीवन-निर्वाह करनेवाले, यम-नियम के पालक गृहस्थी रहते हैं।

वात्सल्य रस—भवभूति का वत्सलभाव 'मालतीमाधव' में कामन्दकी के हृदय में निहित मालती के प्रति वत्सलता में अभिव्यक्त हुआ है (10.2)। 'उत्तररामचरित' में इस रस के अनेक दृष्टान्त मिलते हैं। सीता अपने पुत्र कुश एवं लव का स्मरण कर विचलित हो जाती हैं। उनका मातृहृदय वात्सल्य से कातर हो बोलता है—*'किं वा मया प्रसूतया येन तादृशमपि मम पुत्रकयो...अमलमुखपुण्डरीकयुगलं न परिचुम्बितमार्यपुत्रेण'* (3.16-17)। चौथे अंक में जनक, कौसल्या, अरुन्धती का वात्सल्य अनेक रूपों में अभिव्यक्त हुआ है (4.3,4,5,19,22)। लव को देखकर राम का हृदय दुःख से मुक्ति अनुभव करता है (6.11-12,12)। कुश के आलिंगन से उन्हें ऐसा प्रतीत होता है मानो चैतन्यशक्ति ही वात्सल्य के अतिरेक के कारण बालक रूप धारण कर बाहर आ गयी है (6.22)। इन सारे वर्णनों में लव-कुश के प्रति राम की वत्सलता स्थायी भाव है, लव और कुश आलम्बन-विभाव हैं। उद्दीपन, संचारी भावों का संयोजन इस रस को परिपूर्णता प्रदान करता है।

भवभूति ने वीर हो या शृंगार या करुण, रौद्र हो, भयानक या बीभत्स—सभी रसों की सृष्टि अपूर्व कलात्मकता एवं अनुभूति की सशक्त संवेदनीयता के साथ की

है। उनमें एक अद्भुत सन्तुलन और सामंजस्य है जो भाव और रस के प्रवाह को सक्षम स्वातन्त्र्य के साथ यथोचित रूप में मुक्त और नियन्त्रित कर लेता है। तीनों नाटकों में इस कवि ने अपनी रस-सिद्धि द्वारा *'सद्यः परनिर्वृति'*[1] की काव्य-प्रयोजनीयता को प्रकट किया है।

प्रकृति-दर्शन

नाटककार रंगमंच की रेखाओं के दायरे में प्रकृति के सौन्दर्य को सीमाबद्ध रूप से अभिव्यक्त करने के लिए बाध्य है। किन्तु पात्र और पात्र के हृदयगत भाव एवं स्थितियों की प्रतिरूपता और तद्रूपता के उत्तर में प्रकृति का चित्रण नाटकों में भी व्यापक भूमिका का निर्वाह करता है। वैसे भी छन्दोबद्ध पद संस्कृत नाटकों की विशेषता हैं और जैसाकि हम कह आये हैं कि यह काव्यगुण 'संस्कृत नाटकों का सर्वसुन्दर रूप है', इसलिए प्रकृति 'श्रव्यकाव्य' में ही नहीं, बल्कि 'दृश्यकाव्य' में भी अपने सौन्दर्य-चमत्कार को अभिव्यंजित करती है।

भवभूति के नाटकों में प्रकृति के चित्र कथावस्तु की गतिमयता, चरित्र की अभिव्यंजकता और रस की भावप्रवणता को प्रगाढ़ता, उत्कटता एवं विस्तार प्रदान करते हैं। कवि एक साथ दो स्थलों पर होता है—एक, पात्र के अन्तर्जगत् के सूक्ष्म आरोह-अवरोहों में, दूसरे, प्रकृति की सुन्दर, जटिल, विशद रूप-छायाओं में। वह इन दोनों को एक-दूसरे के भीतर संचारित करता है कि अन्तर और बाह्य रूप में विभाजित भावसृष्टि एक परिपूर्ण रूप ग्रहण कर सके। भवभूति के प्रकृति-चित्र कहीं बिम्ब-प्रतिबिम्ब-भाव को ग्रहण करते हैं और कहीं वे सर्वथा स्वतन्त्र एक रूपचित्र की तरह उभरकर मूलभाव को संवेदित करते हैं। भवभूति ने अपने नाटकों में प्रकृति को कोमल-कान्त-पदावली के परम्परागत कलेवर से मुक्त कर उसे एक ऐसा परिधान दिया है जो मानव-मन की संरचना की तरह ही गहन, गूढ़, जटिल और सूक्ष्म है। उसका सौन्दर्य भयावह भी है और विकट भी।

भवभूति की प्रकृति के इस अध्ययन के अन्तर्गत हम तीनों नाटकों में आये उन चित्रों पर प्रकाश डालेंगे जो भावगत, स्थानगत और कालगत वैशिष्ट्य का निरूपण करते हैं तथा एक अविच्छिन्न सूत्रमयता से इनका संयोजन भी करते हैं।

'महावीरचरित' के दृश्य-चित्र—इस नाटक में घटनाओं की बहुलता के कारण कथानक बड़ी द्रुतगति से आगे बढ़ता है—अनेक पात्रों और उनसे जुड़े प्रसंगों को समेटता हुआ। सीता-हरण के पश्चात् वन-वन घूमते विरही नायक राम रंगमंच पर हैं, पर उन्हें इतना अवकाश नहीं है कि वे अपने भावात्मक अकेलेपन में प्रकृति के प्रति उन्मुख हो सकें या उसे सम्बोधित कर सकें। प्रकृति का स्वाभाविक सख्यभाव

---

1. का.प्र., 1.2

एवं साहचर्य तेज़ी से रूप ले रहे घटना-क्रमों में कोई महत्त्वपूर्ण स्थान नहीं ग्रहण कर पाता। फिर भी, पाँचवें और सातवें अंक में भवभूति ने जिन कुछ प्रकृति-चित्रों को प्रस्तुत किया है, वह निसर्ग और दृश्य के प्रति उनके परिपक्व और परिष्कृत भाव-बोध एवं सौन्दर्य-विधान की दृष्टि से विशिष्टतम हैं। राम सीता की खोज में ऋष्यमूक पर्वत के प्रान्तभाग में आ गये हैं। पास ही पम्पा सरोवर है। शबरतापसी श्रमणा राम का ध्यान उन निर्झरों की तरफ आकर्षित करती है, जो अनेक प्रवाहों में बह रहे हैं। किनारे पर पक्षियों से आक्रान्त वेतस वृक्षों से झरते हुए फूल इन प्रवाहों को सुगन्धित कर रहे हैं, तथा जामुन-फलों के गिरने से ये जलस्रोत शब्दायमान हो उठते हैं (5.40)। जल में पुष्पों का होना वर्ण और वास का अभिव्यंजक है, जामुन फलों में भी वर्ण है और 'ध्वनि' को कवि ने 'मुखर' शब्द द्वारा व्यक्त किया है। यह भवभूति का एक मोहक मधुर दृश्य-चित्र है।

राम अपनी प्रतिक्रिया व्यक्त नहीं करते—शायद इस चित्र से उनके अन्दर भी कोई नयी भावक्रिया जन्म नहीं लेती। तब श्रमणा सर्वथा भिन्न एक दूसरे दृश्य की ओर राम को आकर्षित करना चाहती है। इसमें कवि ने प्रकृति के रुक्ष और कठोर पक्ष को अभिव्यक्त किया है—जवान भालू गुर्रा रहे हैं और उनकी गुर्राहट पर्वत-कन्दराओं से प्रतिध्वनित होकर और भी भीषण जान पड़ रही है। हाथियों ने सल्लकी वृक्षों की टहनियों को तोड़-मसल दिया है जिससे कसैली-कटु गन्ध फैल रही है—

दधति कुहरभाजामत्र भल्लूकयूना—
मनुरसितगुरूणि स्त्यानमम्बूकृतानि।
शिशिरकटुकषायः स्त्यायते सल्लकीना—
मिभदलितविशीर्णग्रन्थिनिष्यन्दगन्धः ॥ 5.41 ॥

पर राम पूर्वी हवा से विकसित कदम्बवन को अश्रुपूर्ण नेत्रों से देखते हुए धनुष पर टिके खोये हुए खड़े हैं (5.41-42)। वे पूछते हैं, लक्ष्मण, क्या तुम नहीं देखते—

स्थितमुपनतजृम्भारम्भबिम्बैः कदम्बैः
कृतमतिकलकण्ठैस्ताण्डवं नीलकण्ठैः।
अपि च विघटमानप्रौढतापिञ्छनीलः
श्रयति शिखरमद्रेर्नूतनस्तोयवाहः ॥ 5.42 ॥

यहाँ कवि ने राम की प्रिया-उत्कण्ठा को कदम्ब, नीलकण्ठ, तमाल एवं नवल मेघ के उपादानों से उद्दीप्त किया है। इस श्लोक का 'स्थिति' शब्द धनुष पर टिके हुए राम की स्तब्धता को भी सूचित करता है। एक ओर श्रमणा के शब्दों में ग्रीष्म-ऋतु की झलक है, दूसरी ओर राम के शब्दों में एक स्वाभाविक गीलापन है और आषाढ़ के प्रथम मेघ का दर्शन है। यह इस बात का भी सूचक है कि आगे

वर्षा के चतुर्मास हैं, सीता सिर्फ़ दूर ही नहीं, अपहरण की दारुणता से पीड़ित किसी अनजान प्रदेश और नृशंस हाथों में हैं। सर्वोपरि रूप से इस श्लोक में राम की निजान्तर्गत विरह-पीड़ा की ही अभिव्यक्ति है।–उनकी ऐसी दशा देखकर लक्ष्मण भी कह उठते हैं–आर्य तो किसी और ही भावदशा को प्राप्त हो गये हैं– *'अपि नामार्यः केनचिद्रसान्तरेण विक्षिप्यते'* (5.42-43)।

सातवें अंक के प्रकृति-चित्र आकाश-मार्ग से उन भू-दृश्यों की ओर इंगित करते हैं, जिनका राम के वनवासी जीवन से संयोग रहा है। राम अंगुलि के संकेत से लक्ष्मण को उन भूप्रदेशों को पहचानने के लिए कहते हैं, जिनका साक्षात् उन्होंने पहले किया था। सम्पूर्ण वनवासी जीवन के सहचर और साक्षी लक्ष्मण उन्हें तुरन्त पहचान लेते हैं– *'ता एवैताः'* (7.11-12) और तब वे उस 'जीर्णकन्दर' का विवरण प्रस्तुत करते हैं, जो सीता-वियुक्त राम-लक्ष्मण के जीवन की एक ऐसी रात्रि से जुड़ी हुई है, जिसमें बादलों के गर्जन से दिशाएँ फट रही थीं, बिजली की कड़क से आकाश विदीर्ण हो रहा था, अत्यन्त प्रचण्ड वायु के आघात से मेघ अस्तव्यस्त-से घूम रहे थे, वृक्षों के बीच छाया अन्धकार दृष्टि को बलपूर्वक अन्धा कर रहा था, बारिश हो रही थी और उन्होंने बाँसों के झुरमुटवाली इस कन्दरा में वह रात बितायी थी–

गर्जाजर्जरितासु दिक्षु बधिरे तत्स्फूर्जथुस्फूर्जितै-
र्व्योम्नि भ्राम्यति दुष्प्रभञ्जनजवादभ्रेऽप्यदभ्रे मुहुः।
आक्षिप्यान्धयति द्रुमान्धतमसे चक्षुः प्रविश्य क्षपा
यत्रासीत्क्षपिता क्षरज्जलधरे त्वक्सारलक्षीकृते ॥ 7.12 ॥

प्रकृति का यह स्वरूप भवभूति की अपनी पहचान है–कर्कश, कठोर और कोमल। जीवन के घात-प्रतिघातों के साथ संयुक्त। यह विवरण सुनकर सीता मर्माहत हो उठती हैं–'हाय, मेरे कारण उन्हें यह दशा भोगनी पड़ी' (7.12-13)। विरह की पूर्व-स्मृति विजय और मिलन के इस अद्भुत क्षण में एक नया रूप और नयी छटा लेकर प्रकट होती है।

किसी भी यात्रा की भाँति इस यात्रा में गन्तव्य स्थल पर पहुँचने की जल्दी तो है, पर विजय और सीता-प्राप्ति का सुख, आह्लाद और वह प्रशमनकारी प्रभाव भी है, जो इस अद्भुत यात्रा के हर चिह्न को सँजो लेना चाहता है। विभीषण कावेरी के तटवर्ती उन प्रान्तों का वर्णन करते हैं जहाँ ताम्बूली लता से निकलनेवाले रस से सने सुपारी के पेड़ हैं। जीर्ण वृक्षों से घिरे आश्रम हैं, तप और स्वाध्यायरत, ब्रह्मज्ञानी मुनियों के आश्रय-स्थान (7.13)। इस श्लोक में भवभूति का अरण्य-मन तप और तेज से आलोकित दिखाई देता है। वे उतने ही सशक्त शब्दों में वन और तपोवन के इस चित्र को आँखों के सामने साकार कर देते हैं।

अब एक और चित्र है। सीता को दूरता के कारण श्यामल छवियुक्त निम्नवर्ती

प्रदेश परिचित-सा नहीं जान पड़ता। वे राम से पूछती हैं—*'एते पुनः कतमा'* (7.8-9)। और तब राम कहते हैं—ये भूमि-परिसर नहीं हैं बल्कि यह तो शिव की अष्टमूर्तियों में प्रथम जलमयी मूर्ति सागर है जिसकी अपार अगाधता का गान मनुष्य गाते हैं (7.9)। और तब सीता पूछती हैं—हरी श्यामल घास पर दूर तक फैले 'धवल अंशुक' के समान यह क्या है (7.9-10)। तब लक्ष्मण उस सागर का, सागर से भी बढ़कर उस सेतु का बखान करते हैं जो राम की शक्ति और साहस का प्रतीक है और जो जलधि के विशाल वक्ष पर राम के चरित्र का मूर्तिमान् कीर्तिस्तम्भ बनकर प्रकट हो रहा है—

कल्पान्तावधिवन्दनीयमहिमा लोकस्य सेतुर्नवः
कीर्तिस्तम्भ इवायमार्यचरितस्याम्भोनिधौ लक्ष्यते॥ 7.10॥

कीर्ति और सेतु की धवलता यहाँ सादृश्य के सौन्दर्य से मण्डित है। सीता भी जैसे इस वर्णन से पूर्व 'धवलांशुक' शब्द-प्रयोग द्वारा राम की सेतु रूप इस उज्ज्वल कीर्ति-पताका का अभिनन्दन करती हैं।

'मालतीमाधव' के प्रकृति-चित्र—'महावीरचरित' में वीररस की प्रमुखता, कथानक की संकुलता और वृत्त में निहित नायक के महावीर-चरित के प्रकाशन की सर्वोपरिता के कारण प्रकृति के रूप का विस्तार विकास प्राप्त नहीं कर सका था। किन्तु 'मालतीमाधव' में शृंगार रस का आधिपत्य और कथानक में घटनाओं का विरल अथवा खुला संयोजन होने के कारण भवभूति ने मानो देर तक बैठकर प्रकृति के कलात्मक स्वरूप का साक्षात्कार किया है और उसे अपनी शब्द-सामर्थ्य से अभिव्यक्त किया है।

भवभूति जिस दृश्य को भी उठाते हैं उसका एक पूर्ण चित्र आँखों के सामने अंकित कर देते हैं। इस प्रकरण के नौवें अंक में प्रकृति का रूप-विधान संस्कृत नाटकों में विलक्षण रंगच्छायाओं को प्रकट करता है। पद्मावती नगरी *'विमलवारि विशालसिन्धुपारा'* नदियों के बहाने से टूटकर छूटे हुए आकाश को मानो धारण करती है (9.1)। ऊँची लहरोंवाली लवणा का सौन्दर्य तब और भी विशिष्ट हो जाता है जब उसके तटवर्ती प्रदेशों पर उस वनस्थली का चित्र उपस्थित किया जाता है जिसकी घास गर्भिणी गौओं को प्रिय है (9.2)। इसके ठीक बाद एक चित्र है सिन्धु-नदी के उस तट प्रपात का, जिसकी तुमुल ध्वनि पाताल को भी विदीर्ण करती है—

यत्रत्य एष तुमुलध्वनिरम्बुगर्भ-
गम्भीरनूतनघनस्तनितप्रचण्डः।
पर्यन्तभूधरनिकुञ्जविजृम्भमाणो
हेरम्बकण्ठरसितप्रतिमानमेति॥ 9.3॥

यह ध्वनि पानी से भरे हुए नये मेघ के प्रचण्ड गर्जन के सदृश है और निकटवर्ती पर्वतों के लताच्छादित कन्दर-गृहों के सम्पर्क से और भी अधिक बढ़ जाती है, प्रतीत होता है कि गणेश का कण्ठ-गर्जन हो। कवि ने जल-प्रपात की आवाज़ को सादृश्य और प्रतिध्वनि के माध्यम से 'विजृम्भमाण' दिखाया है।

'मालतीमाधव' के इस अंक में प्रकृति की भावप्रवण कोमलता, सौन्दर्य-चित्रात्मकता से नायक माधव की विरहव्यथा और भी तीक्ष्ण हो जाती है। प्रकृति का शृंगार माधव के अनुतप्त हृदय का चन्दन-लेप नहीं बनता, बल्कि प्रिया-रहित उसके जीवन को और भी सूना कर देता है।

मकरन्द मित्र माधव के तप्त शरीर को शीतल समीर से प्राणवन्त करने का प्रयत्न करता है। वह उसे कमलों से भरे सरोवर के परिसर में कुछ देर बैठने के लिए कहता है, जहाँ कमलों के सौरभ का सहचर एवं तुषारकणों से शीतल मन्द पवन बह रहा है (9.13)। वह प्रकृति के सौन्दर्य-चित्रों द्वारा माधव को व्याकुल मनःस्थिति से बाहर लाना चाहता है।

मकरन्द के इस प्रयत्न में भवभूति ने प्राकृतिक सुषमा का एक अत्यन्त सुन्दर चित्र प्रस्तुत किया है। मकरन्द कहता है—सखे प्रसीद। पश्य पश्य—

वानीरप्रसवैर्निकुञ्जसरितामासक्तवासं पयः
पर्यन्तेषु च यूथिकासुमनसामुज्जृम्भितं जालकैः।
उन्मीलत्कुटजप्रहासिषु गिरेरालम्ब्य सानूनितः
प्राग्भारेषु शिखण्डिताण्डवविधौ मेघैर्वितानाय्यते ॥ 9.15 ॥

इस श्लोक के चार चरणों में कवि ने प्रकृति का एक समग्र रूप प्रदर्शित किया है। यहाँ नदियाँ हैं, लतामण्डपों को स्पर्श कर बहती हुई, झरते हुए वेतस-पुष्पों से सुरभित। पर्यन्त-भाग में जूही के फूल खिल रहे हैं। सारा वातावरण सजल, सरस और सौरभमय है। पर्वत-शिखर गिरिमल्लिका के विकसित फूलों से अद्भुत श्री धारण कर रहे हैं। और जो प्राग्भाग हैं उनमें मयूर नृत्य कर रहे हैं और इस नृत्य-विधान में मेघ चँदोवा तान रहे हैं।

मकरन्द यहीं नहीं रुकता। वह माधव के समक्ष कदम्ब-वृक्षों की घनश्री, मेघमालाओं से श्यामल दिशाओं का दृश्य उपस्थित करता है, केतकी पुष्पों से सजे तट-प्रदेश, कन्दली और लोध्र के फूलों से मन्दहास करती हुई वन-पंक्तियों को साकार करते हैं (9.16), पर माधव कहाँ है? वह देख रहा है, पर उसे प्रकृति का यह सारा सौन्दर्य अत्यन्त दुर्दर्शनीय और कठोर लगता है—*'दुरालोकरमणीयाः सम्प्रत्यरण्य-गिरितटभूमयः'* (9.16-17)। प्रकृति के ये चित्र नायक के प्रियाविषयक भाव को और भी उद्दीप्त कर देते हैं। इनमें काल और स्थान का सन्दर्भ भी निहित है। ग्रीष्मऋतु बीत गयी है और वर्षा के मेघ आकाश में वितान की तरह फैल गये हैं। यह *'बृहद्द्रोणीशैलकान्तारप्रदेश'* (9.-1) है।

प्रकृति-दृश्यों के वर्णन में मकरन्द एक प्रयोजन से जुड़ा है कि वह माधव के हृदय की गम्भीर पीड़ा को कैसे हलका करे। माधव स्वयं भी द्रष्टा है, पर प्रकृति का रूप उसे आहत करता है। उसके अन्दर *'कथमवलोकयेयम्'* की विवशता है–'कैसे देखूँ' की बन्दिनी स्थिति–

> तरुणतमालनीलबहुलोन्नमदम्बुधराः
> शिशिरसमीरणावधूतनूतनवारिकणाः।
> कथमवलोकयेयमधुना हरिहेतिमती-
> र्मदकलनीलकण्ठकलहैर्मुखराः ककुभः ॥ 9.18 ॥

'कथमवलोकयेयम्' के साथ जुड़ा है एक और शब्द 'अधुना'–अर्थात् 'इस समय' कैसे देखूँ। प्रिया मालती का न होना और तमालवृक्षों के सदृश नील जलधरों का उमड़ना, मेघाच्छन्न आकाश में इन्द्रधनु की रंग-छटा, और दिशाओं में व्याप्त मदमत्त मयूरों का कोलाहल–सब इस विरही नायक की विवशता को गहरा बनाते हैं।

माधव को अपनी मालती नहीं मिलती, तब वह प्रकृति में अपनी प्रिया के रूप का साक्षात्कार करता है–

> नवेषु लोध्रप्रसवेषु कान्तिर्दृशः कुरङ्गीषु गतं गजेषु।
> लतासु नम्रत्वमिति प्रमथ्य व्यक्तं विभक्ता विपिने प्रिया मे ॥ 9.27 ॥

पर यह साक्षात्कार मालती के अंगों के विभक्तीकरण की हिंस्र क्रिया की ओर इंगित करता है। नये लोध्र-पुष्पों में मालती की कान्ति, मृगों में दृष्टि, गजों में गति और लताओं में नम्रता विभक्त हो गयी है। यह विभाजन सादृश्य का अतिक्रमण कर यह प्रकट करता है कि मालती का प्रमथन कर–'मारयित्वा'–हनन कर उसके सौन्दर्य को प्रकृति के इन रूपों ने बाँट लिया है। भवभूति द्वारा प्रस्तुत यह चित्र विरही नायक के मन की हर परत को अलग-अलग रख देता है। शब्द पर रुकते ही अर्थ विस्फोट की तरह कण-कण को छितरा देता है। 'विभक्त' शब्द में खण्ड-खण्ड होने की दारुणता है–इस शब्द में मालती की सौन्दर्य-सुषमा के विभाजन के साथ-साथ माधव के हृदय का टूक-टूक होना भी समाहित है।

'उत्तररामचरित' में प्रकृति-निरूपण–भवभूति ने अपने इस नाटक में प्रकृति के साहचर्य का जो निरूपण किया है, वह संस्कृत साहित्य में अप्रतिम है। विरल कथावृत्त को इस कवि ने प्रकृति के गहनीय रूप और संवेदक हृदय से आपूर्यमाण किया है। इस नाटक का सम्पूर्ण घटना-क्रम प्रकृति के पृष्ठ-पटल पर आकार ग्रहण करता है। प्रथम अंक में, अयोध्या के राजप्रासाद के भीतर भी मानो चित्रवीथिका के माध्यम से कवि ने राम के अरण्य-जीवन के चित्रों को ही अंकित किया है। पर यहाँ प्रकृति प्रत्यक्ष दर्शन का विषय नहीं है, वह पूर्वस्मृति से अनुप्राणित है। इस

स्मृति में स्थितिजन्य द्विविध भावभूमियाँ हैं। एक में जनकसुता साथ हैं, दूसरी में राम प्रियाविहीन वन-वन भटक रहे हैं।

'महावीरचरित' में भवभूति कथानक की सघनता के कारण राम के वनवासी जीवन के जिन अरण्य-चित्रों पर ठहर नहीं सके थे, वे उन चित्रों को चित्रवीथिका में संस्मृति के रूप में प्रस्तुत करते हैं। 'महावीरचरित' की प्रकृतिविषयक विरलता 'उत्तररामचरित' में सहस्र दलों में अभिव्यक्त होती है।

चित्र-दर्शन में लक्ष्मण जनस्थान के बीच विद्यमान उस प्रस्रवण पर्वत की ओर इंगित करते हैं जो घनी पादप-पंक्तियों के कारण निरन्तर स्निग्ध बना रहता है, जो श्याम अरण्यों से व्याप्त है और गोदावरी से आस्फालित होने के कारण मुखरित कन्दराओं से युक्त है। यह पर्वत लगातार बरसनेवाले बादलों के कारण गहरी नीलिमा को धारण करता है (1.25-26)।

लक्ष्मण प्रकृति के तटस्थ सौन्दर्य का चित्र प्रस्तुत करते हैं, पर राम तत्क्षण उस पर्वत से जुड़ी उस सुखद स्मृति में पहुँच जाते हैं, जहाँ उन्होंने सीता के साथ प्रेम के सर्वथा अभिनव रूप का अनुभव किया था। वे सीता से पूछते हैं—

> स्मरसि सुतनु तस्मिन्पर्वते लक्ष्मणेन
> प्रतिविहितसपर्यासुस्थयोस्तान्यहानि।
> स्मरसि सरसनीरां तत्र गोदावरीं वा
> स्मरसि च तदुपान्तेष्वावयोर्वर्तनानि ॥ 1.26 ॥

क्या तुम उस पर्वत पर लक्ष्मण की सेवा से सुखमय हमारे उन दिनों को याद करती हो, सरस जलवाली गोदावरी का और उसके तट पर हमारे विहार का स्मरण करती हो?...'तानि अहानि' कैसे थे वे दिन जब प्रहरों के बीतने की सुधि ही नहीं रहती थी और रात ही व्यतीत हो जाती थी—*'अविदितगतयामा रात्रिरेव व्यरंसीत्'* (1.27)।

इसके बाद आता है वह समय, जब राम अकेले हैं, सामने है कमलों से भरा सुन्दर पम्पा सरोवर, पर सीता नहीं हैं। राम चित्र में उस सरोवर का परिचय सीता को देते हैं—

राम—देवि परं रमणीयमेतत्सरः।

> एतस्मिन्मदकलमल्लिकाक्षपक्ष-
> व्याधूतस्फुरदुरुदण्डपुण्डरीकाः।
> वाष्पाम्भः परिपतनोद्गमान्तराले,
> सन्दृष्टाः कुवलयिनो मया विभागाः ॥ 1.31 ॥

इस सरोवर में मदमत्त मल्लिकाक्ष हंसों के पंखों से श्वेत कमलों के नालदण्ड कम्पित हो रहे हैं। राम अश्रुपूरित नेत्रों से देखते हैं। कवि यहाँ एक अन्तराल प्रस्तुत

करता है—आँसुओं के 'उद्गम' और 'परिपतन' के बीच। राम कहते हैं—अश्रुपात के उस अन्तराल में मैंने श्वेतकमलों से भरे उस सरोवर के प्रदेशों को कुवलयों अर्थात् नीलकमलों से भरा देखा था। अश्रु से मलिन दृष्टि में कमलों का श्वेत वर्ण नील में परिवर्तित हो जाता है। राम का परमोज्ज्वल हृदय और उसकी शुभ्रता सीता-अपहरण की घटना से तिमिराच्छन्न हो उठती है, वही अँधेरा कभी किसी क्षण आँखों में भी उतर आता है और तब जगत् की सुन्दर से सुन्दर श्वेतता श्यामल हो उठती है।

इस नाटक के दूसरे अंक से तो प्रकृति जैसे अपनी हर सूक्ष्मता के साथ मूर्त हो उठती है। प्रथम अंक में वन-भ्रमण के लिए उद्यत सीता का राम को यह सरल स्निग्ध-निमन्त्रण *'आर्यपुत्र युष्माभिरप्यागन्तव्यम्'* (1.33-34)। राम को एक सर्वथा भिन्न स्थिति में सचमुच ही वन में ले आता है। दण्डकारण्य में राम क्या आते हैं कि सम्पूर्ण वनस्थली वनदेवता वासन्ती के शब्दों में राम के स्वागत के लिए तत्पर हो जाती है—

> ददतु तरवः पुष्पैरर्घ्यं फलैश्च मधुश्च्युतः
> स्फुटितकमलामोदप्रायाः प्रवान्तु वनानिलाः।
> कलमविरलं रज्यत्कण्ठः क्वणन्तु शकुन्तयः
> पुनरिदमयं देवो रामः स्वयं वनमागतः ॥ 3.24 ॥

'पुनः देवो रामः स्वयं वनमागतः' एक घटना है, जो सीता के दुःख से मूर्च्छावस्था को प्राप्त प्रकृति के असंख्य रूपों को नये सन्दर्भ में जाग्रत कर देती है।

सीता-त्याग को बारह वर्ष हो गये हैं। दण्डकारण्य में आकर वनवास-काल में सीता के साथ बिताये गये दिनों की स्मृतियाँ ताज़ा हो जाती हैं—

> यत्र द्रुमा अपि मृगा अपि बन्धवो मे
> यानि प्रियासहचरश्चिरमध्यवात्सम्।
> एतानि तानि बहुनिर्झरकन्दराणि
> गोदावरी परिसरस्य गिरेस्तटानि ॥ 3.8 ॥

सीता द्वारा परिवर्धित कदम्ब— *'कतिपयकुसुमोद्गभः कदम्बः प्रियतमया परिवर्धितोऽयमासीत्'* (3.20), पालित हस्तिशावक जिसे सीता ने सल्लकी के कोमल पत्तों से पुष्ट किया था— *'सीतादेव्या स्वकरकलितैः सल्लकीपल्लवाग्रैरग्रे लोलः करिकलभको यः पुरा वर्धितोऽभूत्'* (3.6) और पोषित मयूर— *'अनुदिवसमवर्धयत्प्रिया ते...नदति स एष वधूसखः शिखण्डी'* (3.18) अब बड़े हो गये हैं। हस्तिशावक तो अब तरुण होकर प्रिया का अनुरंजन करना भी सीख गया है (3.20)।

केवल पशु-पक्षियों में ही नहीं, प्रकृति में भी बहुत बदलाव आ गया है। पहले जहाँ नदियों का प्रवाह था, अब वहाँ तट हैं। वृक्षों का घनभाव और विरलभाव भी

बदल गया है। बस केवल पर्वत की स्थिति 'यह वही वन है' इस पहचान को दृढ़ करती है (2.17)। *'तदिदमिति'*—इन शब्दों में वन की वह पहचान भी निहित है जो सीता से जुड़ी हुई है।

शम्बूक के मुख से भवभूति ने वन, वह भी दण्डक-वन, की गहन रुक्षता, कठोरता और प्रचण्डता के जो चित्र आँके हैं, वे संस्कृत साहित्य की अनमोल निधि हैं। वे एक श्लोक में इस अरण्य का यह चित्र प्रस्तुत करते हैं—'कहीं ऐसी निस्तब्धता है कि पक्षियों का कूजन तक नहीं है, कहीं हिंस्र जन्तुओं की प्रचण्ड गर्जन-ध्वनि है। कहीं सोये हुए सर्पों की फूत्कार से आग धधक उठी है। कहीं छोटे-छोटे गड्ढों में पानी झलमला रहा है, कहीं प्यासे गिरगिट अजगर का स्वेद-जल पी रहे हैं (2.16)।

अब क्रौंच पर्वत का एक चित्र है। वहाँ कुंजों में उल्लू घूत्कार ध्वनि कर रहे हैं, वह आवाज़ बाँसों के छिद्रों से प्रतिध्वनित होकर निकलती है जिससे कौए चुप होकर बैठे हैं। मयूरों के संचरण से भयभीत सर्प पुराने चन्दन-वृक्ष की शाखाओं में लिपटे हुए हैं—

गुंजत्कुंजकुटीरकौशिकघटाघुत्कारवत्कीचक-
स्तम्बाडम्बरमूकमौकुलिकुलः क्रौञ्चाभिधोऽयं गिरः।
एतस्मिन्प्रचलाकिनां प्रचलतामुद्वेजिताः कूजतै-
रुद्वेल्लन्ति पुराणरोहिणतरुस्कन्धेषु कुम्भीनसाः ॥ 2.29 ॥

भवभूति ने गिरि-कन्दराओं के सम्पर्क से वर्धमान जल-ध्वनियों का विशेष आग्रह से वर्णन किया है। नदियों के संगमों की उत्ताल ध्वनि (2.30) कवि का ध्यान सहज ही आकर्षित करती है।

शम्बूक के इन वर्णनों में प्रकृति का तटस्थ रूप ही सम्मुख आता है। राम की चेतना भी अभी पूरी तरह अन्तर्मुख नहीं हो पाती। सीता की स्मृति का दंश अभी नसों में उतना प्रसरणशील नहीं जान पड़ता। पर जनस्थान और उसके बाद पंचवटी में प्रवेश करते ही पूरी वनभूमि केवल 'सीता' हो जाती है। रूप और स्मृति घुलकर शब्द में उतरते चले जाते हैं। स्मृति में सुख है, संवाद है, साहचर्य है—ऐसा क्या अभीष्ट है जो नहीं है। पर स्मृति तो स्मृति है, मानस-पटल पर उभर आया एक खोयापन। अब सुख नहीं है, संवाद नहीं है, साहचर्य नहीं है। अन्दर सीता है और बाहर सीतामयी प्रकृति। तमसा और मुरला, गंगा और पृथ्वी तथा वनदेवता वासन्ती प्रकृति के सजीव, सप्राण मूर्त रूप हैं—जो सीता और राम के जीवन के सूक्ष्म से सूक्ष्मतर भाव-संवेदनों के प्रति सजग हैं। राम के आगमन पर तमसा, मुरला, गोदावरी, सरयू और गंगा की व्यस्तता (3.1-4) द्वारा कवि ने प्रकृति को मनुष्य के बहुत निकट लाकर खड़ा कर दिया है। जैसे प्रकृति सर्वत्र एक अर्घ्य है, एक दान, जिसका सातत्य कभी अवरुद्ध नहीं होता।

तीनों नाटकों में कथावस्तु के विकास, चरित्र-चित्रण की बारीकी और रस की अभिव्यक्ति में भवभूति की प्रकृति ने एक ऐसी भूमिका का निर्वाह किया है, पूर्व और पश्चात् कहीं भी जिसका जोड़ नहीं मिलता। उसमें एक ऐसी स्वतन्त्रता है–एक ऐसी अभूतपूर्वता कि उसे 'असदृश' रहने देना ही प्रिय और इष्ट प्रतीत होता है।

भाषा एवं शैली

नाट्य-कला सम्बन्धी शास्त्रों ने विभिन्न पात्रों द्वारा प्रयुक्त विभिन्न भाषाओं का विशद विवेचन किया है। मुख्यतः यह 'जातिभाषा' है जिसका प्रयोग नाटककार अपनी रचनाओं में करते हैं। 'जातिभाषा' में बोला जानेवाला मूलपाठ 'प्राकृत'[1] एवं 'संस्कृत' के भेद से दो प्रकार का होता है, जो पात्रों के वर्ग एवं पद के अनुसार विभाजित रहता है। शास्त्रों में निहित भाषा-सम्बन्धी समस्त निर्देशों के बावजूद नाटककार को यह अधिकार है कि वह भाषा के प्रयोग को समझे और अपनी नाट्य-रचना में उनका समुचित (स्वतन्त्र) प्रयोग करे–'लोकाद्, ग्राह्यं बुद्धैस्तु तत्' ।[2]

भवभूति ने जिस काल में अपने ग्रन्थों की रचना की, उस समय लम्बी समासयुक्त व्यंजना की ओर कवि विशेष प्रवृत्त थे। सातवीं शताब्दी में ओजपूर्ण समासबहुल सृजन गद्य का प्राण बन गये थे–'ओजः समासभूयस्त्वमेतद्गद्यस्य जीवितम्।'[3] दण्डिन् और बाण का प्रभाव संस्कृत रचना को व्याप्त किये हुए था।

शैली, साहित्यशास्त्र में जिसके लिए सर्वाधिक उपयुक्त शब्द रीति है, वह मार्ग है जिसके अनुसार भाषा अपना क्रम निश्चित करती है। रस, अलंकार एवं छन्द के समान ही काव्य-सृजन में शैली अथवा रीति का प्रमुख स्थान है। रसात्मक काव्य के उत्कर्ष का कारण गुण, अलंकार और रीति कहे गये हैं।[4] वामन तो रीति को काव्य की आत्मा ही स्वीकार करते हैं और विशिष्ट पद रचना को रीति। विशिष्ट अर्थात् विशेष गुणयुक्त। इसके तीन प्रकार हैं–वैदर्भी, गौडी एवं पांचाली।[5] काव्य-शोभा के कर्ता धर्मों को गुण कहा गया है अर्थात् शब्दार्थों के जो धर्म काव्यसौन्दर्य का निर्माण करते हैं, वे गुण हैं। नाट्यशास्त्र में इन्हें श्लेष, प्रसाद, समता, समाधि, माधुर्य, ओज, सुकुमारता, अर्थव्यक्ति, उदारता, कान्ति आदि नामों

---

1. कृपया देखिए इसी खण्ड का 'प्राकृत-प्रयोग' शीर्षक
2. ना.शा., 21.62 उद्धृत शास्त्री
3. काव्यादर्श, 1.80
4. वाक्यं रसात्मकं काव्यं दोषास्तस्यापकर्षकाः।
   उत्कर्षहेतवः प्रोक्ता गुणालङ्काररीतयः॥ सा.द., 1.1-3
5. रीतिरात्मा काव्यस्य। विशिष्टा पदरचना रीतिः। विशेषो गुणात्मा।
   सा त्रेधा वैदर्भी गौडीया पाञ्चाली चेति। काव्यालंकारसूत्र, 1.2.6,7,8,9

से अभिहित किया गया है।[1] मम्मट ने केवल तीन गुण स्वीकार किये हैं—प्रसाद, माधुर्य एवं ओज—और उन्होंने इन्हें शब्दार्थ-धर्म के रूप में नहीं, रसधर्म के रूप में स्वीकार किया है।[2]

भवभूति के तीनों नाटक वीर, शृंगार एवं करुण रस प्रधान हैं। वीर रस की निष्पत्ति में ओजगुण प्रधान गौडी-रीति का प्रयोग प्रभावोत्पादक माना जाता है। वीर के अतिरिक्त रौद्र, बीभत्स एवं भयानक-रसों के चित्रण में भी ओज गुण अत्यन्त प्रभावकारी है और यहाँ भाषा स्वाभाविक रूप से गौडी रीति का मार्ग ग्रहण करती है। 'महावीरचरित' एवं 'मालतीमाधव' में कवि ने कई पात्रों एवं घटनाओं के माध्यम से ओजगुण का विस्तार किया है। रौद्र रस के प्रतीक परशुराम का व्यक्तित्व दर्शकों के हृदय में भी ज्वलनशील ओजस्विता का संचार करता है (म.च., 2.16,17)। राम द्वारा ताड़का-वध बीभत्स-रस की निष्पत्ति करता है (1.35) और ओज गुणयुक्त पदरचना की विशेषता से गौडी रीति का उदाहरण है। 'मालतीमाधव' में माधव एवं अघोरघण्ट की क्रोधपूर्ण बातचीत और आक्रामकता (5.34) रौद्र रस के माध्यम से ओजगुण का विस्तार करती है और गौडी रीति का उदाहरण है। लव का पराक्रमी रूप—

किरति कलितकिंचित्कोपरज्यन्मुखश्री-
रविरतगुणगुञ्जत्कोटिना कार्मुकेन।
समरशिरसि चञ्चतपञ्चचूडश्चमूना-
मुपरि शरतुषारं कोऽप्ययं वीरपोतः॥

—उ.रा.च., 5.2

और उनकी प्रत्यंचा के घोष से बधिर हो रहे गिरिकुंजों का कुंजर समूह (उ.रा.च., 5.6) अपने समासयुक्त शब्दविन्यास एवं कठिन पदरचना के कारण गौडी शैली में भवभूति के अधिकार का परिचायक है। गहन दण्डकवन के प्रकृति-चित्र (वही 2.20,21), उल्लुओं की घूत्कार और सर्पाविष्टित पुराने चन्दन तरुओं से व्याप्त क्रौंचपर्वत का चित्रण (वही, 2.29) और दक्षिण दिशा के वे पर्वत, जहाँ कन्दराओं में गोदावरी का जल गद्‌गद नाद करता प्रवहमान है (2.30) भवभूति की समासबहुल शैली के सुन्दर चित्र हैं।

भवभूति में जहाँ कहीं भी वीर, बीभत्स, भयानक एवं रौद्ररस की अभिव्यक्ति हुई है, उन्होंने गौडी शैली का आश्रय लिया है—उसका *'बन्धौद्धत्यं समासदैर्घ्यं संयुक्तवर्णत्वम्'*[3] उनमें सर्वत्र देखा जा सकता है। कीथ के शब्दों में भी "बल हृदय

---

1. श्लेषः प्रसादः समता समाधिः माधुर्यमोजः पदसौकुमार्यम्।
अर्थस्य च व्यक्तिरुदारता च कान्तिश्च काव्यस्य गुणा दशैते॥ ना.शा., 16.96
2. का.प्र., 8.66
3. काव्यानुशासन, पृ. 31, 1-24

के विस्तार को जन्म देता है; यह वीर, बीभत्स और रौद्र रसों में निहित ओजस्विता के रूप में उदित होता है और भयानक रस में भी पाया जाता है।"[1]

'मालतीमाधव' एवं 'उत्तररामचरित' के शृंगारिक एवं करुण प्रसंगों में भवभूति ने वैदर्भी शैली का आधार लिया है। साहित्यशास्त्र[2] में वैदर्भी को माधुर्यगुणव्यंजक, कोमल बन्धयुक्त, समास एवं संयुक्ताक्षर-रहित ललित रचना स्वीकार किया गया है। "'माधुर्य' आह्लाद का आधार है, लगता है जैसे यह हृदय को पिघला रहा है। यह गुण शृंगार, करुण एवं शान्त रस की अभिव्यंजना में युक्तियुक्त है।"[3]

'मालतीमाधव' में मालती के लिए माधव की प्रेम-अनुभूति *'पश्यामि तामित इतः पुरतश्च पश्चादन्तर्बहिः परित एव विवर्तमानाम्...'* (1.41), *'म्लानस्य जीवकुसुमस्य विकासनानि'* (6.8) और विरह में उसके विलाप *'दलति हृदयं गाढोद्वेगं द्विधा तु न भिद्यते'* (9.12) भवभूति के माधुर्यव्यंजक वर्णों से युक्त ललितात्मक वैदर्भी रचना के उदाहरण हैं।

'उत्तररामचरित' में भी ऐसे अनेक उदाहरण सर्वत्र प्राप्त हैं। भवभूति के 'शृंगार' का यह श्लोक– *'किमपि किमपि मन्दं मन्दमासत्तियोगाद्–अविदितगतयामा रात्रिरेव व्यरंसीत्'* (1.27) माधुर्यगुणयुक्ता वैदर्भी शैली का अनुपम उदाहरण है। सीता-त्याग को लेकर राम के प्रति वासन्ती के ये कठोर वचन *'अयि, कठोर यशः किल ते प्रियं किमयशो ननु घोरमतः परम्'* (3.27) और राम का यह पश्चात्ताप–

> देव्या शून्यस्य जगतो द्वादशः परिवत्सरः।
> प्रनष्टमिव नामापि न च रामो न जीवति ॥ 3.33 ॥

सरल, ललित वैदर्भी रचना की अभिव्यक्ति हैं।

जिस प्रकार ओजगुण चित्र के विस्ताररूप दीप्तभाव का परिचायक है– *'ओजश्चित्तस्य विस्ताररूपं दीप्तत्वमुच्यते'*[4] माधुर्य चित्त की भावमय द्रवणशीलता है– *'चित्तद्रवीभावमयो ह्लादो माधुर्यमुच्यते'*[5] वैसे ही प्रसाद गुण समस्त रसों में और रचनाओं में ज्ञान का आविष्कार इस प्रकार करता है जैसे अग्नि सूखे हुए ईंधन का– *'चित्तं व्याप्नोति यः क्षिप्रं शुष्केन्धनमिवानलः। स प्रसादः समस्तेषु रसेषु रचनासु च ॥'*[6]

यह सत्य है कि प्रसाद गुण का प्रवेश हर रचना और हर रस में होता है पर तब भी वैशिष्ट्य के साथ इसे भवभूति के नाटकों में उद्धृत किया जा सकता है

1. संस्कृत ड्रामा, पृ. 332, ए.बी.कीथ
2. काव्यानुशासन, पृ. 31, 1-13; सा.द., 9.3
3. संस्कृत ड्रामा, पृ. 332, ए.बी.कीथ
4. सा.द., 8.6
5. वही, 8.3
6. वही, 8.8

और वह वैशिष्ट्य है शब्दों के सुनने मात्र से अर्थ की व्यंजकता– *'शब्दास्तद्व्यञ्जका अर्थबोधकाः श्रुतिमात्रतः।'*[1] राम को देखकर राजा कुशध्वज का यह आनन्दातिरेक–

एह्येहि वत्स रघुनन्दन रामचन्द्र!
चुम्बामि मूर्द्धनि चिराय परिष्वजे त्वाम्।
आरोप्य वा हृदि दिवानिशमुद्वहामि
वन्देऽथवा चरणपुष्करकद्वयं ते॥

—म.च., 1.55

प्रसाद गुण का सुन्दर उदाहरण है। 'मालतीमाधव' एवं 'उत्तररामचरित' में ऐसे अनेक दृष्टान्त सर्वत्र उपलब्ध हैं।

भवभूति *'वश्यवाक् कवि'* (उ.रा.च., 1.2) थे–भाषा पर उनका अप्रतिम अधिकार था। उनकी वाणी प्रसन्न, कर्कश एवं विपुल अर्थयुक्त थी *'प्रसन्नकर्कशा यत्र विपुलार्था च भारती'* (म.च., 1.2)। उनके नाटकों में पाण्डित्य एवं वैदग्ध्य के ज्ञापक वाक्यों में प्रौढ़ता, उदारता एवं अर्थगौरव विद्यमान था–

यत्प्रौढित्वमुदारता च वचसां यच्चार्थतो गौरवम्।
तच्चेदस्ति ततस्तदेव गमकं पाण्डित्यवैदग्ध्ययोः॥

—मा.मा., 1.7

भवभूति ने ग्रहण किये गये रस के निष्पादन में गुण-विशिष्ट पद-रचना एवं अर्थ-अभिव्यंजक शब्द-प्रयोग का सर्वत्र निर्वाह किया है।

अब हम भवभूति की शैली की उन मौलिकताओं पर विचार करेंगे, जो उनके कवि-धर्म एवं कवि-कर्म को विशिष्टता प्रदान करती हैं।

सामान्य जीवन में कई बार ऐसा होता है कि हम कुछ कहते-कहते रुक जाते हैं और फिर अपनी आधी बात को किसी परिवर्तन अथवा संशोधन के साथ प्रस्तुत करते हैं। इस स्वाभाविक तथ्य को भवभूति ने भाषा के काव्यात्मक मोड़ के साथ अभिव्यक्त किया है।

'महावीरचरित' में विश्वामित्र के इस कथन में–

रघुजनकगृहेषु गर्भरूप-
व्यतिकरमङ्गलवृद्धयोऽनुभूताः।

भृगुपतिदमन–(इत्यर्धोक्ते, विरम्य)

भृगुपतिविदितोन्नतिं च वत्सं
प्रियमभिनन्द्य सुखी गृहानुपेयाम्॥ 4.32॥

'दमन' शब्द कटु है और परशुराम के समादर को न्यून करता है अतएव उसके स्थान

---

1. सा.द., 8.9

पर 'विदित' शब्द रखकर वक्तव्य में परिवर्तन एवं संशोधन किया गया है जो मंच पर कथ्य-शैली को विशिष्टता प्रदान करता है।

'उत्तररामचरित' में यह एक वाक्य–

कञ्चुकी–रामभद्र! (इत्यर्धोक्ते साशंकम्) महाराज!

रामः – (सस्मितम्) आर्य! ननु रामभद्र। 1.8-9 ॥

बहुत कुछ कह देता है। राम अब केवल राजकुमार अथवा रामभद्र नहीं हैं, बल्कि राजा हैं, फिर भी वे अपने पितृ-परिजनों के लिए रामभद्र ही हैं–आदि।

इसके अलावा बात को तोड़-तोड़कर बोलना अथवा अन्य किसी भावानुप्रवेश के साथ बात को पूरी करना। 'महावीरचरित' में–

माल्यवान्–वत्से! युज्यतेऽपि

पतिव्रतामयं ज्योतिः शान्तं दीप्तं च घुष्यते।
(विमृश्य) अथवा किं नाम सा वराकी?
दुष्कर्मणां परीपाकः स्वयमेवैष दीप्यते ॥ 6.6 ॥

'मालमीमाधव' में यह वक्तव्य–

मकरन्दः – आश्चर्यम्।
व्यतिकर इव भीमस्तामसो वैद्युतश्च
क्षणमुपहतचक्षुर्वृत्तिरुद्भूय शान्तः।
(विलोक्य। सभयम्)
कथमिह न वयस्यस्तत्किमेतत्किमन्यत्
(विचिन्त्य)
प्रभवति हि महिम्ना स्वेन योगीश्वरीयम् ॥ 9.54 ॥

एक ही बात दूसरे पात्र द्वारा प्रस्तुत किये गये क्षणिक अन्तराय के बाद पूरी हो, यह भी उपर्युक्त शैली-वैशिष्य का ही एक रूप है, जैसे 'उत्तररामचरित' में–

(पुनर्नेपथ्ये)
सीतादेव्या स्वकरकलितैः सल्लकीपल्लवाग्रै-
रग्रे लोलः करिकलभको यः पुरा वर्धितोऽभूत्।

सीता–किं तस्य?

(पुनर्नेपथ्ये)
वध्वा सार्धं पयसि विहरन् सोऽयमन्येन दर्पा-
दुद्दामेन द्विरदपतिना सन्निपत्याभियुक्तः॥ 3.6 ॥

ये सब उदाहरण मंच पर नाटकीय वैचित्र्य उत्पन्न करते हैं।

भवभूति की रचनाओं में कई बार एक श्लोक दो पात्रों द्वारा पूरा किया जाता

है, जैसे 'उत्तररामचरित' में—

पृथिवी—   ....
सोढश्चिरं राक्षसमध्यवासस्त्यागो द्वितीयस्तु सुदुःसहोऽस्याः।
भागीरथी—
को नाम पाकाभिमुखस्य जन्तोर्द्वाराणि दैवस्य पिधातुमीष्टे॥ 7.4॥

कई बार दो से अधिक पात्र एक साथ एक बात बोलते हैं, जैसे 'महावीरचरित' में—

जनक-दशरथ-विश्वामित्राः।—अनार्य, निर्मर्याद!
जगत्सनातनगुरौ वसिष्ठेऽपि निरङ्कुशः।
व्यालद्विप इवास्माभिरतिक्रम्यैव दम्यसे॥ 3.39॥

भाषा में कथ्य का यह वैचित्र्य तीनों नाटकों में लक्षित किया जा सकता है।

भवभूति की शैली की एक अन्य विशेषता है, किसी विशेष भाव की गहराई की ओर इंगित करते हुए उसकी अवर्णनीयता एवं अकथ्यता को प्रकट करना। अपनी इस शैली के द्वारा कवि पात्र की मनःस्थिति का वास्तविक चित्र प्रस्तुत करने में समर्थ हो जाता है। 'उत्तररामचरित' में सीता के स्पर्श से राम को एक ऐसी मिश्रित अनुभूति होती है जिसे वे कोई निश्चित नाम नहीं दे पाते—

विनिश्चेतुं शक्यो न सुखमिति वा दुःखमिति वा
प्रमोहो निद्रा वा किमु विषविसर्पः किमु मदः।
तव स्पर्शे स्पर्शे मम हि परिमूढेन्द्रियगणो
विकारश्चैतन्यं भ्रमयति च सम्मीलयति च॥ 1.35॥

केवल अनुभूति में निहित मानसिक स्थितियों का चित्रण भवभूति ने अपने नाटकों में अनेक स्थलों पर किया है।

भवभूति की एक अन्य विशेषता है—शब्दों की ध्वनि द्वारा भाव-बोध की अभिव्यंजना। कन्दराओं में गद्गद करता गोदावरी का जल *'गद्गदनद्गोदावरीवारयो'* (उ.रा.च., 2.30) एवं स्वर्ण घण्टिकाओं से झण-झण करते धनु *'झणज्झणितकङ्कणक्वणितकिङ्किणीकं धनु...'* (वही, 6.1) वेगवती नदी की गम्भीरता एवं युद्ध-ध्वनि का चित्र उपस्थित करते हैं। ध्वनि द्वारा बोधगम्यता के ऐसे उदाहरण भवभूति के तीनों नाटकों में उपलब्ध हैं (म.च., 1.34,35,45; 2.16,17; 3.32,48; 5.19,29 ॥ मा.मा., 5.19; 6.7,8; 8.9; 9.10 ॥ उ.रा.च., 2.30; 5.5,6,9)।

भवभूति की शैली का एक अन्य आकर्षण है उनकी सूक्तियाँ, जो उनके विशद ज्ञान एवं व्यापक अनुभव को सार रूप में प्रस्तुत करती हैं। इन सूक्तियों में प्राचीन दर्शन एवं स्वयं भवभूति के जीवन-दर्शन की झलक मिलती है।

प्रताप के ढलने पर सभी विमुख हो जाते हैं *'सर्वं प्रायो भजति विकृतिं भिद्यमाने प्रतापे'* (म.च., 2.4),

तीर्थजल तथा अग्नि की शुद्धि अन्य वस्तु से नहीं होती *'तीर्थोदकञ्च वह्निश्च नान्यतः शुद्धिमर्हतः'* (वही, 4.27),

भवितव्यता ही प्राणी के शुभ-अशुभ का विधान करती है *'प्रायः शुभं च विदधात्यशुभं च जन्तोः, सर्वङ्कषा भगवती भवितव्यतैव'* (मा.मा., 1.23),

प्रेम बाहर के कारणों पर आश्रित नहीं रहता *'न खलु बहिरुपाधीन्प्रीतयः संश्रयन्ते'* (वही, 1.24),

लौकिक सन्तों की वाणी अर्थ का अनुसरण करती है किन्तु अर्थ ऋषियों की वाणी का अनुसरण करता है *'लौकिकानां हि साधूनामर्थं वागनुवर्तते। ऋषीणां पुनराद्यानां वाचमर्थोऽनुधावति॥* (उ.रा.च., 1.10)

श्रेष्ठ पुरुषों का उत्तम कार्य लोकानुरंजन है *'सतां केनापि कार्येण लोकस्याराधनं व्रतम्'* (वही, 1.41)

सत्संग से प्राप्त मरण भी उद्धार करता है *'सत्सङ्गजानि निधनान्यपि तारयन्ति'* (वही, 2.11),

प्रियाशून्य जगत् अरण्य के समान है (वही, 6.30), हृदय ही परस्पर का प्रीतियोग जानता है (वही, 6.32)। आदि। इन सभी सूक्तियों में जीवन के अनेक सत्यों का निदर्शन है।

क्षत्रिय का क्षत्रियत्व एक अलंकार है क्योंकि तेजस्वी का यह स्वाभाविक गुण होता है कि वह दूसरे के तेज को सहन नहीं करता *'न तेजस्तेजस्वीप्रसृतमपरेषां विषहते'* (वही, 6.14)।

भवभूति की सूक्तियों में प्रेम, विरह, सुख-दुःख, करुणा आदि भावों का सूक्ष्म स्पन्दन है, शास्त्रीय ज्ञान-गरिमा एवं जीवन के कटु-मधुर यथार्थों का अनुभव है। जीवन-जगत् के सूक्ष्म एवं गहनतर सत्यों का निदर्शन करनेवाली ये सूक्तियाँ उनके तीनों नाटकों में प्राप्त हैं (म.च., 1.12,23,30,33; 2.4,32; 3.3,9,34,35; 4.23,27,33; 5.43,59 ॥ मा.मा., 1.8,17,23,24,; 2.7; 3.11; 6.18; 8.14; 9.51 ॥ उ.रा.च., 1.8,10,13,14,41; 2.2,4,7,19; 3.29; 4.11,12,17,18; 5.17,19,20,30,31; 6.5,14,30,32)।

भवभूति की शैली की एक विशेषता है उनका अपने को दोहराना। उनके तीनों नाटकों में श्लोकों की, शब्दों की तथा अभिव्यक्ति की पुनरावृत्तियों को लक्ष्य किया जा सकता है। टोडरमल ने अपने महावीरचरित संस्करण में इसकी विस्तृत सूची दी है। आनन्दराम बरुआ[1] के शब्दों में "कवि ने श्लोकों को, कभी पूरा तो कभी अंश

---

1. प्रस्तुत है बरुआ के 'महावीरचरित' संस्करण के 'भवभूति ऐण्ड हिज़ प्लेस इन संस्कृत लिटरेचर' निबन्ध में पृ. 3-4 पर दी गयी पुनरावर्तित श्लोकों की सूची–
उ.रा.च., 1.8=म.च., 4.33 ॥ उ.रा.च., 1.13 ब=म.च., 4.27 ब ॥ उ.रा.च., 1.15; वही, 6.15=
→

रूप में एक नाटक से दूसरे नाटक में छितरा दिया है।" भवभूति के इस पुनरावर्तन का क्या कारण हो सकता है? क्या वे समान विषय को भिन्न शब्द-अभिव्यक्ति देने में सक्षम नहीं थे? उनकी कवित्वशक्ति को यह चुनौती नहीं दी जा सकती। इसलिए ऐसा प्रतीत होता है कि भवभूति को अपनी कुछ अभिव्यक्तियाँ इतनी प्रिय थीं कि वे उनके दोहराव को स्वीकार कर लेते थे। कवि की दोहराव की यह प्रवृत्ति कहीं प्रभावकारी प्रतीत होती है तो कहीं प्रज्ञ पाठकों के मन में कवि की सुग्राह्यता को सन्दिग्ध कर देती है। दो पात्रों के मुख से उच्चरित एक ही वक्तव्य पात्र-भेद होने पर भी कथन-वैचित्र्य उत्पन्न नहीं करता। उदाहरण के लिए यह पद—

किं त्वनुष्ठाननित्यत्वं स्वातन्त्र्यमपकर्षति।
संकटा ह्याहिताग्नीनां प्रत्यवायैर्गृहस्थता॥

'उत्तररामचरित' (1.8) में राम एवं 'महावीरचरित' (4.33) में विश्वामित्र के मुख से उच्चरित हुआ है, स्थान और अवसर में भिन्नता है पर *'बन्धुजनविप्रयोग'* दोनों में है—फिर भी वे ही शब्द, वही अभिव्यक्ति कथन-वैचित्र्य उत्पन्न नहीं करती।

श्लोकों एवं श्लोकांशों के अतिरिक्त यह दोहराव गद्य-वाक्यों में भी प्राप्त है। प्रस्तुत है एक उदाहरण। 'महावीरचरित' (5.15-16) में प्रस्रवण-पर्वत के वर्णन में जटायु का यह कथन—*'अयमविरलानोकहनिवहनिरन्तरस्निग्धनीलपरिसरारण्य-परिणद्धगोदावरीमुखरकन्दरः सततमभिष्यन्दमानमेघमेदुरितनीलिमाजनस्थानमध्यगो गिरिः प्रस्रवणो नाम।'*—'उत्तररामचरित' (1.25-26) के चित्रदर्शन-अवसर पर लक्ष्मण के मुख से यथावत् प्रस्तुत किया गया है।

भवभूति का यह दोहराव वाक्य में ही नहीं, वाक्यांशों अथवा शब्दों में भी प्राप्त है। जैसे 'महावीरचरित' (1.58-59) में विश्वामित्र के एक संवाद में आया 'गोदानमङ्गल' शब्द 'उत्तररामचरित' (1.17-18) में सीता के मुख से चित्र में अंकित चारों भाइयों के विवाह-अवसर के उसी प्रसंग को सूचित करता है।

→म.च., 1.42 ॥ उ.रा.च., 1.16 ब= म.च., 1.19 ब ॥ उ.रा.च., 1.17= म.च., 1.57 ॥ उ.रा.च., 1.22= म.च., 4.52 ॥ उ.रा.च., 1.31= मा.मा., 9.13 ॥ उ.रा.च., 1.33 ब = म.च., 5.42 ह ॥ उ.रा.च., 1.36 अ ब= मा.मा., 6.8 अ ब ॥ उ.रा.च., 2.15= म.च., 5.13 ॥ उ.रा.च., 2.20= म.च., 5.40 स= मा.मा., 9.23 अ ॥ उ.रा.च., 2.21= म.च., 5.41= मा.मा., 9.6 ॥ उ.रा.च., 2.29 अ= मा.मा., 5.19 अ ॥ उ.रा.च., 3.16= मा.मा., 9.33 ॥ उ.रा.च., 3.31= मा.मा., 9.11 ॥ उ.रा.च., 3.37= मा.मा., 9.19 ॥ उ.रा.च., 4.4= मा.मा., 9.2 ॥ उ.रा.च., 4.9 ब= म.च., 1.14 ब ॥ उ.रा.च., 4.15= मा.मा., 4.7 ॥ उ.रा.च., 4.19= म.च., 1.18 ॥ उ.रा.च., 4.28= म.वी.च., 3.29 ॥ उ.रा.च., 5.13= मा.मा., 9.51; 10.8 अ ॥ उ.रा.च., 6.9= म.च., 2.41 ॥ उ.रा.च., 6.12= मा.मा., 1.25 ॥ उ.रा.च., 6.21 अ= म.च., 2.46 अ ॥ मा.मा., 9.3 ब= म.च., 5.54 ब ॥ मा.मा., 9.23 स ह= म.च., 5.42 स ह ॥ मा.मा., 5.9 अ ब= म.वी.च., 2.45 अ ब ॥

भवभूति की शैली में वर्णनात्मकता ही विशेष उल्लेखनीय है। इसीलिए उनकी रचनाओं में शब्दचित्रों की बहुलता है। पर इसका अर्थ यह नहीं कि उनमें व्यंग्यार्थ का अभाव है। कुछ स्थानों पर कवि ने अभिधा एवं व्यंजना शक्ति का एक साथ प्रयोग किया है जैसे 'मालतीमाधव' (2.2) में मालती का सखि लवंगिका से यह कहना "प्रत्येक रात चन्द्रमा पूर्ण कलाओं के साथ आकाश में प्रज्वलित हो और कामदेव दाह उत्पन्न करे–ये मृत्यु से अधिक और क्या कर सकते हैं? मेरे पिता प्रिय और प्रशंसनीय हैं, माता शुद्ध कुल में उत्पन्न हैं, मेरा श्रेष्ठ कुल है, और ये सब मुझे प्रिय हैं–बस यदि प्रिय नहीं हैं तो यह जन (माधव) और यह मेरा जीवन।"–इसमें जो अर्थ ध्वनित हो रहा है–वह है 'मैं कुल के विरुद्ध कोई आचरण नहीं करूँगी' *'मम तु दयितः...न च जीवितम्'* से यह अर्थ भी प्रकट हो रहा है कि मैं जीवित नहीं रहूँगी। इस उदाहरण में अभिधार्थ जितना सुन्दर और महत्त्वपूर्ण है, उतना ही सुन्दर है व्यंग्यार्थ।

यह सत्य है कि भवभूति ने बाण और दण्डिन् के प्रभाव के कारण स्वाभाविक रूप से वर्णनात्मक गद्य एवं कठिन समासयुक्त पदों की रचना की है। सम्भवतः ऐसा इसलिए भी हुआ क्योंकि उनके समय में काव्य की सर्वोच्च विशेषता कठिन समासयुक्त पदों की योजना मानी जाती थी। शब्दों को इस प्रकार से सजाने की प्रवृत्ति थी कि उनसे रचा काव्य किसी विशेष रीति का उदाहरण बन सके अर्थात् गौडी रीति का। पर भवभूति ने इस प्रभाव को अनेक सरल, ललित माधुर्यव्यंजक पदों की रचना के सायुज्य के साथ स्वीकार किया है। दोनों शैलियों के अनेक पद उनकी रचनाओं में प्राप्त हैं। यहाँ प्रस्तुत है केवल एक उदाहरण, जिसके प्रथम दो चरण सरल-ललित-माधुर्यव्यंजक वर्णों में एवं अन्तिम दो चरण समासयुक्त शैली में रचे गये हैं–

लवः – हन्त मिश्रीकृतो रसक्रमो वर्तते।

यथेन्दावानन्दं व्रजति समुपोढे कुमुदिनी
तथैवास्मिन्दृष्टिर्मम कलहकामः पुनरयम्।
रणत्कारक्रूरक्वणितगुणगुञ्जद्गुरुधनु-
धृतप्रेमा बाहुर्विकचविकरालोल्बणरसः॥

–म.च., 5.26

प्रेम और वीरभाव को एक श्लोक में भिन्न शब्दशैली के माध्यम से अभिव्यक्त किया गया है।

भवभूति की इस द्विविध सामर्थ्य को लक्ष्य कर बालवालकर[1] ने कहा, "कोई

1. उ.रा.च., इण्ट्रो., पृ. 87

भी रचनाकार पूर्णतया भिन्न इन दो आधारों पर अथवा इन दो शैलियों में अपने गद्य एवं पद्य को रखने में इस तरह सफल नहीं हो सका।" यह वक्तव्य भवभूति की मौलिकता का अभिनन्दन है।

भवभूति में वर्णन में बह जाने की प्रवृत्ति है, भावों की उत्तेजनशीलता है, मनोवेगों की एक ऐसी बाढ़ है जो कई बार कविता के मर्यादित किनारों का अतिक्रमण कर जाती है। भवभूति में अतिशयता के इस तथाकथित दोष के परिहार में बालवालकर[1] का यह वक्तव्य भी सहज हृदयग्राह्य है—"प्रायः सभी रोमानी रचनाकार, प्राच्य अथवा अप्राच्य, प्राचीन अथवा अर्वाचीन, कविता के रंग एवं प्रभाव को अधिक गहरा तथा शक्तिशाली बनाने के लिए अतिशयता का आश्रय लेते हैं।" श्री अरविन्द ने एक ओर भवभूति के वर्णनों को शब्दों और विस्तारों से बोझिल बताया है, कहा है कि विपुल रंगमयता के होने पर भी भवभूति में रूपविधान की तुल्य शक्ति नहीं है, उनके चित्र कन्वस से बाहर निकलते, जीते प्रतीत नहीं होते[2], दूसरी ओर उन्होंने उनकी शैली में एक साहसिक स्पष्टता, काठिन्य और बाह्यरूपता का[3], तथा उनके नाटकों में शक्ति और विस्तृति की अनुप्राणता[4] का उल्लेख किया है।

'भाषा एवं शैली' इस शीर्षक के अन्तर्गत रस, अलंकार, छन्द, प्राकृत एवं शब्द-रचना आदि का अध्ययन भी आवश्यक है। इन विषयों को अलग शीर्षकों में निबद्ध किया गया है।

अलंकार-योजना

'न कान्तमपि निर्भूषं विभाति वनिताननम्'[5]—सुन्दर होने पर भी स्त्री का अलंकारविहीन आनन शोभायमान नहीं होता, यह कथन कविता में अलंकार की प्रयोजनीयता प्रकट करता है। अलंकार सौन्दर्य-सृष्टि के नहीं, सौन्दर्य-वर्धन के सूचक हैं। इस प्रसंग में वामन[6] की यह उक्ति—*'काव्यशोभायाः कर्तारो धर्मा गुणाः। तदतिशयहेतवस्त्वलंकाराः।'*—कि अलंकार काव्यशोभा की अतिशयता के कारण हैं, रचना में अलंकारों का स्थान नियत करती है। 'प्रसन्नराघव' के रचयिता जयदेव[7]

---

1. वही, पृ. 86
2. द हारमनी ऑफ वरच्यू, वाल्यू. 3, पृ. 258
3. वही, पृ. 260
4. द फाउण्डेशंस ऑफ इण्डियन कल्चर, वाल्यू. 14, पृ. 305
5. भामह, अलंकारसूत्र, 1.13
6. काव्यालंकारसूत्रवृत्ति, 3.1.1-2
7. चन्द्रालोक, 1.1-8

तो अलंकाररहित काव्य की सत्ता ही स्वीकार नहीं करते। यहाँ तक कि ध्वनिकार[1] भी रसोत्कर्ष में अलंकारों के प्रयोग को स्वीकार करते हैं। "संस्कृत कवियों ने अलंकारों के उद्भव और संयोजन में इतनी विविधता दिखाई है, जो दूसरी भाषाओं में अप्राप्त है।"[2] इस विषय में सबसे विचित्र बात यह है कि पाश्चात्य साहित्य में उपमेय और उपमान के लिए ऐसे शब्द ही नहीं हैं जो उनका स्पष्ट वर्गीकरण कर सकते।[3]

कलाविद् कवि भवभूति ने अपनी रचनाओं में कथन की चमत्कृति, भाव की सौन्दर्यात्मकता एवं रस की प्रगाढ़ता के लिए अलंकारों का सुन्दर प्रयोग किया है। नाट्यविधा में इस कवि की कवित्वशक्ति की पहचान के लिए कवि द्वारा प्रयुक्त अलंकारों का विवेचन अध्ययन को विशदता प्रदान करेगा।

भवभूति ने शब्दालंकारों की विरल योजना की है। फिर भी कवि के नाटकों में अनुप्रास, श्लेष तथा पुनरुक्तवदाभास आदि शब्दालंकारों के उदाहरण मिलते हैं।

अर्थालंकारों में भवभूति ने उपमा, रूपक, उत्प्रेक्षा, अर्थान्तरन्यास, निदर्शना, दृष्टान्त, विरोधाभास, अर्थापत्ति, काव्यलिंग, प्रतीप, समुच्चय, परिसंख्या, तुल्ययोगिता, अप्रस्तुतप्रशंसा, विषम, परिकर, दीपक, अनुमान, पर्यायोक्ति, स्वभावोक्ति, समासोक्ति, विशेषोक्ति, अतिशयोक्ति, परिवृत्ति, व्यतिरेक, स्मरण, आक्षेप, प्रतिवस्तूपमा, विभावना, ससन्देह, अपह्नुति, विकल्प, समाहित, तद्गुण, परिणाम, पर्याय, भ्रान्ति आदि अलंकारों की आयोजना की है। संसृष्टि तथा संकर अलंकार भी प्रयुक्त हुए हैं।

नाटकों में इन अलंकारों के उद्धरण-सन्दर्भ इस प्रकार हैं–

शब्दालंकार–

अनुप्रास–म.च., 1.29; 2.31, 33, 38, 46; 3.28, 29, 31, 32; 4.53; 5.53; 7.33 ॥ मा.मा., 5.30; 9.16, 43; 10.18 ॥ उ.रा.च., 2.9; 5.5, 9.11, 33; 6.1, 8 ॥

श्लेष–म.च., 1.50 (विश्वामित्र); 2.19 (वंश); 4.23 (दोष एवं शस्त्र); 5.47 (राम) ॥ मा.मा., 1.33-34 (महाभाग, सुश्लिष्ट...महार्घताम्); 2.-1, 2-3 (प्रभवति निजस्य...तर्कयामि) ॥ उ.रा.च., 3.40 ॥

पुनरुक्तवदाभास–मा.मा., 9.13 ॥

अर्थालंकार–

उपमा–म.च., 1.34, 62; 2.23, 24, 31; 3.15, 21, 39, 40; 4.23;

---

1. रसभावादितात्पर्यमाश्रित्य विनिवेशनम्।
अलंकृतीनां सर्वासामलंकारत्वसाधनम् ॥ ध्वन्यालोक, 2.28
2. इण्डियन विज़डम, अ. 15, पृ. 456
3. 'फिलॉसफी ऑफ रेटॉरिक' रिचर्ड, उद्धृत काव्यालोचन, पृ. 299, पादटिप्पणी

5.2; 3.21, 24, 26, 32, 44; 6.8, 44, 53; 7.31, 34 ॥ मा.मा., 1.1, 17, 19, 40, 41; 2.1, 8, 10; 3.4, 7, 10, 16; 4.4; 5.20, 27, 28, 29, 34; 6.4, 6, 19, 20; 7.1; 8.3, 6, 8, 9, 10; 9.3, 10, 15, 17, 18, 24, 31, 38, 45, 47, 50, 54; 10.3, 4, 5, 12, 15, 18 ॥ उ.रा.च., 1.2; 5.9, 20, 29, 30, 45, 47, 49; 2.28; 3.1, 5, 7, 9, 15, 19, 20, 22, 23, 25, 30, 32, 35, 36, 37, 40, 41, 42, 43, 47; 4.2, 3, 4, 5, 7, 10, 12, 15, 16, 17, 19, 20; 5.2, 3, 5, 8, 9, 13, 18, 26; 6.1, 2, 3, 6, 8, 11, 13, 17, 19, 21, 24, 25, 26; 7.21 ॥

रूपक–म.च., 1.10; 3.29; 5.45; 6.1; 7.2, 25 ॥ मा.मा., 1.1; 2.6, 10; 6.8; 9.21, 34, 43; 10 ।2, 17 ॥ उ.रा.च., 1.38, 38; 3.5, 16, 26, 28, 35; 4.4, 13, 25, 29; 5.9, 27, 29, 33; 6.16, 18, 37, 38 ॥

उत्प्रेक्षा–म.च., 1.12, 43; 2.25; 4.17; 5.12, 22, 26, 38, 44; 7.24 ॥ मा.मा., 1.16, 20, 32; 2.11; 3.16; 5.10; 6.5, 12; 9.1, 9, 10, 16, 20, 27, 46; 10.11 ॥ उ.रा.च., 1.2, 18, 33, 34, 48; 2.9, 25, 27; 3.4, 13, 14, 23, 33, 38, 39, 46, 47; 4.3, 8, 19; 5.6, 14; 6.9, 10, 14, 19, 22, 26, 38; 7.17 ॥

अर्थान्तरन्यास–म.च., 2.4; 6.52, 53 ॥ मा.मा., 1.24, 25; 2.4; 9.26, 30; 10.13 ॥ उ.रा.च., 2.1, 11, 19; 4.11, 12, 18; 5.17, 19; 6.11, 12, 14, 30; 7.4 ॥

निदर्शना–मा.मा., 5.15, 32; 6.1; 9.51; 10.10 ॥ उ.रा.च., 1.14; 5.11, 27, 29, 30, 36; 6.4, 27, 29 ॥

दृष्टान्त–म.च., 1.23 ॥ मा.मा., 1.27; 8.7; 9.39, 51 ॥ उ.रा.च., 1.13, 14; 3.29; 5.20 ॥

विरोधाभास–म.च., 4.20, 24; 6.5 ॥ मा.मा., 1.9; 8.4, 7-8 (स्फुरितं मे वाममवामनयनेन) ॥ उ.रा.च., 1.43; 7.1 ॥

अर्थापत्ति–म.च., 1.31 ॥ मा.मा., 2.7; 4.5; 5.7 ॥ उ.रा.च., 1.17; 4.13, 5.28; 6.8, 40; 7.4 ॥

काव्यलिंग–म.च., 6.16 ॥ मा.मा., 1.3, 6, 21; 5.26, 31; 6.2, 10; 7. 2, 4; 9.6; 10.6 ॥ उ.रा.च., 1.5, 6, 46; 2.10, 21, 27; 3.10, 41, 44; 5.7, 16, 18, 24; 6.20, 39, 42; 7.3 ॥

प्रतीप–म.च., 6.9 ॥

समुच्चय–मा.मा., 1.4, 8, 11, 18, 34; 2.8, 13; 3.12, 14; 6.16, 17; 7.3; 8.12; 9.7 ॥

परिसंख्या–मा.मा., 1.5; 3.15 ॥ उ.रा.च., 5.32; 6.32 ॥

तुल्ययोगिता–मा.मा., 1.5; 6.9, 15 ॥ उ.रा.च., 2.23; 3.48; 4.5, 20, 22, 23; 5.23; 6.28; 7.5 ॥

अप्रस्तुतप्रशंसा–म.च., 5.28 ॥ मा.मा., 1.15 ॥ उ.रा.च., 2.2, 4, 7 ॥

विषम–मा.मा., 1.20; 2.2; 3.14; 6.19 ॥ उ.रा.च. 2.11, 13; 3.27; 4.15; 5.12, 26 ॥

परिकर–मा.मा., 1.28; 9.4 ॥

दीपक–मा.मा., 1.31, 42; 6.3 ॥ उ.रा.च., 5.30 ॥

अनुमान–मा.मा., 3.10; 4.2; 9.33 ॥ उ.रा.च., 5.13, 35 ॥

पर्यायोक्ति–मा.मा., 3.13 ॥

स्वभावोक्ति–मा.मा., 3.17; 9.32 ॥ उ.रा.च., 2.14, 16, 20, 29; 4.4, 26 ॥

समासोक्ति–मा.मा., 9.25 ॥

विशेषोक्ति–उ.रा.च., 3.31, 32 ॥

अतिशयोक्ति–मा.मा., 1.2, 37 ॥

परिवृत्ति–मा.मा., 5.8 ॥

व्यतिरेक–मा.मा., 10.17, 22 ॥ उ.रा.च., 1.10 ॥

स्मरण–मा.मा., 9.48 ॥ उ.रा.च. 6.26 ॥

आक्षेप–म.च., 6.9 ॥ उ.रा.च., 3.26; 5.34 ॥

प्रतिवस्तूपमा–म.च., 4.27 ॥ उ.रा.च., 1.13 ॥

विभावना–उ.रा.च., 6.37 ॥

ससन्देह–मा.मा., 1.1 ॥ उ.रा.च., 1.35; 3.11; 5.16; 6.3 ॥

अपह्नुति–उ.रा.च., 3.34 ॥

विकल्प–मा.मा., 4.6 ॥

समाहित–उ.रा.च., 6.7 ॥

तद्गुण–उ.रा.च., 2.30 ॥

परिणाम–उ.रा.च., 6.30 ॥

पर्याय–मा.मा., 2.12; उ.रा.च., 5.15 ॥

भ्रान्ति–मा.मा., 1.2 ॥

संसृष्टि–मा.मा., 1.22, 23, 26, 29, 32; 2.11; 3.9, 15, 16; 4.8; 5.4, 5, 6, 9, 13, 22, ; 6.5, 13; 8.1, 2; 9.8, 12, 12, 35, 37; 10.1 ॥ उ. रा.च., 2.26; 3.13; 4.6, 21 ॥

संकर–मा.मा., 1.5, 30, 33, 35, 36, 37; 2.1, 3, 5, 8; 3.2, 5, 6, 8, 11; 4.3, 7; 5.10, 14, 24; 6.12; 8.5, 11, 14; 9.1, 42; 10.2 ॥ उ.रा.च., 3.28 ॥

रस-संवर्धक अलंकारों के प्रयोग में भाषा, भाव एवं चमत्कार की दृष्टि से भवभूति की उपलब्धि को कुछ प्रमुख अलंकारों के पृथक् अध्ययन से जाना जा सकता है।

अनुप्रास–एक ध्वनि की आवृत्ति से संगीतमयता का प्रस्फुटन अनुप्रास का उद्देश्य है। किन्तु ध्वनि की यह पुनरावृत्ति मधुर एवं लयात्मक होनी चाहिए। वाक्य में वर्ण-साम्य अनुप्रास कहलाता है– *'वर्णसाम्यमनुप्रासः।'*[1] वर्णों का यह साम्य यदि विकट ध्वनियुक्त हुआ तो वाक्यविन्यास कर्णकटु हो जाता है। भवभूति के *'गद्गदनदद्गोदावरीवारयः'*[2], *'नीरन्ध्रनीलनिचुलानि'*[3] अनुप्रास-प्रयोग सुन्दर हैं, किन्तु *'कूजत्कान्तकपोतकुक्कुटकुलाः'*[4], *'गुजत्कुंजकुटीरकौशिकघटाघुत्कारवत्कीचकः'*[5] तथा *'झणज्झणितकंकणक्वणितकिंकिणीकं धनुः'*[6] आदि अनुप्रास प्रायासिक होने के कारण बोझिल हो गये हैं।

उपमा–भवभूति के नाटकों में वस्तु के साथ वस्तु की उपमा, गुण के साथ गुण की उपमा, गुण के साथ वस्तु की उपमा तथा वस्तु के साथ गुण की उपमा–उपमा के ये तीनों प्रकार प्रयुक्त हुए हैं किन्तु वस्तु के साथ गुण की उपमा कवि की अपनी विशेषता है। वस्तुतः उपमान-उपमेय के साधर्म्य को उपमा कहते हैं– *'साधर्म्यमुपमा भेदे।'*[7] भवभूति में यह साधर्म्य मानसिक गुण एवं स्थिति से अधिक संयुक्त है। प्रायः उनके उपमान अमूर्त हो जाते हैं। भवभूति ने सीता को मूर्तिमयी करुणा और शरीरिणी विरह-व्यथा से उपमित किया है– *'करुणस्य मूर्तिरथवा शरीरिणीविरहव्यथेव वनमेति जानकी'* (उ.रा.च., 3.4)।

कवि ने प्रकृति के विराट, विविध सौन्दर्य से उपमाएँ ग्रहण की हैं। "हृदय-कमल को सुखानेवाले दीर्घ शोक ने वृन्त से टूटे हुए किसलय के समान सीता के पीले और दुर्बल शरीर को वैसे ही विगलित कर लिया है, जैसे शरद-ऋतु का घाम केतकी के भीतरी पत्ते को मलिन कर देता है" (उ.रा.च., 3.5)। मेघध्वनि के सदृश राम के शब्दों को सुनकर सीता मयूरी की तरह चकित और उत्कण्ठित हो जाती है (वही, 3.7)।

सौख्य का विद्युत्स्फुरण के समान *'सौदामिनीस्फुरणचंचलमेव सौख्यम्'* (मा.मा., 8.14) अथवा धूमरेखा से आक्रान्त चन्द्र-लेखा के सदृश *'उत्पातधूमरेखाक्रान्तेव*

1. काव्य प्रकाश, 9.2
2. उ.रा.च., 2.30
3. वही, 2.23
4. वही, 2.9
5. वही, 2.29
6. वही, 6.1
7. काव्यप्रकाश, 10.1

कला शशधरस्य' (वही, 9.50) होना कवि द्वारा प्रस्तुत संस्कृत-साहित्य के विरल उपमान हैं।

भवभूति ने अपने पाण्डित्य के अनुरूप उपमेय-उपमानों के साधर्म्य का चयन वेद, दर्शन एवं राजनीति आदि शास्त्रों से भी किया है। राम आथर्वण-अभिचार-विधि के समान ब्रह्मद्रोहियों के विनाशक कहे गये हैं (म.च., 1.62)। यह दार्शनिक उपमा-प्रयोग–*'वायु ने बहुल मेघों का लय उसी प्रकार कर दिया है, जैसे तत्त्वज्ञान नाम-रूपात्मक पदार्थों का लय ब्रह्म में कर देता है'* (उ.रा.च., 6.6) तथा राजनीतिक ज्ञान का अभिव्यंजक, उपमा के सौन्दार्य को प्रकट करनेवाला यह कथन 'मनुष्य में जब दोष असाध्य हो जाता है, तब राजा को वैद्य की भाँति शस्त्र ग्रहण करना पड़ता है' (म.च., 4.23) अलंकार-प्रयोग में भवभूति के वैशिष्ट्य के सूचक हैं।

जीवन के एक सामान्य सत्य को भवभूति ने उपमा के माध्यम से इन शब्दों में व्यक्त किया है–'जिस प्रकार निर्मल मणि प्रतिबिम्ब ग्रहण करने में समर्थ होती है, मिट्टी आदि पदार्थ नहीं, वैसे ही प्राज्ञ विद्यार्थी गुरु द्वारा प्रदत्त विद्या का ग्रहण कर लेता है, किन्तु जड विद्यार्थी उससे वंचित रहता है' (उ.रा.च., 2.4)।

भवभूति ने उपमेय और उपमान का पूर्ण साधर्म्य भी अनेक स्थलों पर अभिव्यक्त किया है। माधव को बालचन्द्र से उपमित करने के लिए कवि ने *'स्फुरित-गुणद्युतिसुन्दरः कलावान्'* एवं *'इह जगति महोत्सवस्य हेतुर्नयनवताम्'* (मा.मा., 2.10) शब्दों द्वारा सर्वांगीण साधर्म्य को प्रकट कर पूर्णोपमा का सुन्दर चित्र प्रस्तुत किया है। उपमाओं में मिश्र-उपमाओं का प्रयोग भी कवि ने अनेक स्थलों पर किया है, जो विशिष्ट क्षमता का परिचायक है। *'अमृतवर्तिनयनयोः'* (उ.रा.च., 1.38) तथा *'शैलाघातक्षुभितवडवावक्त्रहुतभुक्'* (वही, 5.9) मिश्र उपमा के सुन्दर उदाहरण हैं।

रूपक–रूपक में उपमान-उपमेय का साम्य अभेद रहता है–*'तद्रूपकमभेदो य उपमानोपमेययोः।'*"[1] भवभूति ने इस अलंकार की योजना कोमल एवं विकट पदों में की है। *'म्लानस्य जीवकुसुमस्य विकासनानि...'* (उ.रा.च., 1.36) तथा *'इयं गेहे लक्ष्मीरियममृतवर्तिर्नयनयोः...'* (वही, 1.38) आदि श्लोक रूपक के माधुर्य को प्रकट करते हैं तथा *'ज्याजिह्वयावलयितोत्कटकोटिदंष्ट्रमुद्भूरिघोरघन-घर्घर घोषमेतत्...'* (वही, 4.29) में कठोर शब्द-रचना द्वारा कवि ने रूपक के विकट सौन्दर्य को प्रकट किया है।

उत्प्रेक्षा–इस अलंकार में उपमेय की समान उपमान से तादात्म्य-सम्भावना रहती है–*'सम्भावनमथोत्प्रेक्षा प्रकृतस्य समेन यत्।'*[2]

---

1. काव्यप्रकाश, 10.15
2. वही, 10.13

भवभूति का उत्प्रेक्षा अलंकार-प्रयोग विलक्षण है। प्रिया-दर्शन के समय नायक का यह कथन— *'अविरलमिव दाम्ना पौण्डरीकेण नद्धः...'* (मा.मा., 3.16) उत्प्रेक्षा के सौन्दर्य की अभिव्यक्ति है। सीता के स्पर्श से राम को एक अनिर्वचनीय अनुभूति होती है। प्रतीत होता है जैसे *'अमृतमय लेप उनके शरीर पर लिप रहा है और स्पर्श चेतना प्रदान करके भी आनन्द से उन्हें मोहग्रस्त कर रहा है'* (उ.रा.च., 3.39)। इसी प्रकार कवि *'तमांसिध्वंसन्ते...'* (म.च., 1.12) श्लोक में कवि ने ब्रह्मज्ञानी सन्तों के संसर्ग की महिमा को इस अलंकार के आश्रय से व्यक्त किया है।

अर्थान्तरन्यास—जहाँ सामान्य अथवा विशेष का अन्य के द्वारा समर्थन रहता है—साधर्म्य अथवा वैधर्म्य के द्वारा, वहाँ अर्थान्तरन्यास अलंकार होता है।[1] भवभूति ने इस अलंकार के द्वारा जीवन के अनुभवों, आदर्शों का सार अत्यन्त सुन्दरता से व्यक्त किया है— *'सतां सद्भिः सङ्गः कथमपि हि पुण्येन भवति'* (उ.रा.च., 2.1), *'सत्संगजानि निधनान्यपि तारयन्ति'* (वही, 2.11), *'गुणाः पूजास्थानं गुणिषु न च लिङ्गं न च वयः'* (वही, 4.11), *'पुरन्ध्रीणां चित्तं कुसुमसुकुमारं हि भवति'* (वही, 4.12), तथा *'को नाम पाकाभिमुखस्य जन्तोर्द्वाराणि दैवस्य पिधातुमीष्टे'* (मा.मा., 10.13) आदि में कवि का कौशल स्पष्ट दर्शनीय है। 'स्नेह कारण की अपेक्षा नहीं करता'—इसकी पुष्टि के लिए कवि की यह अभिव्यंजना कि 'सूर्योदय होने पर कमल खिलता है, चन्द्र के उदित होने पर चन्द्रकान्त मणि पिघलती है' (उ.रा.च., 12) अर्थान्तरन्यास के सौन्दर्य को प्रकट करते हैं।

दृष्टान्त—इस अलंकार में साधारण धर्म आदि का निश्चय रहता है— *'दृष्टान्तः पुनरेतेषां सर्वेषां प्रतिबिम्बनम्।'*[2] भवभूति में दृष्टान्त-अलंकार के अनेक सुन्दर प्रयोग हुए हैं। रघुवंशी राम-लक्ष्मण के लिए यह कथन 'क्षीरसागर के अतिरिक्त चन्द्र एवं कौस्तुभ का जन्म और कहाँ हो सकता है' (म.च., 1.23) दृष्टान्त का सुन्दर उदाहरण है। 'उत्तररामचरित' में—

उत्पत्तिपरिपूतायाः किमस्याः पावनान्तरैः।
तीर्थोदकं च वह्निश्च नान्यतः शुद्धिमर्हतः ॥ 1.13 ॥

सीता की पवित्रता का निश्चय 'तीर्थोदक' एवं 'वह्नि' से किया गया है। एक अन्य श्लोक में भवभूति का यह कथन *'तालाब में अधिक पानी भर जाने पर उसका निःसारण ही एकमात्र उपाय है। शोकपूरित हृदय रुदन से ही शान्त होता है'* (वही, 3.29) दृष्टान्त की सुन्दर अभिव्यक्ति है।

---

1. सामान्यं वा विशेषो वा तदन्येन समर्थ्यते।
   यत्तु सोऽर्थान्तरन्यासः साधर्म्येणेतरेण वा ॥ काव्यप्रकाश, 10.41
2. वही, 10.31

निदर्शना—जहाँ वस्तुसम्बन्ध अनुपपन्न होते हुए भी अन्त में उपमानोपमेय में परिणत हो जाता है, वहाँ निदर्शना अलंकार होता है—*'निदर्शना। अभवन् वस्तुसम्बन्ध उपमापरिकल्पकः।'*[1] भवभूति निदर्शना की व्यंजना में एक ऐसे धनुर्धारी बालक का चित्र अंकित करते हैं *'दर्पेण कौतुकवता मयि बद्धलक्ष्यः...मेघस्य माघवतचापधरस्य लक्ष्मीम्'* (वही, 5.11)—जो वायु से चंचल इन्द्रधनुर्युक्त मेघ की शोभा को धारण करता है।

एक अन्य उदाहरण में कवि निदर्शना का सुन्दर चित्रण करते हुए राम के जगन्मंगलकारी मुख का चित्र प्रस्तुत करते हैं जो अश्रु-वृष्टि के कारण तुषार-सिंचित कमल के सौन्दर्य को प्राप्त हो गया है—*'वाष्पवर्षेण नीतं...पुण्डरीकस्य चारुताम्'* (वही, 6.29)।

विरोधाभास—भवभूति ने अनुष्टुप् छन्द की सरल पदावली में विरोधाभास की सुन्दर व्यंजना की है। इस अलंकार में विरोध न होने पर भी विरुद्ध वचन से विरोध या विरोध का आभास होता है।[2] सीता के प्रति राम का यह कथन 'तुमसे जगत् पवित्र है, किन्तु तुम्हारे विषय में जनोक्तियाँ अपवित्र हैं। तुमसे जगत् सनाथ है किन्तु तुम अनाथ होकर दुःख पाओगी' (उ.रा.च., 1.43) विरोधाभास अलंकार की मर्मस्पर्शी अभिव्यंजना है।

काव्यलिंग—भवभूति के नाटकों में काव्यलिंग के सुन्दर उदाहरण मिलते हैं। इसमें वाक्यार्थगत अथवा पदार्थगत कारण का कथन रहता है—'काव्यलिङ्गं हेतोर्वाक्य-पदार्थता।'[3] स्त्री की पवित्रता एवं वाणी की निर्दोषता में लोक सदा दोषदर्शी होता है—

सर्वथा व्यवहर्तव्यं कुतो ह्यवचनीयता।
यथा स्त्रीणां तथा वाचां साधुत्वे दुर्जनो जनः॥

—उ.रा.च., 1.5

इस श्लोक के *'कुतो ह्यवचनीयता'* में वाक्य का कारण निहित होने से वाक्यार्थहेतुक काव्यलिंग अलंकार है। 'मालतीमाधव' का *'प्रणयिसखीसलीलपरिहास रसाधिगतै—'* (5.31) श्लोक काव्यलिंग के अनेकपदार्थता भेद का उदाहरण है। इसे स्वयं मम्मट[4] ने काव्यलिंग के उदाहरण के रूप में प्रस्तुत किया है।

अन्य प्रमुख अलंकारों में कवि द्वारा प्रस्तुत आक्षेप (उ.रा.च., 3.26); अर्थापत्ति (वही, 1.17); समुच्चय (मा.मा., 3.12); विषम (उ.रा.च., 3.27); ससन्देह (वही,

1. का.प्र., 10.25
2. विरोधः सोऽविरोधेऽपि विरुद्धत्वेन यद्वचः। का.प्र., 10.42
3. का.प्र., 10.50
4. वही, 10। उद्धरण 502

1.35); संसृष्टि[1] (वही, 4.6); तथा संकर[2] (मा.मा., 4.7) आदि के ये उदाहरण विशेष रूप से उद्धरणीय हैं।

भवभूति का अलंकार-प्रयोग उनके द्वारा प्रस्तुत काव्यगत सौन्दर्य एवं रसोन्मीलन में अपनी उपयोगिता एवं रंगमंच पर कथ्य एवं भाव की प्रभावोत्पादकता में अपनी महत्त्वपूर्ण भूमिका प्रमाणित करता है।

छन्द-रचना

संस्कृत नाटकों में गद्य का प्रयोग कथानक के विकास की दृष्टि से किया जाता है। कवि पदों में ही अपनी कवित्व एवं रसाभिव्यंजक शक्ति का परिचय देता है। रस एवं भाव के अनुरूप छन्दों का चयन और श्लोक-रचना कवि के अन्तस्तल में विद्यमान कविता की लयात्मकता और सुर-सम्बद्धता का प्रतीक है। भाव के अनुरूप प्रयुक्त छन्द काव्य-सौन्दर्य को चरितार्थ करता है। भरत ने शब्द और छन्द को अभिन्न स्वीकार किया है।[3]

भवभूति ने अपने नाटकों में जिन छन्दों का विशेष प्रयोग किया है, उनमें **अनुष्टुप्** उनका सर्वाधिक प्रयुक्त और प्रिय छन्द है। सम्भवतः इस छन्द की लघु आकृति और सरलता ने कवि को अत्यन्त आकर्षित किया था। 'महावीरचरित' एवं 'उत्तररामचरित' में अनुष्टुप् के सर्वाधिक उदाहरण हैं। इसका एक कारण यह भी हो सकता है कि 'रामायण' से ग्रहण किये गये प्रभावों के अतिरिक्त भवभूति ने इस छन्द के चुनाव में अनुष्टुप् छन्द के साक्षात्कारी और आदिरचयिता वाल्मीकि का स्पष्ट प्रभाव ग्रहण किया हो। 'महावीरचरित' के कुछ श्लोकों (1.14,21,29,36,38,47,52; 3.2,18,39; 4.16,34,39,40,44,49,51,55; 5.13; 6.2,13,18,50; 7.4,7,15,19,22, 28,35) में कवि ने छन्द के मात्रा-नियम की उपेक्षा की है, पर कविता की लयात्मकता को अबाधित रहने दिया है।

'उत्तररामचरित' में कवि ने **शिखरिणी** छन्द का बहुलता से प्रयोग किया है, सम्भवतः इस कारण, क्योंकि यह करुण, शृंगार एवं भाव-व्यंजक पदों में बहुत शोभित होता है। भवभूति के शिखरिणी छन्द की प्रशंसा में क्षेमेन्द्र[4] कहते हैं कि भवभूति की 'शिखरिणी' स्वच्छन्द तरंगिणी है, यह इतनी सुन्दर है जैसे मेघ-दर्शन

---

1. उपमा, अतिशयोक्ति तथा उत्प्रेक्षा आदि अलंकारों की परस्पर निरपेक्षता होने पर भी एकत्र अवस्थिति के कारण यहाँ संसृष्टि अलंकार है।
2. विषम एवं उपमा अलंकार का संकर।
3. छन्दोहीनो न शब्दोऽस्ति न च्छन्दः शब्दवर्जितम्। ना.शा., 15.42
4. भवभूतेः शिखरिणी निरर्गलतरङ्गिणी।
   रुचिरा घनसन्दर्भे या मयूरीव नृत्यति॥ सुवृत्ति तिलक, 3.33

से नाचती हुई मयूरी। 'उत्तररामचरित' के निम्नांकित श्लोक में शिखरिणी के सौन्दर्य का साक्षात्कार किया जा सकता है—

यथेन्दावानन्दं व्रजति समुपोढे कुमुदिनी
तथैवास्मिन्दृष्टिर्मम कलहकामः पुनरयम्।
रणत्कारक्रूरक्वणितगुणगुञ्जद्गुरुधनु-
र्धृतप्रेमा बाहुर्विकचविकरालोल्बणरसः ॥ 5.26 ॥

इसके प्रथम दो चरण म न द जैसे मृदु वर्णों में स्नेहभाव की अभिव्यंजना करते हैं और अन्तिम दो चरण क ग आदि वर्णों के द्वारा युद्धकालिक वीरभाव को प्रकट करते हैं।

भवभूति ने **शार्दूलविक्रीडित** छन्द का प्रयोग वीर, रौद्र, बीभत्स, अद्‌भुत आदि रसों की निष्पत्ति के लिए किया है। शार्दूल-क्रीड़ा की विकट-मनमोहक उद्दाम गतिमयता को लक्ष्य में रखकर वन एवं श्मशान के भयावह चित्रण में इस छन्द की सृष्टि हुई है। 'महावीरचरित' में शार्दूलविक्रीडित के सर्वाधिक श्लोक मिलते हैं क्योंकि यह छन्द वीर-रस का उन्मेष स्वाभाविकता से करता है। इस नाटक के धनुर्भंग-प्रसंग में *'दोर्दण्डाञ्चितचन्द्रशेखर...'* (म.च., 1.54) श्लोक में इस छन्द का प्रयोग-सौन्दर्य दर्शनीय है। 'उत्तररामचरित' का अत्यन्त प्रसिद्ध श्लोक 'अद्वैतं सुखदुःखयोरनुगतं...' (1.39) शार्दूलविक्रीडित के भिन्न सौन्दर्य का परिचायक है।

भवभूति ने **स्रग्धरा** छन्द की योजना 'महावीरचरित' के लम्बे समासयुक्त, ओजगुणसम्पन्न, वीररस के अभिव्यंजक श्लोकों में तथा 'मालतीमाधव' के जुगुप्साकारी श्मशान-वर्णन में विशेष रूप से की है। करुण-रस की निष्पत्ति में सहायक न होने के कारण 'उत्तररामचरित' में इस छन्द का एक भी श्लोक नहीं है। 'महावीरचरित' में परशुराम की यह घोषणा 'कैलासोद्धारसारत्रिभुवनविजय...' (2.16) इस छन्द का अत्यन्त सुन्दर उदाहरण है।

भवभूति ने श्रृंगार एवं करुण रस के चित्रण में **वसन्ततिलका, मालिनी, मन्दाक्रान्ता** आदि छन्दों का विशेष उपयोग किया है। 'मालतीमाधव' में मालती को देखने के बाद माधव की भावदशा का चित्रण 'पश्यामि तामित इतः पुरतश्चः' (1.40), *'प्रसरति परिमाथी...'* (1.41) क्रमशः वसन्ततिलका एवं मालिनी छन्द में हुआ है। दण्डाकारण्य में राम के हृदय में सीता-सम्बन्धी स्मृतियाँ जाग उठती हैं। सीता द्वारा पालित हस्तिशावक को देखकर राम का यह कथन *'येनोद्‌गच्छद्वि-सकिसलयस्निग्ध..."* (उ.रा.च., 3.15) मन्दाक्रान्ता छन्द की रचना है। *'वेलोल्लोलक्षुभितकरुण...'* (3.36) श्लोक में इस छन्द के प्रवाह को राम के हृदय के शोक-प्रवाह के सदृश प्रसरणशील देखा जा सकता है।

'मालतीमाधव' में विरही माधव के प्रलापों को कवि ने **हरिणी** छन्द में निबद्ध

किया है। 'उत्तररामचरित' में सीता को देखकर राम की कोमल-कान्त अनुभूति 'प्रतनुविरलैः प्रान्तोन्मीलन्...' (1.20) हरिणी छन्द की ही चमत्कृति है। 'महावीरचरित' में परशुराम के स्वागत में दशरथ के ये अभ्यर्थनापूर्ण वचन *'जनपदबहिर्निष्ठा यूयं...'* (4.28) हरिणी छन्द में अभिव्यक्त हुए हैं।

प्रहर्षिणी भी भवभूति द्वारा प्रयुक्त एक सुन्दर छन्द है। 'महावीरचरित' में वसिष्ठ का विश्वामित्र के लिए यह प्रसन्न वचन *'यद्वाचां विषयमतीत्य चेतसां'* (4.15); 'मालतीमाधव' में *'एतस्मिन्मदकलमल्लिकाक्षपक्ष...'* (9.14) श्लोक में मित्र मकरन्द का माधव को सजग करता एक काव्यात्मक कथन; 'उत्तररामचरित' में चित्रदर्शन-जनित राम की भावाकुल स्थिति को चित्रित करता *'तत्कालं प्रियजन-विप्रयोगजन्मा..."* श्लोक प्रहर्षिणी छन्द की रचना हैं।

भवभूति द्वारा प्रयुक्त **दण्डक** (संग्रामदण्डक) छन्द एक सर्वथा नया प्रयोग है। कवियों के लिए यह छन्द प्रयोग की दृष्टि से कठिन और प्रयासयुक्त रहा है। एक चरण में 54 अक्षरों से युक्त इस छन्द का उपयोग भवभूति ने 'मालतीमाधव' के चामुण्डा-वर्णन में अत्यन्त कौशल से किया है (5.23)।

भवभूति द्वारा प्रयुक्त विशिष्ट छन्दों के श्लोक-संकेत इस प्रकार हैं—

अनुष्टुप्—म.च., 1.1, 2, 3, 4, 5, 10, 14, 15, 16, 17, 19, 20, 21, 22, 23, 26, 29, 31, 32, 36, 37, 38, 41, 47, 48, 49, 52, 56, 57, 60, 61; 2.3, 5, 7, 10, 14, 42, 46, 47; 3.6, 8, 10, 12, 18, 19, 20, 38, 39, 45, 46; 4.2, 4, 13, 16, 23, 24, 26, 27, 33, 34, 36, 37, 39, 40, 42, 43, 44, 46, 47, 48, 49, 51, 52, 54, 55, 59, 60; 5.6, 7, 8, 9, 11, 12, 13, 17, 20, 24, 27, 30, 31, 34, 35, 36, 38, 43, 50, 52, 59, 60; 6.2, 3, 5, 6, 13, 18, 19, 21, 39, 40, 50, 55, 60; 7.4, 6, 7, 15, 19, 20, 22, 23, 28, 29, 31, 32, 34, 35, 36, 39, 40, 41 ॥ मा.मा., 1.9, 11, 15, 16; 3. 1; 5.12, 21, 33; 6.11; 9.41, 51, 52; 10।4, 7, 18, 21 ॥ उ.रा.च., 1.1, 2, 3, 4, 5, 6, 8, 10, 12, 13, 16, 17, 21, 22, 32, 41, 43, 46, 47, 48, 50, 51; 2.5, 7, 8, 12, 15, 17, 18, 19, 24; 3.1, 3, 7, 9, 10, 14, 17, 29, 33, 34, 46; 4.2, 7, 9, 24, 25, 28; 5.7, 15, 17, 20, 21, 22, 23, 25, 29, 31; 6.2, 3, 5, 6, 10, 20, 21, 23, 29, 31, 32, 34, 36, 42; 7.1, 2, 3, 5, 7, 8, 9, 10, 11, 12, 13, 14, 15, 16, 18, 19, 20 ॥

शिखरिणी—म.च., 1.11, 12, 43; 2.15; 3.24, 27, 36, 41; 4.1, 7, 18, 19, 53; 5.5, 14, 28, 58; 6.8, 15, 22, 30, 34, 36, 49, 52, 54, 62; 7. 14, 30, 33, 37 ॥ मा.मा., 1.15, 17, 31, 32; 2.1, 3, 7, 11, 12, 13, ; 3. 9; 4.3, 4, 6, 9; 5.30, 34; 6.7, 15; 9.8, 29, 46 ॥ उ.रा.च., 1.28, 29, 35, 38; 2.1, 2, 26, 27; 3.13, 30, 40, 44; 4.3, 10, 11, 12, 13, 14, 21; 5.

9, 16, 26; 6.11, 14, 28, 30, 33, 35, 38, 39 ॥

शार्दूलविक्रीडित—म.च., 1.13, 18, 25, 30, 33, 34, 35, 46, 53, 54, 59; 2.6, 8, 9, 13, 18, 19, 20, 21, 22, 28, 32, 33, 36, 45, 50; 3.1, 3, 13, 35, 38, 40, 43, 48; 4.3, 6, 11, 14, 22, 25, 30, 31, 38, 41, 57, 58; 5.1, 2, 18, 19, 21, 22, 23, 33, 37, 39, 46, 49, 51, 55, 62, 63; 6.1, 17, 20, 23, 24, 31, 41, 57, 59; 7.10, 12, 13, 27, 42 ॥ मा.मा., 1.2, 3, 10; 5.2, 7, 9, 10, 11, 13, 14, 18, 19, 22, 24, 28, 29; 6.3, 5, 19; 8.6, 9, 10; 9.7, 15, 16, 17, 32, 33, 34, 39, 43; 10, 23, 24 ॥ उ.रा. च., 1.39, 2.9, 16, 28, 29, 30; 3.16, 37, 43, 45; 4.1, 5, 17, 20, 22, 24; 5.7, 14, 19, 27, 34, 35; 6.18, 40; 7.20 ॥

स्रग्धरा—म.च., 2.16, 17, 48; 3.32; 5.32, 44, 45, 53; 6.4, 7, 10, 11, 12, 16, 25, 32, 33, 35, 38, 42, 48, 51, 56, 61, 63; 7.16, 38, 43 ॥ मा.मा., 1.1, 4; 5.4, 6, 16, 17; 9.30 ॥

वसन्ततिलका—म.च., 1.6, 7, 27, 40, 55; 2.29, 31, 34, 35, 38, 39, 40; 3.11, 15, 16, 22, 29, 31, 42, 44; 4.8, 12, 20, 21, 29, 35, 50, 56; 5. 25, 29, 54, 56, 61; 6.46; 7.3, 11, 25, 26 ॥ मा.मा., 1.6, 10, 19, 20, 21, 22, 24, 26, 27, 30, 31, 35, 41; 2.8; 3.5; 4.8; 5.27, 32; 6.4, 8, 9, 12, 13, 14, 17, 20; 7.2, 3, 4; 8.4, 5, 8, 14; 9.1, 2, 3, 13, 22, 31, 36, 40, 45, 48, 51, 55; 10.1, 9, 20, 21 ॥ उ.रा.च., 1.7, 9, 14, 25, 36; 2.10, 11, 22; 3.8, 11, 12, 21, 26, 28, 47; 4.23, 29; 5.10, 11, 24, 33; 6.7, 16, 19 ॥

मालिनी—म.च., 1.8; 2.27, 44, 49; 3.4, 5, 14; 5.40, 41, 42, 47; 6. 27; 7.1 ॥ मा.मा., 1.25, 27, 30, 31, 44; 2.9; 3.8, 14, 16; 4.10; 5.1; 6. 16; 8.1, 12, 13; 9.5, 6, 24, 28, 53; 10.7, ॥ उ.रा.च., 1.24, 26, 27; 2.20, 21; 3.5, 19, 23, 25, 48; 5.2, 3, 13; 6.12, 24, 26 ॥

मन्दाक्रान्ता—म.च., 1.45; 2.2, 4, 5, 26, 41; 3.23, 25, 27, 28, 34, 47; 5.10; 6.37, 44, 45, 53 ॥ मा.मा., 1.5, 18, 38; 2.5; 3.12; 4.2; 5.20; 6.2; 7.5; 8.2, 20, 25, 26, 46; 10.5 ॥ उ.रा.च., 1.33; 2.13, 14, 15; 3.6, 15, 36, 38; 4.26; 5.12; 6.9, 22; 7.6 ॥

हरिणी—म.च., 1.51; 2.11, 30; 3.17; 4.28 ॥ मा.मा., 1.20, 39; 2.2; 3.2; 5.5, 29; 6.6; 9.10, 11, 12, 42; 10.14 ॥ उ.रा.च., 1.20, 23; 2.4; 3.22, 24, 31, 32; 4.19; 5.28 ॥

प्रहर्षिणी—म.च., 1.44; 3.21; 4.15; 5.3, 15; 6.14, 26, 28; 7.8 ॥ मा. मा., 1.38, 39; 3.17; 4.1; 5.3, 25; 9.14 ॥ उ.रा.च., 1.30, 31, 40, 49; 3. 39; 5.1, 18 ॥

इन छन्दों के अतिरिक्त भवभूति ने अपने नाटकों में अन्य अनेक छन्दों में

पद-रचना की है। इनमें इन्द्रवज्रा, पुष्पिताग्रा, पृथ्वी, मंजुभाषिणी, शालिनी, आर्या, रथोद्धता, द्रुतविलम्बित, वंशस्थ, नर्दटक, औपच्छन्दसिक, मालभारिणी के प्रयोग-कौशल और रचना-सौन्दर्य को लक्ष्य किया जा सकता है।

प्राकृत-प्रयोग

'अमरकोश' पर भवभूति का असाधारण अधिकार था। यही कारण है कि उनके नाटकों में प्रयुक्त शब्द-भण्डार अत्यन्त समृद्ध है। 'अमरकोश' में उपलब्ध अस्थि, सेना, रुधिर, धनुस्, शरीर, इषु, निकर, पर्वत आदि के समस्त पर्यायों का प्रयोग कवि ने अपने नाटकों में किया है। भवभूति के नाटकों में कुछ ऐसे शब्दों का व्यवहार भी हुआ है जो 'अमरकोश' में नहीं मिलते। आकूत, उत्पीड, कुट्टाक, कण्डरा, कन्दल, कुम्भीनस, खुरली, नलक, प्रचलाकिन्, प्रतिसूर्यक, प्राग्भार, मौकुलि, रणरणक, रुण्ड, व्यतिकर, संस्त्याम कुछ ऐसे ही शब्द हैं। भवभूति ने 'महावीरचरित' में पारायण, प्राग्भार, डम्बर, झम्पा, तूवर, प्राणमण्डल, परिधीरणा, खुरली, नाभिजननी, विंक; 'मालतीमाधव' में पारिप्लव, अतथाभाव, मलीमस, रणरणक, उत्कलिका, डामर, पूर्णपात्र, संराविन्, शेवधि; तथा 'उत्तररामचरित' में रणरणक, वंजुल, किंजल्क, काकली, विभीषका, कडार आदि संस्कृत शब्दों का तथा उरल्लिगल्लूरण, लडइ, रणरणक आदि प्राकृत शब्दों का बहुल प्रयोग किया है। व्यतिकर, अनुरुद्ध, प्राकृत, अप्राकृत एवं विधि आदि शब्द कवि को विशेष रूप से प्रिय हैं।

भवभूति ने उद्बुद्बुद, टंकार, कुट्टाक, खणखणीकृत, उच्चुलुप, टात्कार, रणरणायमान, रणरणत्कार, घणात्कर, गद्गद, झज्झणत्, झणझणायित, रणत्करण, गुलगुलायमान, दुमदुमायित आदि संस्कृत एवं थरथरायन्त, कटकटाअन्त, झणझणक्कारिणीओ, धमधमाअन्त, मडमडाइअ आदि प्राकृत ध्वन्यात्मक शब्दों को अपने ढंग से गढ़कर प्रस्तुत किया है।

'महावीरचरित' में वैकंकत, वैकर्तन, शुण्डाक, कलिल, अनुप्लव, परिष्कन्द, निसुम्भ, खुरली, काण्डीर, काण्डपृष्ठ, घवित्र, प्रतिभुव; 'मालतीमाधव' में पारिप्लव, संस्त्याय, कूटपाकल, डम्बर, मैरेय, निकुरुम्ब, जलार्द्रा, जांगल, उरलि, कीलाल, फेरव, रसीन, निशुम्भ, तापिच्छ, प्रतिमल्ल, साराविण, साट, कटपूतना, कुट्टाक, कंकाल, उच्छेफ, विकिर, कोयष्टिक, टीकते, शिम्बि, दात्यूह, डिम्ब, गोलांगूल, वलीवदन, ज्यानि; तथा 'उत्तररामचरित' में धिनोतु, कडार, आरकूट, परिमन्तूयितम्, मृषोघम्, तौर्यत्रिक, वैशस्, विकर्तन, क्रकच, प्रचलाकिन, कुम्भीनस्, प्रतिसूर्यक, मल्लूक, अनोकह, संहनन, पुटपाक, सर्पिष्मत्, मण्ड, धौर्यधर आदि ऐसे अस्पष्टार्थक शब्दों का प्रयोग हुआ है जो भाषा की सम्प्रेषणीयता में बाधा उपस्थित करते हैं।

वैदिक कोश पर भी भवभूति का अप्रतिम अधिकार था। उन्होंने ऐसे अनेक वैदिक शब्दों का प्रयोग किया है जो लौकिक व्याकरण द्वारा सिद्ध नहीं किये जा

सकते। कवि द्वारा प्रयुक्त 'सोमपीथिन' शब्द इसी प्रकार है। वैदिक शब्द सूनृत–प्रियसत्य–का प्रयोग कवि ने वाणी की स्तुति में किया है। वैदिक क्रियार्थक संज्ञाओं के प्रयोग में 'मृत्यवे' (मा.मा., 3.12) एवं 'जीवातवे' (उ.रा.च., 2.10) शब्दों को देखा जा सकता है।

व्याकरण में भवभूति का एक अद्‌भुत प्रयोग है 'महावीरचरित' के एक वाक्य में भूतकालिक 'आसीत्' क्रिया का प्रयोग–

'जामदग्न्यः–(निर्वण्य। स्वगतम्) रमणीयः क्षत्रियकुमार आसीत्।' 2.31-32

सम्मुख खड़े राम के प्रति यह भूतकालिक प्रयोग निकट भविष्य में परशुराम के हाथों से होनेवाली उनकी मृत्यु की घटना का संकेत है।

भवभूति ने पाली शब्दों का प्रयोग भी किया है। 'मालतीमाधव' और 'उत्तररामचरित' की प्रस्तावना में 'नट' के लिए 'मारिष' सम्बोधन पाली के 'मारिस' शब्द से मिलता-जुलता है। पाली की वर्णमाला में 'श' और 'ष' न होने के कारण बौद्ध-संस्कृत ग्रन्थों का मार्ष शब्द ही पाली में मारिस बन गया है। 'उत्तररामचरित' के पहले अंक में प्रयुक्त आवुत्त शब्द का अर्थ है भगिनीपति। पाली भाषा में बन्धु, वृद्ध और माननीय के अर्थ में आबुसो शब्द का प्रयोग हुआ है। सतीशचन्द्र विद्याभूषण[1] के मत में संस्कृत भाषा के 'आयुष्मत्' शब्द से आया पाली का 'आयस्मा' ही 'आबुसो' बन गया है। आयुष्मन्, आयस्मा, आबुसो और आबुत्त शब्द परस्पर घनिष्ठ है।

'उत्तररामचरित' के पहले अंक में कवि ने 'दोहद' शब्द का प्रयोग किया है। संस्कृत भाषा का 'दोहृद' शब्द प्राकृत भाषा में 'दोहद' बन गया है। भवभूति के समय में 'दोहद' एक स्वतन्त्र संस्कृत शब्द बन गया था। 'उत्तररामचरित' में *'तत्किं निजे परिजने कदनं करोषि'* (5.10) वाक्य में 'कदन' शब्द का प्रयोग हुआ है। यह 'अमरकोश' में नहीं मिलता। सतीशचन्द्र विद्याभूषण के विचार में 'आस्कन्दन' या 'स्कन्द' ही भवभूति के 'कदन' शब्द का मूल है।

भवभूति ने अपनी स्वतन्त्र कवित्व शक्ति से विषय को प्रभावोत्पादक बनानेवाले शब्दों का चयन अर्थ एवं ध्वनि दोनों दृष्टियों को समक्ष रखकर किया है। रचनाक्रम में शब्द कई बार स्वतन्त्र आकार ग्रहण कर लेता है, यह कवि की मौलिक प्रतिभा का परिचायक है।

प्राकृत-प्रयोग

संस्कृत नाट्य का आधार अनेक प्राविधिक विशेषताओं से पूर्ण है। बोली अथवा उपभाषा का प्रयोग संस्कृत नाटकों का एक ऐसा मौलिक तत्त्व है, जो संसार

---

1. भवभूति, पृ. 97

के किसी भी नाट्य-साहित्य में नहीं मिलता। संस्कृत नाटकों में प्रेम की अभिव्यक्ति एवं उसके विभाजन के अन्तर्गत विभिन्न नाटककारों ने विभिन्न भाषा-बोलियों का प्रयोग किया है। पुलसकर[1] के मत में नाटकों में इन बोलियों का प्रयोग नाटककार की इच्छा पर नहीं, बल्कि प्राचीन भारत की तत्कालीन वास्तविक स्थिति का परिचायक है। आगे चलकर जब इन बोलियों का प्रयोग भाषा के रूप में कम होता गया, तब भी नाटककार इनका प्रयोग परम्परागत रूप से करते रहे।

नाटक में भिन्न वर्ग और भिन्न पदवी के अनेक पात्र होते हैं, इसलिए यह स्वाभाविक है कि उनके द्वारा प्रयुक्त भाषा का भी भिन्न स्तर हो। भाषा-स्तर के अतिरिक्त पात्रों का भिन्न प्रदेशों में जन्म और निवास भी और वहाँ की बोली या भाषा-प्रकार से उनका सम्बन्ध एवं उसमें उनका अभ्यास भी भाषा के उस वैभिन्न्य का परिचायक है जो हमें नाटकों में दिखाई देता है।[2] मुख्य भाषा संस्कृत के अतिरिक्त प्राकृत ही वह भाषा है जो पात्रों की भिन्नता के कारण कई प्रकार से बोली जाती है। प्राकृत के इन बोली-प्रकारों को भरत[3] ने सात प्रकार का कहा है—मागधी, आवन्तिका, प्राच्या, शौरसेनी, अर्धमागधी, बाह्लीका और दाक्षिणात्या। इनके अतिरिक्त कुछ उपबोली-प्रकार हैं—शाबारी, आभीरी, चाण्डाली और औढ्रजा आदि। भरत ने प्राकृत के महाराष्ट्री स्वरूप का उल्लेख तक नहीं किया है। सम्भवतः इसलिए क्योंकि इसका प्रयोग केवल काव्य तक ही सीमित था, नाटकों में इसका स्थान नहीं था। किन्तु कुछ विद्वानों[4] का यह भी मत है कि शौरसेनी शैली का प्रयोग परम्परागत नाटक के गद्य खण्डों में और महाराष्ट्री का प्रयोग पदों में होता था। वस्तुतः नाटकों में प्राकृत की शौरसेनी शैली का प्रयोग ही प्रमुख रूप में हुआ है। विश्वनाथ[5] ने इन बोलियों का विशद उल्लेख किया है और यह स्पष्ट निर्देश दिया है कि किस पात्र को कौन-सी भाषा-बोली बोलनी चाहिए।

इन अनेक भाषा-प्रकारों एवं बोलियों पर टिप्पणी करते हुए विल्सन[6] का कहना है कि यदि इन सभी भाषा-प्रकारों का प्रयोग नाटक में किया जाता तो वे बहुभाषी ऐसी रचना बन जाते, जिसे कुछ मनुष्य ही समझ पाते।

भवभूति के समय में प्राकृत भाषा तथा प्राकृत साहित्य सामान्य मनुष्यों की समझ के अन्तर्गत न था। एस.पी. पण्डित[7] के मत में "प्राकृत काव्य में अपना एक

1. भास—ए स्टडी, पृ. 433
2. द लाज़ ऐण्ड प्रैक्टिस ऑफ संस्कृत ड्रामा, पृ. 313 एस.एन.शास्त्री
3. ना.शा., 17.48,49
4. एच.एस.एल., पृ. 30, कीथ
5. सा.द., 6.158-169
6. 'सेलेक्ट स्पेसिमेन्स्', वाल्यू. 1, पृ. 64
7. गौडवहो, इण्ट्रो, पृ. 51

विशिष्ट सौन्दर्य होता है। इसकी मृदुता और माधुर्य संस्कृत की अप्रकृत आलंकारिता की अपेक्षा अधिक हृदयग्राही होती है, किन्तु आठवीं शताब्दी के सामाजिक अध्ययन से यह ज्ञातव्य है कि भवभूति की लम्बी समासयुक्त पदावली से निर्मित प्राकृत के वाक्य तथा 'गौडवहो' की उत्कृष्ट भाव-व्यंजना उस समय के सामान्य मनुष्य की बुद्धि से ग्राह्य नहीं थी।"

भवभूति ने प्रायः 'शौरसेनी' प्राकृत तक ही अपने को सीमित रखा है और संस्कृत को अपनी शैली का प्रतिमान बनाया है।[1]

भवभूति के नाटकों में प्राकृत का सबसे कम प्रयोग 'महावीरचरित' में मिलता है। तीसरा, पाँचवाँ तथा छठे अंक का उत्तरार्ध—ये प्राकृत से पूरी तरह मुक्त हैं। चौथे अंक के विष्कम्भक, शूर्पणखा तथा सीता के कुछ सम्भाषण प्राकृत भाषा में हैं। भाषा बहुत सरल एवं समासरहित है। 'उत्तररामचरित' के दूसरे, पाँचवें अंक में प्राकृत नहीं है तथा छठे अंक में केवल विष्कम्भक में प्राकृत का प्रयोग है। 'मालतीमाधव' इन दोनों नाटकों से भिन्न है। उसमें केवल नौवें अंक में प्राकृत का अभाव है अन्यथा सभी अंकों में प्राकृत का प्रयोग मिलता है। भवभूति ने अपने इस प्रकरण के तीसरे एवं सातवें अंक में लम्बे समासयुक्त विस्तृत वाक्यों की रचना की है।

नियमानुसार भवभूति के सभी मुख्य पुरुष पात्र संस्कृत में बोलते हैं। अरुन्धती, तमसा, वासन्ती, आत्रेयी, गंगा, पृथ्वी तथा कामन्दकी, सौदामिनी, कपालकुण्डला आदि विशिष्ट नारी पात्र भी संस्कृत में सम्भाषण करते हैं। अन्य नारी पात्रों का वार्तालाप प्राकृत में है।

भवभूति ने प्राकृत के शौरसेनी एवं महाराष्ट्री शब्दों का पृथक् प्रयोग एक ही अर्थ में किया है जैसे बट्टदि और वट्टइ, दीसदि और दीसइ, अध और अह, जण और अण। इसी प्रकार मागधी का कुमाल शौरसेनी के कुमार के साथ प्रयुक्त हुआ है। अर्धमागधी का व तथा शौरसेनी के विअ का प्रायः प्रयोग हुआ है। कहीं-कहीं भवभूति ने शौरसेनी के स्थान पर महाराष्ट्री प्रकार का प्रयोग किया है। जैसे वेदणा के स्थान पर वेअणा, पसरीद के स्थान पर पसरी, सज्जदि के लिए सज्जइ, मरिड के लिए मरिअ, अहसदि के लिए अहसर, विसंवददि के लिए विसंवदइ, आवेसिद के लिए आवेसिअ। उक्त सभी शब्दों में कवि ने द के स्थान पर अ अथवा ह का प्रयोग किया है। भवभूति ने शौरसेनी के द्विविध रूपों का प्रयोग भी किया है जैसे महानुभाव तथा महाणुहाव, विभीसण तथा विहीसण, पक्ख तथा वक्ख, जेव्व और एव्व। भवभूति ने शब्दों के अन्त में म्मि का सामान्य प्रयोग किया है जैसे निखिलम्मि, जलम्मि, दिणम्मि आदि। कवि ने कुछ अप्रचलित शब्दों का प्रयोग भी किया है जैसे

1. संस्कृत ड्रामा, पृ. 203, कीथ

ओहीरमण, निव्वेणिद, विसट्ट, कन्दोट्ट, उव्वतिद, उव्वेल्ल, पम्हुसिद, पम्हलिद आदि।

भवभूति के नाटकों में अपवाद रूप में ऐसा भी हुआ है कि उनके प्राकृतभाषी पात्र कभी-कभी संस्कृत का आश्रय लेकर बोलते हैं। 'महावीरचरित' में मन्दोदरी संस्कृत का आधार लेकर रावण के समक्ष राम के बाण से क्षुब्ध हुए समुद्र का वर्णन करती है (6.12)। 'मालतीमाधव' में मालती अपनी रागात्मक व्याकुलता का चित्रण संस्कृत-श्लोकों द्वारा करती है (2.1,2)। मदयन्तिका से मकरन्द के विषय में छेड़छाड़ करती हुई लवंगिका संस्कृत में बोलती है (7.1)। बुद्धरक्षिता भी संस्कृत का आश्रय लेकर (7.3) मदयन्तिका को मकरन्द के साथ पलायन करने की मन्त्रणा करती है।

भवभूति के नाटकों में एक भी श्लोक प्राकृत में नहीं है। 'मालतीमाधव' में केवल दो श्लोक ऐसे हैं जो भाषा-समावेश का उदाहरण हैं तथा संस्कृत एवं प्राकृत दोनों भाषाओं में एक समान पठनीय हैं–

सरले साहसरागं परिहर रम्भोरु मुञ्च संरम्भम्।
विरसं विरहायासं सोढुं तव चित्तमसहं मे॥
किं वा भणामि विच्छेददारुणायासकारिणी।
कामं कुरु वरारोहे देहि मे परिरम्भणम्॥ 6.10-11॥

सहायक ग्रन्थ-सूची

भवभूति के नाटक

महावीरचरित (म.च.), सं. आचार्य रामचन्द्र मिश्र, चौखम्बा विद्याभवन, वाराणसी

महावीरचरित (म.च.), सं. जीवानन्द विद्यासागर, कलकत्ता, 1873

महावीरचरित (म.च.), सं. टोडरमल, ऑक्सफोर्ड, 1928

महावीरचरित (म.च.), सं. आनन्दराम बरुआ, पब्लिकेशन बोर्ड, असम 1969

मालतीमाधव (मा.मा.), सं. जगद्धर, बम्बई संस्कृत ऐण्ड प्राकृत सीरीज़ नं. 15

मालतीमाधव (मा.मा.), सं. जीवानन्द विद्यासागर, कलकत्ता, 1876

मालतीमाधव (मा.मा.), सं. एम.आर. काले, मोतीलाल बनारसीदास, दिल्ली, 1967

मालतीमाधव (मा.मा.), सं. पूर्णसरस्वती, त्रिवेन्द्रम संस्कृत सीरीज़, नं. 170

मालतीमाधव (मा.मा.), सं. पं. शेषराज शास्त्री, चौखम्बा विद्याभवन, वाराणसी

मालतीमाधव (मा.मा.), सं. त्रिपुरारि और जगद्धर, बम्बई 1892

मालतीमाधव (मा.मा.), सं. एस.के. बेलवलकर, हार्वर्ड ओरियण्टल सीरीज़

मालतीमाधव (मा.मा.), सं. आर.जी. भण्डारकर, बम्बई संस्कृत सीरीज़, वाल्यूम 15, 1905

मालतीमाधव (मा.मा.), सं. आर.डी. करमरकर, पूना, 1935

उत्तररामचरित (उ.रा.च.), सं. पं. शेषराज शास्त्री, हरिदास संस्कृत सीरीज़, वाराणसी

उत्तररामचरित (उ.रा.च.), सं. पी.वी.काणे, मोतीलाल बनारसीदास, दिल्ली, 1962

उत्तररामचरित (उ.रा.च.), सं. शारदारंजन राय, कलकत्ता, 1924, 1954

उत्तररामचरित (उ.रा.च.), सं. एस.के. बेलवलकर, हार्वर्ड यूनिवर्सिटी प्रेस, 1915

उत्तररामचरित (उ.रा.च.), सं. जगद्धर, बम्बई संस्कृत ऐण्ड प्राकृत सीरीज़, बम्बई
उत्तररामचरित (उ.रा.च.), सं. आर.डी. करमरकर, पूना
उत्तररामचरित (उ.रा.च.), वीरराघव, बम्बई, 1899

मूल संस्कृत ग्रन्थ

अभिज्ञानशाकुन्तल, कालिदास, अखिल भारतीय विक्रम परिषद्, वाराणसी
अनर्घराघव, मुरारि, काव्यमाला सीरीज़, नं. 5, 1937
अर्थशास्त्र, कौटिल्य, आर.पी. काँगले, बम्बई, 1960
आंगिरसस्मृति, धर्मशास्त्र संग्रह, सं. जीवानन्द विद्यासागर, कलकत्ता
आपस्तम्ब गृह्यसूत्र, बम्बई संस्कृत ऐण्ड प्राकृत सीरीज़, बम्बई, 1868
आर्यासप्तशती, गोवर्धनाचार्य, काव्यमाला सीरीज़, नं. 1, 1934
आश्चर्यचूडामणि, शक्तिभद्र, सं. कुप्पुस्वामी शास्त्री, मद्रास, 1933
ईशोपनिषद्, गीता प्रेस, गोरखपुर
उदयसुन्दरीकथा, सोड्ढल
ऐतरेय ब्राह्मण, आनन्दाश्रम प्रेस, पूना
औचित्यविचारचर्चा, क्षेमेन्द्र, चौखम्बा विद्याभवन, वाराणसी
कठोपनिषद्, गीता प्रेस, गोरखपुर
कथासरित्सागर, सोमदेव, निर्णयसागर प्रेस, बम्बई, 1903
कर्पूरमंजरी, राजशेखर, कलकत्ता, 1948
कामन्दकीय नीतिसार, सं. राजेन्द्रलाल मित्र, बिब्लिओथिका इण्डिका, कलकत्ता, 1884
कामसूत्र, वात्स्यायन, काशी संस्कृत सीरीज़, नं. 29
काव्यालंकारसूत्रवृत्ति, वामन, आचार्य विश्वेश्वर, आत्माराम ऐण्ड सन्स, दिल्ली
काव्यानुशासन, हेमचन्द्र, मेहरचन्द लछमनदास पब्लिकेशंस, नयी दिल्ली
काव्यप्रकाश (का.प्र.), मम्मट, चौखम्बा विद्याभवन, वाराणसी
काव्यमीमांसा (का.मी.), राजशेखर, निर्णयसागर प्रेस, बम्बई, 1916
कुमारसम्भव, कालिदास, अखिल भारतीय विक्रम परिषद्, वाराणसी
कुन्दमाला, धीरनाग (दिङ्नाग) सं. के.के. दत्त
गउडवहो, वाक्पतिराज, सं. एस.पी. पण्डित, बम्बई संस्कृत ऐण्ड प्राकृत सीरीज़, नं. 34, 1927
चन्द्रालोक, जयदेव
चित्सुखी, चित्सुखाचार्य (तत्त्वप्रदीपिका), निर्णय सागर प्रेस, बम्बई, 1915
छान्दोग्य उपनिषद्, गीता प्रेस, गोरखपुर

तत्त्वसंग्रह, शान्तरक्षित, गायकवाड ओरियण्टल सीरीज़, बड़ौदा
तन्त्रालोक, अभिनवगुप्त, मोतीलाल बनारसीदास, दिल्ली
तात्पर्यटीका, उम्बेक, सं. कुन्हन राजा, मद्रास यूनिवर्सिटी संस्कृत सीरीज़, नं. 13
तिलकमंजरी, निर्णयसागर प्रेस, बम्बई
तैत्तिरीय ब्राह्मण, आनन्दाश्रम प्रेस, पूना, 1938
तैत्तिरीय उपनिषद्, गीता प्रेस, गोरखपुर
दशकुमारचरित, दण्डिन, निर्णयसागर प्रेस, बम्बई, 1936
दशरूपक (द.रू.), धनंजय, निर्णयसागर प्रेस, बम्बई, 1941
ध्वन्यालोक, आनन्दवर्धन, निर्णयसागर प्रेस, बम्बई
नाट्यशास्त्र (ना.शा.), भरत, अभिनवभारती टीका, दिल्ली
नाट्यशास्त्र (ना.शा.), बाबूलाल शुक्ल शास्त्री, चौखम्बा संस्कृत संस्थान, वाराणसी
न्यायसूत्र
पद्मपुराण, आनन्दाश्रम संस्कृत सीरीज़, पूना
प्रतापरुद्रीय, विद्यानाथ, संस्कृत एज्युकेशन सोसायटी, मद्रास, 1979
प्रबोध चन्द्रोदय, कृष्णमिश्र
प्रसन्नराघव, जयदेव, चौखम्बा विद्याभवन, वाराणसी, 1956
बालरामायण, राजशेखर, जीवानन्द विद्यासागर, कलकत्ता, 1884
भगवद्गीता (गीता), गीता प्रेस, गोरखपुर
बृहदारण्यक उपनिषद्, गीता प्रेस, गोरखपुर
बृहद्कथामंजरी, क्षेमेन्द्र, निर्णयसागर प्रेस, बम्बई, 1910
भावनाविवेक, मण्डनमिश्र, सरस्वती भवन टैक्स्ट्स, नं.6
भोज प्रबन्ध, बल्लाल, निर्णय सागर प्रेस, बम्बई, 1921
मनुस्मृति (मनु.), चौखम्बा संस्कृत सीरीज़, वाराणसी
महाभारत, गीता प्रेस, गोरखपुर
मालविकाग्निमित्र, कालिदास, अखिल भारतीय विक्रम परिषद्, वाराणसी
मुद्राराक्षस, विशाखदत्त, चौखम्बा संस्कृत सीरीज़, वाराणसी
मेघदूत, कालिदास, अखिल भारतीय विक्रम परिषद्, वाराणसी
मृच्छकटिक, शूद्रक, चौखम्बा संस्कृत सीरीज़, वाराणसी
यजुर्वेद, वैदिक यन्त्रालय, अजमेर
याज्ञवल्क्यस्मृति, चौखम्बा संस्कृत सीरीज़, वाराणसी
योगसूत्र, पतंजलि, गीता प्रेस, गोरखपुर
रघुवंश (रघु.), कालिदास, अखिल भारतीय विक्रम परिषद्, वाराणसी

रसगंगाधर, जगन्नाथ, निर्णयसागर प्रेस, बम्बई, 1916
राजतरंगिणी, कल्हण, मोतीलाल बनारसीदास, दिल्ली
रामायण, वाल्मीकि, गीता प्रेस, गोरखपुर
ऋग्वेद संहिता, वैदिक संशोधन मण्डल, पूना, 1946
ऋतुसंहार, कालिदास, अखिल भारतीय विक्रम परिषद्, वाराणसी
विक्रमोर्वशी, कालिदास, अखिल भारतीय विक्रम परिषद्, वाराणसी
श्रीमद्शंकरदिग्विजय, विद्यारण्य, सरस्वती प्रेस, कलकत्ता
शास्त्रदीपिका, गायकवाड ओरियण्टल सीरीज़, बड़ौदा
शार्ङ्गधरपद्धति, सं. पी. पीटरसन, बम्बई, 1927
शिशुपालवध, माघ, निर्णयसागर प्रेस, बम्बई, 1957
शुक्रनीतिसार, श्रीकृष्णदास, वेंकटेश्वर प्रेस, बम्बई
सरस्वती कण्ठाभरण, भोज, जैन प्रभाकर प्रेस, वाराणसी
सदुक्ति कर्णामृत, श्रीधरदास, कलकत्ता, 1965
साहित्यदर्पण (सा.द.), विश्वनाथ, मोतीलाल बनारसीदास, दिल्ली
सुवृत्तितिलक, चौखम्बा संस्कृत सीरीज़, वाराणसी
सूक्ति मुक्तावली, गायकवाड ओरियण्टल सीरीज़, बड़ौदा
हर्षचरित, बाण, मोतीलाल बनारसीदास, दिल्ली

हिन्दी ग्रन्थ

कालिदास, वी.वी. मिराशी, हिन्दी ग्रन्थ रत्नाकर सीरीज़, बम्बई
कालिदास और भवभूति, द्विजेन्द्रलाल राय, बम्बई, 1956
धर्म और दर्शन, बलदेव उपाध्याय, शारदा मन्दिर, काशी
भवभूति, सतीशचन्द्र विद्याभूषण, गंगा पुस्तक माला, लखनऊ
भारतभूमि और उसके निवासी, जयचन्द विद्यालंकार, आगरा, सं. 1988
भारतीय दर्शन, बलदेव उपाध्याय, शारदा मन्दिर, काशी
मध्यकालीन भारतीय संस्कृति, गौरीशंकर हीराचन्द ओझा, हिन्दुस्तानी एकेडेमी, उत्तर प्रदेश, इलाहाबाद
मालतीमाधव, सार और विचार, लेले
रामायणकालीन समाज, शान्ति कुमार नानूराम व्यास, नेशनल प्रिण्टिंग प्रेस, दिल्ली
रामायणकालीन संस्कृति, शान्ति कुमार नानूराम व्यास, नेशनल प्रिण्टिंग प्रेस, दिल्ली
संस्कृत आलोचना, बलदेव उपाध्याय, शारदा मन्दिर, वाराणसी
संस्कृत साहित्य का इतिहास, बलदेव उपाध्याय, शारदा मन्दिर, वाराणसी

हिन्दू राज्यतन्त्र, के.पी. जायसवाल, नागरी प्रचारिणी सभा, वाराणसी

हिन्दू संस्कार, राजबली पाण्डे, चौखम्बा विद्याभवन, वाराणसी

अँग्रेज़ी ग्रन्थ

अलब्रेख़्त वेबर, द हिस्ट्री ऑफ इण्डियन लिटरेचर, चौखम्बा संस्कृत सीरीज़, वाराणसी

अलेक्जेण्डर कनिंघम, दि एंश्यण्ट ज्याग्रफी ऑफ इण्डिया, लन्दन, 1871 (एंश्य.ज्यॉ.)

आनन्दराम बरुआ, भवभूति ऐण्ड हिज़ प्लेस इन संस्कृत लिटरेचर, कलकत्ता, 1878

ए. मेक्डोनल, ए हिस्ट्री ऑफ संस्कृत लिटरेचर, लन्दन, 1900

ए.बी. कीथ (कीथ), द संस्कृत ड्रामा, ऑक्सफोर्ड, 1954

ए.बी. कीथ (कीथ), ए हिस्ट्री ऑफ संस्कृत लिटरेचर, ऑक्सफोर्ड, 1953

ए.डी.पुसलकर, भास, ए स्टडी, भारतीय विद्या भवन, बम्बई

एम.बी. लेले, ज्यॉग्रफिकल डिक्शनरी

एन.एल. दे (नन्दलाल दे), ज्यॉग्रफिकल डिक्शनरी ऑफ एंश्यण्ट ऐण्ड मीडिवियल इण्डिया (ज्यो.डिक्श.), लन्दन, 1927

एच.एच. विल्सन, सलेक्ट स्पेसिमन्स ऑफ थियेटर ऑफ द हिन्दूज़, वाल्यूम 1,2 लन्दन, 1871

एस.के. दे, ए हिस्ट्री ऑफ संस्कृत लिटरेचर, कलकत्ता, 1947 (एच.एस. एल.)

एस.वी. दीक्षित, भवभूति, हिज़ लाइफ़ ऐण्ड लिटरेचर, बेलगाँव, 1958

एस. राधाकृष्णन्, रिलीजन ऐण्ड सोसायटी, लन्दन

एस.एस. सुकथांकर, ए पीप इन टु भवभूति'ज़ उत्तररामचरित, कोल्हापुर, 1930

एम. कृष्णमाचारियर, हिस्ट्री ऑफ क्लासिकल संस्कृत लिटरेचर, मद्रास, 1937

पी.वी. काणे, हिस्ट्री ऑफ धर्मशास्त्र, भण्डारकर ओरियण्टल रिसर्च इन्स्टीट्यूट, पूना

पी.वी. काणे, हिस्ट्री ऑफ संस्कृत पोयटिक्स, दिल्ली, 1961

लियोपोल्ड वॉन श्रोडर (श्रोडर), इण्डियन लिटरेचर ऐण्ड कल्चर, लीपज़ीग, 1887

विलियम जोन्स, इण्डिया इन कालिदास

विंसेट स्मिथ, अर्ली हिस्ट्री ऑफ इण्डिया, ऑक्सफोर्ड, 1924

वी.वी. मिराशी, स्टडीज़ इन इण्डोलॉजी, वाल्यूम 1, नागपुर, 1962
वी.वी. मिराशी, स्टडीज़ इन इण्डोलॉजी, वाल्यूम 4, वाराणसी, 1966
वी.वी. मिराशी, भवभूति, मोतीलाल बनारसीदास, दिल्ली
वी.वी. मिराशी, इन्स्क्रिप्शंस ऑफ द वाकाटकाज़, वाल्यूम 5
वी.वी. मिराशी, इन्स्क्रिप्शंस ऑफ द कलचुरि-चेदि एरा, वाल्यूम 4
शारदारंजन राय, उत्तररामचरित इण्ट्रोडक्शन (इण्ट्रो), पृ. 12-20
श्रीअरविन्द, द हारमनी ऑफ वरच्यु, वाल्यूम 3, श्रीअरविन्द आश्रम, पाण्डिचेरी
श्रीअरविन्द, द फाउण्डेशंस ऑफ इण्डियन कल्चर, वाल्यूम 14
श्रीअरविन्द, द फ्यूचर पोएट्री, वाल्यूम 9
सुरेन्द्रनाथशास्त्री, दि लाज़ ऐण्ड प्रैक्टिस ऑफ संस्कृत ड्रामा, वल्यूम 1, चौखम्बा संस्कृत सीरीज़, वाराणसी, 1961

जर्नल्स

—इण्डियन ऐण्टिक्वरी, वाल्यूम 59, 'ऑन द टैक्स्ट ऑफ द महावीरचरित', एस.के. डे

—इण्डियन हिस्टोरिकल क्वार्टरली, वाल्यूम 11, 'बर्थप्लेस ऑफ भवभूति,' वी. वी. मिराशी

—एनल्स ऑफ द भण्डारकर ओरियण्टल रिसर्च इंस्टीट्यूट, वाल्यूम 38, 'द टाइटिल ऑफ दि महावीरचरित', आर.डी. करमरकर

—एशिया मेजर, वाल्यूम 1, 'ए नोट ऑन भवभूति ऐण्ड वाक्पतिराज,' हर्टल

—जर्नल ऑफ द गंगानाथ झा रिसर्च इंस्टीट्यूट, वाल्यूम 8, 'भवभूति, ए रिवेल्युएशन', नन्दकिशोर मिश्र

—जर्नल ऑफ द ओरियण्टल इंस्टीट्यूट ऑफ एम.एस. यूनिवर्सिटी ऑफ बड़ौदा, वाल्यूम 9, 'द टैक्स्टचुएल प्रॉब्लम ऑफ महावीरचरित', सी.आर. देवधर

—जर्नल ऑफ द यूनिवर्सिटी ऑफ बॉम्बे, वाल्यूम 25, 'विप्रलम्भ इन द उत्तररामचरित', एस.ए. डाँगे

डिक्शनरी

—प्रैक्टिकल संस्कृत-इंगलिश डिक्शनरी, वी.एस. आप्टे, मोतीलाल बनारसीदास, दिल्ली

—संस्कृत-इंगलिश डिक्शनरी, मोनियर विलियम्स, ऑक्सफोर्ड, 1899

परिशिष्ट

परिशिष्ट-1

संकलन-ग्रन्थों में भवभूति के स्फुट श्लोक

सुभाषित रत्नकोश–

उत्फुल्ला नवमल्लिका मदयति घ्राणेन्द्रियाह्लादिनी
जातं धूसरमेव किंशुकतरोराश्यामलं जालकम्।
आचिन्वन्ति कदम्बकानि मधुनः पाण्डूनि मत्तालयः
स्त्रीणां पीनघनस्तनेषु कणवान् स्वेदः करोत्यास्पदम् ॥ 189 ॥

भुवां घर्मारम्भे पवनचलितं तापहतये
पटच्छत्राकारं वहति गगनं धूलिपटलम्।
अमी मन्दाराणां दवदहनसन्देहितधियो
न ढौकन्ते पातुं झटिति मकरन्दं मधुलिहः ॥ 200 ॥

जृम्भाजर्जरडिम्बडम्बरघनश्रीमत्कदम्बद्रुमाः
शैलाभोगभुवो भवन्ति ककुभः कादम्बिनीश्यामलाः।
उद्यत्कुन्दलतान्तकेतकभृतः कच्छाः सरित्स्रोतसा-
माविर्गन्धशिलीन्ध्रलोध्रकुसुमस्मेरा वनानां ततिः ॥ 217 ॥

उषसि गुरुसमक्षं लज्जमाना मृगाक्षी
रतिरुतमनुकर्तुं राजकीरे प्रवृत्ते।
तिरयति शिशुलीलानर्तनच्छद्मताल-
प्रचलवलयमालास्फालकोलाहलेन ॥ 616 ॥

यद्वर्ग्याभिर्जगाहे पृथुशकुलकुलास्फालनत्रासाहास-
व्यस्तोरुस्तम्भिकाभिर्दिशि दिशि सरितां दिग्जयप्रक्रमेषु।
अम्भो गम्भीरनाभीकुहरकवलनोन्मुक्तपर्यस्तलोल-
त्कल्लोलाबद्धमुग्धध्वनिचकितक्वणत्कक्कुभं कामिनीभिः ॥ 1563 ॥

मज्जत्यामज्जमज्जन्मणिमसृणफणाचक्रवाले कवीन्द्रे
यत्सेनोद्दामहेलामरचलितमहाशैलकीलां बभार।
कृच्छ्रात्पातालमूलाबिलबहुलनिरालम्बजम्बालनिष्ठः
पृष्ठाष्ठीलप्रतिष्ठामवनिमवनमत्कर्परः कूर्मराजः ॥ 1564 ॥

यस्योद्योगे बलानां सकृदपि चलतामुज्जिहानै रजोभि-
र्जम्बालिन्यम्बरस्य स्रवदमरसरित्तोयपूरेण मार्गे।
निर्मज्जच्चक्रशल्याकुलतरणिकरोत्ताडिताश्वीयदत्त-
द्वित्रावस्कन्दमन्दः कथमपि चलति स्यन्दनो भानवीयः ॥ 1565 ॥

सदुक्तिकर्णामृत

कां तपस्वी गतोऽवस्थामिति स्मेराविव स्तनौ।
गिरिजायाः कुचौ वन्दे भवभूतिसिताननौ ॥ 1.22.4 ॥

गाढग्रन्थिप्रफुल्लद्गलविफलफणापीठनिर्यद्विषाग्नि-
ज्वालानिष्टप्तचन्द्रद्रवदमृतरसप्रोषितप्रेतभावाः।
उज्जृम्भा बभ्रुनेत्रद्युतिमसकृदसृक्तृष्णयालोकयन्त्यः
पान्तु त्वां नागनालग्रथितशवशिरः श्रेणयो भैरवस्य ॥ 1.13.2 ॥

चूडापीडनिबद्धवासुकिफणाफूत्कारनिर्यद्विष-
ज्वालाजृम्भितमत्स्यकच्छपवधूलीढेन्दुलेखामृतम्।
अव्याद्वः स्मरसूदनस्य मदनक्रीडाकचाकर्षण-
श्च्योतन्नाकसरित्सरोषगिरिजादृष्टं जटामण्डलम् ॥ 1.12.2 ॥

निःससार करघातविदीर्णध्वान्तदन्तरुधिरारुणमूर्तिः।
केसरीव कटकादुदयाद्रेरङ्कलीनहरिणो हरिणाङ्कः ॥ 1.80.3 ॥

लघुनि तृणकुटीरे क्षेत्रकोणे यवानां
नवकमलपलालस्रस्तरे सोपधाने।
परिहरति सुषुप्तं हालिकद्वन्द्वमारात्
स्तनकलशमहोष्माबद्धरेखातुषारः ॥ 2.12.31 ॥

वैकुण्ठस्य करङ्कमङ्कनिहितं स्रष्टुः कपालं करे
प्रत्यङ्गं च विभूषणं विरचितं नाकौकसां कीकसैः।
भस्म स्थावरजङ्गमस्य जगतः शुभ्रं तनौ बिभ्रतः
कल्पान्तेषु कपालिनो विजयते रौद्रं कपालव्रतम् ॥ 1.18.3 ॥

शार्ङ्गधरपद्धति–

अलिपटलैरनुयातां सहृदयहृदयज्वरं विलुम्पन्तीम्।
मृगमदपरिमललहरीं समीर पामरपुरे किरसि ॥ 791 ॥

दैवाद्यद्यापि तुल्योऽभूद् भूतेशस्य परिग्रहः।
तथापि किं कपालानि तुलां यान्ति कलानिधेः ॥ 749 ॥

निरवद्यानि पद्यानि यद्यनाढ्यस्य का क्षतिः।
भिक्षुकक्षाविनिक्षिप्तः किमिक्षुर्नीरसो भवेत् ॥ 146 ॥

रसिकजीवन–

किं चन्द्रमाः प्रत्युपकारलिप्सया
करोति गोभिः कुमुदावबोधनम्।
स्वभाव एवोन्नतचेतसां सतां
परोपकारव्यसनं हि जीवितम् ॥ 395 ॥

भवभूति को अर्पित प्रशस्ति-श्लोक

भवभूइजलहिणिग्गयकव्वामयरसकणा इव फुरन्ति।
जस्स विसेसा अज्जवि वियडेसु कहाणिवेसेसु ॥
(संस्कृत)
भवभूतिजलधिनिर्गतकाव्यामृतरसकणा इव स्फुरन्ति।
यस्य विशेषा अद्यापि विकटेषु कथानिवेशेषु ॥

—वाक्पतिराज

बभूव वल्मीकभवः कविः पुरा
ततः प्रपेदे भुवि भर्तृमेण्ठताम्।
स्थितः पुनर्यो भवभूतिरेखया
स वर्तते सम्प्रति राजशेखरः ॥

—राजशेखर

मान्यो जगत्यां भवभूतिरार्यः
सारस्वते वर्त्मनि सार्थवाहः।
वाचं पताकामिव यस्य दृष्ट्वा
जनः कवीनामनुपृष्ठमेति ॥

—सोड्ढल

स्पष्टभावरसा चित्रैः पादन्यासैः प्रवर्तिता।
नाटकेषु नटस्त्रीव भारती भवभूतिना ॥

—धनपाल

उन्नीतो भवभूतिना प्रतिदिनं बाणे गते यः पुरा
यश्चीर्णः कमलायुधेन सुचिरं येनागमत्क्लेशटः।

यः श्रीवाक्पतिराजपादरजसां सम्पर्कभूतश्चिरं
दिष्ट्या श्लाघ्यगुणस्य कस्यचिदसौ मार्गः समुन्मीलति ॥

—योगेश्वर

भवभूतेः शिखरिणी निरर्गलतरङ्गिणी।
रुचिरा घनसन्दर्भे या मयूरीव नृत्यति ॥

—क्षेमेन्द्र

भवभूतेः सम्बन्धाद्भूधरभूरेव भारती भाति।
एतत्कृतकारुण्ये किमन्यथा रोदिति ग्रावा ॥

—गोवर्धन

सुकविद्वितयं मन्ये निखिलेऽपि महीतले।
भवभूतिः शुकश्चार्यो वाल्मीकिश्च तृतीयकः ॥

—बल्लाल

सुबन्धौ भक्तिर्नः क इह रघुकारे न रमते।
धृतिर्दाक्षीपुत्रे हरति हरिचन्द्रोऽपि हृदयम्।
विशुद्धोक्तिः शूरः प्रकृतिमधुरा भारविगिर-
स्तथाप्यन्तर्मोदं कमपि भवभूतिर्वितनुते ॥

—सदुक्तिकर्णामृत

रत्नावलीपूर्वकमन्यदास्ता—
मसीमभोगस्य वचोमयस्य।
पयोधरस्येव हिमाद्रिजायाः
परं विभूषा भवभूतिरेव ॥

—सुभाषित

भव्यां यदि विभूतिं त्वं तात कामयसे तदा।
भवभूतिपदे चित्तमविलम्बं निवेशय ॥

—सुभाषित

प्राचेतसेन यानीता पालिता भवभूतिना।
सर्वतश्चर्व्यते वाणी संवाद्य कविमानिभिः ॥

—सुंभाषित

नाटके भवभूतिर्वा वयं वा वयमेव वा।
उत्तरे रामचरिते भवभूतिर्विशिष्यते ॥

—सुभाषित

परिशिष्ट-3

श्लोक-अनुक्रमणिका

महावीरचरित	अङ्क	श्लोक
अकलिततपस्तेजोवीर्य	2	30
अकाण्डशुष्काशनि	5	57
अजस्त्रगलदस्त्रसम्प्लव	7	5
अज्ञो वा यदि वा	3	35
अत्र सीरध्वजो वेत्ता	1	41
अथ स्वस्थाय देवाय	1	1
अनुत्पन्नं ज्ञानं यदि	3	36
अनुभावयति ब्रह्मानन्द	7	31
अनेकयुगजीविन्या	5	11
अन्तर्धैर्यभरेण वृद्ध	3	40
अन्योन्यमाहात्म्यविदो	4	34
अन्विष्यतः प्रमथनाय	2	31
अपरिष्वज्य भरतं	4	44
अपि प्रभोर्वः कुशलं	1	29
अपि प्रवृत्तयज्ञोऽसौ	1	19
अप्राकृतस्य चरितातिशय	2	39
अप्राकृतानि च गुणैश्च	4	12
अप्राकृताभिजनवीर्य्यं	5	56
अप्राकृतेषु पात्रेषु	1	3
अभिजनतपोविद्या	2	11
अमृताध्मातजीमूत	2	46
अमोघमस्त्रं क्षत्रस्य	2	5
अम्भोधेर्नारिकेली	5	32

मालतीमाधवः

उत्तररामचरित

णाणं पयासयं

2470 1944

भारतीय ज्ञानपीठ